거인의 힘

무한능력

거인의 힘 무한능력

지은이 토니 로빈스
옮긴이 김용준
펴낸이 임상진
펴낸곳 (주)넥서스

초판 1쇄 인쇄 2023년 11월 15일
초판 5쇄 발행 2023년 12월 28일

출판신고 1992년 4월 3일 제311-2002-2호
주소 10880 경기도 파주시 지목로 5
전화 (02)330-5500 팩스 (02)330-5555

ISBN 979-11-6683-654-1 03320

거인의 힘
무한능력

토니 로빈스 지음 | 김용준 옮김

UNLIMITED
POWER
THE NEW SCIENCE
OF PERSONAL
ACHIEVEMENT

넥서스BIZ

추천의 글

"정말 새롭고 독특한 접근 방식이다. 자신의 생각과 행동을 다시 프로그래밍할 수 있는 힘을 알게 된다. 자신의 잠재력을 최대한 발휘하고자 하는 사람이라면 누구나 읽어야 한다."

노먼 빈센트 필, 《긍정적 사고방식The Power of Positive Thinking》 저자

"토니 로빈스의 천재성은 '불가능은 없다'라는 것을 일반 대중에게 가르치는 능력에 있다. 나는 현재 이 책에서 배운 기술을 나 자신과 환자들을 위해 사용하고 있다."

칼 사이먼튼 박사, 암 전문의, 《칼 사이먼튼의 마음 의술Getting Well Again》 저자

"구체적으로 영감을 주는 책이다. 토니는 우리에게 동기를 부여하고 직장과 가족, 재정 및 건강에 이르기까지 삶의 모든 영역에 긍정적인 영향을 미칠 수 있는 도구를 제공한다. 이 책에 모든 것이 있다. 꼭 읽어보고 활용하라."

데이비드 나이팅게일, 나이팅게일 코넌트사 사장

"이 책은 성공 기술의 강력하고 엄청난 변화를 제시한다. 지난 50년간 출간된 성공에 관한 진부한 책들과는 다르다. 완전히 새로운 기술 변화에 대한 접근 방식을 보여준다. 이 책을 읽고 나서 잘 활용하기 바란다."

로버트 앨런, 《부의 창출Creating Wealth》《도전The Challenge》 저자

"성공에 도움이 되는 책 한 권을 꼽으라면 바로 이 책을 권하고 싶다. 이 책에서 말하는 것보다 더 강력한 기술이나 의사소통 기법은 본 적이 없다. 그와 산책하면서 그가 하는 말에 귀 기울여보라."

스콧 드가모, 〈석세스 매거진Success Magazine〉 편집장

"전문적인 목표를 설정하고 달성하기 위한 종합적이고 지적인 성공 성취 프로그램."

〈퍼블리셔스 위클리〉

"《무한능력》은 정신적으로나 감정적으로 삶에 적용하기에 아주 적절한 방법이다."

하비 다이아몬드와 매릴린 다이아몬드, 《다이어트 불변의 법칙Fit For Life》 저자

"로빈스는 자신이 제시한 권장 사항에 대해 단계별로 자세히 설명하는 설득력 있는 의사소통 전문가다. 이 접근 방식은 자기 발전을 원하는 사람의 호응을 끌어내기에 충분하다."

〈커커스 리뷰〉

"심신 통일 훈련Est 이후 인간 잠재력 운동 중에서 가장 유망한 트렌드."

〈이스트/웨스트 저널〉

감사의 말

이 책이 나올 수 있도록 도움을 주고 조언을 하면서 애써주신 분들께 감사를 표합니다. 고마운 분들을 생각해보니 한없이 많습니다. 우선, 밤낮으로 창작력이 샘솟을 수 있는 환경을 만들어준 아내와 가족에게 고마운 마음을 전합니다.

피터 애플봄과 헨리 골든은 내가 브레인스토밍한 것을 정리하고 편집하는 데 많은 노력을 기울여주었습니다. 개발 단계에서 와이어트 우드스몰과 켄 블랜차드의 제안은 아주 큰 도움이 되었습니다. 그리고 '사이먼 앤슈스터' 직원들과 잰 밀러, 밥 아사히나가 마지막 순간까지 교정 작업을 해주지 않았다면 이 책은 나올 수 없었을 것입니다.

초기 단계부터 소통과 논의로 인간의 성격, 체계성, 친분 관계에 조언을 주신 분들도 있습니다. 제인 모리슨 부인과 리처드 콥, 짐 론, 존 그라인더, 리처드 밴들러, 여러분의 노고를 절대 잊지 않겠습니다.

마감 시간에 쫓기면서도 최선을 다해준 기술팀, 보조팀과 연구진에게도 감사드립니다. 롭 에번스, 돈 아리스, 도널드 보덴바흐, 캐시 우디, 퍼트리샤 발리턴, 고맙습니다.

그리고 우리의 메시지를 세상에 알리기 위해 지원을 아끼지 않은 로빈스 연구소 직원들과 센터 관리자들에게 특히 감사드리며, 전국의 홍보 담당 직원들께도 감사의 말을 전합니다.

토니 로빈스

우리 안에 있는 가장 큰 힘, 사랑할 수 있는 힘
그리고 그 마법을 공유하는 데 도움을 준 모든 이들에게 바칩니다.
또한 그 누구보다 제이렉, 조슈아, 졸리, 타일러, 베키
그리고 어머니께 이 책을 바칩니다.

차 례

PART 1

탁월성 모델링하기
The Modeling of Human Excellence

PART 2

최고의 성공 공식
The Ultimate Success Formula

리더십: 탁월성을 향한 도전
Leadership: The Challenge of Excellence

서문

　토니 로빈스(앤서니 라빈스Anthony Robbins에서 개명함-옮긴이)가 《무한능력 Unlimited Power》의 서문을 써달라고 요청했을 때 나는 여러 가지 이유로 매우 기뻤다. 무엇보다 토니는 젊은 나이지만 믿기 힘들 정도로 똑똑한 작가다. 우리는 1985년 1월 팜스프링스에서 처음 만났는데, 그때 나는 밥 호프 데저트 클래식 프로암 대회에 참가하고 있었다. 영광의 우승컵을 차지하기 위해 며칠 동안 치열하게 경기를 한 후, 랜초 라스 팔마스 메리어트 호텔에서 참가 선수들을 위해 마련한 파티에 참석했다. 그러고 나서 호주에서 온 친구 키스 펀치와 저녁 식사를 하러 가는 길에 토니 로빈스의 '숯불걷기 Firewalk 세미나'라는 안내 표지판 앞을 지나게 되었다. "당신 안에 잠든 거인을 깨워라"라는 문구가 무척 인상적이었다. 토니에 대해 들은 적이 있던 터라 호기심이 생겼다. 내 친구와 나는 이미 술을 마신 뒤여서 숯불 위를 걸을 수는 없었지만 세미나에는 참석하기로 했다.

　나는 네 시간 반 동안 토니가 기업체 임원, 주부, 의사, 변호사 등 군중을 매혹시키는 것을 보았다. 매혹시켰다고 해서 그가 어떤 마법을 부렸다는 말이 아니다. 토니는 카리스마와 매력, 인간 행동에 대한 해박한 지식으로 사람들의 넋을 완전히 빼놓았다. 20년 동안 경영 교육에 참여했지만 지금까지 참석한 것 중 가장 신나고 고무적인 세미나였다. 마지막에 키스와 나를 제외한 모든 사람이 저녁 내내 타오르는 4.5미터 길이의 불타는 석탄 위를 걸어갔다. 다친 사람은 아무도 없었으며, 누가 봐도 놀랄 만한 광경이었고 모두에게 희망을 주는 경험이었다.

토니는 '숯불걷기'를 하나의 비유로 사용한다. 신비한 기술을 가르치는 것이 아니라 두려운 상황에서도 효과적으로 행동할 수 있는 방법에 실천적인 도구들이 있다는 것을 보여준다. 성공하기 위해 필요한 진정한 능력이 우리 안에 있다는 것을 알려주기 위함이다. 이 서문을 쓰게 되어 기쁜 첫 번째 이유는 토니 로빈스는 내 엄청난 존경과 찬양의 대상이기 때문이다.

두 번째 이유는 토니의 책《무한능력》이 사람들에게 그의 깊고 넓은 사고를 보여줄 것이라고 생각하기 때문이다. 그는 동기부여 전문 강사 그 이상이다. 그는 스물다섯 살의 나이에 이미 동기부여와 성취 심리학의 선도적인 사상가가 되었다. 나는 이 책이 인간 잠재력 발휘 운동의 중요한 텍스트가 될 것이라고 확신한다. 건강, 스트레스, 목표 설정, 시각화 등에 대한 토니의 생각은 최고 수준에 도달해 있으며, 개인의 탁월함을 추구하는 모든 사람에게 필수적이다.

내가 이 책에서 배운 것만큼 여러분도 많이 배우기 바란다. 비록 이 책이 내가 쓴《1분 경영The One Minute Manager》보다 분량이 많지만, 책을 끝까지 읽고 여러분 안에 있는 마법을 깨우는 토니의 사고하는 방식을 잘 활용하길 진심으로 바란다.

켄 블랜차드Kenneth Blanchard 박사, 《칭찬은 고래도 춤추게 한다》《1분 경영》 저자

소개의 말

　나는 평생 대중 앞에서 연설하는 데 어려움을 겪었다. 연기를 할 때도 마찬가지였다. 내 촬영 순서가 되면 몸이 아팠을 정도다. 이렇게 대중 앞에 서는 두려움으로 고통을 겪다가 두려움을 활력으로 바꾸는 토니 로빈스가 나를 치료할 수 있다는 말을 듣고 너무나도 흥분했던 때를 기억한다.

　그와 만나기로 약속했을 때, 설레기도 했지만 의구심이 들었던 것도 사실이다. 나는 NLP(신경언어 프로그래밍)와 토니가 그것을 사용하는 기법에 대해 들어봤지만, 계속해서 전문가들의 도움을 받는 데 수많은 시간과 돈을 허비하고 있었다. 전문가들은 내 두려움은 오랜 시간에 걸쳐 만들어졌기 때문에 빠른 치료를 기대할 수 없다고 말했다. 그리고 문제를 해결하기 위해 매주 정기적으로 방문하라고 권했다.

　토니를 처음 만났을 때, 그의 몸집이 커서 깜짝 놀랐다. 나보다 키가 큰 사람을 만나는 일은 거의 없었는데, 그의 키는 2미터에 육박했고 몸무게 역시 110킬로그램에 가까워보였다. 그는 매우 젊고 유쾌한 사람이었다. 우리는 서로를 마주 보고 앉았고, 그가 내 문제에 대해 묻기 시작하자 나는 극도로 긴장했다.

　그는 내가 원하는 것과 어떻게 변화하고 싶은지를 물었지만, 나는 공포감이 다시 고개를 들까봐 긴장하고 방어적인 자세를 취했다. 토니의 부드러운 목소리를 듣고 나서야 마음이 서서히 진정되었다.

　대중 연설에 대한 두려움이 어느덧 새로운 힘과 자신감으로 가득 찬 감정으로 바뀌는 느낌이 들었다. 토니는 나의 정신을 내가 무대에서 성공적인 연설을 하던 전성기 때로 돌려놓았다. 내가 그러한 정신 속에서 연설하는 동안 토니는 나에게 특별한 자극을 고정시켰다. 그로 인해 나는 말할 때 힘과 자신감을 강화하기 위한 도구를 불러낼 수 있게 되었다. 여러분도 이 책에서 모든 것을 배울 수 있다.

상담받는 약 45분 동안 나는 줄곧 눈을 감고 토니의 말을 들었다. 그는 내 무릎과 손을 만지면서 주기적으로 물리적인 자극을 주었다. 상담을 끝내고 일어섰을 때는 이제껏 느끼지 못했던 가장 편안하고 고요하고 평화로운 느낌을 받았다. 나는 이제 4억 5천만 명의 시청자가 지켜보는 룩셈부르크 TV 쇼를 진행할 수 있다는 자신감이 생겼다.

토니의 방법이 나에게 효과가 있는 것처럼 다른 사람에게도 효과가 있다면, 전 세계 사람들이 행복해질 것이다. 많은 사람들이 죽음을 생각하며 침대에 누워 있다고 한다. 의사들이 암에 걸렸다고 말하면 환자들은 어쩔 줄 몰라 하며 스트레스에 억눌려 살게 된다. 내 평생의 공포증을 한 시간 만에 사라지게 한 토니의 치료법은 감정적, 정신적 또는 육체적 질병을 앓고 있는 모든 사람들에게도 효과가 있을 것이다. 그들도 두려움, 스트레스, 불안감에서 해방될 수 있다. 더 이상 지체하지 않는 것이 중요하다. 물, 높은 곳, 연설, 뱀, 상사, 실패, 죽음 같은 것을 왜 두려워해야 하는가?

나는 이제 자유롭다. 이 책은 여러분에게 똑같은 선택을 제공할 것이다. 나는 《무한능력》이 베스트셀러가 될 것이라고 확신한다. 두려움을 없애줄 뿐 아니라 인간의 모든 행동을 이끌어주는 근본적인 방법을 가르쳐주기 때문이다. 이 책에 있는 정보를 모두 습득하면 자신의 몸과 마음을 완전히 통제할 수 있게 된다. 그렇게 되면 여러분의 인생도 바뀔 것이다.

제이슨 윈터스 경, 《암세포 죽이기Killing cancer》 저자

일러두기

- 이 책에 소개된 참고 도서는 국내에 번역 출간된 도서는 그 제목대로, 출간되지 않은 도서는 원서 제목대로 번역하고, 첫 번째에만 영문을 병기했습니다.
- 본문 중 검색 가능한 유명인의 원어명은 병기하지 않았습니다.
- 본 도서는 토니 로빈스의 첫 책으로, 출간 후 시간이 많이 지나 사례 등이 올드할 수 있으나 원래의 의미를 살리기 위해 대부분 그대로 실었습니다.
- 첫 도서 출간 당시 토니 로빈스의 이름은 앤서니 라빈스Anthony Robbins(국내에도 이렇게 소개되었음)이었으나 재번역 과정에서 '토니 로빈스'로 일괄 교체했습니다.

성공

자주 많이 웃는 것,

지성 있는 사람들에게 존경받고 아이들에게 사랑받는 것,

정직한 비평에 공감하고 거짓된 친구들의 배신을 인내하는 것,

아름다움의 진가를 알아보고 다른 사람에게서 좋은 면을 찾아내는 것,

건강한 아이 낳기, 정원 가꾸기, 사회 환경 개선 등

이 세상을 더 좋게 만드는 것,

나의 삶이 하나의 생명이라도 더 쉽게 숨 쉬게 했다는 사실을 아는 것,

이것이 바로 성공이다.

랠프 월도 에머슨Ralph Waldo Emerson

탁월성 모델링하기

The Modeling of
Human Excellence

1장
재화의 왕

"삶의 진정한 목적은 아는 것이 아니라 행동하는 것이다."
토머스 헨리 헉슬리Thomas Henry Huxley

몇 달 전부터 그 사람 이야기를 들었다. 젊고 부자인 데다 건강하고 성공한 사람이라고 했다. 직접 확인해보고 싶었다. TV 방송에 나오는 그를 유심히 관찰하고, 이후에도 몇 주간 그가 한 국가의 대통령에서부터 공포증환자에 이르기까지 다양한 부류의 사람에게 조언하는 것을 지켜보았다. 영양사와 음식 조합을 논쟁하고, 기업 임원을 교육하고, 운동선수와 학습장애가 있는 아이들을 위해 일하는 것을 보았다. 아내와 함께 전국을 누비며 전 세계를 여행하는 그의 모습을 보니 정말로 행복하고 아내를 무척 사랑하는 사람처럼 보였다. 그는 일을 마치고 나면 비행기를 타고 샌디에이고로 돌아가서 태평양이 내려다보이는 성과 같은 집에서 가족과 함께 시간을 보냈다.

고등학교밖에 졸업하지 않았고, 스물다섯 살밖에 되지 않는 젊은이가 어떻게 그렇게 많은 것을 이룰 수 있었을까? 이 청년은 3년 전만 해도 10평 남짓한 독신자 아파트에 살면서 욕조에서 설거지를 했다. 정상보다 14킬로그램이나 과체중인 뚱보로, 행복과는 거리가 멀고 미래가 불투명한 사람처럼 보였다. 그런데 어떻게 해서 사람들과 좋은 관계를 맺고 존경을 한 몸에 받으면서 무한한 성공의 기회를 거머쥐게 되었을까?

지금까지 한 말을 믿기 힘들겠지만, 더욱 놀라운 사실은 이 사람이 바로 나라는 것이다! '그 남자'가 바로 나이며, 이것은 바로 나의 이야기다.

내 인생이 성공의 모범답안이라고 말하려는 것은 절대 아니다. 분명 우리에게는 자신의 삶을 위해 무엇을 창조하고 싶은지에 대한 꿈과 이상이 있다. 또한 우리는 누구와 알고 지내고, 어디를 가고, 무엇을 소유하는지가 성공의 진정한 척도가 아니라는 것도 잘 알고 있다. 내게 성공이란 더 나은 사람이 되기 위해 지속적으로 노력하는 과정이다. 성공은 다른 사람들에게 긍정적인 방식으로 기여하면서, 정서적·사회적·생리적·재정적으로 그리고 영적·지적으로 부단히 성장할 수 있는 기회다. 성공으로 가는 길은 항상 진행형이다. 발전하며 나아가는 과정이지 도달해야 하는 목적지가 아니다.

내 이야기의 핵심은 간단하다. 나는 내 삶에 여기에 소개하는 원칙을 적용하여 큰 변화를 이루었다. 이 원칙은 나 자신의 생각뿐만 아니라 삶의 결과도 바꾸었다. 내가 이 책을 쓴 이유는 내 삶을 더 좋게 바꾼 비결을 여러분과 공유하고자 함이다. 나와 마찬가지로 여러분도 이 책에서 기술, 전략, 기법 그리고 철학의 힘을 터득하기를 진심으로 바란다. 삶을 마법처럼 가장 위대한 꿈으로 바꾸는 힘은 우리 안에서 잠자고 있다. 이제 그 힘을 깨워야 할 때가 되었다!

내가 꿈을 현실로 바꾼 속도를 볼 때 엄청난 고마움과 경외감을 느끼지 않을 수 없다. 나는 특별한 것과 거리가 먼 사람이다. 사실 우리는 많은 사람들이 거의 하룻밤 사이에 놀라운 일을 해내고, 예전에는 상상도 하지 못한 성공을 거두는 시대에 살고 있다. 스티브 잡스를 보라. 청바지를 입고 다니는 가난한 청년이었지만, 가정용 컴퓨터에 대한 아이디어를 가지고 있었으며, 그가 설립한 회사는 역사상 가장 짧은 기간에 포춘지 500대 기업에 선정되었다. 테드 터너의 경우는 어떤가? 이전에는 존재하지 않던 매체인

케이블 TV로 제국을 건설했다. 브루스 스프링스틴과 스티븐 스필버그 같은 연예계 종사자나 리 아이아코카나 로스 페로 같은 사업가들은 또 어떤가? 놀랄 만한 엄청난 성공을 거두었다는 점 말고 이들의 공통점은 무엇일까? 물론 답은……힘이다.

힘은 매우 감정적인 느낌을 주는 말이다. 이 힘에 대한 사람들의 반응은 다양하다. 어떤 사람들은 이 단어에서 부정적인 느낌을 받는다. 또 어떤 사람들은 강력한 힘을 갈망한다. 힘을 악의적이거나 믿을 수 없는 것으로 생각하고 그것 때문에 자신이 해를 당했다고 느끼는 사람들도 있다. 그러면 우리는 얼마나 많은 힘을 갖기를 원할까? 어느 정도의 힘을 갖거나 발전시키는 것이 적절할까? 힘이란 과연 우리에게 어떤 의미일까?

나는 힘을 다른 사람을 굴복시키는 방편이라고 생각하지 않는다. 누군가에게 무언가를 강요하는 것도 아니라고 생각한다. 물론 내 말이 전적으로 옳다고 주장하는 것은 아니다. 하지만 다른 사람을 강제하는 힘은 오래가지 못한다. 진정한 힘만이 계속 지속된다. 우리는 자신의 눈으로 세상을 인식하지만 다른 사람의 눈을 통해 인식하기도 한다. 자신이 원하는 대로 행동하지만 다른 사람의 뜻에 따라 행동하기도 한다. 나에게 궁극적인 힘은 가장 원하는 결과를 만들어내고, 그 과정에서 다른 사람들을 위한 가치를 창출해내는 능력이다. 힘은 우리의 삶을 바꾸고, 인식을 형성하고, 우리를 방해하지 않으면서 자신을 위해 일을 하도록 만드는 능력이다. 진정한 힘은 함께 나누는 것이지 누구에게 강요하는 것이 아니다. 그 힘은 인간에게 필요한 것을 정의하고 그것을 충족시키는 능력이다. 즉, 자신의 욕구뿐만 아니라 우리가 아끼는 사람들의 욕구 모두를 의미한다. 나의 왕국에서 나의 사고 과정과 행위를 통제함으로써 원하는 정확한 결과를 만들어내는 능력이다.

역사적으로 보면, 우리 삶을 통제하는 힘은 다양하고 서로 모순적인 양상을 띠기도 했다. 초기에 힘은 단순히 물리적인 결과였다. 가장 강하고 가장 빠른 자가 자신의 삶뿐만 아니라 주변 사람들의 삶을 주도할 수 있는 힘이 있었다. 문명이 발달하면서 힘은 상속되었다. 왕은 자기 영역을 나타내는 상징물로 자신을 드러내고 절대적인 권위로 나라를 통치했다. 주변 사람들은 왕과의 관계에서 힘을 얻을 수 있었다. 그 이후 산업 시대 초기에는 자본이 힘이었다. 자본을 가진 자가 산업 전체를 지배했고, 이것들은 오늘날에도 작동하고 있다. 자본은 없는 것보다 있는 것이 좋다. 육체적인 힘도 없는 것보다 있는 것이 낫다. 그러나 오늘날 가장 큰 힘의 원천 중 하나는 전문 지식에서 나온다.

흔히 우리는 정보화 시대에 살고 있다고 한다. 지금은 일차적인 산업 문화가 아닌 의사소통의 시대다. 우리는 양자물리학만큼 심오하든, 불티나게 잘 팔리는 햄버거처럼 흔하든, 새로운 아이디어와 유행, 개념이 거의 매일 세상을 변화시키는 시대에 살고 있다. 현대 사회의 특징이라고 할 만한 것이 있다면 그것은 거의 상상할 수 없는 방대한 정보의 흐름, 즉 변화다. 이 새로운 정보는 책, 영화, 핸드폰, 컴퓨터에서 보고 느끼고 들을 수 있는 엄청난 양의 데이터로 우리에게 다가온다. 이 사회에서 정보를 가진 사람과 소통할 수 있는 사람은 과거에 왕이 가졌던 것과 같은 무한한 힘을 가진다. 경제학자 존 케네스 갤브레이스는 이렇게 말했다. "돈은 과거에 산업 사회를 움직이는 연료였다. 그러나 정보화 사회에서는 지식이 연료이자 힘이다. 이제 정보를 가진 사람들과 무지 속에 살아야 하는 사람들로 구분되는 새로운 계층 구조가 생겼다. 이 새로운 계층은 돈이나 땅이 아닌 지식에서 힘을 얻는다."

흥미로운 점은 오늘날 그 힘의 열쇠는 누구나 사용할 수 있다는 것이다.

중세 시대에는 그 힘을 왕 이외에는 갖기 힘들었다. 산업혁명 초기에도 자본이 없으면 힘을 축적할 가능성은 매우 희박했을 것이다. 그러나 오늘날에는 청바지를 입은 젊은이도 회사를 만들어 세상을 바꿀 수 있다. 현대 사회에서 정보는 모든 재화의 왕이다. 특정 형식의 전문 지식에 접근할 수 있는 사람들은 자신을 변화시킬 수 있을 뿐 아니라 여러 면에서 우리가 사는 세상을 변화시킬 수 있다.

그런데 한 가지 의문이 생긴다. 확실히 미국에서는 우리 삶의 질을 변화시키는 데 필요한 다양한 종류의 전문 지식을 누구나 접할 수 있다. 서점, 도서관, 인터넷에서 얼마든지 구할 수 있다. 강연, 세미나, 강좌 등을 통해서도 얻을 수 있다. 우리는 누구나 성공하고 싶어 하지 않는가? 베스트셀러 목록은 개인의 탁월함을 증진시키기 위한 처방전으로 가득 차 있다.《1분 경영》《초우량 기업의 조건In Search of Excellence》《메가트렌드Megatrends》《하버드 MBA에서도 가르쳐주지 않는 것들What They Don't Teach You at Harvard Business School》《영원의 다리Bridge Across Forever》등의 책에 무수히 많은 정보가 있다. 그렇다면 왜 어떤 사람들은 만족할 만한 결과를 만들어내는 반면, 다른 사람들은 근근이 살아가는 데 그치는 걸까? 우리는 왜 힘 있고 건강하고 풍요롭게 행복을 누리며 성공적인 삶을 살지 못할까?

우리는 정보화 시대에 살고 있지만 정보만으로는 충분하지 않은 것이 사실이다. 아이디어와 긍정적인 사고만 필요하다면 어렸을 때부터 누구나 조랑말 한 마리쯤은 갖고 있었을 테고, 지금은 모두 '꿈꾸던 삶'을 살고 있을 것이다. 행동은 모든 위대한 성공을 하나로 묶는다. 결과를 만드는 것도 행동이다. 지식은 효과적인 조치를 취하는 방법을 아는 사람의 손에 들어오기 전까지는 잠재적인 힘에 불과하다. 사실 '힘'이라는 단어의 정의는 '행동하는 능력'이다. 우리가 인생에서 무엇을 성취할지는 자신과의 의사소통 방식에 따라 결정된다. 현대 사회에서 삶의 질은 의사소통의 질이다. 우리가 무엇을 상상하고 자신에게 무엇을 말하는지 그리고 몸의 근육을 어떻게 움직이고 표정을 어떻게 짓는지에 따라 우리가 알고 있는 것을 얼마나 많이 사용할 것인지가 결정된다.

크게 성공한 사람들을 보면 천부적인 재능을 타고났기 때문에 현재의 위치에 올랐다고 생각하기 쉽다. 하지만 자세히 들여다보면 이들은 평범한 사람과 달리 행동에 옮기는 능력이 탁월한 것을 알 수 있다. 그런데 이것은 우리가 스스로 개발할 수 있는 '재능'이다. 스티브 잡스와 같은 지식을 쌓고, 테드 터너처럼 케이블 TV의 엄청난 잠재력을 아는 사람도 있었을 것이다. 다른 점은 잡스와 터너는 행동으로 옮겼고, 그 결과 많은 사람들이 세상을 경험하는 방식을 바꿔놓았다.

우리는 삶을 살아가기 위해 두 가지 방식의 의사소통을 한다. 한 가지는 내적 의사소통이다. 우리 안에서 상상하고 말하고 느끼는 것이다. 다른 한 가지는 외적 의사소통이다. 우리는 언어, 음색, 표정, 자세, 신체적인 행동 등으로 외부와 소통한다. 의사소통 하나하나는 행동으로 연결되며 우리를 움직이게 하는 근원이 된다. 그리고 모든 의사소통은 우리 자신과 다른 사람들에게 어떤 형태로든 영향을 미친다.

의사소통은 힘이다. 의사소통에 통달해서 이를 효과적으로 사용할 수 있는 사람은 세상 사람들과 자신의 경험을 변화시킬 수 있다. 모든 생각과 행동은 의사소통에 바탕을 둔다. 우리의 생각, 감정, 행동에 영향을 미친 사람들은 의사소통이라는 도구를 사용할 줄 아는 사람들이었다. 존 F. 케네디, 토머스 제퍼슨, 마틴 루터 킹, 프랭클린 델러노 루스벨트, 윈스턴 처칠, 마하트마 간디와 같이 세상을 바꾼 사람들을 생각해보라. 불행한 결과를 낳은 사례지만 히틀러도 생각해보라. 이들의 공통점은 의사소통의 달인이라는 사실이다. 인간을 우주로 수송하고자 했든, 증오로 가득 찬 제3제국을 건설하고자 했든, 그들에게는 대중의 생각과 행동방식에 영향을 미칠 정도로 자신의 비전을 일관된 방식으로 다른 사람들에게 전달하는 능력이 있었다. 의사소통의 힘으로 이 세상을 바꾼 것이다.

이것이야말로 스필버그, 스프링스틴, 아이아코카, 폰다 또는 레이건이 다른 사람들과 차별화되는 점이 아닐까? 이들은 사람들에게 영향을 주는 의사소통의 달인이 아닌가? 또 의사소통은 대중을 움직이는 것과 마찬가지로 우리 자신을 움직이는 도구이기도 하다.

외부 세계와의 소통 수준이 개인적·감정적·사회적·재정적인 외적 성공을 좌우한다. 더욱 중요한 것은 우리가 내적으로 경험하는 행복, 기쁨, 황홀감, 사랑 또는 그 밖에 원하는 모든 것이 자신과 소통하는 방식의 직접적인 결과라는 점이다. 우리가 느끼는 것은 삶에서 일어나는 일의 결과가 아니라 일어나고 있는 일을 우리가 해석한 결과다. 성공한 사람들은 삶의 질이 우리에게서 저절로 일어나는 것이 아니라 어떤 일에 대해 우리가 무엇을 어떻게 하느냐에 따라 결정된다는 것을 지속적으로 보여준다.

우리가 삶을 어떻게 인식하는지에 따라 느끼고 행동하는 방식이 결정된다. 우리가 의미를 부여하지 않으면 실제 아무 의미가 없다. 우리는 대부분 지금까지 이 의미부여 과정을 자동으로 반응하도록 내버려두었다. 하지만 의도적으로 반응할 수 있을 때 우리의 의도대로 세상을 경험할 수 있게 된다.

이 책에서 나는 엄청난 결과로 이어질 수 있는 강력하고 집중적인 행동에 대해 이야기할 것이다. 사실, 이 책의 주제를 한마디로 말하면 "원하는 결과 만들기"다. 생각해보라. 이것이 우리의 진정한 관심사 아닌가? 우리는 자신과 주변 세상을 대하는 감정을 바꾸고 싶어 할 수 있다. 아니면 더 나은 소통을 하고, 더 사랑스러운 관계로 발전시키고, 더 빨리 배우고, 더 건강해지고, 더 많은 돈을 벌고 싶어 할 수도 있다. 이 책에 있는 정보를 효과적으로 사용하면 혼자의 힘으로도 생각보다 훨씬 더 많은 결과를 얻을 수 있다. 그러나 이전에도 우리는 이미 어떤 결과를 만들고 있었다. 하지만 그 결과는 우리가 진정으로 만든 것이 아닐 수도 있다. 정신 상태나 마음에서 일어나는 대부분을 스스로 통제할 수 없다고 생각했기 때문이다. 그러나 이제는 예전에는 불가능하다고 생각했던 정도까지 정신적 활동과 행동을 통제할 수 있다. 지금 우울하다면, 내가 우울증이라는 감정을 만들어낸 것이다. 황홀하다면, 그것 역시 내가 만든 것이다.

우울한 감정은 저절로 생겨나는 것이 아니라는 사실을 아는 것이 중요하다. 우리는 우울증에 걸리는 것이 아니다. 우울증은 삶의 다른 모든 결과와 마찬가지로 특정한 정신적·육체적 행동을 통해 우리가 만들어낸 감정이다. 우울해졌다면 자신의 삶을 특정한 방식으로 바라봐야 한다. 말할 때도 우울한 어조를 사용했을 것이다. 그리고 특정한 자세와 호흡 방식을 취했을 것이다. 예를 들어, 우울한 사람은 어깨를 축 늘어뜨리고, 고개를 숙이고 아래를 내려다보는 경향이 있다. 슬픈 어조로 말하고 최악의 시나리오를 생각하는 것도 원인이 된다. 잘못된 식습관이나 과음 또는 약물 사용으로도 신진대사에 혼란이 생기기 때문에 신체가 저혈당을 생성하도록 하여 확실히 우울해진다.

간단히 말하면, 우울증은 이유 없이 생기는 것이 아니다. 그냥 우울해지는 것은 쉽지 않으며 특정한 행동을 취해야 가능하다. 하지만 이 상태가 너무 자주 발생하는 사람들이 있다. 그들은 어렵지 않게 이 감정에 빠진다. 실제 생활에서 이러한 내적 의사소통 패턴을 모든 유형의 외부 상황과 연결한다. 또 어떤 사람들은 다른 사람들의 관심, 동정, 사랑 등 부차적인 혜택을 너무 많이 받아서 이러한 의사소통 방식을 자신의 자연스러운 생활 상태로 받아들인다. 그런가 하면 너무 오랫동안 그 감정을 가지고 살아서 우울한 상태를 편안하게 느끼는 사람들도 있다. 자신이 우울함 그 자체인 것이다. 그러나 우리는 정신적·육체적 행동을 다르게 해서 감정과 행동도 즉시 변화시킬 수 있다.

열정적인 감정을 느끼고 싶을 때 여기에 집중하면 곧바로 열정적이 될 수 있다. 우리는 이러한 감정의 느낌을 머릿속에 그릴 수 있다. 우리 스스로 내적 소통의 어조와 내용을 바꿀 수 있다. 이러한 감정 상태를 만드는 특정한 자세와 호흡 패턴을 선택할 수 있다. 직접 시도해보라! 열정을 경험할 것이다. 연민의 감정을 갖고 싶으면 연민의 상태에 맞도록 신체적·정신적 행동을 바꿔야 한다. 사랑은 물론 다른 감정에도 똑같이 적용할 수 있다.

내적 소통을 관리하여 감정 상태를 도출하는 것은 영화감독의 연출 과정과 유사하다고 볼 수 있다. 감독은 원하는 결과를 얻기 위해 우리가 보고 듣는 것을 조작한다. 관객을 놀라게 하고 싶으면 볼륨을 갑자기 높이거나 적절하게 특수 효과를 사용한다. 감정을 자극하는 원하는 효과를 내기 위해 화면에서 음악과 조명, 그 밖에 모든 것을 조절한다. 영화감독이 화면에 담는 것이 무엇인가에 따라 같은 사건에서 비극이 연출될 수도 있고 희극이 연출될 수도 있다. 우리의 마음속 화면으로도 똑같이 할 수 있다. 모든 신체 활동의 토대가 되는 정신 활동을 기술과 힘으로 통제할 수 있다. 머릿속에 긍정적인 메시지를 보내기 위해 빛을 밝히고 소리를 높이거나 부정적인 메시지를 주기 위해 화면을 어둡게 하고 소리를 약하게 할 수도 있다. 스필버그나 스코세이지가 영화 세트장을 운영하듯 우리도 우리의 뇌를 능숙하게 다룰 수 있다.

지금 말하려는 이야기 중 일부는 이해하기 힘들지도 모른다. 어떤 사람은 자신이 생각하는 것을 정확히 알거나 자신의 의지만 있으면 순식간에 가장 강력한 자원을 불러올 수 있는 방법이 있다고 한다면 아마 믿지 않을 것이다. 만약 누군가가 100년 전에 인간이 달에 갈 수 있다고 주장했다면 미친 사람이나 정신이상자 취급을 받았을 것이다. 또한 뉴욕에서 로스앤젤레스까지 5시간 만에 갈 수 있다고 말했다면 몽상가라고 손가락질을 받았을 것이다. 그러나 특정 기술과 기체역학 법칙을 습득하면 가능한 일이다. 실제로 지금 한 항공우주 회사에서는 10년 안에 사람들을 뉴욕에서 캘리포니아까지 12분 만에 운송할 교통수단을 개발하고 있다. 마찬가지로 우리는 이 책에서 아직 미처 깨닫지 못한 자원에 접근할 수 있게 해주는 '최적의 성과기법Optimum Performance Technologies®'을 배우게 될 것이다.

> **"열심히 노력하면 몇 배의 보상이 뒤따를 것이다."**
> 짐 론Jim Rohn

탁월성에 도달한 사람들은 성공을 향해 시종일관 같은 길을 간다. 나는 이를 '최고의 성공 공식Ultimate Success Formula'이라고 부른다. 이 공식의 첫 번째 단계는 목표를 아는 것, 즉 원하는 바를 정확하게 정의하는 것이다. 두 번째 단계는 행동을 취하는 것이다. 행동으로 옮기지 않으면 우리의 바람은 항상 꿈에 그치고 말 것이다. 원하는 결과를 얻을 가능성이 가장 높다고 생각하는 방식으로 행동해야 한다. 그러나 우리가 취하는 행동이 반드시 원하는 결과로 이어지는 것은 아니다. 그러므로 우리는 감각 능력을 발휘하여 행동에서 어떤 유형의 반응과 결과가 나오는지를 인식해야 한다. 이 것이 세 번째 단계다. 어떤 행동들이 목표에 더 가까이 또는 더 멀리 데려가고 있는지를 가능한 한 빨리 알아차려야 한다. 대화에서든 일상의 습관에서든 자신의 행동에서 무엇을 얻고 있는지를 알아야 한다. 우리가 바라던 것을 얻고 있지 않다면, 다른 사람의 경험에서 배울 수 있도록 우리의 행동이 어떤 결과를 낳았는지 주목할 필요가 있다. 네 번째 단계는 원하는 것을 얻을 때까지 행동을 바꿀 수 있는 유연성을 갖는 것이다. 성공한 사람들을 보면 이 네 가지 단계를 충실히 따랐다는 것을 알 수 있다. 그들은 목표를 가지고 시작했다. 목표가 없으면 아무것도 할 수 없기 때문이다. 아는 것만으로는 충분하지 않기 때문에 행동으로 옮겼다. 다른 사람들을 보고 그들의 반응이 어떤지 파악하는 능력이 있었다. 그리고 효과가 있는 것을 찾을 때까지 계속해서 행동을 적용하고 조정하면서 바꿔나갔다.

스티븐 스필버그의 사례를 살펴보자. 그는 서른여섯의 나이에 역사상 가장 성공한 영화감독이 되었다. 개봉 당시 최고 흥행을 기록한 〈E. T.〉를 포함하여 많은 영화를 연출했다. 어떻게 그는 그토록 젊은 나이에 정상의 위치에 도달할 수 있었을까? 스필버그의 놀라운 일화가 있다.

스필버그는 열두세 살 때부터 영화감독이 되겠다는 꿈을 키웠다. 그러던 중 열일곱 살이 되던 해 유니버설 스튜디오를 견학하면서 그의 인생이 바뀌었다. 견학 코스에는 촬영 화면의 녹음이 이루어지는 사운드스테이지는 포함되어 있지 않았다. 자신이 원하는 것을 잘 아는 스필버그는 행동을 취했다. 실제 영화 촬영 현장을 지켜보려고 혼자 몰래 숨어든 것이다. 그러면서 유니버설 영화사 편집부장을 만나 한 시간 동안 함께 이야기를 나누었다. 그는 스필버그의 영화에 대한 열정에 깊은 관심을 표했다.

대부분 사람들의 이야기는 여기서 끝났을 것이다. 그러나 스필버그는 보통 사람들과 달랐다. 그에게는 힘이 있었다. 자기가 원하는 것이 무엇인지 알고 있었다. 그는 첫 번째 방문에서 깨달은 것이 있었기 때문에 접근 방식을 바꿨다. 다음 날 스필버그는 양복을 입고 한 손에는 아버지의 서류 가방을 들고 다른 손에는 샌드위치와 사탕 두 개를 들고, 마치 그 스튜디오에서 일하는 사람처럼 영화사에 갔다. 일부러 경비 부스 앞도 당당히 지나갔다.

또한 스튜디오에서 사용하지 않는 트레일러를 발견하고 플라스틱으로 된 알파벳 글자판을 이용해서 '영화감독 스티븐 스필버그'라는 명판을 만들어 문에 붙였다. 그 여름 그는 그토록 갈망하던 영화 세계의 주변에 머물면서 감독, 작가, 편집자를 만나 대화를 나누고 많은 것을 배웠다. 또한 영화를 만드는 데 무엇이 중요한지 관찰하면서 예민한 감각을 점점 더 키워갔다. 스무 살이 되었을 때, 마침내 스필버그는 촬영장의 단골손님이 되었다. 그 후 자신이 만든 소박한 영화 한 편을 유니버설 영화사에 보냈고, 그 결과 TV 시리즈물 감독으로 7년 계약을 제안받았다. 마침내 꿈을 이룬 것이다.

스필버그는 최고의 성공 공식을 따랐는가? 확실히 그랬다. 자신이 원하는 전문 지식이 무엇인지 알고 있었다. 그는 행동에 옮겼다. 자신의 어떤 행동이 목표에 더 가깝게 또는 더 멀어지게 하는지를 판단할 수 있는 민감함이라는 자질이 있었다. 그리고 원하는 것을 얻기 위해 행동을 바꿀 수 있는 유연성도 있었다. 내가 아는 모든 성공한 사람들이 거의 비슷하다. 성공한 사람들은 자신이 원하는 삶을 창조할 때까지 최대한 변화하고 융통성을 발휘한다.

이번에는 컬럼비아대학교 법학대학원의 바버라 블랙Barbara Black 학장의 사례를 살펴보자. 언젠가 학장이 되겠다고 꿈을 꿨던 젊은 그녀는 남자들의 주된 활동 분야에 뛰어들었고, 컬럼비아대학교에서 성공적으로 법학 학위를 취득했다. 그런 다음 경력 쌓기를 잠시 중단하고, 다른 목표인 가정을 꾸리기로 결정했다. 그리고 9년 후, 자신의 첫 번째 목표를 다시 이어갈 준비가 되었다고 생각했다. 예일대학교의 대학원 프로그램에 등록한 그녀는 '늘 바라던 일'을 하기 위해 교수법, 연구 및 작문 기술을 습득해나갔다. 자신의 신념체계를 확장한 것이다. 접근 방식을 바꿔가며 두 가지 목표를 성공적으로 병행했고, 미국에서 가장 권위 있는 로스쿨 중 한 곳의 학장이 되었다. 바버라 블랙 학장은 기존의 틀을 깨고 여러 단계에서 동시에 성공할 수 있음을 증명했다. 그녀는 최고의 성공 공식을 따랐을까? 물론이다. 자신이 원하는 것이 무엇인지 알고 행동으로 옮겼고, 효과가 없으면 유연하게 접근 방법을 바꿔가며 목표를 이루었다. 현재 그녀는 명문대 로스쿨을 이끄는 리더지만, 집에서는 다정한 어머니이자 가정주부이기도 하다.

또 다른 사례를 들어보겠다. KFCKentucky Fried Chicken는 아주 잘 알려진 패스트푸드 업체다. KFC를 창업한 샌더스 대령은 어떻게 백만장자가 되었고, 어떻게 음식 문화를 바꾼 제국을 건설했을까? 창업할 당시만 해도 그는 프라이드 치킨에 대한 레시피 정도만 알고 있는 퇴역 군인에 불과했다. 그게 전부였다. 아는 사람도 별로 없고 가진 것도 거의 없었다. 작은 식당을 하나 운영하고 있었지만, 고속도로가 다른 곳으로 뚫려 차량의 통행이 한적해진 탓에 파산하고 말았다. 그는 처음으로 사회 보장 연금을 받으면서, 자신의 치킨 레시피를 팔아 돈을 벌어야겠다고 생각했다. 첫 번째 아이디어는 식당 주인에게 치킨 레시피를 팔고 식당 수익금의 일정 비율을 받는 것이었다.

현실적으로 그다지 매력적인 사업 아이디어는 아니었다. 그리고 나중에 판명되었지만 샌더스 대령은 이 아이디어로 성공한 것이 아니다. 그는 차 안에서 잠을 자면서 자신을 후원해줄 사람을 찾아 전국을 누볐다. 계속해서 생각을 바꿔가며 식당 문을 두드렸다. 1,009번이나 거절당했고, 마침내 기적 같은 일이 일어났다. 누군가가 "좋아요."라고 말한 것이다. 대령은 그렇게 사업을 시작했다.

이 레시피를 아는 사람이 어디 한둘이었을까? 하얀 옷을 입은 덩치 큰 노인의 육체적인 힘과 카리스마가 특별해 보였을까? 샌더스 대령은 원대하고 단호하게 행동을 취하는 능력이 있었기 때문에 성공한 것이다. 그에게는 자신이 가장 원하는 결과를 내는 데 필요한 힘이 있었다. "아니오."라는 말을 수천 번 듣고도 계속해서 옆집 문을 두드리는 것으로 자신과 소통할 수 있는 능력이 있었고, 누군가가 "좋아요."라고 말할 것이라는 확신이 있었다.

이 책에서 제시하는 모든 방법은 성공적인 행동을 취할 수 있도록 힘을 실어주기 위해 가장 효과적인 신호를 뇌에 제공하는 데 중점을 두고 있다. 나는 거의 매주 '정신 혁명The Mind Revolution'이라는 4일간의 세미나를 진행한다. 이 세미나에서는 뇌를 가장 효과적으로 작동시키는 방법부터 개인의 에너지를 극대화할 수 있는 식사법, 호흡법, 운동법 등 많은 것을 가르친다.

첫째 날 저녁에는 '두려움을 힘으로Fear Into Power'라는 강좌가 있다. 이 시간에는 사람들에게 두려움 때문에 중단하는 일 없이 계속 행동을 취하는 방법을 알려준다. 마지막 날에는 3~4미터 길이의 불타는 숯 위를 걷는 과정이 있는데, 상위 그룹에서는 12미터 정도의 숯불 길을 걷는다. '숯불걷기'는 본래의 의미가 희석되지 않을까 걱정이 될 정도로 대중 매체의 주목을 받았다. 핵심은 불 위를 걷는 것, 그 자체가 아니다. 뜨거운 불길을 걷는 산책에서 얻을 수 있는 큰 경제적 또는 사회적 이익은 없다. 숯불걷기는 개인적 힘에 대한 경험이자 가능성이라고 할 수 있으며, 사람들이 이전에는 불가능하다고 생각했던 결과를 바꿀 수 있는 기회다.

사람들은 수천 년 동안 몇 가지 방식의 숯불걷기를 행해왔다. 어떤 지역에서는 숯불걷기가 종교적 신념을 확인하기 위한 의식이었다. 그러나 내가 숯불걷기를 할 때, 이 행위는 전통적인 의미에서 종교적 체험이 아니다. 신념에 대한 체험이다. 가장 본능적인 의미에서 사람들이 바뀔 수 있고, 성장할 수 있고, 스스로 확장할 수 있고, 불가능하다고 생각한 일을 할 수 있으며, 가장 큰 두려움과 한계를 자신이 무너뜨릴 수 있다는 것을 가르친다.

불 위를 걸을 수 있고 없고의 유일한 차이는 자신에게 일어날 일에 대한 과거의 두려움을 떨치고 내적으로 소통하여 행동을 취하게 하는 능력이다. 여기에서 교훈은, 할 수 있다고 믿고 효과적인 행동을 취할 수 있는 자원을 소집하는 한 실제로 불가능한 일은 없다는 것이다.

이 모든 것이 초래하는 결과는 필연적이면서 확실하다. 성공은 우연히 오는 것이 아니다. 긍정적인 결과를 만들어내는 사람과 그렇지 않은 사람의 차이는 주사위를 무작위로 굴리는 것과는 다르다. 탁월성을 향한 구체적인 경로이자 일관적이고 논리적인 패턴은 우리가 도달할 수 있는 곳에 있다. 우리는 우리 안에 있는 마법을 풀 수 있다. 가장 강력하고 유리한 방식으로 우리의 마음과 몸에 불을 켜고 사용하는 방법을 배워야 한다.

스필버그와 스프링스틴의 공통점은 무엇일까? 존 F. 케네디와 마틴 루터 킹 목사는 사람들과 무엇을 공유했기에 그렇게 심오하고 감정적인 방식으로 많은 사람들에게 영향을 미쳤을까? 기업가 테드 터너와 가수 티나 터너가 일반 사람들과 다른 점은 무엇일까? 야구선수 피트 로즈Pete Rose와 로널드 레이건은 어떤가? 이들에게는 자신의 꿈을 이루기 위해 지속적으로 효과적인 행동을 취하는 능력이 있었다. 이들은 무엇 때문에 자신이 하는 일에 모든 능력을 쉴 새 없이 쏟아부었을까? 물론 여기에는 많은 원인이 있다. 그들에게는 내부에서 배양한 성격 특성, 즉 성공하기 위해서는 필요한 모든 것을 할 수 있는 불 같은 힘을 주는 특성이 있다고 나는 믿는다. 다음은 성공을 보장할 수 있는 기본적인 촉발 메커니즘 일곱 가지다.

첫 번째 특성: 열정!

앞에 언급한 사람들은 모두가 자신을 행동하게 하고 성장시킴으로써 더욱 많은 것을 하게 만드는 동기, 즉 강력하고 활력이 넘치며 강박에 가까울 정도의 목적의식을 갖고 있었다. 이 목적의식은 성공으로 가는 열차에 동력을 공급하는 연료이며 진정한 잠재력을 발휘하게 한다. 야구선수 피트 로즈가 메이저리그 데뷔전을 치르는 신인처럼 과감하게 2루로 뛰어들게 만드는 것, 바로 그것이 열정이다. 리 아이아코카의 행동이 다른 사람들과 구별되는 것도 열정 때문이다. 컴퓨터 공학자들이 우주를 왕복할 수 있는 혁신적 연구를 하도록 이끄는 것도 열정이다. 사람들이 일하느라 늦게까지 자지 않고도 다음 날 일찍 일어나게 하는 것 또한 열정이다. 사람들은 서로의 관계에서도 열정적이기를 원한다. 열정은 삶에서 힘과 활력, 의미를 제공한다. 운동선수, 예술가, 과학자, 부모 또는 사업가 모두 열정 없이는 위대함도 없다.

목표의 힘으로 이 내면의 힘을 발휘하는 방법은 11장에서 알아볼 것이다.

두 번째 특성: 신념!

지구상의 모든 종교 서적은 인류에 대한 신앙과 믿음의 힘 그리고 그 효과에 대해 말한다. 크게 성공한 사람들의 신념과 실패한 사람들의 신념 사이에는 확연한 차이가 있다. 우리가 어떤 존재이고 무엇을 할 수 있는지에 대한 믿음은 우리가 무엇이 될 것인지를 정확하게 결정한다. 마법을 믿으면 마법 같은 삶을 살게 되지만 삶이 한정되어 있다고 믿으면 불현듯 그 한계가 현실이 된다. 사실이라고 믿고 가능하다고 믿으면 그것이 현실이 되고 실현 가능해진다. 이 책은 신념을 신속하게 바꿀 수 있는 구체적이고 과학적인 방법을 제공하여 원하는 목표를 달성할 수 있도록 할 것이다. 열정은 있지만 자신이 누구이고 무엇을 할 수 있는지에 대한 신념이 부족하면 꿈을 현실로 만들 수 있는 행동을 취하지 못한다. 성공한 사람들은 자신이 진정으로 원하는 것이 무엇인지 알고, 그것을 성취할 수 있다고 믿는다.

우리는 4장과 5장에서 신념이란 무엇이며, 이것을 어떻게 활용할지 배울 것이다.

열정과 신념은 탁월성으로 가는 연료인 추진력을 제공한다. 하지만 추진력만으로는 충분치 않다. 추진력은 로켓에 연료를 공급해서 단순히 하늘을 향해 날아가게 할 정도면 충분하다. 하지만 목표를 달성하기 위해서는 그 힘 외에도 경로, 즉 논리적인 체계에 대한 지적 감각이 필요하다.

세 번째 특성: 전략!

전략은 자원을 체계화하는 방식이다. 스티븐 스필버그는 영화감독이 되기로 결심했을 때 자신이 정복하려는 세계로 가는 과정을 구상했다. 그래서 배워야 할 것, 관계를 맺어야 할 사람, 해야 할 일을 생각했다. 그에게는 열정과 믿음이 있었을 뿐만 아니라 이것들을 최대한 발휘할 수 있는 전략도 있었다. 로널드 레이건은 원하는 결과를 얻기 위해 일관되게 사용할 수 있는 독특한 커뮤니케이션 전략을 구상했다. 위대한 정치인, 연예인, 부모 또는 고용주라면 성공하기 위해서 자원만 있는 것으로는 충분하지 않다. 이 자원을 최대한 효과적으로 활용할 수 있어야 한다. 전략이란 최고의 재능과 야망이 올바른 길을 찾아가도록 하는 것이다. 문은 부숴서 열 수 있지만 열쇠를 찾아서 열 수도 있다.

이 탁월성을 이끌어내는 전략은 7장과 8장에서 배울 것이다.

네 번째 특성: 분명한 가치관!

미국을 위대하게 만든 요인을 생각하면 애국심, 자부심, 관용, 자유에 대한 사랑 같은 것들을 떠올리게 된다. 이와 같은 것이 가치관이며, 무엇이 진정으로 중요한지에 대한 우리의 근본적·실용적·윤리적·도덕적인 판단이다. 이 가치관들은 삶에서 옳고 그름을 판단하는 구체적인 신념체계다. 무엇이 삶을 가치가 있게 만드는지 우리가 내리는 판단 기준이다. 많은 사람들이 자신에게 무엇이 중요한지 명확하게 알지 못한다. 자신과 다른 사람들에게 무엇이 좋은지 분명하지 않기 때문에, 훗날 무의식적으로 자신을 불행하게 만드는 행동을 하고 만다. 위대한 업적을 남긴 사람들은 자신에게 정말로 중요한 것에 대해 분명히 알고 있었다. 로널드 레이건, 존 F. 케네디, 마틴 루터 킹, 존 웨인, 제인 폰다 같은 사람들을 생각해보라. 이들의 비전은 각각 달랐지만 기본적인 도덕적 바탕에서는 같았다. 자신이 누구인지 그리고 자신이 하고 있는 일을 왜 하는지에 대한 가치를 분명히 알고 있었다. 가치관을 이해하는 것은 탁월성에 도달하기 위한 가장 보람 있고 도전적인 열쇠 중 하나다. 이 가치관은 18장에서 다룰 것이다.

이미 알고 있겠지만, 이 특성들은 서로에게 영향을 미치고 상호작용을 한다. 열정은 신념의 영향을 받을까? 당연히 영향을 받는다. 우리가 무언가를 성취할 수 있다는 믿음이 강할수록, 일반적으로 그 성취에 기꺼이 더 많은 것을 투자하게 된다. 그러면 신념 자체만으로 탁월성을 달성할 수 있을까? 물론 시작은 좋을 수 있다. 하지만 일출을 볼 것이라고 믿고, 이 목표를 달성하기 위해 서쪽으로 달리는 전략을 세운다면 어떻게 될까? 당연히 많은 어려움을 겪을 것이다. 성공을 위한 전략은 가치관의 영향을 받을까? 물론이다. 성공을 위한 전략이 삶에서 무엇이 옳고 그른지에 대한 무의식적 신념에 맞지 않는 일을 하도록 요구한다면 최고의 전략도 효과가 없을 것이다. 이러한 상황은 처음에는 성공처럼 보이지만 최종적으로는 성공으로 이어지지 못한다. 개인의 가치관과 성공을 위한 전략 사이에 내적 충돌이 있기 때문이다.

마찬가지로, 우리가 지금까지 살펴본 네 가지 특성은 따로 분리해서 생각할 수 없다.

다섯 번째 특성: 활력!

활력은 브루스 스프링스틴이나 티나 터너가 공연에서 보여주는 엄청난 열정과 헌신일 수 있다. 또한 도널드 트럼프나 스티브 잡스의 기업가적 역동성일 수도 있다. 로널드 레이건과 캐서린 헵번의 활력일 수도 있다. 맥이 빠진 사람처럼 느릿느릿 가면 탁월성에 도달할 수 없다. 탁월한 사람들은 기회를 포착하고 구체화한다. 살면서 기회는 매일 찾아오며, 모자라는 것은 시간뿐이라고 생각한다. 세상에는 자신의 열정을 믿고 그 열정에 보답해줄 수 있는 전략을 알고 가치관을 조정하는 사람들이 많지만, 대부분 육체적·정신적 활력이 없어서 알고 있는 것을 행동으로 옮기지 못한다. 위대한 성공은 자신이 가진 것을 최대한 활용할 수 있게 해주는 육체적·지적·영적 에너지와 불가분의 관계다.

9장과 10장에서 우리는 즉각적으로 물리적 활력을 증가시킬 수 있는 도구를 알아보고 또 적용하는 법을 배울 것이다.

여섯 번째 특성: 친화력!

성공한 사람들의 공통점은 다른 사람들과 유대감을 형성할 수 있는 특별한 능력, 즉 서로 다른 배경과 신념을 가진 사람들과 연계하고 관계를 발전시키는 능력이 있다는 것이다. 물론 미친 천재가 나타나 세상을 변화시키는 무언가를 발명하는 경우도 있다. 그러나 외로운 천재는 일정 수준까지는 성공할 수 있어도 그 이상의 수준에는 도달하지 못한다. 케네디, 마틴 루터 킹 부자, 레이건, 간디의 위대한 성공은 이들 모두가 수많은 다른 사람들과 연계하여 유대감을 형성할 수 있는 능력이 있었기에 가능했다. 가장 큰 성공은 세상이라는 무대 위에 있는 것이 아니라 마음 가장 깊은 곳에 있다. 사람은 다른 사람들과 오래 지속될 수 있는 사랑의 유대감을 형성해야 한다. 이것이 없으면 실제로 어떠한 성공이나 탁월성도 공허할 뿐이다.

유대감은 13장에서 배울 것이다.

일곱 번째 특성: 소통 능력 정복!

마지막 특성은, 앞에서도 언급했지만 이 책에서 말하고자 하는 핵심이기도 하다. 우리가 다른 사람들과 소통하는 방식, 그리고 우리 자신과 소통하는 방식이 궁극적으로 삶의 질을 결정한다. 인생에서 성공한 사람들은 인생이 주는 어떤 도전도 받아들이고, 그 경험을 어떻게 성공적으로 변화시키고 자신에게 전달하는지를 터득한 사람들이다. 실패한 사람들은 인생의 역경을 한계로 받아들인다. 우리의 삶과 문화를 형성하는 사람들은 다른 사람들과의 관계에서 소통의 달인이기도 하다. 이들의 공통점은 비전이나 탐구, 기쁨이나 사명을 전달할 수 있는 능력이다. 의사소통을 잘하면 훌륭한 부모, 위대한 예술가, 위대한 정치가 또는 뛰어난 교사가 될 수 있다. 이 책의 거의 모든 내용은 어떤 방식으로든 소통, 간극 메우기, 새로운 길 구축, 새로운 비전 공유와 관련이 있다.

PART 1에서는 이전보다 더 효과적으로 뇌와 몸을 관리하고 작동하는 방법을 알아본다. 그리고 자신과 소통하는 방식에 영향을 미치는 요인들에 대해 다룬다. PART 2에서는 삶에서 우리가 진정으로 원하는 것이 무엇인지 찾아내는 방법, 다른 사람들과 효과적으로 소통하는 방법 그리고 그들이 지속적으로 만들어내는 행동 유형을 예측할 수 있는 방법을 살펴본다. PART 3에서는 우리가 어떻게 행동해야 하는지, 무엇이 우리에게 동기를 부여하는지, 어떻게 광범위한 차원에서 공헌할 수 있는지를 생각해볼 것이다. 여기서 배운 기법을 활용하면 훌륭한 리더가 될 수 있다.

이 책을 쓸 때 원래의 목표는 인간을 개발하기 위한 교재, 즉 최고이자 최신의 변화 기법이 집약된 교과서를 만드는 것이었다. 원하는 모든 것을 바꿀 수 있는 기술과 전략으로 여러분을 무장시키고, 이전에 꿈꿔온 것보다 더 빠르게 일을 수행할 수 있도록 하고 싶었다. 아주 확실한 방법으로 당장 삶의 질을 높일 수 있는 계기를 제시하려고 했다. 또한 다시 볼 때마다 여러분의 삶에서 유용한 것을 찾을 수 있는 책을 만들고자 했다. 책에 있는 각각의 주제들은 각각 한 권의 책으로 펴낼 수 있을 정도로 자세하다. 각 분야에서 사용할 수 있도록 완전한 정보를 제시했기 때문에 충분히 응용할 수 있을 것이다. 이 책을 통해 원하는 것을 찾기 바란다.

이 책이 출간되기 전에 원고를 읽어본 사람들의 반응은 한 가지만 빼고 대체로 매우 긍정적이었다. 몇몇 사람들이 "이 원고는 책 두 권 분량이에요. 두 권으로 나누고, 먼저 한 권을 출간하고 다른 하나를 1년 후에 내놓으면 어떨까요?"라고 말했다. 내 목표는 독자에게 최대한 빨리 양질의 정보를 제공하는 것이었다. 이 기법들을 따로따로 내보내고 싶지 않았다. 그러나 많은 연구 결과에서 책을 사는 사람 중 첫 장을 끝까지 읽는 비율은 10퍼센트도 안 된다고 한다. 사람들이 내가 가장 중요하다고 생각하는 부분까지 읽지 못할까봐 걱정이 되었다. 처음에는 그 통계 자료를 믿고 싶지 않았다. 그러던 중 다른 자료들이 생각났다. 미국 국민의 3퍼센트 미만이 재정적으로 독립하고, 10퍼센트 미만이 자신의 목표를 글로 써놓는다고 한다. 미국 여성의 35퍼센트(남성은 훨씬 더 적음)가 자신이 건강하다고 생각하며, 많은 지방 정부에서는 두 쌍 중 한 쌍이 이혼한다는 것이다. 어차피 소수의 사람만이 진정으로 꿈에 그리던 삶을 살고 있다. 왜 그럴까? 부단한 노력과 일관된 행동이 필요하기 때문이다.

텍사스의 석유 재벌 벙커 헌트는 사람들에게 성공하는 방법에 대해 조언을 해달라는 요청을 받은 적이 있다. 그는 성공은 간단하다고 말했다. 첫째, 자신이 원하는 것을 구체적으로 정하고, 둘째, 원하는 바를 실현하기 위해 기꺼이 대가를 치를 것인지를 결정하고 나서 실행에 옮기라는 것이다. 두 번째 단계를 수행하지 않으면 장기적으로 볼 때 원하는 것을 얻을 수 없다. 나는 자신이 무엇을 원하는지 알고 있으면서 말만 하는 사람을 '말뿐인 다 수', 원하는 것을 얻기 위해 기꺼이 대가를 지불할 의사가 있는 사람을 '행 동하는 소수'라고 부르고 싶다. 흥미를 갖고 이 책을 끝까지 읽고, 배운 것 을 다른 사람들과 나누고 즐기게 되길 바란다.

이번 장에서 나는 효과적인 행동을 취하는 것이 최우선이라고 강조했다. 행동을 취하는 방법은 여러 가지가 있다. 개인에 따라 정도의 차이는 있겠 지만, 시행착오를 겪을 수 있다. 크게 성공한 사람들은 대부분 원하는 것을 얻기까지 수없이 변경하고 조정하는 과정을 거친다. 시행착오는 겪어도 되 지만 한 가지 문제는 한정된 자원인 시간을 엄청나게 많이 소비한다는 것 이다.

학습 과정에 속도를 높일 수 있는 방법이 있다면 어떨까? 탁월한 사람들 이 이미 터득한 정확한 교훈을 학습하는 방법을 알려주면 어떨까? 누군가 가 완성하는 데 수년이 걸린 것을 몇 분 만에 배울 수 있다면 어떨까? 이를 수행하는 방법은 모델링을 통해 다른 사람의 탁월성을 정확하게 재현하는 것이다. 행동에 옮기는 사람과 성공을 꿈꾸기만 하는 사람의 차이점은 무 엇일까? 자, 함께 찾아보자.

2장
성공과 실패를 가르는 요인

"인생사는 참 묘하다.
최고가 아닌 것을 거부할 때 진정한 최고를 얻게 되니 말이다."
W. 서머싯 몸W. Somerset Maugham

한 남자가 고속도로를 시속 100킬로미터로 달리고 있었는데 갑자기 사고가 발생했다. 눈 앞에 무언가 보였고 다시 앞을 보았을 때는 손쓸 시간이 없었다. 앞에 있던 대형 트럭이 갑자기 멈춘 것이다. 손을 쓰기에는 너무 늦었다. 목숨을 구하기 위해 황급히 자신의 오토바이를 넘어뜨리면서 한없이 미끄러져 갔다. 마치 영원과도 같은 고통을 느끼며 느린 속도로 트럭 아래로 미끄러져 들어갔다. 오토바이에서 연료통 마개가 튕겨져 나가면서 최악의 상황이 발생했다. 연료가 흘러나와서 불이 붙은 것이다. 한참 후 병원 침대에서 의식을 찾았을 때, 그는 눈을 뗄 수 없을 정도의 극심한 고통으로 숨쉬기조차 힘든 상태였다. 몸의 4분의 3이 끔찍한 3도 화상을 입었다. 그러나 그는 포기하지 않았다. 삶을 되찾기 위해 악전고투 끝에 직장 생활을 재개할 수 있었다. 그런데 또다시 엄청난 재앙을 겪는다. 비행기 추락 사고로 인해 평생 하반신이 마비된 채로 살게 된 것이다.

인생을 살다보면 누구에게나 한 번쯤은 도전의 시기가 오게 마련이다. 이때 우리가 가진 모든 자원이 시험을 받는다. 삶이 불공평해 보이면서 우

40

리의 믿음, 가치, 인내, 연민, 끈기가 모두 한계에 부딪힌다. 어떤 사람들은 이 시험을 더 나은 사람이 되기 위한 기회로 활용하는가 하면, 또 어떤 사람들은 이 경험이 자신을 파괴하도록 내버려둔다. 무엇이 인간이 삶의 위험에 대처하는 방식에 차이를 만드는지 궁금하지 않은가? 나는 정말 궁금했다. 그래서 인생에서 많은 시간을 인간으로 하여금 현재의 행동을 하게 만드는 원인을 찾는 일에 매달렸다. 내가 기억하고, 알고 있는, 뛰어난 사람들은 남들과 어떤 점이 다른지 탐구하는 데 몰두했다. 무엇이 지도자를 만들고, 성공한 사람을 만드는가? 왜 어떤 사람은 역경을 이겨내고 인생을 즐겁게 사는데, 어떤 사람은 역경에 부딪혀 좌절하고 분노를 느끼며 우울하게 사는 걸까?

이번에는 다른 남자의 인생에 대해 이야기하려고 하는데, 앞에서 말한 사람과 어떤 차이가 있는지 주목해서 들어보라. 이 남자의 인생은 훨씬 전도유망해 보인다. 엄청난 부자인 데다 재능이 뛰어난 연예인으로, 수많은 팬을 보유하고 있다. 스물두 살 때 시카고의 유명한 코미디 극단 '세컨드 시티'의 최연소 단원이 되었다. 곧바로 그는 극단에서 인정받는 스타가 되었고, 뉴욕 공연에서도 큰 성공을 거두었다. 그리고 70년대에 TV에 출연하며 엄청나게 성공한 코미디언이 되었다. 그 후 미국 최고의 영화배우가 되었으며, 음악 분야에서도 성공을 거두었다. 당연히 그는 주변 사람들의 부러움을 한 몸에 받았다. 행복한 결혼 생활을 하고, 뉴욕시와 휴양지인 마서스비니어드Martha's Vineyard라는 섬에 멋진 저택도 소유했다. 인간이 가질 수 있는 모든 것을 가졌다고 할 수 있다.

당신은 이 두 사람 중 어떤 사람이 되고 싶은가? 두 번째 경우를 제쳐두고 첫 번째 삶을 선택하는 것은 상상하기 힘들 것이다.

이들에 대해 좀 더 자세히 알아보자. 첫 번째 사람은 내가 아는 사람 중에 가장 활력이 넘치고 의지가 강하며 성공한 사람 중 한 명이다. 이름은 W. 미첼이고, 콜로라도에서 행복한 삶을 살고 있다. 끔찍한 오토바이 사고 이후, 보통 사람들이 평생에 걸쳐 이룬 것보다 더 많은 성공과 기쁨을 누리며 살고 있다. 사업이 성공해서 백만장자가 되었고, 미국의 유력 인사들과도 친분을 유지하고 있다. 얼굴에 흉터 자국이 있어도 국회의원에 출마했다. 그의 선거 운동 슬로건은 무엇이었을까? "저를 국회에 보내주십시오. 저는 얼굴만 번드르르한 의원이 되지 않을 겁니다."였다. 그는 매우 특별한 여성과 행복하게 살고 있으며, 1986년 콜로라도 부지사 선거에도 출마했다.

두 번째 사람은 우리가 잘 아는 사람으로, 대중에게 많은 기쁨과 즐거움을 가져다주었다. 바로 존 벨루시라는 인물이다. 우리 시대의 가장 유명한 코미디언이자 70년대의 위대한 연예인 성공 스토리를 쓴 사람 중 한 명이다. 벨루시는 수많은 사람들의 삶을 풍요롭게 할 수 있었지만 정작 자신의 삶은 그렇지 못했다. 그는 서른세 살의 젊은 나이에 사망했는데, 당시 검시관은 '코카인과 헤로인 중독에 의한 사망'이라고 판정했다. 하지만 그의 주변 사람들은 놀라지 않았다. 그는 모든 것을 가졌음에도 통제 불능의 약물 중독자가 되어 늘 몸이 부어 있었고, 나이에 비해서 훨씬 늙어 보였다. 외적으로 그는 모든 것을 가졌지만 내적으로는 오랫동안 공허하게 살아온 것이다.

유사한 사례는 주변에서 얼마든지 찾아볼 수 있다. 피트 스트러드윅에 대해 들어본 적이 있는가? 그는 손발이 없이 태어났지만 마라톤 선수로서 4만 킬로미터를 넘게 달렸다. 헬렌 켈러의 놀라운 이야기도 빼놓을 수 없다. 또한 '음주 운전에 반대하는 어머니 모임Mothers Against Drunk Driving'이라는 단체를 창설한 캔디 라이트너의 경우도 생각해보자. 그녀는 딸이 음주 운전자 차량에 치여 사망한 끔찍한 일을 계기로 이 단체를 만들어 수백, 아니 수천 명의 생명을 구했다. 또 다른 극단적인 사례인 마릴린 먼로나 어니스트 헤밍웨이 같은 사람들을 생각해보라. 이들은 엄청난 성공을 거두었지만 결국 자신을 파멸의 길로 몰았다.

그래서 질문해보겠다. 가진 자와 못 가진 자의 차이는 무엇일까? '할 수 있다'와 '할 수 없다'의 차이는 무엇일까? 상상도 할 수 없는 끔찍한 역경을 이겨내고 삶을 승리로 이끄는 사람이 있는가 하면, 많은 이점을 가지고도 자신의 삶을 재앙으로 내모는 사람도 있다. 그 이유가 뭘까? 왜 어떤 사람들은 자신의 경험을 자신에게 이로운 방향으로 사용하는데, 다른 사람들은 자신에게 안 좋은 방향으로 작용하도록 만들까? W. 미첼과 벨루시의 차이점은 무엇인가? 무엇 때문에 두 사람의 삶에 질적인 차이가 생기게 된 걸까?

나는 평생 그 질문에 사로잡혀 살고 있다. 이제까지 훌륭한 직업, 좋은 인간관계, 건강한 신체 등 모든 것을 가진 사람들을 많이 보았다. 그들의 삶이 나와 내 친구들의 삶과 다른 이유를 알고 싶었다. 그것은 바로 자신과 의사소통하는 방식과 취하는 행동의 방식이 달랐기 때문이다. 우리가 할 수 있는 모든 것을 시도해도 일이 잘 풀리지 않으면 어떻게 해야 할까? 성공한 사람들이 실패한 사람들보다 문제가 적었던 것은 아니다. 문제가 없는 유일한 사람은 무덤에 있는 사람뿐이다. 우리에게 일어나는 일이 실패와 성공을 가르는 것이 아니다. 문제를 어떻게 인식하고 '발생'하는 일에 대해 어떻게 대처하느냐에 따라 차이가 생기는 것이다.

W. 미첼은 온몸에 3도 화상을 입었다는 것을 알았을 때 자신의 상황을 해석하는 방식에 선택권이 있었다. 죽을 수도 슬퍼할 수도 있었다. 아니면 다른 안 좋은 상황에 빠질 수도 있었다. 하지만 그는 이런 경험에는 분명히 어떤 이유가 있다는 점을 자신에게 일관되게 전달했다. 그리고 그 경험이

언젠가 세상을 변화시키겠다는 목표의 관점에서 그에게 훨씬 더 큰 도움을 줄 것이라고 생각했다. 자신과 이렇게 소통한 결과, 그는 마비가 된 후에도 비극이 아닌 이점의 감정으로 자신의 삶을 이끄는 일련의 신념과 가치를 형성했다. 손발이 없는 피트 스트러드윅은 어떻게 세계에서 가장 힘든 마라톤인 파이크스 피크Pikes Peak(북아메리카 로키산맥의 프런트 레인자 남부의 가장 높은 정상-옮긴이) 마라톤을 성공적으로 달릴 수 있었을까? 한마디로 그는 자신과의 소통에 능숙한 사람이었다. 과거에는 신체 감각이 그에게 고통, 한계, 피로로 해석하는 신호를 보내면 그 의미를 그대로 받아들였지만, 나중에는 의미를 바꾸어 계속 달릴 수 있는 방식으로 자신의 신경계와 소통했다.

"상황은 변하지 않는다. 우리가 변할 뿐이다."
헨리 데이비드 소로Henry David Thoreau

내가 늘 궁금했던 것은 사람들이 결과를 만들어내는 구체적인 방식이다. 오래전부터 나는 성공에는 어떤 뚜렷한 실마리가 있다고 생각했다. 뛰어난 결과를 만들어내는 사람들은 그 결과를 만들기 위해 특정한 행동을 한다는 것이다. W. 미첼이나 피트 스트러드윅이 목표를 달성하기 위해 자신과 소통해야 한다고 생각한 것만으로는 충분치 않았다. 이 사람들이 구체적으로 어떤 행동을 했는지 알아야 했다. 나는 다른 사람들의 행동을 똑같이 따라 하면 그들이 바랐던 것과 같은 결과를 얻을 수 있을 것이라고 생각했다. '뿌린 대로 거둔다'라는 말을 믿었다. 다시 말해, 극도로 비참한 상황에서도 인정이 넘치는 사람을 보면 그 사람의 전략, 즉 사물을 어떻게 바라보는지, 그 상황에서 어떻게 행동하는지를 알 수 있고, 나도 그 사람처럼 될 수 있다고 생각했다. 한 쌍의 남녀가 25년 동안 여전히 서로를 깊이 사랑하면서 성공적인 결혼 생활을 했다면, 그들이 어떤 신념을 가지고 어떤 행동을 하며 살아왔는지 알 수 있다. 그러한 신념과 행동은 나에게도 비슷한 결과를 가져올 것이다. 나는 한때 심한 과체중으로 고생했다. 그 후 날씬한 사람들을 롤모델로 삼아 그들이 무엇을 어떻게 먹는지, 어떻게 생각하는지, 그들의 신념이 무엇인지 알아내면 같은 결과를 얻을 수 있다는 것을 깨닫기 시작했다. 그들을 롤 모델 삼아 나는 13킬로그램 넘게 몸무게를 줄였다. 경제적인 측면이나 인간관계에서도 같은 방식을 취했다. 그래서 나에게 맞는 탁월한 모델을 찾기 시작했다. 그 과정에서 내가 할 수 있는 방법을 연구했다.

그러던 중 'NLPNeuro-Linguistic Programming(신경언어 프로그래밍)'이라는 과학을 우연히 접하게 되었다. 뇌를 뜻하는 'Neuro', 언어를 뜻하는 'Linguistic'과 계획이나 절차를 수립한다는 의미인 'Programming'을 합성한 용어다. NLP는 언어적이든 비언어적이든 언어가 신경계에 어떻게 영향을 미치는지 연구하는 학문이다. 삶에서 무엇이든 할 수 있는 우리의 능력은 신경계를 통제하는 능력에 따라 차이가 생긴다. 탁월한 사람들은 신경계와 특정한 의사소통을 함으로써 좋은 성과를 얻는다.

NLP는 사람들이 최적의 자원 상태를 만들어 선택의 폭을 넓힘으로써 내적 소통을 하는 방식을 연구한다. 신경언어 프로그래밍이란 용어 자체가 이것이 어떤 학문인지를 말해주지만 대부분의 사람들은 들어본 적이 없을 것이다. 과거에는 주로 치료사와 소수의 운 좋은 기업 임원들만이 이 용어에 대해 배울 기회가 있었다. 나는 NLP를 처음 접했을 때 지금까지 내가 경험한 것과는 크게 다르다는 느낌을 받았다. 한 신경언어 프로그래밍 전문의는 공포증으로 3년 넘게 치료를 받아온 여성의 공포증 증세를 45분 만에 말끔하게 치료했다(5분, 10분 만에 결과를 얻는 경우도 많다). 이때 나는 NLP에 완전히 매료되었고 더 자세히 알고 싶어졌다. NLP는 우리가 뇌에 지시하기 위한 체계적인 틀을 제공한다. 이것은 우리 자신의 내적 상태와 행동뿐만 아니라 다른 사람의 내적 상태와 행동을 조절하는 방법까지 알려준다. 간단히 말하면, 원하는 결과를 얻기 위해 최적의 방법으로 뇌를 작동시키는 방법에 대한 과학이다.

NLP는 내가 찾고 있던 것을 정확히 제공했다. 그것은 특정 사람들이 내가 최적의 결과라고 부르는 것을 일관되게 생산할 수 있는 방법에 대한 미스터리를 푸는 열쇠였다. 어떤 사람이 아침에 힘들지 않게 일찍 일어날 수 있고 활력이 넘친다면 그것은 자신이 만들어낸 결과다. '어떻게 해서 그런 결과가 나왔을까?' 행동이 모든 결과의 원인인데, 어떤 특정한 정신적 또는 육체적 행동이 일찍 쉽게 잠에서 깨어나게 하는 신경생리학적 과정을 일으켰을까? NLP의 전제 중 하나는, 인간은 모두 같은 신경학을 공유한다는 것이다. 따라서 이 세상에서 누군가가 어떤 일을 할 수 있다면 우리도 똑같이 할 수 있다. 인간의 신경체계는 같은 방식으로 운영되기 때문이다. 어떤 사람이 특정 결과를 이루어내기 위해 무엇을 하는지를 정확하고 구체적으로 탐구하는 과정을 '모델링'이라고 한다.

다시 말해서, 이 세상의 누군가가 어떤 일을 한다면 우리도 그 일을 할 수 있다는 것이다. 결과를 똑같이 만들 수 있느냐는 중요하지 않다. 문제는 전략이다. 즉, 그 사람이 어떻게 결과를 만들어냈느냐가 중요하다. 철자를 잘 외우는 사람이 있다면 우리도 그를 롤 모델 삼아 4~5분 만에 그 사람처럼 할 수 있다(이 전략은 7장에서 배운다). 어떤 사람이 자신의 아이와 완벽하게 의사소통을 한다면 우리도 그와 똑같이 할 수 있다. 누군가가 아침에 일찍 일어나는 것이 어렵지 않다고 느낀다면 우리도 그렇게 할 수 있다. 그 사람들이 자신의 신경체계를 통제하는 방법을 간단히 모델링하면 된다. 분명히 일부 작업은 다른 작업보다 더 복잡해서 모델링을 한 후에 따라 하는 데 더 많은 시간이 걸릴 수 있다. 그러나 충분한 열망과 믿음을 갖고 계속해서 조정하고 변화시키면 실제로 거의 모든 인간이 하는 일을 모델링할 수 있다. 많은 사람이 원하는 결과를 얻기 위해 수년간 시행착오를 겪으면서 자신의 신체와 마음을 사용하는 구체적인 방법을 찾는다. 그러나 몇 년씩 걸렸던 작업도 완벽하게 모델링하면 몇 개월 아니 단 몇 분 만에 그와 같은 결과를 도출할 수 있다.

NLP를 주도한 사람은 존 그라인더John Grinder와 리처드 밴들러Richard Bandler다. 그라인더는 세계적으로 저명한 언어학자 중 한 명이었다. 밴들러는 수학자이자 컴퓨터 전문가이며, 게슈탈트 치료사였다. 두 사람은 독특한 임무를 함께 수행하기로 결정하고, 자신의 재능을 동원해서 각자의 분야에서 최고인 사람들을 롤 모델로 삼았다. 이들은 대부분의 인간이 가장 원한다고 생각하는 한 가지, 즉 변화를 만드는 데 가장 탁월한 사람들을 찾았다. 성공한 사업가, 성공한 치료사와 그 밖에 탁월한 사람들이 수년간 시행착오로 발견한 교훈과 패턴을 찾아냈다.

그라인더와 밴들러는 위대한 최면 치료사인 밀턴 에릭슨 박사, 탁월한 가족 치료 전문가 버지니아 사티어, 저명한 인류학자 그레고리 베이트슨을 롤 모델로 삼은 결과를 효과적인 행동 변화 패턴으로 정리한 것으로 유명하다. 예를 들어, 두 사람은 사티어가 다른 치료사들이 실패한 인간관계 문제 해결책을 일관되게 유지할 수 있는 방법을 찾아냈다. 그녀가 결과를 만들기 위해 사용한 행동 패턴을 알아낸 것이다. 그리고 그들은 이 패턴들을 학생들에게 가르쳤고, 학생들은 저명한 치료사의 수년간의 경험이 없더라도 이를 적용하고 똑같이 양질의 결과를 만들 수 있었다. 같은 씨를 뿌렸기 때문에 같은 보상을 받았다. 밴들러와 그라인더는 이 세 명의 거장에게서 모델링한 기본 패턴을 사용하여 자신만의 패턴을 만들고 가르치기 시작했다. 이 패턴이 신경언어 프로그래밍이며, NLP로 널리 알려지게 되었다.

이 두 천재는 변화를 만들어내기 위해 일련의 강력하고 효과적인 패턴 그 이상의 것을 제공했다. 더욱 중요한 것은 어떤 형태의 탁월성도 아주 짧은 시간에 따라 할 수 있는 방법을, 체계적인 관점으로 제공했다는 점이다.

이들의 성공은 전설적이라 할 수 있다. 그러나 이용할 수 있는 도구가 있어도 사람들은 단순히 감정 및 행동 변화를 일으키는 패턴을 배우기만 했을 뿐, 효과적이고 유용하게 사용하지 못했다. 다시 말하면, 지식을 갖는 것만으로는 충분하지 않다. 결과는 행동이 낳는 것이기 때문이다.

나는 NLP에 대해 관심을 갖게 되면서 많은 책을 읽었지만 모델링 과정 내용이 거의 없거나 전무하다는 사실에 놀랐다. 내가 생각할 때 롤 모델을 따른다는 것은 탁월성으로 가는 지름길이다. 이 세상에서 자신이 원하는 결과를 내는 사람을 본다면, 기꺼이 시간과 노력을 기울여 그 사람과 같은 결과를 얻을 수 있다. 성공을 하고 싶다면 우리가 할 일은 롤 모델로 삼을 성공한 대상을 찾는 것이다. 즉, 그들이 어떤 행동을 취했는지, 특히 그들이 우리가 얻고자 하는 결과를 만들기 위해 어떻게 뇌와 신체를 사용했는지 알아야 한다. 더 나은 친구, 더 부유한 사람, 더 나은 부모, 더 뛰어난 운동선수, 더 성공적인 사업가가 되고 싶다면 탁월성의 롤 모델을 찾아야 한다.

세상을 움직이고 큰 영향을 끼친 사람들은 대부분 모델링의 명수다. 자신의 경험이 아닌 다른 사람의 경험을 따라 하면서 할 수 있는 모든 것을 배우는 기술을 습득한 사람들이다. 그들은 충분하지 않은 단 하나의 재화인 시간을 절약하는 방법을 알고 있다. 사실, 〈뉴욕타임스〉 베스트셀러 목록 중 상단에 있는 대부분은 기술을 배우는 효과적인 방법과 그에 대한 롤 모델이 포함된 책들이다. 피터 드러커는 그의 《기업가 정신Innovation and Entrepreneurship》에서 효율적인 기업가와 혁신가가 되기 위해 취해야 하는 구체적인 행동에 대해 설명한다. 그는 혁신이 매우 특별하고 신중한 과정이라고 분명히 말한다. 훌륭한 기업가가 되는 데 사용할 수 있는 신비한 마법 같은 것은 없다. 유전적으로 특별히 타고나는 것도 아니다. 그러나 배울수는 있다. 어디서 들어본 것 같지 않은가? 피터 드러커는 모델링 기술 덕분에 현대 경영학의 아버지로 평가받는다.《1분 경영》(켄 블랜차드, 스펜서 존슨)은 인간 소통 및 모든 인간관계의 간단하고 효율적인 관리를 위한 모델이다. 이 책은 미국에서 가장 유능한 경영자들을 롤 모델로 삼았다.《초우량 기업의 조건In Search of Excellence》(톰 피터스, 로버트 워터맨)은 미국에서 성공적인 기업의 롤 모델을 제공하는 책이다.《영원의 다리》(리처드 바크)는 관계를 바라보는 새로운 관점을 제공한다. 이외에도 무수히 많다. 이 책도 우리의 몸과 마음을 다루는 법과 소통하는 법에 대한 많은 사례들로 채워져 있어서, 누구든 이를 활용하여 탁월한 결과를 낳을 수 있을 것이다. 그러나 이 책의 목표는 독자들이 이러한 성공 패턴을 학습하는 것뿐만 아니라 자신의 롤 모델을 만들고 나서 이를 넘어서도록 하는 것이다.

개에게 어떤 패턴을 가르쳐 행동을 개선시킬 수 있다. 당연히 사람의 경우도 가능하다. 그러나 나의 바람은 모델링 과정, 체계 또는 원칙 등을 배워서 탁월성을 발견할 때마다 이를 적용할 수 있도록 하는 것이다. 나는 여러분이 단순한 NLP 습득자가 아닌, 그 이상이 되기를 바란다. 즉, 단순히 본받는 데서 그치지 않고 탁월성을 포착하여 자신의 것으로 만들기를 바란다. 최적의 성과기법을 추구하는 사람은 시스템이나 패턴에 구애받지 않고, 원하는 성과를 올리기 위해 새롭고 효과적인 방법을 지속적으로 찾는다.

탁월성을 모델링하기 위해서는 탐정이나 조사관 같아야 한다. 많은 질문을 하고 무엇이 탁월성을 만들어내는지에 대한 단서를 빠짐없이 추적해야 한다.

나는 권총 사격의 정확한 패턴을 찾아내어 미국 육군 최고의 권총 사수들에게 사격 향상 기술을 가르친 적이 있다. 태권도 유단자의 생각과 행동을 잘 관찰하여 태권도 기술을 배운 적도 있다. 또한 프로 선수와 올림픽 선수 모두의 경기력을 향상시키기도 했다. 선수들이 최고의 성과를 올릴 때 어떻게 했는지 정확하게 모델링한 다음, 적절한 때 그대로 적용할 수 있는 패턴을 가르쳐 기량을 향상시켰다.

다른 사람의 성공에서 배운 것을 축적하는 과정은 대부분의 학습법에서 기초적인 것이다. 과학 기술의 세계에서, 공학 또는 컴퓨터 설계의 모든 발전은 이전의 발견과 혁신에서 자연스럽게 이어져 이루어진다. 비즈니스의 세계에서도 과거에서 배우지 않고 최신 정보로만 운영되는 회사는 오래가지 못한다.

인간 행동의 세계는 시대에 뒤떨어진 이론과 정보로 작동하는 몇 안 되는 영역 중 하나다. 아직도 많은 사람들이 뇌가 작동하는 방식과 행동하는 방식을 파악하는 데 19세기 모델을 사용하고 있다. '우울증'이라는 말을 들으면 어떤 느낌이 드는가? 당연히 우울해진다. 사실, 이런 말은 '자기충족적 예언Self-Fulfilling Prophecies'이 되기 쉽다. 이 책은 우리가 원하는 양질의 삶을 만드는 데 쉽게 사용할 수 있는 기술을 알려줄 것이다.

밴들러와 그라인더는 인간의 탁월성을 재생산하기 위해 따라야 하는 세 가지 기본 요소가 있다고 말했다. 이 요소들은 실제로 우리가 만드는 결과의 질에 가장 직접적으로 부합하는 세 가지 형태의 정신적·신체적 행동에 관한 것이다. 이것을 멋진 연회장으로 이어지는 3개의 문이 있다고 상상해보자.

첫 번째 문은 신념체계 Belief System**다.**

우리가 믿는 것, 즉 가능하거나 불가능하다고 생각하는 것이 그대로 할 수 있는 것과 할 수 없는 것으로 연결된다. "할 수 있다고 믿든 할 수 없다고 믿든, 당신이 옳다."라는 옛말이 있다. 어느 정도 사실이다. 우리는 뭔가를 할 수 없다고 느낄 때, 바로 그 결과를 생산하는 능력을 제한하거나 제거하는 일관된 메시지를 신경계에 보낸다. 이와 대조적으로 무언가를 할 수 있다는 의미의 메시지를 신경계에 지속적으로 전달하면 원하는 결과를 생성하도록 뇌에 신호를 보내고, 그럼으로써 가능성이 열리게 된다. 어떤 사람의 신념체계를 본받을 수 있다면 그 사람처럼 행동하기 위한 첫걸음을 내딛는 것이다. 모델링을 통해 같은 결과가 만들어진다.

신념체계는 4장에서 더 자세히 살펴볼 것이다.

두 번째 문은 사람의 사고 구조Mental Syntax다.

사고 구조는 사람들이 생각을 정리하는 방식이다. 여기서 구조는 코드와 같은 의미다. 전화를 제대로 걸기 위해서는 올바른 순서대로 번호를 눌러야 한다. 원하는 결과를 얻는 데 가장 효과적으로 도움이 될 수 있는 뇌와 신경계의 해당 부분에 신호를 보내는 경우도 적용된다. 의사소통도 마찬가지다. 우리가 서로 잘 소통하지 못하는 것은 서로 다른 코드, 즉 다른 사고를 가지고 있기 때문이다. 그 코드의 잠금을 해제하면 사람들의 최고의 자질을 모델링할 수 있는 두 번째 문을 통과하게 된다.

이 구조는 7장에서 살펴보기로 한다.

세 번째 문은 생리체계Physiology다.

정신과 육체는 밀접하게 연결되어 있다. 숨을 쉬고 몸을 가누는 방식, 자세, 표정, 움직임의 본질과 특성 등 생리체계를 사용하는 방식이 실제로 우리의 내적 상태를 결정한다. 이때 우리의 내적 상태가 우리가 만들 수 있는 행동의 범위와 질을 결정한다.

생리체계는 9장에서 자세히 살펴보기로 한다.

　실제로 우리는 항상 모델링을 한다. 어린아이는 어떻게 말하는 법을 배울까? 초보 운동선수는 어떻게 베테랑 선수에게 배울까? 야망 있는 사업가는 어떻게 회사를 운영할까? 비즈니스 세계의 간단한 모델링 사례를 들어 본다. 사람들은 이 세계에서 많은 돈을 벌기 위해 소위 '시간 차Lag'라는 방법을 사용한다. 우리는 어떤 것이 한 곳에서 통하면 다른 곳에서도 통하는 통합된 문화에 살고 있다. 예를 들어, 디트로이트의 쇼핑몰에서 초콜릿 칩 쿠키를 판매해서 성공했다면, 댈러스의 쇼핑몰에서도 성공할 가능성이 크다. 시카고에서 직원에게 우스꽝스러운 의상을 입혀 사람들에게 메시지를 전달하는 사업이 성공했다면, 로스앤젤레스나 뉴욕에서도 성공할 것이다.

　많은 사람들이 사업에서 성공하기 위해 하는 일은 시간 차 효과가 끝나기 전에 한 도시에서 효과가 있는 것을 찾고, 다른 도시에서 동일한 일을 수행하는 것이다. 입증된 시스템을 가져와 복제하고 더 나은 시스템으로 개선하기만 하면 된다. 이렇게 하면 성공이 보장된다.

　세계에서 가장 모델링을 잘하는 사람들이 일본인이다. 일본의 눈부신 경제 성장의 배경에는 무엇이 있었을까? 눈부신 혁신일까? 그러나 지난 20년간 일본의 산업 역사를 살펴보면, 일본에서 시작한 주요 신제품이나 혁신적인 신기술은 거의 없다는 것을 알 수 있다. 일본인들은 자동차부터 반도체에 이르기까지, 미국에서 시작된 아이디어와 제품을 가져와 세심한 모델링 과정을 거쳐 좋은 것은 유지하고 나쁜 것은 개선했다.

　사우디아라비아의 무기상 아드난 카쇼기는 세계 최고의 부자 중 한 명으로 꼽힌다. 그는 어떻게 부자가 되었을까? 간단히 말하면 록펠러 가문이나 모건 가문과 같은 금융계 큰손을 롤 모델로 삼았다. 이들 자료를 전부 찾아서 읽고 그들의 신념을 연구하여 전략을 모델링했다. W. 미첼이 인간으로서 겪을 수 있는 최악의 불행을 겪었음에도 단지 생존한 것뿐만 아니라 큰 성공을 거둘 수 있었던 이유는 무엇일까? 그가 병원에 있을 때 친구들은 큰 고난을 극복한 사람들의 이야기를 들려주었다. 그에게는 가능성이라는 롤 모델이 있었고, 그의 긍정적인 모델은 그가 겪은 부정적인 경험보다 더 강력했다. 성공한 사람들과 실패한 사람들의 차이는 무엇을 가졌는지가 아니라 '그들이 가진 자원과 삶의 경험을 통해 무엇을 보고 무엇을 행하기로 결정했는가'이다.

이와 같은 모델링 과정으로 나는 나 자신과 다른 사람들에게 도움이 되는 성과를 곧바로 만들어내기 시작했다. 짧은 시간에 탁월한 결과를 낳을 수 있는 다른 유형의 사고와 행동 패턴을 계속해서 찾았다. 이러한 결합된 패턴을 나는 '최적의 성과기법'이라고 부른다. 이 전략이 이 책의 주를 이룬다. 하지만 분명히 말하고 싶은 것이 있다. 내가 바라는 결과, 즉 내가 여러분에게 바라는 것은 여러분이 이 책에서 설명하는 패턴을 단순히 익히는 것이 아니다. 여러분이 해야 할 일은 자신의 패턴과 전략을 개발하는 것이다. 존 그라인더는 나에게 어떤 것이든 과도하게 믿지 말라고 가르쳤다. 왜냐하면 그것이 항상 어디서든 적용되지는 않기 때문이다. NLP는 강력한 도구지만 자신만의 접근 방식, 전략, 통찰력을 계발하기 위해 사용할 수 있는 도구다. 모든 상황에서 적용 가능한 전략은 없다.

모델링은 전혀 새로운 것이 아니다. 위대한 발명가들은 새로운 것을 생각해내기 위해 다른 사람들의 발견을 모델링했다. 어린아이에게는 자신을 둘러싼 세계가 모델링의 대상이다.

그러나 문제는 대부분이 아무런 계획 없이 집중하지 않은 상태에서 모델링을 한다는 것이다. 이 사람 또는 저 사람에게서 조금씩 배우다보면 정작 중요한 것은 놓치고 만다. 우리는 여기서는 좋은 것, 저기서는 나쁜 것을 모델링한다. 존경하는 누군가를 롤 모델로 삼으려 하지만 실제로 그 사람이 무슨 일을 어떻게 했는지는 모른다.

"준비와 기회가 만나서 행운이라는 결과를 낳는다."
토니 로빈스Tony Robbins

이 책을 더 정확하게 모델링을 하기 위한 지침서로 생각하고 지금까지 살아온 삶을 확실히 인식할 수 있는 기회로 삼기 바란다.

우리 주변에는 놀라운 자원과 전략이 많이 있다. 내가 여러분에게 제시하는 도전은 여러분이 자신을 모델링을 잘하는 사람이라 생각하고 탁월한 성과를 이룰 수 있는 행동의 패턴과 유형을 계속 자각하는 것이다. 누군가가 탁월한 결과를 얻었을 때 곧바로 마음속에서 '그 사람은 어떻게 그 결과를 만들어냈을까?'라는 질문이 순간적으로 나와야 한다. 나는 여러분이 지속적으로 탁월성을 추구하기 바란다. 어디서나 마법과 같은 힘을 찾아내어 그것이 어떻게 생겨났는지 터득하기 바란다. 그렇게 하면 원할 때마다 그와 유사한 결과를 얻을 수 있다.

우리가 다음으로 탐구할 것은 '다양한 삶의 환경에서 우리의 반응을 결정하는 것은 무엇인가'이다. 자, 계속 연구해보자.

3장

내적 상태의 힘

> "선과 악은 마음먹기에 달려 있다.
> 행복이나 불행, 부유함이나 가난을 결정하는 것도 우리의 마음이다."
> 에드먼드 스펜서Edmund Spenser

일이 아무 문제 없이 순조롭게 잘 풀린다는 느낌을 받은 적이 있을 것이다. 테니스 경기에서 잘못 친 공이 라인 위에 떨어질 때, 사업 관련 회의에서 모든 질문에 거침없이 대답할 때, 또는 불가능하다고 생각한 일이 극적으로 성공해 본인도 놀랐을 때처럼 말이다. 물론 이와 반대의 경험을 한 적도 있을 것이다. 평소에는 쉽게 하던 일도 잘 안 된다. 하는 일마다 뒤죽박죽이고 정리가 안 되거나 가는 곳마다 문이 닫혔을 때다.

어떤 차이가 있을까? 사람이 바뀐 것이 아니다. 사용할 수 있는 자원도 같다. 그렇다면 왜 어떤 때는 좋은 결과가 생기고, 또 다른 때는 좋지 않은 결과가 나오는 걸까? 최고의 운동선수도 경기가 잘 풀리는 날이 있는가 하면, 골을 넣거나 안타를 치지 못하는 날이 있다. 그 이유는 무엇일까?

다른 점은 신경생리학적 상태다. 여기에는 두 가지가 있다. 하나는 자신감, 사랑, 내면의 힘, 기쁨, 황홀감, 믿음 등과 같은 개인 능력의 원천을 두드리는 '긍정적 내적 상태Enabling State'다. 다른 하나는 혼란, 우울, 두려움, 불안, 슬픔, 좌절 등 우리를 무기력하게 만드는 '부정적 내적 상태Paralyzing State'다. 우리는 이 두 상태를 왔다갔다한다. 식당에 들어갔을 때 종업원이 불친절하게 "뭘 시킬 거죠?"라고 말하는 것을 본 적이 있는가? 그렇다면 그가 항상 손님을 그런 말투로 대한다고 생각하는가? 물론 너무 힘든 생활 때문에 그런 식으로 말하면서 살았을 가능성이 있다. 그러나 너무 많은 손님을 상대하느라 또는 몇몇 손님에 시달려서 그랬을 가능성이 더 크다. 그는 원래 불친절한 사람이 아니다. 안타깝게도 부정적 내적 상태에 있는 것이다. 그의 내적 상태를 바꿀 수 있다면 행동도 바뀔 것이다.

내적 상태를 이해하는 것은 변화를 이해하고 탁월성을 달성하는 열쇠다. 우리의 행동은 우리가 느끼는 내적 상태의 결과다. 우리는 사용 가능한 자원을 활용하여 최선을 다하지만 자원이 고갈된 상태에 놓일 때가 있다. 나는 지금껏 살아오면서 좋지 않은 내적 상태에서 멋대로 행동하거나 말했기 때문에 나중에 창피함을 느끼고 후회한 적이 꽤 있다. 어쩌면 여러분도 그런 경험이 있을 것이다. 누군가가 우리를 나쁘게 대할 때 예전의 내 상황을 떠올리는 것이 중요하다. 그렇게 하면 분노가 연민으로 바뀔 것이다. 유리로 만든 집에 돌을 던지면 안 되는 것과 같은 이치다. 앞의 종업원과 같은 사람의 행동이 그 사람 자체가 아님을 명심하라. 핵심은 우리의 상태와 행동을 통제하는 것이다. 여러분이 손가락을 튕기는 것만으로도 내적으로 가장 역동적이고 자원이 풍부한 상태가 될 수 있다면, 즉 기분이 좋아지고 성공을 확신하고 몸과 마음이 활기찬 상태가 된다면 어떤 기분이 들까? 그런데 실제로 그렇게 될 수 있다.

이 책을 다 읽고 나면, 어떻게 하면 원할 때마다 내적 상태의 자원이 풍부해지고 활력이 넘치고 무기력한 상태에서 벗어날 수 있는지 방법을 알게 될 것이다. 힘을 얻을 수 있는 열쇠는 행동을 취하는 것임을 잊지 마라. 내 목표는 내적 상태를 어떻게 활용하면 결단력 있고, 합리적이며, 헌신적인 행동으로 이끌게 되는지를 여러분과 공유하는 것이다. 이 장에서 우리는 내적 상태가 무엇인지 그리고 어떻게 작동하는지를 알아볼 것이다. 그리고 왜 내적 상태를 우리를 위해 작동하도록 제어해야 하는지도 배울 것이다.

내적 상태는 우리 내부에서 일어나는 수백만 개의 신경학적 과정을 합해 놓은 것이다. 다시 말해, 어떤 순간에 우리가 경험하는 것의 총합이라고 할 수 있다. 내적 상태의 대부분은 무의식적으로 생긴다. 우리는 무언가를 보면 어떤 내적 상태로 들어감으로써 그것에 반응한다. 내적 상태는 자원이 풍부하고 유용할 수도 있지만, 자원이 없고 제한적인 수도 있다. 하지만 이것을 통제하기 위해 우리가 할 수 있는 일은 많지 않다. 인생의 목표를 달성한 사람과 그러지 못한 사람의 차이는 성공을 위한 내적 상태를 만들 수 있는지 여부다.

우리가 원하는 내적 상태는 대부분 실현 가능하다. 자신이 원하는 내적 상태의 목록을 작성해보라. 사랑을 원하는가? 사랑이란 우리가 자신에게 신호를 보내고 남에게서 받은 자극을 근거로 만들어낸 내적 상태로, 일종의 느낌이나 감정이다. 자신감? 존경심? 이것들은 우리가 만들어낸 것이다. 우리는 내부에서 이러한 상태를 만든다. 아마도 여러분은 돈을 원할 것이다. 하지만 이미 고인이 된 위인의 얼굴로 장식된 작은 푸른색 종잇조각 자체에는 관심이 없을 것이다. 돈이 나타내는 것, 즉 사랑, 신뢰감, 자유와 같이 돈이 가져다주는 모든 내적 상태를 원하는 것이다. 그러므로 사랑의 열쇠, 기쁨의 열쇠 그리고 우리가 오랜 시간 동안 추구해온 한 가지 힘, 즉 자신의 삶을 인도하는 능력의 열쇠는 자신의 상태를 통제하고 관리하는 방법을 아는 것이다.

내적 상태를 통제하고 원하는 결과를 만들어낼 수 있는 첫 번째 열쇠는 효과적으로 뇌를 활용하는 법을 아는 것이다. 그러기 위해서는 뇌 작동 방식에 대한 기본적인 이해가 필요하다. 먼저 내적 상태를 만드는 것이 무엇

개구쟁이 데니스

"너는 멍청한 짓을 해도 왜 그렇게 똑똑해 보이지?"

행크 케첨과 뉴스아메리카 신디케이트의 허락을 받아 사용한다.

인지 알아야 한다. 수백 년 전부터 인간은 자신의 정신 상태와 삶의 경험을 바꾸는 방식에 매료되어왔다. 그래서 금식, 마약, 의식, 음악, 섹스, 음식, 최면, 찬송 등을 시도했다. 어느 정도 효과가 있었지만 분명히 한계도 있었다. 그러나 이제 우리는 더 빠르고 강력하면서도 훨씬 더 간단한 방법을 배울 것이다.

우리의 모든 행동은 내적 상태의 결과다. 자원이 풍부할 때는 자원이 없는 상태와는 다른 의사소통과 행동이 나타난다. 그렇다면 무엇이 현재의 정신 상태를 만들까? 내적 상태에는 두 가지 주된 구성 요소가 있다. 첫 번째는 우리의 '내적 표상Internal Representation'이고, 두 번째는 생리체계다. 우리가 무엇을 어떻게 상상하는지, 현재의 상황에 대해 자신에게 어떻게 말하는지에 따라 현재의 내적 상태가 결정된다. 예를 들어, 배우자가 예정된 시간보다 훨씬 늦게까지 집에 오지 않으면 어떤 생각을 하게 될까? 글쎄, 우리의 행동은 그 사람이 돌아왔을 당시의 내적 상태에 따라 결정되는데, 내적 상태는 배우자에 대해 어떤 상상을 했는가에 따라 달라질 것이다. 사랑하는 사람이 사고로 피를 흘리거나 사망하거나 병원에 실려 가는 모습을 몇 시간 동안 상상했다면, 그 사람이 문으로 들어설 때 안도의 눈물을 흘리고 포옹을 하면서 무슨 일이 있었는지 물어볼 것이다. 이러한 행동은 상대를 걱정하는 내적 상태에서 비롯된다. 그러나 배우자가 은밀하게 바람을 피우는 모습을 상상하거나 집에서 걱정하는 감정 따위에는 아랑곳하지 않고 놀고 있다고 생각했다면, 그가 집에 도착했을 때 정신 상태의 결과인 행동은 상대를 걱정하는 내적 상태와는 크게 다르게 나타날 것이다. 화가 나거나 내적 상태가 지쳐 있을 때는 전혀 다른 행동이 나타난다.

그렇다면 무엇이 걱정하는 내적 상태를 만들고, 무엇이 불신이나 분노에 이르게 하는 내적 표상을 만드는 것일까? 많은 요인이 있다. 부모나 다른 역할 모델의 반응을 롤 모델로 삼았을 수 있다. 어렸을 때 아버지가 집에 늦게 올 때마다 어머니가 걱정하는 모습을 보았다면, 걱정하는 내적 표상이 나타날 수 있다. 반면, 어머니가 아버지를 믿을 수 없다는 말을 했다면 그와 관련된 패턴을 본받았을 것이다. 따라서 특정 사람에 대한 우리의 믿음, 태도, 가치 및 과거 경험은 우리의 행동을 결정하는 내적 표상의 유형에 영향을 미친다.

우리가 세상을 인식하고 표현하는 방식에는 훨씬 더 중요하고 강력한 요소가 있는데, 그것은 우리의 생리체계를 사용하는 조건이자 패턴이다. 근육의 긴장 상태, 섭취하는 음식, 호흡 방법, 자세, 전반적인 생화학적 기능 수준과 같은 것들이 우리의 정신 상태에 큰 영향을 미친다. 내적 표상과 생리체계는 인공지능의 회로처럼 서로 영향을 미친다. 어느 하나가 다

정신 상태와 행동을 결정하는 방식

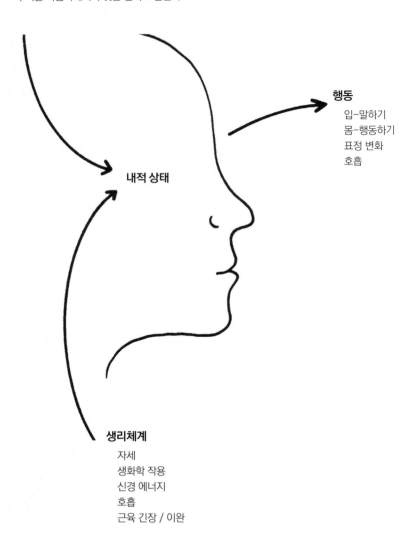

내적 표상

우리는 마음속에서 무엇을 어떻게 그리는가?
우리는 마음속에서 무엇을 말하고 듣는가?

행동

입-말하기
몸-행동하기
표정 변화
호흡

내적 상태

생리체계

자세
생화학 작용
신경 에너지
호흡
근육 긴장 / 이완

른 것에 영향을 미치고, 그것은 자동으로 다른 하나에 영향을 미친다. 따라서 정신 상태를 바꾸려면 내적 표상과 생리체계를 바꿔야 한다. 만약 몸의 자원이 풍부한 상태라면 배우자나 자녀의 귀가 시간이 늦을 때 교통체증으로 늦어진다거나 곧 집에 올 것이라고 생각할 것이다. 그러나 여러 가지 이유로 근육이 많이 긴장되었거나 고통이나 저혈당으로 피곤한 상태에 있으면, 부정적인 감정을 증폭시키는 방식으로 상황을 표현하게 된다. 잘 생각해보라. 신체적으로 활기차고 완전히 생기가 있다고 느낄 때는 피곤하거나 아플 때와는 다르게 세상을 바라보지 않는가? 생리 상태에 따라 세상을 표현하고 경험하는 방식이 완전히 달라진다. 힘들고 속상한 일이 생기면 우리의 몸도 긴장하지 않는가? 따라서 이 두 가지 요소, 즉 내적 표상과 생리체계는 끊임없이 상호작용하여 현재의 내적 상태를 만든다. 그리고 이 내적 상태는 우리의 행동 유형을 결정한다. 따라서 행동을 조정하고 통제하기 위해서는 정신 상태를 제어할 수 있어야 한다. 그리고 정신 상태를 통제하기 위해서는 내적 표상과 생리체계를 조절하고 의식적으로 통제해야 한다. 언제든지 자신의 내적 상태를 완전히 통제할 수 있다고 생각하라.

경험을 통제하려면, 먼저 경험하는 방식을 알아야 한다. 인간은 특수한 수용체와 감각기관을 통해 환경에 대한 정보를 받아들이고 표현한다. 인간에게는 맛을 보는 미각, 냄새를 맡는 후각, 눈으로 보는 시각, 귀로 듣는 청각, 몸으로 느끼는 운동감각 등 다섯 가지 감각이 있다. 이 중 주로 시각, 청각, 운동감각이 어떤 행동을 해야 할지 결정하는 역할을 한다.

이 특화된 수용체는 외부의 자극을 뇌로 전달한다. 뇌가 외부 자극을 일반화, 왜곡, 삭제와 같은 과정을 통해 전기신호로 걸러내고 나면, 내적 표상이 된다.

따라서 내적 표상, 즉 어떤 사건에 대한 우리의 경험은 정확히 말하면 일어난 일 자체가 아니라 그 일에 대한 개인적인 내적 표상이다. 개인의 정신은 수신된 모든 신호를 이용할 수 없다. 만약 왼쪽 손가락을 지나는 혈관의 맥박에서 귀의 진동에 이르기까지 수많은 자극을 모두 인식해야 한다면 아마 미쳐버리고 말 것이다. 따라서 뇌는 필요하거나 나중에 필요할 것으로 판단되는 정보만 취해서 저장하고, 나머지는 의도적으로 무시한다.

이 여과 과정은 인간 지각의 범위가 방대하다는 것을 말해준다. 두 사람이 같은 교통사고의 현장을 보았다고 해도 전혀 다르게 설명할 수 있다. 한 사람은 자신이 본 것에 더 집중하고, 다른 사람은 들은 것에 더 주의를 기울일 수 있다. 이 두 사람은 같은 교통사고를 다른 각도에서 본 것이다. 이들의 생리체계는 서로 달라서 처음부터 다른 인식체계로 시작한다. 한 사람은 시력이 정상이고 다른 사람은 시력이 좋지 않을 수 있다. 또한 누군가는 사고를 당한 적이 있어서 생생한 표현이 이미 저장되어 있을 수 있다. 어떤 상황이든 두 사람은 동일한 사건에 대해 다르게 표현할 것이다. 그리고 이러한 인식과 내적 표상을 계속 저장하고, 향후에 경험하게 될 것을 거르는 새로운 필터로 사용할 것이다.

NLP에서 사용되는 중요한 개념이 있다. '지도는 영토가 아니다.'라는 것이다. 알프레드 코집스키Alfred Korzybski는 자신의 《과학과 온전한 정신 Science & Sanity》에서 이렇게 언급했다. "우리는 지도의 중요한 특성에 주목해야 한다. 지도에 표시되는 것이 실제는 아니다. 어느 정도 정확하다고 해도 실제와 비슷한 영역과 구조이며, 필요한 것을 설명해줄 뿐이다." 이 말의 의미는 내적 표상이 어떤 사건에 대한 정확한 표상이 아니라는 것이다. 특정 개인의 신념, 태도, 가치 및 소위 '근본적 사고방식Metaprograms'으로 걸러진 하나의 해석일 뿐이다. 그렇기 때문에 아인슈타인은 이렇게 말했다. "진리와 지식의 분야에서 자신을 심판관으로 내세우려고 하는 자는 신의 비웃음을 사서 파멸하고 말 것이다."

어차피 우리는 사물의 실체는 모르고 사물을 우리에게 표상하는 방법만 알고 있을 뿐이다. 그러면 한계를 두기보다는 우리 자신과 다른 사람들에게 힘을 실어주는 방식으로 사물을 표현하는 것이 좋지 않을까? 이를 성공적으로 수행하기 위한 열쇠는 기억 관리다. 이는 개인에게 가장 강력한 권한을 부여하는 상태를 지속적으로 만드는 내적 표상이다. 어떤 경험을 하든 우리는 다양한 것에 초점을 맞출 수 있다. 아무리 성공한 사람이라도 안 좋을 상황을 생각하고 우울, 좌절 또는 분노의 상태에 빠질 수 있다. 물론 자신의 삶에 영향을 미치는 모든 일에 집중할 수도 있다. 상황이 아무리 좋지 않아도 우리는 자신에게 힘을 실어주는 방식으로 상황을 전환할 수 있다.

성공한 사람들은 기본적으로 언제든지 자원이 풍부한 내적 상태를 만들 수 있다. 이것이 성공한 사람과 그렇지 못한 사람의 차이가 아닐까? W. 미첼을 다시 생각해보자. 중요한 것은 그에게 일어난 일이 아니다. 심한 화상을 입고 하반신이 마비되었는데도 그는 내적 자원이 풍부한 상태로 만드는 방법을 찾았다. 원래부터 나쁘거나 좋은 것은 없다는 것을 명심하라. 가치는 우리가 사물을 우리 자신에게 표현하는 방법이다. 우리는 자신을 긍정적인 내적 상태로 만드는 방식으로 사물을 나타낼 수도 있고, 이와 반대로 할 수도 있다. 강력한 상태에 있었던 때를 잠시 생각해보자.

숯불걷기의 효과가 바로 이런 것이다. 여러분에게 지금 당장 책을 내려놓고 뜨거운 숯불 위를 걸어가라고 하면, 그 일을 할 수 있을 것이라고 생각하지 않는다. 숯불 위를 걸을 수 있다는 확신이 없고, 그만큼 이와 관련된 풍부한 자원이 없고, 그럴 만한 내적 상태도 아니기 때문이다. 그래서 내가 숯불걷기를 지시한다고 해도 아마도 그 행동을 취하는 것을 지원하는 내적 상태에 들어가지 않을 것이다.

숯불걷기는 두려움과 같은 제약 요인에서도 행동을 취함으로써 새로운 결과를 이끌어낼 수 있는 방식으로 내적 상태와 행동을 바꾸는 법을 가르친다. 불 위를 걷는 사람들도 처음에 불 길 앞에 섰을 때는 숯불걷기가 불가능하다고 생각한다. 하지만 이들은 내적 표상을 바꾸는 방법을 터득했기 때문에 불 위를 걷는 공포에서 벗어날 수 있다. 이제 그들은 완전히 자원이 풍부한 내적 상태에 들어갈 수 있으며, 과거에는 불가능하다고 여겼던 많은 행동과 결과를 이끌어낼 수 있다.

숯불걷기는 사람들이 가능성에 대한 새로운 내적 표상을 형성하는 데 도움이 된다. 불가능해 보였던 이 일이 사람들의 마음속 제약일 뿐이었다면, 실제로는 다른 '불가능'한 것들도 마찬가지가 아닐까? 내적 상태의 힘에 대해 이야기하는 것은 경험하는 것과 별개다. 숯불걷기가 바로 이 역할을 한다. 믿음과 가능성에 대한 새로운 모델을 제공하고, 사람들에게 새로운 내적 감정 또는 내적 상태의 연합을 형성하여 삶을 더 좋게 만들어서 이전에 '가능'하다고 생각했던 것보다 더 많은 일을 할 수 있게 만든다. 숯불걷기는 사람들의 행동이 내적 상태의 결과라는 것을 분명히 보여준다. 경험을 자신에게 표현하는 방법을 약간 바꿈으로써 효과적인 행동을 취할 수 있다는 자신감이 생길 수 있다. 물론 이와 같은 결과를 얻을 수 있는 방법은 많다. 숯불걷기는 사람들의 기억에서 잘 사라지지 않는 극적이고 흥미로운 방식이어서 기억에 오래 남을 뿐이다.

우리가 원하는 결과를 만드는 열쇠는 그 결과에 필요한 행동을 할 수 있을 정도로 내적 상태를 자원이 풍부하게 해 내적 표상을 만드는 것이다. 이렇게 하지 못하면 대부분 원하는 것을 시도조차 하지 못하거나, 시도를 해도 원하는 결과를 얻지 못하거나 미미한 결과도 얻을 수 없을 것이다. 내가

"자, 이제 불 위를 걸읍시다."라고 말할 때, 이것은 내가 말과 몸짓으로 신호를 만들고 우리의 뇌로 전달하여 내적 표상을 형성한 것이다. 코를 뚫어 고리를 매단 사람들이 끔찍한 의식을 행하거나 사람들이 기둥에 묶인 채 불에 타는 모습을 상상한다면 좋은 내적 상태에 있다고 할 수 없다. 자신이 불타는 모습을 상상한다면 내적 상태는 더욱 나빠질 것이다.

하지만 사람들이 박수를 치고 춤을 추면서 축제를 벌이는 모습을 상상하거나 정말 신나고 즐거워하는 장면을 떠올리면 완전히 다른 상태에 있게 될 것이다. 건강하고 즐겁게 숯불 위를 걸으면서 "그래, 나는 분명히 할 수 있어."라고 말하고, 완전히 자신에 찬 듯이 내적 표상을 만들면, 이 신경학적 신호는 우리가 불 위를 걸을 수 있는 내적 상태에 놓이게 할 것이다.

다른 일도 마찬가지다. 어떤 일이 잘 안 될 것이라고 자신에게 내적 표상을 하면 성공할 수 없다. 하지만 성공할 것이라는 내적 표상을 형성하면 내부 자원들이 생겨나면서 긍정적인 결과를 만들 수 있는 내적 상태에 이르게 된다. 테드 터너, 리 아이아코카, W. 미첼이 일반 사람들과 다른 점은 진정으로 원하는 결과를 반드시 얻을 수 있다고 내적 표상을 만든 것이다. 최상의 내적 상태에 있다고 해서 항상 결과를 얻을 수 있는 것은 아니지만, 최고의 내적 상태는 모든 자원을 효과적으로 사용할 수 있는 최대의 기회를 만들어준다.

다음으로 이런 논리적인 의문이 생길 수 있다. 내적 표상과 생리학이 함께 작동하여 성공에 이를 수 있는 내적 상태가 되었을 때, 실제로 특정 행동을 하도록 결정하게 만드는 것은 무엇일까? 사랑한다는 내적 상태에 있을 때 상대를 안아주는 사람이 있는가 하면, 사랑한다고 말만 하는 사람도 있다. 해답은 우리가 어떤 종류의 내적 상태에 빠지면 뇌는 어떤 행동을 선택할지 고려한다는 것이다. 그리고 최종적으로 선택되는 행동은 세상의 여러 패턴 모델 중에서 결정된다. 어떤 사람들은 화를 낼 때에도 주요 모델이 있다. 부모가 하는 행동을 보고 배운 대로 화를 낼 수도 있다. 또는 방금 화를 내서 원하는 것을 얻은 것처럼 보여서 미래의 비슷한 상황에 어떻게 대응할지 기억으로 저장할 수도 있다.

우리는 누구나 자신의 세계관, 즉 환경에 대한 인식을 형성하는 자신만의 모델을 가지고 있다. 우리가 아는 사람들과 책, 영화, TV 등에서 세상과 그 안에서 가능한 것에 대한 이미지를 형성한다. W. 미첼은 어렸을 때 큰 영향을 받은 사람이 있었을 것이다. 그는 하반신이 비록 마비되었지만 자신의 삶을 승리로 이끈 사람이었다. 미첼에게는 자신이 성공하는 데 방해가 되지 않고 도움을 주는 모델이 있었던 것이다.

우리가 모델링을 할 때 해야 할 일은 롤 모델인 사람에게서 효과적인 행동을 취할 수 있게 만드는 구체적인 신념을 찾는 것이다. 그들이 세상에 대한 경험을 어떻게 표현하는지 정확히 알 필요가 있다. 마음의 눈을 통해 그들은 무엇을 보는가? 무엇을 말하는가? 무엇을 느끼는가? 다시 말하지만, 우리가 똑같은 정확한 메시지를 전할 수만 있다면 같은 결과를 얻을 수 있다. 그것이 바로 모델링이다.

인생에서 변치 않는 사실은 좋든 나쁘든 항상 결과는 생긴다는 것이다. 어떤 결과를 생성하고 그에 따라 내적 표상을 할지 의식적으로 결정하지 않으면, 사람들과 나누는 대화나 TV 쇼 등과 같은 외부 자극이 우리의 내적 상태를 주도하여 우리가 원치 않는 행동을 하게 한다. 인생은 강물과 같다. 항상 움직이고 미리 정한 방향으로 자신을 인도하기 위해 의도적이고 의식적인 행동을 취하지 않으면 강물에 휩쓸려갈 수 있다. 원하는 결과를 위한 정신적·육체적 씨앗을 심지 않으면 여기저기 잡초만 무성해진다. 의식적으로 우리 자신의 마음과 내적 상태를 관리하지 않으면 우리의 환경은 바람직하지 않은 상태가 된다. 그 결과는 비참할 것이다. 따라서 매일 마음의 문을 지키고 어떻게 일관성 있게 우리 자신에게 내적 표상을 하는지를 아는 것이 중요하다. 우리는 매일 정원의 잡초를 뽑아야 한다.

바람직하지 않은 내적 상태의 가장 강력한 사례 중 하나는 '플라잉 왈렌다스Flying Wallendas'(안전망 없이 하이 와이어 공연을 펼치는 서커스 공연단-옮긴이)의 칼 왈렌다 이야기다. 그는 실패한다는 생각을 전혀 하지 않고 수십 년 동안 공중 곡예를 펼쳐서 큰 성공을 거두었다. 연습이나 공연 중의 추락은 그의 정신적 구성 요소가 아니었다. 그런데 갑자기 몇 년 전부터 아내에게 자신이 와이어에서 떨어지는 모습이 보이기 시작했다고 말했다. 처음으로 그는 떨어지는 것에 대한 내적 표상을 한 것이다. 그리고 아내에게 그런 말을 한 지 3개월 만에 추락해서 사망했다. 누군가는 그에게 예지력이 있었다고 말할 수 있다. 그러나 다른 관점에서 보면, 그는 신경계에 일관된 내적 표상, 즉 신호를 보내서 자신을 떨어지게 하는 행동을 지지하는 내적 상태에 빠지게 함으로써 사망이라는 결과에 이르게 되었다. 뇌 속에 따라야 할 새로운 길을 만들었고, 결국 그 길을 갔다. 이것이 바로 우리가 원하지 않는 것보다 원하는 것에 집중해야 하는 이유다.

만약 우리가 인생에서 모든 나쁜 것, 원하지 않는 것 또는 가능한 모든 문제에 계속해서 집중한다면, 그러한 유형의 행동과 결과를 지원하는 내적 상태에 놓이게 된다. 예컨대 우리는 질투심이 많은 사람일까? 아니다, 그렇지 않다. 과거에 질투한 내적 상태와 그러한 상태에서 비롯된 행동 유형이 현재 질투심을 일으켰을 수 있다. 그렇지만 자신을 이러한 방식으로 일반화함으로써 미래에 자신의 행동을 지배하고 지지할 믿음을 갖게 할수 있다. 우리의 행동은 내적 상태의 결과이고 우리의 내적 상태는 내적 표상과 생리학의 결과라는 것을 명심해야 한다. 두 가지 모두 순간적으로 바뛸 수 있다.

　과거에 질투를 했다면 그것은 단순히 이러한 내적 상태를 만든 방식으로 내적 표상을 했다는 의미다. 이제는 새로운 방식으로 사물을 표현하고 새로운 내적 상태와 그에 수반되는 행동을 할 수도 있다. 우리에게는 자신에게 사물을 표현하는 방법에 대한 선택권이 있다. 배우자가 바람을 피우고 있다고 스스로에게 내적 표상을 한다면 머지않아 분노와 배신의 상태에 빠지게 될 것이다. 사실이라는 증거는 없지만 마치 사실인 것처럼 체험하기 때문에, 사랑하는 사람이 집에 올 때쯤이면 의심을 하거나 화를 내게 된다는 것을 잊지 마라. 이러한 내적 상태에서는 사랑하는 사람을 어떻게 대하게 될까? 대체로 좋은 행동이 나오지 않을 것이다. 거친 말을 하거나 욕설을 할 수 있으며, 속으로 기분이 좋지 않아 나중에 복수할 생각을 하게 될 수도 있다.

　당신이 사랑하는 사람은 아무 짓도 하지 않았을 수도 있지만, 그러한 내적 상태에서 나오는 당신의 행동은 어쩌면 그 사람이 진짜 다른 사람과 함께 있고 싶어지게 만들 것이라는 점을 명심하라! 질투가 난다면 그 질투심은 우리가 내적 상태에서 만들어낸 것이다. 부정적인 이미지를 사랑하는 사람이 집에 가기 위해 열심히 일하는 이미지로 바꿀 수 있다. 이 새로운 이미지를 만드는 과정 덕분에 당신은 사랑하는 사람이 집에 돌아왔을 때 환영받는다고 느끼게 행동한다. 따라서 당신과 함께 있고 싶은 바람이 커지는 내적 상태에 놓이게 할 것이다. 배우자가 실제로 당신이 안 좋게 상상한 대로 행동을 했을지도 모르지만 확실히 알게 될 때까지 감정을 그렇게 많이 낭비할 이유가 있을까? 대부분의 경우 그것이 사실일 가능성은 거의 없지만 두 사람 모두에게 온갖 고통을 안겨주는데, 도대체 무엇 때문에 정력을 허비하는가?

> **"모든 행동의 근원은 생각이다."**
> 랠프 월도 에머슨Ralph Waldo Emerson

　자신과의 소통을 통제하고 원하는 것에 대한 시각적·청각적·운동감각적 신호를 만들어낼 수 있으면 성공 가능성이 없거나 성공 확률이 낮은 상황에서도 두드러진 긍정적인 결과를 지속적으로 만들어낼 수 있다. 유능하고 강력한 관리자, 코치, 부모 및 동기부여자는 아무리 절망적인 상황에 처해 있더라도 자신과 다른 사람들의 신경계에 성공 신호를 보낸다. 자신과 주변 사람들까지 전체적으로 자원이 풍부한 내적 상태로 만들고 성공할 때까지 계속 행동을 취한다. 보물 사냥꾼 멜 피셔에 대해 들어봤을 것이다. 그는 17년 동안이나 해저에 묻힌 보물을 찾아 헤매다가 마침내 4억 달러가 넘는 금괴와 은괴를 발견했다. 그에 관한 기사에 따르면, 선원 한 명에게 왜 그렇게 오랫동안 그 일에 매달렸는지를 물어보았다고 한다. 그 선원은 피셔에게는 많은 사람을 즐겁게 만드는 능력이 있었기 때문이라고 답했다. 피셔는 매일 자신과 선원들에게 "오늘이 보물을 발견하는 날이다."라고 말했고, 하루가 끝나면 똑같이 "내일은 보물을 발견하는 날이다."라고 말했다고 한다. 그는 여기에 그치지 않았다. 그의 어조와 마음속 그림과 감정까지 긍정적이고 조화롭게 만들었다. 성공할 때까지 행동을 계속할 수 있는 내적 상태에 있었던 것이다. 그야말로 궁극적인 성공 공식의 전형적인 롤모델이었다. 자신의 결과를 알고 행동을 취했으며, 효과가 있는 것을 배워가면서 성공할 때까지 계속 시도했다.

　하와이대학교의 미식축구 코치 딕 토미는 내가 아는 사람 중에 최고의 동기부여자다. 그는 사람들의 내적 표상이 그들의 결과에 어떤 영향을 미치는지 진정으로 이해하고 있었다. 한번은 와이오밍대학교와의 경기에서 팀 선수들이 경기 전반전 내내 밀렸다. 전반전 스코어는 22 대 0이었고, 그의 팀은 와이오밍대학교 팀의 적수가 아닌 것처럼 보였다.

하프타임에 토미의 팀 선수들이 라커룸에 들어왔을 때 그들이 어떤 상태에 있었는지 상상할 수 있을 것이다. 토미는 고개를 푹 숙이고 침울한 선수들의 표정을 보고 내적 상태를 바꾸지 않으면 후반전에도 가망이 없다는 것을 알았다. 선수들의 생리체계는 패배 의식이라는 고리에 둘러싸여 있었으며, 그러한 내적 상태라면 성공할 자원을 끌어낼 수가 없었다.

그래서 토미는 수년 동안 수집한 기사들을 붙인 판을 꺼냈다. 지금과 비슷하거나 더 큰 차이로 점수가 뒤져 있는 상황에서 불가능해 보이는 확률에 도전하여 승리를 거둔 팀들의 기사였다. 선수들에게 기사를 읽게 함으로써 완전히 새로운 믿음, 즉 정말로 승리할 수 있다는 믿음을 주입할 수 있었다. 그리고 그 믿음(내적 표상)은 완전히 새로운 신경학적 생리체계를 만들었다. 결과는 어땠을까? 토미의 팀은 후반전에 인생에 남을 만한 경기를 했고, 와이오밍대학교 팀을 무실점으로 막아내며 27 대 22로 승리했다. 그들이 역전승을 할 수 있었던 이유는 내적 표상, 즉 무엇이 가능한지에 대한 선수들의 믿음을 바꿀 수 있었기 때문이다.

얼마 전,《1분 경영》의 공동 저자인 켄 블랜차드와 같은 비행기를 탔다. 블랜차드는 〈골프 다이제스트Golf Digest〉라는 잡지에 "1분 골퍼"라는 제목의 글을 기고하기도 했다. 그는 미국 최고의 골프 강사와 친분을 유지하면서 타수가 향상되었다. 그런데 유용한 기술을 많이 배우기는 했지만 전부 기억하지는 못 한다고 말했다. 나는 그에게 배운 기술을 되새겨볼 필요가 없다고 말했다. 그 대신 골프공을 완벽하게 쳐본 적이 있는지 물었다. 그는 당연히 그런 적이 있다고 말했다. 여러 번 지속적으로 쳤는지도 물었다. 이번에도 그렇다고 말했다. 그렇다면 자원을 조직하는 전략이나 구체적인 방법이 그의 무의식에 분명히 기록되어 있다고 나는 설명했다. 해야 할 일은 그가 이미 가지고 있는 모든 정보를 사용하는 내적 상태로 자신을 되돌리는 것이었다. 나는 그에게 그 내적 상태로 들어가는 방법과 신호에 따라 다시 자극하는 방법을 잠시 동안 가르쳐주었다(이 기술은 17장에서 배운다). 무슨 일이 일어났을까? 그 후 그는 골프 경력 15년 만에 최고의 플레이를 했고, 이전에 비해 무려 15타를 줄였다. 이유가 뭘까? 풍부한 자원을 의식하지 못하는 상태에서는 힘을 발휘하지 못하기 때문이다. 그는 기술을 기억하기 위해 애쓸 필요가 없었다. 이미 필요한 모든 것에 접근이 가능한 상태였다. 단지 활용하는 법을 배우기만 하면 됐던 것이다.

인간의 행동은 자신이 처한 내적 상태의 결과라는 점을 명심하라. 성공적인 결과를 얻은 적이 있다면, 그때와 동일한 정신적·신체적 행동을 취함으로써 성공을 재현할 수 있다. 1984년 올림픽이 열렸을 때, 나는 수영 자유형 1,500미터 종목에 출전하는 마이클 오브라이언의 훈련을 도운 적이 있다. 그는 계속 연습을 하고는 있었지만 성공을 위해 온 힘을 쏟고 있는 것처럼 보이지는 않았다. 그에게는 자신을 제약하는 일련의 정신적 장애가 있었다. 성공에 약간의 두려움이 있었으며, 올림픽 목표는 동메달 아니면 은메달이었다. 금메달 후보가 아니었다. 이 종목에서 유력한 금메달 후보는 여러 차례 마이클을 이긴 적이 있는 조지 디카를로였다.

한 시간 반 동안 마이클과 함께 있으면서 그의 내적 수행 상태가 최고일 때를 모델링하도록 도왔다. 조지 디카를로를 이겼던 때가 단 한 번 있었는데, 그 경기에서 마이클이 본 것과 자신에게 말한 것 등 정신적으로나 육체적으로 어떤 행동을 취했는지 자세히 분석하기 시작했다. 경기에서 승리했을 때의 내적 상태와 출발 신호음에 자동으로 연결되도록 했다. 조지 디카를로를 이겼던 날, 미국의 록 밴드인 '휴이 루이스 앤 더 뉴스'의 음악을 들었다는 것도 알게 되었다. 그래서 올림픽 결승전이 열리는 날까지 모든 행동을 똑같이 했으며, 심지어 경기 시작 직전까지 '휴이 루이스 앤 더 뉴스'의 노래를 들었다. 그는 결승전에서 조지 디카를로를 6초 차이로 따돌리고 올림픽에서 금메달을 획득했다.

영화 〈킬링필드The Killing Fields〉를 본 적이 있는가? 이 영화에는 열두세 살 정도의 어린아이가 캄보디아의 끔찍한 혼돈과 전쟁의 파괴 속에서 살아가는 모습이 등장한다. 이 아이는 어느 순간 완전히 좌절감을 느끼며 한 사람을 향해 기관총을 쏘아댔다. 너무 충격적이다. 어린아이가 어떻게 그런 끔찍한 일을 저지르는 지경에 이르렀을까? 두 가지 상황이 예측된다. 첫 번째로 너무 좌절한 나머지 끔찍한 폭력성으로 가득 찬 내적 상태에 빠진 것이다. 두 번째는 전쟁과 파괴가 만연한 환경 속에 살고 있는 탓에 기관총을 드는 것을 적절한 대응으로 생각한 것이다. 이 아이는 다른 사람들이 하는 것을 보고 따라 한 것이다. 끔찍한 데다 부정하고 싶은 장면이었다. 나는 항상 긍정적인 내적 상태에 집중하려고 노력한다. 그러나 이 장면은 내면 상태의 좋고 나쁨을 떠나 절대 하지 말아야 할 일을 어떻게 할 수 있는지를 극명하게 보여준다. 여러분의 머리에 각인시키기 위해 다시 강조한다. **우리가 취하는 행동은 내적 상태의 결과다. 어떤 내적 상태에서 구체적으로 어떻게 행동할지는 우리의 세계관, 즉 저장된 신경학적 전략에 따라 결정된다.** 나 혼자서는 마이클 오브라이언을 올림픽 금메달리스트로 만들 수 없었을 것이다. 그는 전략이나 근육 반응 등을 저장하기 위해 일생 동안 연습했다. 내가 한 일은 그가 가장 효과적인 자원과 성공 전략을 신호에 맞춰 필요한 순간에 어떻게 불러낼 수 있는지를 알려준 것뿐이다.

대부분의 사람들은 자신의 내적 상태를 통제하기 위한 행동은 거의 취하지 않는다. 아침에 우울한 상태로 깨어나는 사람이 있는가 하면, 활력이 넘친 상태로 일어나는 사람도 있다. 좋은 기분은 활력을 주지만 나쁜 기분은 사람을 무기력하게 만든다. 어떤 분야든, 성패는 자원을 얼마나 효과적으로 활용하느냐에 따라 결정된다. 이는 스포츠 경기에서 가장 극명하게 나타난다. 항상 성공할 수는 없지만 거의 대부분의 중요한 순간에 자신을 자원이 넘치는 내적 상태에 있게 만드는 선수들이 있다. 야구선수 레지 잭슨은 포스트시즌인 10월에 어떻게 그렇게 많은 홈런을 쳤을까? 또한 전설적인 농구선수 래리 버드나 제리 웨스트는 어떻게 그 많은 버저비터 슛을 성공시킬 수 있었을까? 그들은 압박감이 최고에 달했을 때 최대의 능력을 이끌어내는 방법을 알고 있었다.

대부분의 사람이 내적 상태를 바꾸고 싶어 한다. 행복하고 즐겁고 황홀한 상태가 되기를 바라고, 중추적인 역할을 하는 사람이 되기를 원한다. 마음의 평화를 찾으려 하고, 마음에 들지 않는 내적 상태에서 벗어나려고 한다. 그러면 좌절하고 분노할 때 또는 혼란스럽거나 지루함을 느낄 때는 어떻게 할까? 그렇다, TV를 켜고 심적으로 새로운 내적 표상을 하고 뭔가를 보면서 한껏 웃는다. 더 이상 좌절한 상태가 아니다. 밖으로 나가 뭔가를 사먹을 수 있고, 담배를 피우거나 마약을 할 수도 있다. 좀 더 긍정적인 방법으로는 운동을 할 수도 있다. 이러한 접근 방식의 문제는 결과가 지속되지 않는다는 점이다. TV 쇼가 끝나면 전과 같은 내적 표상이 여전히 남아 있다. 과식을 하거나 약물을 복용하고 나서 시간이 지나면 다시 안 좋은 상태로 돌아오고 기분이 나빠진다. 일시적으로 내적 상태를 바꾸기 위해 또다시 대가를 치러야 한다. 이와 대조적으로, 이 책은 추가적으로 계속 문제가 생길 수 있는 외부 장치를 사용하지 않고, 내적 표상과 생리체계를 직접 변화시키는 방법을 알려준다.

사람들은 왜 마약을 할까? 그들이라고 팔에 바늘을 꽂는 것을 좋아하겠는가? 기분을 좋게 하는 내적 상태로 가는 다른 방법을 모르기 때문이다.

나는 마약에 중독된 몇몇 청년들을 숯불걷기를 하게 하여 그 습관에서 벗어나게 한 적이 있다. 같은 환희에 도달할 수 있는 더욱 멋진 방법을 알게 되었기 때문에 가능했다. 6년 반 동안 헤로인을 복용했다는 소년은 숯불걷기를 끝내고 사람들에게 "이제 마약을 끊었어요. 숯불 위를 걸으면서 느낀 환희에 비하면 바늘에서 느낀 것은 정말 보잘것없어요."

그렇다고 주기적으로 숯불걷기를 해야 한다는 말은 아니다. 새로운 내적 상태에 주기적으로 접근할 수 있으면 된다. 그는 불가능하다고 생각한 일을 해냄으로써 자신을 기분 좋게 만들 수 있는 새로운 모델을 개발한 것이다.

탁월성을 달성한 사람들은 뇌의 가장 자원이 풍부한 부분을 활용하는 데 통달한 사람들이다. 이것이 다른 사람들과 다른 점이다. 이번 장에서 기억해야 할 핵심은 우리의 내적 상태는 엄청난 힘을 가지고 있으며, 우리가 이것을 통제할 수 있다는 것이다. 어떤 일이 발생해도 외적인 힘에 휘둘려서는 안 된다.

우리에게는 삶의 경험을 어떻게 표현할 것인지를 미리 결정해주는 요소가 있다. 그 요소는 특정 상황에서 우리가 지속적으로 만들어내는 내적 상태의 유형을 결정한다. 그것은 위대한 힘이라고 불려왔다. 이제 그 마법의 힘에 대해 알아보자.

4장
탁월성의 탄생: 신념

"인간은 스스로 믿는 대로 된다."
안톤 체호프Anton Chekhov

노먼 커즌스는 자신의 유명한 저서《웃음의 치유력Anatomy of an Illness》에서 20세기의 위대한 음악가인 파블로 카살스에 대한 유익한 일화를 들려준다. 이것은 신념과 변화 이야기로, 우리에게 많은 교훈을 준다.

커즌스는 이 위대한 첼리스트의 90번째 생일 직전에 카살스를 만났다고 한다. 그는 힘들게 하루를 시작하는 노인을 지켜보는 것이 너무나 고통스러웠다고 말했다. 쇠약한 데다 관절염 때문에 옷을 입을 때는 다른 사람의 도움이 필요했다. 호흡이 거친 것으로 보아 폐기종을 앓고 있는 것이 분명했다. 구부정한 몸에 머리를 앞으로 내밀고 비틀거리며 걸었다. 손은 부어 있었고 손가락은 굳어 있었다. 너무나도 늙고 지쳐 보였다.

카살스는 아침 식사를 하기 전에 능숙하게 연주하던 여러 악기 중 하나인 피아노로 향했다. 힘겹게 걸어가더니 피아노 앞에 앉았다. 붓고 굽은 손가락을 건반으로 가져가는 것이 애처롭게 보일 정도였다.

그 순간 기적 같은 일이 벌어졌다. 카살스는 커즌스의 눈앞에서 갑자기 완전히 다른 사람으로 변신한 것이다. 그는 예전처럼 자원이 풍부한 내적 상태에 도달하자 생리체계가 바뀌면서 건강하고 힘이 넘쳤으며, 손가락이 유연한 피아니스트만이 할 수 있는 피아노 연주를 시작했다. 커즌스는 "그의 손가락이 천천히 풀리면서 햇빛을 향하는 꽃봉오리처럼 건반에 닿았습니다. 그의 굽은 등은 곧게 펴졌고 호흡이 아주 편해진 것 같았어요."라고 표현했다. 피아노를 연주한다는 생각 자체가 카살스의 내적 상태를 완전히 바꾸어 신체의 효율성을 높인 것이다. 카살스는 바흐의 〈평균율 클라비어 곡집Das Wohltemperierte Klavier〉을 뛰어난 감성과 기교로 연주했다. 그다음으로 브람스 협주곡을 연주했고, 그의 손가락은 마치 건반 위를 질주하는 것 같았다. 커즌스는 "카살스의 몸 전체가 음악과 하나가 된 것 같았습니다. 더 이상 뻣뻣하지 않고 움츠러들지 않았으며 유연하고 우아한 모습을 보니 관절염에서 완전히 해방된 사람처럼 보였습니다."라고 기술했다. 카살스가 연주를 마치고 일어섰을 때, 처음에 보았던 힘없는 노인의 모습이 아니었다. 곧게 서 있었고 키도 훨씬 커 보였다. 발도 질질 끌지 않고 걸었다. 그러고는 곧바로 아침 식사 테이블로 걸어가 배불리 먹은 후 해변을 산책하러 나갔다.

우리는 흔히 신념을 종교적 교리나 신조의 관점에서 생각하는데, 대부분의 신념이 그렇다고 할 수 있다. 하지만 가장 기본적인 의미에서 신념은 삶의 의미와 방향을 제시할 수 있는 지침과 같은 원칙, 명언, 믿음 또는 열정과 같은 것이다. 우리는 자극을 무한정으로 받아들일 수 있다. 신념은 세상의 자극에 대해 우리의 인식에 미리 잘 정비되고 체계화된 필터와 같다. 마치 뇌의 지휘관과 같은 것이다. 우리의 몸과 마음이 어떤 것이 사실이라고 믿을 때, 그것은 일어나는 상황에 대한 내적 표상을 우리의 뇌에 전달하는 것과 같다. 카살스는 음악과 예술을 믿은 것이다. 이것이 그의 삶에 아름다움과 질서, 고귀함을 주었고, 날마다 기적을 일으키는 원동력이 되었다. 그는 자신의 예술이 지닌 초월적인 힘을 믿었기 때문에 상식적으로 생각하기힘든 활력을 얻었다. 그의 신념이 자신을 지친 노인에서 활력 있는 천재로 매일 변화시킨 것이다. 가장 심오한 의미로 예술이 그에게 생명력을 부여했다고 할 수 있다.

존 스튜어트 밀은 "신념이 있는 한 사람의 힘은 오직 관심만 있는 99명의 힘과 맞먹는다."라고 말했다. 이것이 바로 신념이 탁월성으로 가는 문을 열어주는 이유다. 신념은 신경계에 직접 명령을 전달한다. 우리는 어떤 것이 진실이라고 믿으면, 말 그대로 그것이 진실인 내적 상태로 돌입한다. 신념을 효과적으로 다루면 삶에서 선을 창조하는 가장 강력한 힘이 될 수 있다. 반면에 우리의 행동과 생각을 제한하는 신념은 자원이 풍부한 신념이 활력을 불어넣어주는 것만큼이나 파괴적일 수 있다. 역사를 통틀어, 종교는 수백만 명의 사람들에게 권한을 부여해서 그들이 불가능하다고 생각했던 일을 할 수 있는 힘을 주었다. 신념은 우리가 원하는 결과를 얻도록 자원을 만들고 지휘하며, 내면 깊숙이 있는 가장 풍부한 자원을 활용하는 데 도움을 준다.

신념은 우리가 목표를 향해 가도록 인도하고 목표에 도달할 것이라는 확신을 주는 나침반이나 지도와 같다. 신념이나 목표를 이용할 수 있는 능력이 없는 사람은 무력해질 수 있다. 마치 모터나 방향타가 없는 보트와 같다. 자신을 확고하게 이끄는 신념이 있을 때 행동을 취하고, 원하는 세상을 만들 수 있는 힘이 생긴다. 신념은 우리가 원하는 것을 볼 수 있고, 그것을 얻도록 하는 활력을 불어넣어준다.

사실, 신념보다 인간의 행동을 더 강력하게 이끄는 것은 없다. 본질적으로 인간의 역사는 신념의 역사다. 예수, 마호메트, 코페르니쿠스, 콜럼버스, 에디슨, 아인슈타인 등 역사를 바꾼 사람들은 우리의 신념체계를 바꾼 인물들이다. 우리가 행동을 바꾸려면 신념에서 시작해야 한다. 탁월성을 본받고 싶으면 탁월함을 이룬 사람들의 신념을 모델로 삼는 법을 배워야 한다.

인간의 행동에 대해 배우면 배울수록 신념이 우리의 삶에 미치는 놀라운 힘을 더 잘 알게 된다. 많은 면에서, 신념의 힘은 우리가 가진 논리적 힘을 뛰어넘는다. 생리체계에서도 명백히 신념(동일화된 내적 표상)이 현실로 나타난다. 얼마 전 조현병 연구가 크게 주목을 받았다. 한 가지 사례는 조현병에 걸린 환자 이야기다. 평소에 그의 혈당 수치는 완전히 정상이었다. 그러나 자신이 당뇨병 환자라고 믿자 생리체계가 당뇨병 환자처럼 바뀌었다. 그의 신념이 현실화된 것이다.

유사한 맥락에서, 최면 상태에 있는 사람에게 얼음 조각을 뜨거운 쇳조각이라고 속이고 만지게 하는 수많은 연구가 있었다. 쇳조각이라고 믿은 사람은 분명 얼음을 접촉한 부위에 물집이 생길 것이다. 중요한 것은 현실이 아니라 신념, 즉 의심할 여지 없이 신경체계와 직접 소통하는 것이다. 뇌는 단순히 시키는 대로만 할 뿐이다.

플라세보Placebo 효과에 대해 알고 있을 것이다. 어떤 약이 효과가 있을 것이라는 말을 들은 사람은 아무 성분이 없는 가짜 알약을 먹어도 효과를 경험한다. 자신의 병을 없애는 믿음의 힘을 직접 터득한 노먼 커즌스는 "약이 항상 필요한 것은 아니다. 하지만 건강 회복에 대한 신념은 반드시 필요하다."라고 말했다. 출혈성 궤양이 있는 환자 집단을 대상으로 한 놀라운 플라세보 연구가 있다. 연구는 두 그룹으로 나뉘어 수행되었다. 한 그룹은 완벽하게 통증을 없애주는 신약이라는 말을 들었다. 다른 그룹의 사람들은 실험용 약이라는 말을 들었으며, 그 효과에 대해서는 듣지 못했다. 첫 번째 그룹의 70퍼센트가 궤양이 현저하게 회복되었다. 두 번째 그룹에서는 25퍼센트만 유사한 효과가 나타났다. 두 그룹 모두 환자에게 전혀 효과가 없는 약을 받았다. 유일한 차이는 그들이 택한 신념체계였다. 더욱 놀라운 것은 수많은 연구에서 나쁜 영향을 미치는 것으로 알려진 약을 투여해도 환자가 긍정적인 결과를 경험할 것이라는 말을 들으면 전혀 나쁜 결과가 나오지 않았다는 사실이다.

앤드류 웨일 박사가 수행한 연구에 따르면, 약을 복용한 사람들의 효과는 그들의 기대와 거의 정확하게 일치한다. 그는 각성제인 암페타민을 먹여도 진정된 느낌을 받게 할 수 있으며, 진정제인 바르비투르로 자극적인 상태가 되게 할 수 있음을 발견했다. 웨일 박사는 "약의 '마법'은 약 자체에 있는 것이 아니라 사용자의 마음에 있다."라고 결론지었다.

이 사례들에서 결과에 가장 강력하게 영향을 미치는 요인은 신념으로, 이것은 뇌와 신경계에 일관성 있게 지속적으로 전달되는 메시지다. 엄청난 힘이 발휘되지만 그 과정에 개입된 심오한 마법이란 없다. 신념은 행동을 지배하는 내적 상태이며, 내적 표상이다. 가능성에 대한 강한 믿음, 즉 어떤 것을 성공하거나 성취할 것이라는 믿음이다. 절대로 성공할 수 없고 능력이 없어서 해낼 수 없다는 믿음일 수도 있다. 성공을 믿는다면 성취할 수 있는 힘을 얻게 될 것이다. 반면, 실패를 믿는다면 그 메시지는 실패를 경험하도록 이끌 것이다. 무언가를 할 수 있다고 말하든 할 수 없다고 말하든, 우리는 옳다는 것을 잊지 마라. 두 종류의 신념 모두 큰 힘을 가지고 있다. 관건은 '어떤 종류의 신념을 갖는 것이 더 좋으며, 그것을 어떻게 계발할 것인가'이다.

탁월성은 우리가 신념을 선택할 수 있다는 인식에서 시작된다. 대부분 그렇게 생각하지 않지만, 신념은 의식적인 선택이 될 수 있다. 우리를 지지하는 신념을 선택할 수도 있고, 제한하는 신념을 선택할 수도 있다. 비결은 우리를 방해하는 신념을 버리고 도움이 되는 신념을 선택하는 것이다.

사람들이 신념에 대해 가장 크게 오해는 신념이 정적이고 지적인 개념으로, 행동과 결과와는 관계없고, 사실과도 거리가 멀다고 생각하는 것이다.

하지만 신념은 행동이나 결과와 분리되어 있거나 고정되어 있는 것이 아니며, 탁월성으로 가는 관문이다.

우리의 잠재력을 얼마만큼 활용할 수 있는지를 결정하는 것이 우리의 신념이다. 신념은 아이디어의 흐름을 원활하게 할 수 있고, 막아버릴 수도 있다. 다음 상황을 상상해보자. 한 친구가 나에게 "소금 좀 갖다줘."라고 부탁한다. 나는 주방으로 가면서 "소금이 어디에 있는지 잘 몰라."라고 말하고, 몇 분 동안 찾아본 후 "어디 있는지 못 찾겠어."라고 외친다. 그러자 그 친구가 주방으로 와서 앞에 있는 선반에서 소금을 꺼내면서 이렇게 말한다. "코앞에 있는 것도 못 보네. 이게 뱀이었다면 너를 물어버렸을 거다."라고 말한다. 내가 "못 찾겠어."라고 말했을 때, 이미 뇌에 소금을 보지 말라고 명령한 것이다. 심리학에서는 이를 '심리적 맹점Scotoma'이라고 부른다. 모든 인간의 경험, 즉 말하고, 보고, 듣고, 느끼고, 냄새를 맡고, 맛본 모든 것이 우리의 뇌에 저장되어 있다. 기억할 수 없다고 말하면 정말 기억할 수 없게 된다. 그러나 할 수 있다고 말할 때, 우리는 신경계에 뇌의 경로를 열도록 명령을 내려서 필요로 하는 답을 잠재적으로 전달한다.

> "할 수 있다고 생각하기 때문에 할 수 있는 것이다."
> 베르길리우스Virgil, Publius Vergilius Maro

다시 생각해보자. 신념이란 무엇인가? 자신과의 소통을 일관되게 여과하는 것이며, 사전에 잘 짜놓은 조직화된 내적 소통 방식이다. 신념은 어디에서 생기는 걸까? 왜 어떤 사람들은 성공으로 이어지는 신념을 가지고 있는 반면, 다른 사람들은 실패할 수밖에 없는 신념을 가지고 있을까? 우리가 탁월함을 불러일으키는 신념을 모델로 삼으려고 할 때 가장 먼저 해야 할 일은 그 신념이 어디에서 생겨나는지 아는 것이다.

첫 번째는 환경이다.

이 세상은 가차 없이 성공은 성공으로, 실패는 실패로 이어지는 원리가 적용되는 냉혹한 곳이다. 빈민가 생활에서 진정한 공포는 매일 겪는 좌절감과 박탈감이 아니다. 그것은 극복할 수 있다. 진짜 악몽은 환경이 신념과 꿈에 미치는 영향이다. 주위에 보이는 것이 온통 실패와 절망이라면, 성공을 촉진할 내적 표상을 형성하기가 매우 어렵다. 앞에서 모델링은 누구나 똑같이 수행하는 것이라고 말했다. 부와 성공 속에서 성장하면 부와 성공을 이룬 롤 모델을 쉽게 찾을 수 있다. 반면 가난과 절망 속에서 자란다면 그 속에서 모델을 찾을 수밖에 없다. 알베르트 아인슈타인은 "다른 사람이 속한 사회적 환경에 대해 편견 없이 말할 수 있는 사람은 거의 없다. 대부분의 사람들은 그러한 생각을 하는 것조차 불가능하다."라고 말했다.

내가 진행하는 모델링 강좌의 고급 과정에 대도시 거리의 노숙자를 대상으로 실습을 하는 시간이 있다. 우리는 사람들을 데려와서 이들의 신념체계와 사고 전략을 모델링한다. 많은 음식을 제공하고 친절하게 대하면서, 그들의 삶이나 자신의 처지에 대해 어떻게 느끼는지 그리고 왜 그런 상황이 되었는지 말해달라고 요청한다. 그런 다음 육체적으로나 정신적으로 큰 비극을 이겨내고 인생 역전을 한 사람들과 비교한다.

최근 실습 시간에, 우리는 28세의 지적으로 보이고 신체적으로 건강하고 잘생긴 한 노숙인 남자를 만났다. 적어도 표면적으로는 삶을 변화시킬 수 있는 자원이 적었던 미첼은 행복하게 사는데, 이 젊은이는 왜 이토록 불행하게 거리에서 살고 있을까? W. 미첼은 큰 역경을 극복하고 기쁨의 삶을 살았던 사람들이 많은 환경 속에서 성장했다. 그런 사람들을 생각하면서 '나도 할 수 있어.'라는 신념이 생긴 것이다. 대조적으로 존이라고 불리는 이 청년의 주위에는 그런 모델이 없었다. 어머니는 매춘부였으며, 아버지는 사람에게 총질을 하는 바람에 수감되었다. 그가 여덟 살이었을 때, 아버지는 그에게 헤로인 주사를 놓았다고 한다. 그런 환경에서는 살아가는 것만도 다행이라고 생각했기에, 거리에 살면서 도둑질을 하고, 마약으로 고통을 잊으려고 했다. 환경이 그에게 큰 영향을 미친 것이다. 그는 사람들이 자신을 이용한다고 믿었고, 진정으로 사랑을 베푸는 사람은 없다는 신념이 있었다. 그날 저녁, 우리는 이 청년과 함께 지내면서 그의 신념체계를 바꿨다(6장에서 설명할 것이다). 그 결과 그는 다시 거리로 돌아가지 않았다. 그날 밤 이후로 마약도 끊었다. 새로운 일을 시작했고, 이제는 친구들을 사귀고, 새로운 신념을 가지고, 새로운 환경에 살면서 새로운 결과를 낳고 있다.

시카고대학교의 벤저민 블룸 박사는 100명의 성공한 젊은 운동선수, 음악가, 학생을 대상으로 연구를 수행했다. 그는 연구 대상자 대부분이 어렸을 때는 크게 재능을 발휘하지 못했다는 사실에 크게 놀랐다.

그들의 재능은 세심한 관심과 지도, 주변의 응원을 받으며 나타나기 시작했다. 그 전에 자신들이 특별할 수 있다는 신념이 위대한 재능의 징후보다 먼저 나타났다.

환경은 신념을 생기게 하는 가장 강력한 요인일 수 있지만 유일한 것은 아니다. 만약 그렇다면 부유한 집안에서 태어난 자녀들은 모두 부자로 살고, 가난한 집 아이들은 절대로 자신의 출신을 넘어서지 못하는 고정된 세상에 살게 되었을 것이다. 환경 말고도 신념을 낳고 키울 수 있는 다른 경험과 다양한 학습 방법이 있다.

두 번째는 사건이다.

사건은 크든 작든 신념을 키우는 데 영향을 미친다. 누구에게나 평생 잊지 못할 경험이 있다. 9·11 테러가 일어났을 때 여러분은 어디에 있었는가?

만약 어느 정도 나이가 있다면 그날을 확실히 기억할 것이다. 그날의 사건으로 많은 사람들의 세계관이 바뀌었다. 이처럼 우리는 결코 잊지 못할 경험을 한다. 그 사건은 우리에게 큰 영향을 미쳐서 우리의 뇌리에 영원히 남아 있다. 이와 같은 경험으로 삶을 변화시키는 신념이 형성된다.

열세 살 때, 나는 내가 무엇을 하며 살아야 할지를 생각하다가 스포츠 작가나 스포츠 진행자가 되기로 마음먹었다. 어느 날 유명한 스포츠 방송 아나운서인 하워드 코셀이 내가 사는 지역의 백화점에서 새 책 출판 기념 사인회를 연다는 광고를 신문에서 보았다. 나는 스포츠 진행자가 되려면 전문가를 인터뷰해야겠다고 생각했다. 그렇다면 이 기회에 시도해보는 것이 좋겠다고 생각했다. 나는 학교를 마치고 녹음기를 빌렸고, 어머니에게 백화점으로 데려다달라고 부탁했다. 내가 도착했을 때 코셀 씨는 행사장을 막 떠나려던 참이었다. 마음이 다급해졌다. 게다가 그는 마지막 말을 한마디라도 더 들으려고 몸싸움을 하는 기자들에게 둘러싸여 있었다. 나는 많은 기자들의 팔 사이를 비집고 들어가 힘들게 코셀 씨에게 다가갔다. 나를 소개하고 간단한 녹음 인터뷰를 요청했다. 수십 명의 기자들을 기다리게 하고 하워드 코셀은 나의 개인 인터뷰에 응했다. 그 경험은 무엇이든 가능하고, 인생에서 누구에게든 다가갈 수 있고, 내가 원하는 것을 요구했을 때 어떤 보상을 받는지에 대한 나의 신념을 바꾸었다. 코셀 씨의 격려 덕분에 나는 계속 일간지에 글을 기고하며 커뮤니케이션 분야에서 경력을 쌓게 되었다.

세 번째는 지식이다.

직접적인 경험은 지식의 한 형태다. 또 다른 경험은 책을 읽고, 영화를 보고, 다른 사람들이 묘사하는 대로 세상을 보면서 형성된다. 지식은 제한된 환경이라는 족쇄를 푸는 훌륭한 방법 중 하나다. 세상이 아무리 암울해도 다른 사람의 성취에 대해 읽을 수 있다면 성공할 수 있다는 신념이 생길 수 있다. 흑인 정치학자 로버트 커빈 박사는 〈뉴욕타임스〉에 기고한 글에서 메이저리그 최초의 흑인 선수인 재키 로빈슨의 사례가 자신의 인생을 바꾸어 놓았다고 했다. "재키 로빈슨에 대한 애착 덕분에 나는 풍요로워졌다. 그를 모델링하면서 나의 기대 수준을 높일 수 있었다."

네 번째는 과거의 결과로 형성된 신념이다.

할 수 있다는 신념을 갖게 하는 가장 확실한 방법은 일단 실행해보는 것이다. 한 번 성공하면 다시 성공할 것이라는 신념을 갖기가 훨씬 쉽다. 마감 날짜를 맞추기 위해 나는 이 책의 초고를 한 달 안에 써야 했다. 처음에는 확신이 없었다. 하지만 하루 만에 1장을 마쳤을 때 할 수 있다는 것을 알았다. 그리고 한 번 성공하니 다음에도 성공할 수 있다는 믿음이 생겼다. 이 책을 정해진 기간에 끝낼 수 있다는 신념을 가질 수 있었다.

마감 시간에 맞춰야 하는 기자들도 유사한 경험을 한다. 매일 마감의 압박 속에서 한 시간 내에 기사 작성을 끝내야 하는 것만큼 힘든 일은 없을 것이다. 대부분의 초보 기자들이 이것을 가장 두려워한다. 그러나 한두 번 성공하면 계속해서 해낼 수 있다는 사실을 알게 된다. 나이가 들수록 더 똑똑해지거나 민첩해지지는 않지만, 원하는 시간 내에 기사를 마무리할 수 있다는 신념이 있기 때문에 언제라도 기사를 쓸 수 있다는 자신감이 있다. 코미디언, 사업가 또는 거의 모든 다른 분야의 사람들도 마찬가지다. 할 수 있다고 믿는 것은 자기 최면과 같은 역할을 한다.

다섯 번째는 미래에 원하는 경험을 마치 지금 여기에 있는 것처럼 마음속에 그리는 것이다.

과거의 경험이 내적 표상을 변화시켜서 원하는 일이 가능하다는 신념이 생기는 것처럼, 미래에도 되기를 원하는 것에 맞춰 상상으로 경험을 바꿀 수 있다. 나는 이것을 "결과의 선행 체험Experiencing Results in Advance"이라고 부른다. 결과가 주변 상태의 강력하고 효과적인 도움을 받지 못할 때 우리가 바라는 성공의 경험을 머릿속에 그림으로써 내적 상태, 신념, 행동을 바꿀 수 있다. 한 세일즈맨이 있다고 가정해보자. 1만 달러와 10만 달러 중 어느 쪽이 벌기 더 쉬울까? 사실 10만 달러를 벌기가 더 쉽다. 이유가 뭘까? 1만 달러가 목표라면 그저 밥이나 굶지 않고 살아가는 정도가 될 것이다. 이것이 목표이고, 왜 일을 해야 하는지 내적 표상이 이 정도라면 어떻게 일하면서 열정적이고 자원이 풍부한 내적 상태가 될 수 있겠는가? 열정이 생길까? 겨우 입에 풀칠할 정도만 벌려고 일을 한다고? 다른 사람은 어떨지 모르지만, 나는 그 정도 수준이라면 움직이지 않을 것이다.

하지만 1만 달러를 목표로 하든 10만 달러를 목표로 하든 같은 일을 한다. 달성하려는 목표가 어떻든 똑같이 전화하고, 같은 사람들을 만나고, 동일한 제품을 제공한다. 그래서 1만 달러보다 10만 달러를 벌겠다는 목표를 갖는 것이 훨씬 더 흥미롭고 매력적이다. 그리고 그와 같은 열정적인 내적 상태는 단지 생계를 이어가는 것보다 훨씬 더 큰 잠재 능력을 지속적으로 활용하는 행동을 하도록 유도할 것이다.

돈만이 동기를 부여하는 것은 아니다. 목표가 무엇이든 머릿속에 원하는 결과에 대한 명확한 이미지를 만들고, 이미 달성한 것처럼 자신에게 내적 표상을 한다면 원하는 결과를 만드는 데 도움이 되는 내적 상태가 형성될 것이다.

이 다섯 가지 모두가 신념을 불러일으키는 방법이다. 우리는 대부분 특별한 계획 없이 신념을 형성한다. 좋든 나쁘든 주변에 있는 모든 것을 그대로 받아들인다. 그러나 이 책의 핵심 중 하나는 우리가 바람에 이리저리 흔들리는 갈대가 아니라는 것을 아는 것이다. 우리는 자신의 신념을 통제할 수 있다. 다른 사람을 모델링하는 방법을 조정할 수 있다. 의도적으로 우리의 삶을 지배할 수 있다. 얼마든지 변화할 수 있다. 이 책의 핵심 키워드가 있다면 그것은 바로 '변화'다. 아주 기본적인 질문을 해보겠다. "나는 누구이며 무엇을 할 수 있는지에 대한 나의 신념은 무엇인가?" 잠시 생각해보고 과거에 자신을 제한했던 주된 신념 다섯 가지를 적어보라.

1.
2.
3.
4.
5.

이제 가장 높은 목표를 달성하는 데 도움이 될 수 있는 긍정적인 신념을 다섯 가지 이상 적어보라.

1.
2.
3.
4.
5.

우리의 전제 중 하나는, 위의 신념들은 모두 시간이 지난 것들이며 신념이 형성된 시간과 관련이 있다는 것이다. 보편적인 진리가 아니다. 신념은 특정 시점, 특정 사람에게만 해당된다. 그러나 바뀔 수 있다. 만약 우리가 부정적인 신념체계를 가지고 있다면, 그것이 어떤 해로운 영향을 미치는지 알아야 한다. 그러나 신념체계는 우리의 머리카락 길이, 특정한 종류의 음악에 대한 선호, 특정한 사람과의 관계만큼 변하지 않는다는 사실을 깨닫는 것이 중요하다. 혼다 자동차를 소유하고 있지만 크라이슬러, 캐딜락 또는 벤츠로 바꾸면 더 행복할 것이라는 생각이 든다면, 우리 내면에 이미 그렇게 할 힘이 있다는 것이다.

신념 역시 내적 표상과 거의 같은 방식으로 작동한다. 원치 않으면 바꿀 수 있다. 인간에게는 신념의 사다리라는 계층 구조가 있다. 목숨과도 바꿀 수 있다고 생각하는 가장 중요하게 여기는 신념이 있다. 바로 애국심과 가족, 사랑에 대한 생각이다. 그러나 우리 삶의 대부분은 수년 동안 무의식적으로 선택한 가능성이나 성공 또는 행복에 대한 신념에 좌우된다. 핵심은 자신이 택한 신념이 효과적이고 자원이 풍부한 것인지를 확인하는 것이다.

우리는 앞에서 모델링의 중요성에 대해 이야기했다. 탁월성을 모델링하기 위해서는 그 대상의 신념을 본받는 것부터 시작해야 한다. 어떤 신념은 본받는 데 시간이 많이 걸리지만, 책을 읽고 나서 생각하고 믿을 수만 있다면 세상에서 성공한 사람들의 신념을 얼마든지 모델링할 수 있다. 진 폴 게티는 인생을 시작했을 때, 가장 성공한 사람들의 신념을 알아보기로 마음먹었고, 그러고 나서 그들을 롤 모델로 삼았다. 여러분은 위대한 사람들의 자서전을 읽음으로써 의식적으로 그들의 신념을 모델링할 수 있다. 도서관에 가보고 인터넷을 뒤져보아라. 우리가 원하는 결과를 실제로 만들어낼 수 있는 방법에 대한 해답은 얼마든지 있다.

우리의 개인적인 신념은 어디에서 온 걸까? 거리에서 만나는 평범한 사람에게서 왔을까? 아니면 TV나 인터넷에서 왔을까? 큰 소리로 장황하게 떠들어대는 사람들에게서 온 걸까? 성공하고 싶다면, 파리잡이 끈끈이처럼 닥치는 대로 붙잡지 말고 신중하게 신념을 선택하는 것이 현명하다. 우리가 활용하는 잠재력, 우리가 얻는 결과는 모두 우리의 신념에서 비롯된 역동적인 과정 중 일부라는 사실을 알아야 한다. 이 과정은 다음과 같이 도식화할 수 있다.

　부정적인 신념을 가진 사람이 있다고 가정해보자. 그는 자신이 형편없는 학생이라고 스스로에게 말했을 것이다. 실패할 것이라고 예상한다면 자신의 잠재력을 얼마나 활용할 수 있을까? 거의 없을 것이다. 그는 자신에게 모른다고 이미 말했다. 뇌에 실패를 예상한다는 신호를 보낸 것이다. 이런 상

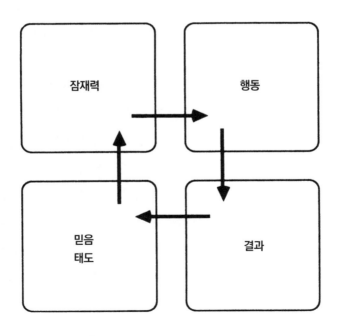

태에서 과연 어떤 행동을 취할 수 있을까? 자신감 있고 활기가 넘치며 적극적이고 친화적인 행동을 할 수 있을까? 자신의 진정한 잠재력을 발휘할 수 있을까? 불가능할 것이다. 애초부터 실패할 것이라고 생각하는데 열심히 노력하겠는가? 그래서 불가능을 강조하는 신념체계로 시작하면 나중에 신경체계에 불가능하다는 신호를 보낸다. 우리의 잠재력을 일부만 활용하게 된다. 별생각 없이 되는 대로 행동을 할 것이다. 그럼 어떤 결과가 나오겠는가? 형편없을 게 뻔하다. 이러한 결과는 이후의 노력에 대한 신념에 어떤 영향을 미칠까? 아마 이전의 부정적인 신념을 더욱 강화시킬 것이다. 이런 식이라면 아무리 막강한 미식축구 팀 L.A.레이더스라도 무기력해질 것이다.

지금 말한 것은 전형적인 악순환의 사례다. 실패는 실패를 낳는다. 불행하고 '망가진 삶'을 사는 사람들 대부분은 더 이상 원하는 결과를 얻지 못할 것이라고 믿는다. 그들은 자신의 잠재력을 계발하기 위해 거의 아무 일도 하지 않으며, 가능한 한 적게 일하면서 삶을 영위할 수 있는 방법을 찾는다. 계속 그런 식으로 행동해서 어떤 결과를 얻을 수 있겠는가? 그들은 자신의 신념을 점점 더 무너뜨리는 비참한 결과만 초래하게 될 뿐이다.

> "좋은 재질의 나무는 쉽게 자라지 않는다.
> 바람이 강할수록 나무는 더욱 단단해지는 법이다."
> J. 윌러드 매리어트J. Willard Marriott

이번에는 다른 방향에서 생각해보자. 우리가 큰 기대를 품고 어떤 일을 시작했다고 가정하자. 단순한 기대를 넘어, 온몸의 털끝 하나까지 성공할 것이라고 믿고 있다. 분명하게 사실이라고 생각하는 신념을 내적 표상하게 되면 얼마나 많은 잠재력을 활용할 수 있을까? 아마 엄청날 것이다. 그러면 어떤 행동을 취하게 될까? 이번에도 끌려다니며 멍한 상태로 있을까?

당연히 아니다! 신이 난 상태에서 활력이 넘치고, 성공에 대한 큰 기대 속에서 멋지게 목표를 향해 방아쇠를 당길 것이다. 이렇게 노력을 기울이면 어떤 결과를 얻을까? 엄청난 결과를 얻게 될 것이다. 그러면 앞으로 큰 성공을 이룰 것이라는 우리의 신념에는 또 어떤 영향을 미칠까? 악순환과 정반대가 될 것이다. 성공이 성공으로 이어져 더 많은 성공을 낳고, 각각의 성공은 더 큰 성공에 도달할 수 있는 신념과 추진력을 만들어낼 것이다.

자원이 풍부한 사람도 실패할까? 물론 실패한다. 긍정적인 신념은 항상 원하는 결과를 보장해줄까? 당연히 아니다. 만약 누군가가 자신에게 영구적이고 완벽한 성공을 보장하는 마법의 공식이 있다고 말한다면, 지갑을 꽉 움켜쥐고 그 사람에게서 최대한 멀리 떨어져 있는 것이 상책이다. 역사에서도 인간은 자신에게 힘을 실어주는 신념체계를 유지했을 때 성공에 이르게 하는 행동과 자원을 유지할 수 있음을 잘 보여준다. 에이브러햄 링컨은 중요한 선거에서 여러 번 패배했지만 결국에는 성공할 것이라는 확고한 믿음이 있었다. 이 신념으로 실패를 두려워하지 않는 힘을 얻었다. 그의 신념체계는 탁월성을 향해 있었고 마침내 뜻을 이루었다. 그렇게 해서 링컨은 미국의 역사를 바꿔놓았다.

성공하기 위해 반드시 확실한 신념이나 태도를 보여야 한다는 것은 아니다. 때때로 사람들은 단순히 자신이 하고자 하는 일이 어렵거나 불가능한 것을 모르기 때문에 뛰어난 결과를 만들어내기도 한다. 또한 자신의 신념에 제약을 두지 않는 것만으로도 충분할 때가 있다. 예를 들어, 어떤 학생이 수학 수업 시간에 졸았다고 가정해보자. 수업 종료를 알리는 벨이 울리자 잠에서 깬 그 학생은 칠판에 적혀 있던 두 문제를 급히 베껴 적었다. 이 문제가 그날 숙제라고 생각한 것이다. 그는 집에 가서 오후 내내 그 문제들을 풀려고 노력했다. 그러나 한 문제도 해결하지 못하고 다음 수학 시간까지 계속 그 문제들과 씨름했다. 결국에는 한 문제를 풀어서 수업 시간에 가져갔다. 그러자 선생님이 깜짝 놀랐다. 그 학생이 해결한 문제는 풀이가 불가능하다고 알려진 문제였기 때문이다. 만약 그 학생이 이 사실을 미리 알았다면 아마 해결하지 못했을 것이다. 하지만 자신에게 불가능하다고 말하지 않았다. 아니, 사실은 정반대였다. 그 학생은 그 문제를 해결해야 한다고 생각했고, 결국에는 해법을 찾아낸 것이다.

신념을 바꾸는 또 다른 방법은 그 신념에 반하는 경험을 해보는 것이다. 이것이 우리가 숯불걷기를 하는 또 다른 이유다. 나는 사람들이 불 위를 걸을 수 있는지에 대해서는 크게 중요하다고 생각하지 않는다. 다만, 불가능하다고 생각한 일을 할 수 있다는 점에 초점을 맞추고 있는지 여부다. 완전히 불가능하다고 생각했던 일을 한 가지라도 성공하게 되면, 우리는 신념에 대해 다시 한 번 생각하게 된다.

삶은 우리가 생각하는 것보다 훨씬 더 복잡미묘하다. 따라서 아직 해보지 않았다면 이번 기회에 자신의 신념을 확인해보고, 바꿔야 할 것이 있다면 무엇을 바꿔야 할지 결정하라.

다음의 그림은 어떻게 보이는가? 오목한가 아니면 볼록한가?

아주 어리석은 질문이다. 대답은 우리가 이것을 어떻게 보느냐에 달려 있다.

우리의 현실은 우리가 만든다. 긍정적인 내적 표상이나 신념을 가지고 있다면, 그것은 우리가 만든 것이다. 만약 부정적인 내적 표상이나 신념이라면 그것 역시 우리가 만든 것이다. 탁월성을 촉진하는 신념은 무수히 많지만, 특히 중요하다고 생각되는 신념 일곱 가지를 정리해보았다.

다음 장에서 이 신념들을 살펴보기로 하자.

5장
성공을 위한 신념 일곱 가지

"마음에는 자신만의 고유한 장소가 있어서,
그 안에서 지옥을 천국으로, 천국을 지옥으로 만들 수 있다."
존 몰튼John Molton

우리가 사는 세상은 의도적이든 아니든 우리 스스로 살기로 선택한 세상이다. 행복을 선택하면 행복을 누리게 되고, 불행을 선택하면 고통 속에서 살게 된다. 앞에서 살펴보았듯이 신념은 탁월성의 근간이다. 우리의 신념은 인식의 구체적이고 일관된 조직적 접근 방식이다. 우리가 삶을 어떻게 인식하고 살아갈지에 대한 기본적인 선택이다. 한마디로 우리의 뇌를 움직이게 하거나 멈추게도 한다. 따라서 탁월성을 향한 첫 번째 단계는 우리가 원하는 결과를 얻기 위해 필요한 신념을 찾는 일이다.

성공에 이르는 길은 자신이 원하는 결과를 알고, 그에 맞는 행동을 취하고, 일의 진행 상황에 대해 확인하고, 성공할 때까지 유연하게 변경하는 과정 등으로 이루어져 있다. 신념도 마찬가지다. 우리의 성공을 뒷받침하는 신념, 즉 우리가 가고자 하는 곳으로 우리를 데려다줄 수 있는 신념을 찾아야 한다. 하지만 신념이 제 역할을 하지 못한다면 그것을 버리고 새로운 신념을 찾아야 한다.

세상이 실제로는 어떤지 우리는 제대로 알 수 없다. 우리는 앞에서 본 선이 오목한지 볼록한지 잘 모른다. 마찬가지로 우리의 신념이 옳은지 그른

지도 확실하지 않다. 하지만 우리가 알 수 있는 것은 그 신념이 제대로 작동하고 있는지, 즉 우리에게 도움을 주고, 우리의 삶을 한층 풍요롭게 만들고, 우리를 더 나은 사람으로 만들고, 다른 사람들에게도 도움을 주는가는 알 수 있다. 선이 오목하다는 것을 알게 되면 더 이상 볼록하게 보이지 않는다. 하지만 어떤 개념을 아무리 확실히 믿고 있더라도 다른 가능성도 인정하고 그것을 배우겠다는 자세를 유지해야 한다는 것을 항상 잊지 않아야 한다.

이제 내가 제시하는 신념 일곱 가지를 살펴보고, 그 신념이 유용한지 여부를 판단하기 바란다. 나는 성공한 사람들을 계속해서 롤 모델로 삼았다. 탁월성을 모델로 삼기 위해서는 탁월성의 신념체계부터 찾아야 한다. 이 신념 일곱 가지가 주변 사람들을 더 적극적으로 활용하고, 더 많이 행동하고, 더 위대한 행동을 취하고, 더 큰 결과를 낳을 수 있도록 힘을 불어넣었다는 사실을 발견했다. 물론 이것만이 성공을 위한 유일한 신념이라고 말하는 것은 아니다. 이제 막 시작했지만 많은 사람들에게 효과가 있었다. 여러분에게도 효과가 있는지 확인해보기 바란다.

신념 1: 모든 일에는 이유와 목적이 있으며, 우리에게 도움이 된다.

W. 미첼의 이야기를 기억할 것이다. 그가 역경을 극복하는 데 도움이 된 핵심적인 신념은 무엇이었을까? 그는 자신에게 닥친 불행을 겸허하게 받아들이고 모든 방법을 동원해서 그 일이 자신에게 도움이 되도록 만들었다. 이처럼 성공한 사람들은 자신의 상황에서 어떤 것이 가능한지 알고, 거기서 나오는 긍정적인 결과에 초점을 맞추는 놀라운 능력이 있다. 자기가 처한 환경에서 아무리 부정적인 결과가 나오더라도 가능성을 중요하게 여긴다. 모든 일에는 이유가 있으며 자신에게 도움이 된다고 생각한다. 그들이 겪는 모든 역경은 더 큰 이익을 위한 씨앗이거나 그에 상응하는 것이라

고 믿는다.

단언하건대, 탁월한 결과를 만들어낸 사람들은 이런 사고방식을 가지고 있다. 여러분의 삶에도 이 사고방식을 적용해보기 바란다. 어떤 상황이든 대처할 수 있는 방법은 수없이 많다. 당연히 성사될 것이라고 예상한 계약을 체결하는 데 실패했다고 가정해보자. 많은 사람들이 마음에 상처를 입고 좌절할 것이다. 집에 틀어박혀서 멍하니 있거나 밖에 나가 취하도록 술을 마실 수도 있다. 미친 듯이 화를 내는 사람도 있을 것이다. 계약하기로 되어 있는 회사 직원들을 무지한 인간들이라며 욕할 수도 있다. 그렇지 않으면 확실한 건수를 놓친 자신의 회사 사람들을 비난할 수도 있다.

이 모든 행위는 화를 잠시 누그러뜨리게 할 수는 있지만 큰 도움이 되지는 않는다. 원하는 결과에 접근하는 방법이 아니다. 자신이 한 일을 되짚어보고, 실패한 것에서 교훈을 배우고, 자신을 재정비하는 등 새로운 가능성을 타진하기 위해 더 많은 노력이 필요하다. 이러한 노력이 실패한 결과에서 긍정적인 결과를 얻을 수 있는 유일한 방법이다.

가능성에 집중한 좋은 사례가 있다. 전직 교사이자 미스 캘리포니아 출신인 마릴린 해밀턴Marilyn Hamilton은 캘리포니아 프레즈노에서 성공한 사업가다. 그녀 역시 끔찍한 사고를 겪었다. 29세 때 행글라이딩 사고로 바위 절벽에 떨어져서 하반신이 마비되어 휠체어 신세를 지게 되었다.

그러나 해밀턴은 자신만이 할 수 있는 일에 확실히 집중했다. 자신에게 열려 있는 가능성에 집중했다. 그녀는 비극에서 기회를 엿보았다. 처음 휠체어를 타게 되었을 때는 너무나 좌절했다. 행동이 불편하고 제약이 너무 많았다. 아마 우리는 휠체어의 성능을 판단하는 법을 잘 모를 것이다. 그러나 마릴린 해밀턴은 잘 알고 있었다. 그녀는 자신의 상황이 더 나은 휠체어를 만들기에 유리하다고 생각했다. 그래서 행글라이더 제작을 하는 두 친구와 함께 더 나은 휠체어의 기본형을 만들기 시작했다.

그 후 세 사람은 '모션 디자인Motion Designs'이라는 회사를 설립했다. 이 회사는 휠체어 업계에 혁신을 불러왔고, 수백만 달러의 수익을 올린 성공 사례가 되었으며, 1984년에 캘리포니아에서 올해의 중소기업으로 선정되었다. 1981년에 첫 직원을 채용한 이후, 현재는 80명의 직원과 800개가 넘는 매장을 보유하고 있다.

마릴린 해밀턴이 의도적으로 휠체어에 앉아서 자신의 신념이 무엇인지 알려고 노력했는지는 모르겠다. 하지만 의욕을 갖고 할 수 있는 일, 즉 자신이 할 수 있는 일이 무엇인지를 알고 움직였다. 실제로 거의 모든 위대한 성공은 이와 유사한 방식에서 나온다.

자신의 신념에 대해 잠시 생각해보라. 전체적으로 일이 잘 풀릴 것이라고 예상하는가, 아니면 잘 풀리지 않을 것 같은가? 끝까지 노력하면 성공할 수 있다고 생각하는가, 아니면 실패할 것이라고 생각하는가? 어떤 상황이 닥쳤을 때 가능성을 보는가, 아니면 장애물을 먼저 보는가? 사람들은 긍정적인 것보다 부정적인 것에 더 초점을 맞추는 경향이 있다. 이를 바꾸기 위한 첫 번째 단계는 자신이 무엇을 원하는지 아는 것이다. 부정적인 생각은 부정적인 사람들이 만든다. 핵심은 이러한 부정적인 생각을 버리고 풍부한 자원을 활용하는 것이다. 이 세상의 리더는 가능성을 보는 사람들, 사막에 들어가 정원을 볼 수 있는 사람들이다. 불가능할까? 이스라엘에서는 어떤 일이 일어났는가? 가능성에 대한 강력한 신념이 있다면, 그 가능성을 현실로 만들 가능성도 높아진다.

신념 2: 실패는 없다. 단지 결과만 있을 뿐이다.

신념 2는 신념 1의 필연적인 결과라고 할 수 있지만, 그 자체만으로도 신넘 1 못지않게 중요하다. 이 세계에 사는 대부분의 사람들은 실패라는 것을 두려워하도록 프로그래밍되어 있다. 하지만 상황이 우리가 바라는 대로 되지 않는 경우를 생각해볼 수 있다. 시험에 떨어지거나, 이루어질 수 없는 사랑을 하거나, 사업이 계획대로 되지 않은 상황을 겪을 수 있다. 나는 이 책 전체에서 '성과Outcome' 또는 '결과Result'라는 단어를 사용하는데, 그 이유는 성공한 사람들이 추구하는 것이기 때문이다. 그들에게 실패는 없다. 실패를 믿지 않는다. 계산에 넣지도 않는다.

사람들은 어떤 식으로든 결과물을 얻는다. 이 시대에 최고로 성공한 사람은 실패하지 않는 사람이 아니다. 무언가를 시도했지만 원하는 것을 얻지 못했을 때 그 경험에서 교훈을 얻는 사람이다. 그는 배운 것을 활용하여 다른 것을 시도한다. 새로운 행동을 취해서 새로운 성과를 이루어낸다.

이런 질문을 해본다. 과거보다 현재 좋은 점이 있다면 그것은 무엇일까? 물론 정답은 경험이다. 실패를 두려워하는 사람은 미리 실패할 것이라고 내적 표상을 한다. 이 내적 표상은 원하는 것을 성취하는 데 방해가 된다. 실패가 두려운가? 그럼 배우는 것에 대해서는 어떻게 생각하는가? 우리는 모든 경험에서 배울 수 있으며, 어떤 일을 하든 성공할 수 있다.

마크 트웨인은 "비탄에 빠진 젊은이를 보는 것보다 더 슬픈 것은 없다."고 말했다. 맞는 말이다. 실패를 믿는 사람들은 그냥 평범한 존재밖에 될 수 없다. 위대한 업적을 쌓은 사람들은 실패라는 것을 모른다. 실패에 구애받지 않는다. 그들은 잘 안 되는 일이 있어도 부정적인 감정에 빠지지 않는다.

한 사람의 일대기에 대해 이야기하고자 한다. 그는 이런 사람이다.

21세에 사업에 실패했다.
22세에 입법부 선거 경선에서 패배했다.

24세에 사업에 또 실패했다.

26세에 연인의 죽음을 경험했다.

27세에 신경쇠약에 걸렸다.

34세에 하원의원 선거에서 낙선했다.

36세에 하원의원 선거에서 또 낙선했다.

45세에 상원의원 선거에서 낙선했다.

47세에 부통령이 되려고 했지만 실패했다.

49세에 상원의원 선거에서 또 낙선했다.

52세에 미합중국 대통령에 당선되었다.

이 남자의 이름은 에이브러햄 링컨이다. 그는 살면서 겪은 일들을 실패로만 생각했다면 과연 대통령이 될 수 있었을까? 아마 아닐 것이다. 토머스 에디슨의 유명한 일화가 있다. 완벽한 전구를 만들기 위해 9,999번을 실험했지만 성공하지 못하자, 누군가가 에디슨에게 물었다. "1만 번을 채울 작정이에요?" 그러자 에디슨은 이렇게 말했다. "나는 실패한 적이 없어요. 전구가 작동하지 않는 또 다른 방법을 찾은 것뿐이지요." 그는 또 다른 일련의 행동이 어떻게 다른 결과를 낳는지를 발견한 것이다.

> "의심은 배신자다.
> 도전하는 것을 두려워하게 만들어 성공할 기회를 잃게 만든다."
> 윌리엄 셰익스피어William Shakespeare

챔피언, 지도자, 달인과 같이 개인적인 힘을 가진 사람들은 노력해도 원하는 결과를 얻지 못하면 단지 피드백을 받았다고 생각한다. 피드백을 통해 얻은 정보를 이용하여 해야 할 일을 더 정교하게 구분한다. 건축가인 버크민스터 풀러는 이렇게 썼다. "인간이 배운 모든 것은 오로지 시행착오라는 경험의 산물이다. 인간은 오직 실수를 통해 배운다." 인간은 자신의 실수는 물론 다른 사람들의 실수에서도 배운다. 잠시 자신의 인생에서 소위 가장 큰 '실패'라고 할 수 있는 것 다섯 가지를 생각해보라. 그 경험에서 무엇을 배웠는가? 그것은 살아오면서 배운 가장 값진 교훈일 것이다.

풀러는 배의 키를 비유적으로 표현했다. 배의 키가 한쪽으로 기울어지면 배는 조타수의 의도와 다르게 돌아간다고 한다. 이때 조타수는 줄기차게 작용과 반작용의 과정을 거치면서 조정하고 수정하면서 배를 원래의 방향으로 되돌려야 한다. 잔잔한 바다 위에서 조타수가 항로에서 피할 수 없는 수많은 일탈에 대처하며 배를 유연하게 목적지로 인도하는 모습을 머릿속에 그려보라. 정말 멋진 장면이고, 성공적으로 살아가는 과정의 훌륭한 모델이라 할 수 있다. 그러나 우리는 대부분 그렇게 생각하지 않는다. 약간이라도 잘못하거나 실수를 저지르면 감정적으로 부담을 갖는 경향이 있다. 이것이 실패다. 이것이 우리에게 나쁜 영향을 끼친다.

예컨대 비만인 사람들을 보면, 이들은 과체중의 결과를 자책하고 실망하는 경향이 있다. 이런 식의 태도는 아무것도 바꾸지 못한다. 지방 과잉이라는 결과를 인정하고, 이제 날씬해질 거라는 새로운 결과를 기대해야 한다. 그러면 새로운 행동을 취해서 진짜 새로운 결과를 만들 수 있다.

이 새로운 결과를 얻기 위해 어떤 행동을 취해야 하는지가 확실하지 않다면 10장을 주의해서 읽거나 다이어트에 성공한 사람을 롤 모델로 삼기 바란다. 롤 모델로 삼은 사람이 지속적으로 날씬한 상태를 유지하기 위해 정신적·육체적으로 어떤 특별한 행동을 하는지 유심히 살펴보라. 이 사람들과 같은 행동을 하면 같은 결과를 얻을 수 있다. 자신의 비만을 그저 실패로만 간주하는 한 달리 방법이 없다. 하지만 자신이 원하는 결과로 바꿀 수 있다고 생각하는 순간, 성공이 보장된다.

실패할 것이라는 믿음은 정신에 이롭지 않다. 부정적인 감정이 쌓이면 생리체계, 사고 과정, 내적 상태 등에 악영향을 미친다. 우리에게 가장 큰 한계는 실패에 대한 두려움이다. '가능성 사고'라는 개념을 가르치는 로버트 슐러 박사는 "어떤 일을 시도해도 실패하지 않는다고 한다면 어떤 것을 시도하겠습니까?"라는 명질문을 던진다. 이 질문을 생각해보자. 어떻게 대답하겠는가? 어떤 일을 해도 실패하지 않는다는 신념이 있다면 우리는 새롭고 강력한 행동을 취하고 원하는 결과를 얻을 수 있다. 그렇다면 시도해보는 것이 현명하지 않을까? 이것이 유일한 성공의 길 아닌가? 그러니 실패란 없다는 것을 지금 당장 인정하기 바란다. 단지 결과만 있을 뿐이다. 어쨌든 우리는 결과를 만들어낸다. 그 결과가 원하는 것이 아니면 행동을 바꾸고 다시 새로운 결과를 얻을 수 있다. 이 책에서 '실패'라는 단어는 지우고, '결과'라는 단어에 동그라미를 치고, 모든 경험에서 전념을 다해 배워라.

신념 3: 무슨 일이 일어나더라도 책임진다.

위대한 지도자나 성공한 사람의 또 다른 공통점은 자신이 세상을 창조한다는 신념을 갖고 행동한다는 것이다. 우리가 그들에게서 자주 듣는 말은 "그건 제 책임입니다. 제가 처리하겠습니다."이다.

이 말을 자주 하는 것은 우연이 아니다. 성취한 사람들은 결과가 좋든 나쁘든 관계없이, 자신이 그 결과를 만들었다고 믿는 경향이 있다. 그 결과가 신체적인 행위로만 야기된 것이 아니라면, 그들의 생각의 수준과 취지로 만들어진 것일 수 있다. 이것이 사실이라고 단정할 수는 없지만 어떤 과학자도 생각이 현실을 만든다는 것을 증명하지는 못 한다. 선의의 거짓말일 수도 있다. 그러나 신념이 우리에게 힘을 불어넣어 준다는 것은 분명한 사실이다. 그래서 나는 이 사람들이 옳다고 생각한다. 삶에서 행동이나 생각을 통해 경험하고, 이 경험에서 많은 것을 배울 수 있다고 믿는다.

성공하든 실패하든 나의 세상은 내가 창조하는 것이라고 믿지 않으면 환경에 휘둘리게 된다. 주체가 아니라 객체가 되는 것이다. 장담하는데, 만약 내가 객체의 신념을 가지고 있다면 현실 세상을 떠나 다른 문화, 다른 세계, 다른 행성을 찾아나서야 할 수도 있다. 내가 외부의 힘에 무작위로 생겨난 결과물이라면 여기에 있을 이유가 없지 않을까?

책임을 지는 것이야말로 개인의 능력과 성숙도를 측정하는 가장 좋은 방법 중 하나다. 또한 일관된 신념체계는 다른 신념과 시너지 효과를 불러일으킬 수 있다. 실패를 믿지 않고 오직 성과를 거둘 수 있다고 생각하면, 책임감을 느끼게 되어 잃는 것 없이 모든 것을 얻을 것이다. 자신을 통제할 수 있다면 반드시 성공할 것이다.

존 F. 케네디도 이러한 신념체계를 가지고 있었다. 피그스만 사건(미군이 쿠바의 카스트로 정부 전복을 위해 쿠바 남부를 공격하다 실패한 사건-옮긴이)이 일어났을 때, 케네디 대통령은 당시 미국 국민 앞에서 이 사건은 절대 일어나서는 안 될 잔학 행위라고 인정했다. 그때 케네디 대통령은 자신이 책임지겠다고 말했고, 당시 유명 앵커인 댄 래더는 케네디 대통령이 비로소 진정한 지도자가 되었다고 말했다. 그렇게 함으로써 그는 유능한 젊은 정치가에서 진정한 지도자로 변신한 것이다. 케네디는 모든 위대한 지도자가 해야 할 일을 했다. 책임을 지는 자가 힘을 갖게 되는 반면, 책임을 회피하는 사람은 힘을 얻지 못한다.

책임 원칙은 개인에게도 똑같이 적용된다. 우리는 대부분 다른 사람에게 긍정적인 감정을 표현하려고 노력한다. 어떤 사람들을 사랑한다거나 그들이 겪고 있는 문제를 이해한다고 말하려고 한다. 그런데 그들은 긍정적으로 받아들이지 않고 부정적으로 받아들인다. 화를 내거나 적대감을 드러내기도 한다. 이때 우리는 같이 화를 내거나 그들을 비난하고, 좋지 않은 상황에 대한 모든 책임을 상대에게 전가한다. 손쉬운 방법이지만 현명한 대처 방식은 아니다. 사실 소통 방식에 문제가 있을지 모른다. 원하는 결과, 즉 목표를 잊지 않으면 원하는 의사소통을 통해 원하는 것을 얻을 수 있다. 우리의 행동, 어조, 표정 등을 바꾸는 것은 우리 자신에게 달려 있다. 의사소통의 진정한 의미는 상대에게 받는 반응에 있다. 행동을 바꾸면 소통 방식이 바뀔 수 있다. 책임감을 느낌으로써 결과를 바꿀 수 있는 힘을 갖게 된다.

신념 4: 어떤 것을 이용하기 위해 그것에 대한 것을 다 알아야 할 필요는 없다.

성공한 사람들에게서 본받아야 할 또 다른 신념이 있다. 그들은 어떤 것을 이용할 때 그것을 상세하게 모두 알아야 한다고 생각하지 않는다. 그들은 세부적인 것까지는 알지 못하지만 중요한 것을 어떻게 사용해야 하는지는 알고 있다. 회사에서 높은 위치에 있는 사람들을 연구해보면, 그들이 모든 것을 샅샅이 알지는 못 하지만 실무적으로 다방면에서 핵심 지식을 가지고 있음을 알게 될 것이다.

우리는 1장에서 모델링의 훌륭한 자원 중 하나가 시간을 절약할 수 있는 방법이라고 이야기했다. 성공한 사람들이 결과를 만들어내기 위해 어떤 특정 행동을 하는지 관찰함으로써 우리는 훨씬 더 짧은 시간에 그들의 행동과 결과를 복제할 수 있다. 어느 누구도 우리에게 시간을 만들어주지 않는다. 그래서인지 성공한 사람들은 항상 시간을 아주 철저하게 관리한다. 어떤 상황에서도 본질을 끄집어내고 필요한 것만 빼내며, 나머지에는 관심을 기울이지 않는다. 물론 무언가에 흥미를 느끼거나 모터가 어떻게 작동하는지 또는 제품이 어떻게 제조되는지 알고 싶다면, 그들은 시간을 더 들여 배운다. 그러나 그들은 어느 정도의 시간이 필요한지 잘 알고 있다. 그리고 무엇이 필수적이고, 무엇이 그렇지 않은지도 잘 알고 있다.

전기가 어떻게 작동하는지 설명해보라고 하면 대답을 못하거나 대략적인 답변밖에 하지 못할 것이다. 하지만 스위치를 누르고 조명을 켤 줄 알면, 그것으로 됐다. 집에서 촛불을 켜고 이 책을 읽는 사람이 있을 것이라고는 상상조차 하지 않는다. 성공한 사람들은 필요한 것과 그렇지 않은 것을 구별하는 능력이 특히 뛰어나다. 이 책에 있는 정보를 효과적으로 이용하려면 그리고 삶에 있는 정보를 효과적으로 이용하려면, 지식과 활용 사이에 균형을 맞출 수 있어야 한다. 우리는 뿌리를 찾는 법을 연구하거나 과실을 따는 법을 배우는 데 평생을 보낼 수 있다. 성공한 사람들이 반드시 가장 많은 정보와 지식을 가진 사람은 아니다. 컴퓨터 회로에 대해서는 스티브 잡스나 스티브 워즈니악보다 스탠퍼드대학교와 캘리포니아 공대의 과학자나 엔지니어가 더 많이 알고 있을 것이다. 하지만 스티브 잡스와 스티브 워즈니악은 자신이 가지고 있는 것을 효과적으로 이용하는 법을 알았다. 결과를 얻은 사람은 그들이었다.

신념 5: 사람은 가장 큰 자원이다.

탁월한 사람, 즉 탁월한 성과를 이룬 사람은 대부분 다른 사람들을 존경하고 그들에게 감사하는 마음을 갖고 있다. 팀워크, 공동 목표 및 협력에 대한 인식이 있다. 《기업가 정신》《1분 경영》《초우량 기업의 조건》과 같은 차세대 비즈니스 서적의 핵심 교훈은 함께 일하는 사람들 간에 친밀한 관계가 조성되지 않으면 지속적으로 성공할 수 없으며, 성공적인 팀을 구성할 때만 성공으로 갈 수 있다는 것이다.

일본의 한 공장에서는 근로자와 경영진이 같이 구내 식당에서 식사를 하고, 성과에 대한 평가에 함께 참여한다는 기사를 본 적이 있다. 그들의 놀라운 성공은 사람을 관리 대상으로 보지 않고 존중해야 할 대상이라고 여긴 덕분이라고 할 수 있다.

《초우량 기업의 조건》의 공동 저자인 토머스 피터스와 로버트 워터맨이 회사를 위대하게 만드는 요인을 조사하면서 알게 된 중요한 사실은 사람들에 대한 열정적인 관심이었다. "우수한 기업에서는 개인에 대한 존중보다 더 큰 관심사는 없다."라고 그들은 말한다. 성공한 기업은 사람을 존중하고 존엄하게 대하며, 직원을 도구가 아닌 파트너로 생각한다. 그들은 연구를 하면서 휴렛팩커드Hewlett-Packard 경영진 20명을 인터뷰했는데, 그중 18명이 회사의 성공 요인을 인간 중심의 철학 덕분이라고 답변했다. 휴렛팩커드는 일반인과 거래하는 소매업체나 영업에 의존하는 서비스 회사가 아니다. 현대의 최첨단 기술을 다루는 기업이다. 그럼에도 이 회사는 사람들을 효과적으로 대하는 것이 최우선 과제라고 생각했다.

여기에 소개한 많은 신념과 마찬가지로 이것 역시 말은 쉬워도 실제로 적용하기는 쉽지 않다. 가정에서든 회사에서든 사람들을 존중해야 한다고 입에 발린 말은 하기 쉽다. 그러나 실천하기가 쉬운 것이 절대 아니다.

이 책을 읽으면서, 배에서 조타수가 목적지를 향해 가면서 배의 경로를 재조정하는 장면을 머릿속에 그려보라. 인생도 마찬가지다. 우리는 항상 깨어 있어야 하고, 행동을 조정해야 하며, 목적지로 제대로 가고 있는지 확인하는 행동을 계속해야 한다.

사람들을 존중한다는 말과 이것을 실천한다는 것은 같은 말이 아니다. 성공한 사람들은 최대한 존중하는 태도로 "어떻게 하면 더 잘할 수 있을까?" "이 문제를 어떻게 해결할 수 있을까?" "어떻게 하면 더 나은 결과를 얻을 수 있을까?"라는 질문을 하면서, 협조를 구한다. 한 사람이 아무리 뛰어나도 그 사람만으로는 협력이 잘 되는 효과적인 팀의 재능을 따라잡기가 어렵다는 것을 잘 알고 있다.

신념 6: 일은 놀이다.

싫어하는 일을 하면서 크게 성공한 사람을 본 적 있는가? 내가 아는 사람 중에 그런 사람은 없다. 성공의 열쇠 중 하나는 자신이 하는 일과 좋아하는 일을 성공적으로 결합하는 것이다. 파블로 피카소는 이렇게 말했다. "나는 일할 때 휴식을 취한다. 하지만 아무 일도 하지 않거나 손님을 대접하는 일은 나를 피곤하게 한다."

우리는 피카소만큼 그림을 잘 그리지 못한다. 하지만 우리에게 활력을 주고 흥분시키는 일을 찾기 위해서는 전력을 다해야 한다. 즐거운 일을 할 때 그 일은 놀이가 된다. 마크 트웨인은 "성공의 비결은 직업Vocation을 휴가 Vacation로 만드는 것이다."라고 말했다. 성공한 사람들은 이렇게 일을 한다.

요즘 일 중독에 걸린 사람들이 많다고 한다. 지나치게 일에 빠진 나머지 건강을 해치는 사람들도 있다. 이들은 일에서 즐거움을 찾는 것 같지는 않은데, 일 말고 다른 것은 하지 않는다.

연구자들은 일 중독에 대해 놀라운 사실을 발견했다. 많은 사람이 자신이 하는 일을 좋아하기 때문에 미친 듯이 일에 몰두한다는 것이다. 일을 함으로써 흥미를 찾고, 도전을 하며, 그로 인해 삶도 풍요로워진다는 것이다. 그들은 일을 놀이로 생각한다. 일하는 것을 자신을 발전시키고, 새로운 것을 배우고, 새로운 길을 탐험하는 기회로 여긴다.

마음에 끌리는 일이 있는가? 물론 있을 것이다. 핵심은 그 일을 찾는 것이다. 여기서 상승 곡선이 그려진다. 창의적인 일을 하면 삶의 발전에 도움이 된다. 하지만 하는 일이 고되기만 하고 집에 월급을 가져오기 위해 하는 것뿐이라고 생각하면 그 이상이 될 수 없다.

우리는 앞에서 시너지 효과, 즉 하나의 긍정적인 신념이 다른 긍정적인 신념에 영향을 준다고 이야기했다. 이것 역시 마찬가지다. 나는 전망이 없는 일은 없다고 생각한다. 하지만 가능성에 대한 감을 잃은 사람, 책임을 지지 않는 사람, 실패를 믿는 사람은 그렇지 않다고 생각할 것이다. 우리가 모두 일 중독자가 되어야 한다고 주장하는 것이 아니다. 모든 것을 일과 연관시키자고 말하는 것도 아니다. 하지만 우리가 놀이할 때 가졌던 호기심과 활력을 일에 쏟아부으면 자신의 세계와 일이 풍요로워질 것은 확실하다.

신념 7: 헌신 없이는 진정한 성공도 없다.

성공한 사람들은 헌신의 힘을 믿는다. 성공과 떼려야 뗄 수 없는 단 하나의 신념이 있다면 헌신 없이는 성공도 없다는 것이다. 어떤 분야에서든 성공한 사람이 항상 그 분야에서 최고이고, 가장 똑똑하고, 가장 민첩하며, 가장 강한 사람이 아니라는 것을 알 수 있다. 그러나 그들이 어느 누구보다 헌신적인 사람들이라는 것은 분명하다. 러시아의 위대한 발레리나 안나 파블로바는 "하나의 목표를 향해 쉼 없이 정진하라. 그곳에 성공의 비결이 있다."라고 말했다. 이 말은 우리의 궁극적인 성공 공식에 대한 또 다른 표현이다. 자신이 이루고 싶은 결과를 알고, 효과가 있는 것을 본받아 행동을 취하고, 무엇이 잘 되고 있는지를 알 수 있는 감각 능력을 계발하면서, 원하는 것을 이룰 때까지 계속해서 개선하라는 것이다.

우리는 이와 같은 현상을 많은 분야에서 찾아볼 수 있다. 타고난 신체적 능력이 중요시되는 스포츠 분야의 예를 들어보자. 무엇이 래리 버드를 최고의 농구선수로 만들었을까? 아직도 궁금해하는 사람들이 많다. 그는 민첩하지 않고 점프력도 좋지 않다. 우아한 가젤의 세계에서 느릿느릿 움직이는 것 같다. 결론부터 말하면, 래리 버드는 자신이 원하는 결과를 위해 엄청나게 헌신했기 때문에 성공했다. 그는 남보다 더 열심히 연습하고, 정신력을 더 강하게 무장하고, 더 열심히 경기에 임하고, 더 많은 것을 원했다. 더 나은 기술을 연마해서 다른 사람보다 더 많은 것을 얻고자 했다. 야구선수 피트 로즈 역시 모든 일에 자신이 가진 것을 쏟아붓는 헌신의 힘으로 메이저리그 역사에 한 획을 그었다. 위대한 골퍼 톰 왓슨도 스탠퍼드대학교를 다닐 때만 해도 특출한 선수가 아니었다. 팀에서 평범한 선수였다. 그러나 코치는 "왓슨보다 더 많이 연습하는 선수는 본 적이 없다."라며 놀라워했다. 운동선수 간에 순수한 신체 능력의 차이는 그다지 중요하지 않다. 훌륭함과 위대함을 구분하는 것은 헌신의 차이다.

헌신은 모든 분야에서 성공하는 데 중요한 요소다. 댄 래더는 앵커로 큰 성공을 거두기 전에 휴스턴에서 가장 열정적인 TV 뉴스 기자로 전설적 인물이었다. 허리케인이 텍사스 해안으로 몰아쳤을 때 그가 나무에 매달린 채 방송을 한 장면은 아직도 사람들 사이에 회자되고 있다. 얼마 전에 누군가가 마이클 잭슨에 대해 이야기하는 것을 들었는데, 잭슨이 하룻밤 사이에 스타가 되었다고 했다. 하룻밤 사이에? 마이클 잭슨은 뛰어난 재능이 있었을까? 물론 그렇다. 게다가 그는 다섯 살 때부터 노래했다. 그 이후로 끊임없이 노래 연습을 하고, 춤을 완성하고, 작곡도 하면서 연예계 활동을 했다. 물론 그에게는 천부적인 재능이 있었다. 또한 가수 활동에 유리한 환경에서 자랐다. 그는 자신의 신념체계를 발전시켰고, 많은 성공적인 롤 모델을 활용했다. 그를 이끌어준 가족도 있었다. 그러나 결론은 그가 기꺼이 대가를 치를 용의가 있었다는 것이다.

나는 '어떤 대가를 치르더라도W.I.T.: Whatever It Takes'라는 말을 즐겨 사용한다. 성공한 사람들은 성공하기 위해 필요한 것은 무엇이든 기꺼이 한다.* 이 것이 일반 사람들과 확실히 구분되는 점이다.

탁월성을 증진시킬 수 있는 또 다른 신념이 있을까? 물론이다. 차근차근 생각하는 것이 좋을 듯하다. 이 책을 읽으면서 추가할 수 있는 차이점이나 통찰력을 스스로 찾아내는 것이 바람직하다. 성공은 단서를 남긴다는 것을 기억하라. 성공한 사람들을 연구하라. 지속적으로 효과적인 행동을 취하고 탁월한 성과를 거둘 수 있는 핵심적인 신념을 찾아라. 위에서 말한 신념 일곱 가지로 많은 사람들이 놀라운 성과를 이루었다. 이 신념에 지속적으로 자신을 헌신할 수 있다면 누구든지 놀라운 결과를 얻을 수 있으리라고 나는 믿는다.

'그런데 지나치게 과장된 말 아닌가?'라고 생각하는 사람이 있을 것이다. 하지만 우리의 신념이 우리를 지지하지 않는다면 어떻게 될까? 신념이 긍정적이지 않고 온통 부정적이라면? 그 신념을 어떻게 바꿀 수 있을까? 우리는 이미 첫 번째 단계인 인식하는 법에 대해 배웠다. 자신이 무엇을 원하는지를 알고 있다. 두 번째 단계는 행동에 옮기는 방법으로, 내적 표상과 신념을 통제하는 법과 뇌를 작동하는 법을 배우는 것이다.

지금까지 우리는 탁월성을 이끌어낸다고 생각되는 조각들을 모아보았다. 1장에서 정보는 재화의 왕이며, 의사소통의 달인은 자신이 무엇을 원하는지를 알고 효과적인 행동을 취하고, 성과를 낼 때까지 행동을 변화시킨다고 배웠다. 2장에서는 모델링을 통해 탁월성에 도달할 수 있다고 배웠다. 크게 성공한 사람들이 지속적으로 행하는 구체적인 행동(신념, 사고체계 및 생

---

* 성공하기 위해 다른 사람에게 해를 끼치지만 않으면 필요한 것은 무엇이든 다 한다는 것은 말할 필요도 없다.

리체계)을 모델링하여 짧은 시간에 유사한 결과를 얻을 수 있다. 3장에서는 내적 상태의 힘에 대해 이야기했다. 강력하고 자원이 풍부하고 효과적인 행동이 생리체계에 얼마나 큰 영향을 미칠 수 있는지 알아보았다. 4장에서 우리는 신념의 본질과 자원이 풍부한 신념이 탁월성의 문을 여는 방법을 배웠다. 그리고 이번 장에서는 탁월성의 초석인 신념 일곱 가지를 살펴보 았다.

이제는 우리가 배운 것을 활용하는 데 도움이 되는 강력한 기법을 알아 보고자 한다.

6장
마음 다스리기: 뇌 사용법

"잘못한 것에 집착하지 말고 해결책을 찾아라."
헨리 포드Henry Ford

이번 장은 해결책을 찾는 법에 대한 내용이다. 지금까지 우리는 삶을 바꾸기 위해 무엇을 바꿔야 하는지, 어떤 내적 상태가 힘을 실어주고 또 힘들게 하는지에 대해 이야기했다. 이번에는 원하는 때 원하는 결과를 만들 수 있도록 내적 상태를 변화시키는 방법을 알아볼 것이다. 자원은 대부분의 사람들에게 부족하지 않다. 다만, 자원에 대한 통제력이 부족할 뿐이다. 이번 장에서는 통제하는 방법, 삶에서 더 많은 에너지를 얻는 방법, 내적 상태와 행동을 바꾸는 방법, 생리체계를 변화시키는 방법까지 모두 배울 것이다.

NLP 이론과 내가 사람들에게 가르치는 변화 모델은 대부분의 치료학에서 사용하는 방식과 많이 다르다. 많은 심리치료사들은 환자들을 변화시키기 위해서는 뿌리 깊은 부정적인 경험으로 되돌아가 그 경험을 되살려야 한다고 믿는다. 그들은 우리가 겪는 부정적 경험은 내부에 축적되어 더 이상 공간이 없어 터지거나 넘칠 때까지 액체 상태로 고여 있다고 생각한다. 그러므로 치료사들은 치유 과정에 접근할 수 있는 유일한 방법이 사건과 고통을 재차 경험하게 한 다음, 그것을 완전히 풀어버리는 것이라고 말한다.

내 경험에 비추어볼 때, 이것은 문제가 있는 사람들을 돕는 데 가장 비효율적이다. 우선, 사람들에게 과거 기억으로 돌아가서 끔찍한 트라우마를 다시 경험하게 하면, 그 자체만으로도 사람들을 고통스럽고 가장 자원이 결핍된 상태로 몰아가는 것이다. 자원이 부족한 상태가 되면, 새롭고 자원이 풍부한 행동과 결과를 낳을 가능성이 줄어든다. 실제로 이 접근법은 고통스럽거나 자원이 없는 패턴을 강화할 수 있다. 한계와 고통의 신경학적 상태에 지속적으로 접근함으로써 미래에도 이러한 상태를 촉발하는 것이 훨씬 쉬워진다. 그런 식으로 되풀이하다보면 경험을 자주 재현할수록 다시 사용할 확률도 높아진다. 아마도 이것이 많은 전통적인 치료법이 결과를 내기까지 오랜 시간이 걸리게 된 이유일 것이다.

나는 훌륭한 심리치료사들을 많이 알고 있다. 이들은 진심을 다해 환자를 돌본다. 자신의 치료법이 효과가 있다고 믿는다. 맞다. 전통적인 치료법은 효과가 있다. 그러나 짧은 기간에 어떻게 하면 덜 고통스럽게 환자를 치료할 수 있느냐가 문제다. 물론 할 수도 있다. 밴들러와 그라인더가 한 것처럼 세계에서 가장 유능한 치료사가 한 행동을 롤 모델로 삼는다면 가능하다. 사실, 인간의 뇌가 어떻게 작동하는지에 대해 이해하고 숙달하면 우리는 자신의 치료사나 개인 컨설턴트가 될 수 있다. 단순한 치료 수준을 넘어 자신의 생각과 감정은 물론 행동까지 바꿀 수 있다.

더 효과적인 결과를 원한다면 변화를 위한 새로운 모델을 만드는 것부터 시작해야 한다. 자신의 문제가 내부에 쌓이다가 넘칠 것이라고 믿으면 정확히 그대로 될 것이다. 나는 신경 활동이 독극물처럼 쌓이는 형태라기보다 주크박스에 더 가깝다고 생각한다. 실제로 우리는 경험을 하면서 계속 기록한다. 주크박스가 음악을 기록하는 것처럼 우리는 경험을 뇌에 저장한다. 우리의 환경에서 적절한 자극이 촉발되기만 하면 주크박스의 오른쪽

버튼을 누른 것처럼 언제든지 기록이 재생될 수 있다.

그래서 우리는 행복과 기쁨의 '노래'를 재생하는 것을 선택할 수도 있고, 고통을 유발하는 버튼을 누를 수도 있다. 만약 치료 과정에 고통을 불러내는 버튼을 누르는 것이 포함된다면, 원하는 변화를 일으키는 것이 아니라 부정적인 내적 상태를 강화하게 될 것이다.

완전히 다른 방법을 찾아야 한다는 게 내 생각이다. 전혀 다른 노래를 재생하도록 주크박스를 다시 프로그래밍해야 한다. 같은 버튼을 눌러도 슬픈 노래가 아닌 환희에 찬 노래가 나오게 하는 것이다. 아니면 옛날에 녹음된 음악을 지우고 다른 음악으로 녹음할 수도 있다.

중요한 것은, 재생되지 않는 음악이 쌓이거나 주크박스가 터질 염려는 없다는 점이다. 그렇게 되면 주크박스를 다시 프로그래밍하듯 부정적인 감정이나 생각을 쉽게 바꿀 수 있게 된다. 내적 상태를 바꾸기 위해 기억된 모든 고통을 경험할 필요가 없다. 우리는 내적 표상을 부정적인 방식에서 긍정적인 방식으로 바꾸기만 하면 된다. 자동으로 자극을 받아 더 효과적인 결과를 얻을 수 있는 것이다. 내부의 회로를 황홀함과 연결하고, 고통과 연결된 회로는 차단해야 한다.

NLP는 내용 측면이 아닌 구조 측면에서 인간 경험을 들여다본다. 개인적인 관점에서는 동정심이 생길 수 있지만 무슨 일이 일어났는지는 전혀 신경 쓰지 않는다. 우리가 정말 중요하게 여기는 것은 일어난 일을 머릿속에 입력하는 방식이다. 우울한 내적 상태와 즐거운 내적 상태의 결정적인 차이는 무엇일까? 중요한 차이는 내적 표상을 구성하는 방식에 있다.

> "내가 인식하거나 생각하지 않은 것은
> 그 어떤 것도 나를 지배할 수 없다."
> 토니 로빈스Tony Robbins

우리는 시각, 청각, 촉각, 미각, 후각 다섯 가지 감각을 통해 내적 표상을 구체화한다. 다시 말하면 보고, 듣고, 만지고, 맛보고, 냄새를 맡는 방식으로 세상을 경험한다. 따라서 우리가 뇌에 저장한 모든 경험은 이 감각들을 통해 나타난다. 그중에서도 주로 시각, 청각, 촉각 이 세 가지 방식으로 표현된다.

이와 같은 인체 감각들은 우리가 내적 표상을 형성하는 방식을 크게 분류한 것이다. 오감 또는 내적 표상체계를 경험이나 결과를 구성하는 요인으로 생각할 수 있다. 특정한 결과를 얻는 경우, 그 결과는 정신적·육체적인 특정한 행동으로 만들어진다. 어떤 사람의 행동을 똑같이 따라 하면 그 사람이 이룬 것과 같은 성과를 이룰 수 있다. 그런데 그 성과를 얻기 위해서는 어떤 재료가 필요한지를 알아야 한다. 모든 인간 경험의 '재료'는 우리의 오감, 즉 인간의 감각에서 나온다. 그러나 어떤 재료가 필요한지 아는 것만으로는 충분치 않다. 똑같은 결과를 얻으려면 각각의 재료가 얼마나 필요한지 정확히 알아야 한다. 특정 재료를 너무 많이 넣거나 너무 적게 넣으면 원하는 것과 같은 종류와 품질의 결과를 얻을 수 없다.

우리가 무언가를 바꾼다고 할 때는 내적 상태와 행동 중 하나, 아니면 둘 다 바꾸려고 한다는 것을 말한다. 예를 들어, 담배를 끊으려는 사람은 대부분 자신이 육체적으로나 정서적으로 느끼는 방식(내적 상태)과 담배를 피우려는 행동 패턴을 바꾸고 싶어 한다. 앞서 내적 상태의 힘에 대한 부분에서 사람들의 내적 상태와 행동을 변화시키는 두 가지 방법이 있다고 배웠다. 한 가지는 생리체계를 바꾸어 내적 상태와 행동을 바꾸는 방법이고, 다른 한 가지는 내적 표상을 바꾸는 방법이다. 이번 장에서는 사물을 표현하는 방식을 구체적으로 변경하여 목표 달성을 지원하는 행동방식을 느끼고 만들어내기 위해 힘을 부여하는 법을 배울 것이다.

내적 표상을 바꾸는 방법에는 두 가지가 있다. 하나는 표현하는 대상을 바꾸는 것이다. 예를 들어, 최악의 시나리오가 예상된다면 최상의 시나리오로 바꿔 예상할 수 있다. 다른 하나는 표현하는 방법을 바꾸는 것이다. 우리는 대부분 생각이 정신 속 뇌를 자극하여 특정한 방식으로 반응하도록 촉발하는 특별한 열쇠를 쥐고 있다. 예를 들면, 어떤 사람들은 위대하고 큰 것을 상상할 때 동기가 부여된다. 한편, 다른 사람들은 무언가를 자신에게 말할 때 사용하는 어조가 동기부여에 영향을 미친다. 거의 모든 사람은 내부에서 즉각적인 반응을 유발하는 특정한 핵심 하위감각을 가지고 있다. 일단 사물을 표현하는 다양한 방식과 사물이 우리에게 미치는 영향을 발견하면, 스스로를 제한하지 않고 힘을 부여하는 방식으로 자신의 정신을 관리할 수 있으며, 긍정적이고 활력이 넘치게 사물을 표현할 수 있다.

만약 우리가 성공을 이룬 사람을 모델링하고 싶다면 그 사람이 정신 속에서 상상하고 스스로에게 했던 말 그 이상의 것을 알아야 한다. 마음속에서 일어나는 것에 실질적으로 접근하려면 더욱 정교한 도구가 필요하다. 그것이 바로 하위감각이다. 결과를 만드는 데 필요한 정확한 분량의 재료라고 할 수 있다. 이것은 인간의 경험 구조를 구성하는 가장 작은 단위의 구성 요소다. 시각적 경험을 이해하고 제어하기 위해서는 이 구성 요소에 대해 더 잘 알아야 한다. 우리는 그것이 밝은지 어두운지, 흑백인지 컬러인지, 움직이는지 정지해 있는지 알아야 한다. 마찬가지로, 청각적 소통의 경우 시끄러운지 조용한지, 가까이서 들리는지 멀리서 들리는지, 크게 울리는지 약하게 울리는지 알려고 해야 한다. 또한 운동감각적 경험으로 부드러운지 단단한지, 날카로운지 둔한지, 유연한지 딱딱한지 알고 싶어 해야 한다. 다음에 하위감각 목록을 정리해보았다.

또 다른 중요한 차이는 자신과 이미지가 연계되어 있는가, 아니면 분리되어 있는가이다. 연계되어 있는 이미지는 마치 실제로 그곳에 있는 것처럼 상상하게 한다. 자신의 눈으로 직접 이미지를 보고, 실제로 그 시간과 장소에 있는 것처럼 느끼고 생각할 수 있다. 분리된 이미지는 외부에서 자신을 관망하는 것처럼 경험하는 이미지다. 분리되어 자신의 이미지를 본다면 마치 자신이 등장하는 영화를 보는 것과 같을 것이다.

가능한 하위감각 점검표

시각

1. 동영상 또는 정지 화면
2. 파노라마 화면 또는 액자 화면(이 경우, 액자의 모양은?)
3. 컬러 또는 흑백
4. 밝기
5. 사진 크기(실물 크기, 더 큼 또는 더 작음)
6. 중앙에 있는 물체의 크기
7. 화면 속에 자신이 있는지 여부
8. 자신과 화면 사이의 거리
9. 자신과 중앙에 있는 물체의 거리
10. 3차원 영상
11. 색상의 강도(또는 흑백의 강도)
12. 대비의 정도
13. 움직임(만약 있다면, 빠른가 아니면 느린가?)
14. 초점(어느 부분? 선명한가 아니면 희미한가?)
15. 초점(간헐적인가 아니면 지속적인가?)
16. 바라보는 각도
17. (변화하는) 화면의 수

---

18. 위치

19. 기타

청각

1. 소리 크기

2. 억양(중단, 모으기)

3. 리듬(규칙적, 불규칙적)

4. 어조(강조된 말, 방식)

5. 빠르기

6. 일시 중지

7. 음색(톤)

8. 떨림(상태, 떨림 시작 부분)

9. 소리의 독창성(거슬림, 부드러움 등)

10. 소리 울림-울리는 장소

11. 위치

12. 기타

운동감각

1. 온도

2. 질감

3. 진동

4. 압력

5. 움직임

6. 지속 시간

7. 지속적-간헐적

8. 강도

9. 무게

10. 밀도

11. 위치
12. 기타

통증에 대한 감각
1. 따끔거림
2. 뜨거움-차가움
3. 근육 긴장
4. 날카로움-둔함
5. 압력
6. 지속 시간
7. 간헐적(예: 찌릿함)
8. 위치
9. 기타

최근에 겪은 즐거운 경험을 생각해보라. 실제로 그 경험 속으로 들어가보라. 직접 눈으로 본 것(사건, 이미지, 색상, 밝기 등), 들은 것(목소리, 주변 소리 등), 느낀 것(감정, 체온 등)을 다시 떠올려보라. 이런 식으로 과거에 경험한 것을 다시 경험하기 바란다. 그리고 자신의 몸에서 나와 이 상황에서 벗어났다고 생각만 하고 아직 그곳에 있는 자신을 어느 정도의 거리를 두고 바라보라. 마치 영화 속에 등장하는 자신의 모습을 보고 있는 것과 같이 상황을 상상하는 것이다. 느낌의 차이가 있는가? 첫 번째와 두 번째 중에서 어느 것이 더 강렬하다고 느껴지는가? 이 둘의 차이는 연계된 경험과 분리된 경험의 차이다.

연계Association 와 분리Disassociation 같은 하위감각의 차이를 이용하면 자신의 경험을 순식간에 바꿀 수 있다. 우리는 모든 행동이 현재 내적 상태의 결과이며, 내적 상태는 내적 표상, 즉 우리가 상상하는 것이나 자신에게 말하는 것 등에 따라 달라진다고 배웠다. 영화감독이 자신의 영화에서 관객에게 전하는 효과를 바꿀 수 있는 것처럼, 우리도 인생의 경험이 우리에게 미치는 영향을 바꿀 수 있다. 영화감독은 카메라 각도, 음악의 종류와 음량, 움직임의 정도와 속도, 영상의 색상과 품질을 변경하여 관객에게 자신이 원하는 내적 상태를 만들도록 한다. 우리도 뇌에 명령을 내려 최고의 목표나 이 목표를 이루기 위해 필요한 행동이나 내적 상태를 만들 수 있다.

이제 그 방법을 알아볼 것이다. 다음 실습은 매우 중요하니 꼭 시도해보기 바란다. 한 줄씩 꼼꼼하게 읽고 나서 다음 줄을 읽기 바란다. 다른 사람과 함께하면 더 재미있다. 번갈아 신호를 보내고 응답하면서 해보라.

과거에 아주 즐거웠던 기억을 떠올린다. 최근의 기억이든 오래전 기억이든 상관없다. 눈을 감고 긴장을 풀고 생각하라. 이제 그 이미지를 점점 더 밝게 만들어라. 이미지가 밝아지면서 자신의 내적 상태가 어떻게 변하는지 살펴보라. 다음으로 자신이 상상하는 화면을 가까이 가져오라. 이제 멈추고 그 화면을 더 크게 만들어라. 이번에 어떤 일이 생기는가? 경험의 강도가 바뀔 것이다. 그렇지 않은가? 대체로 즐거웠던 기억을 더 크고, 더 밝고, 더 가깝게 하면, 그 경험은 더욱 강렬하고, 즐거운 이미지로 바뀐다. 이것은 내적 표상의 힘과 즐거움을 증가시킨다. 그럼으로써 훨씬 더 강력하고, 더 즐거운 내적 상태로 만드는 것이다.

우리는 시각, 청각, 운동감각이라는 세 가지 감각적 양상, 즉 내적 표상체계를 이용한다. 그러나 이용하는 체계의 정도는 사람마다 다르다. 많은 사람들이 시각적 체계를 주로 사용하여 뇌에 접근해서 머릿속에 있는 이미지에 반응한다. 그 외 사람들은 청각적 체계나 운동감각 체계에 의존한다. 이 사람들은 자신이 듣거나 느끼는 것에 가장 강하게 반응한다. 이전에 시각적 체계를 변경했는데, 이번에는 나머지 내적 표상체계로 같은 연습을 해보자.

조금 전에 떠올린 즐거웠던 기억을 다시 되살려본다. 들리는 목소리나 소리의 볼륨을 높여보라. 더 많은 리듬을 주고, 더 많은 저음을 넣고, 음색에 변화를 주라. 소리들을 더 강하고 긍정적으로 만들라. 이제 하위감각을 이용하여 동일한 작업을 수행해보라. 기억을 이전보다 더 따뜻하고 부드럽고 매끄럽게 느껴보라. 그 경험에 대한 느낌에 어떤 변화가 생겼는가?

모든 사람이 똑같이 반응하는 것은 아니다. 특히 운동감각적 요소는 사람마다 다르게 반응이 일어난다. 대부분은 이미지를 더 밝거나 크게 하면 경험이 강화된다는 것을 알게 될 것이다. 내적 표상을 더 강렬하고, 더 매력 있게 만드는 데 무엇보다 중요한 것은 더 긍정적이고 자원이 풍부한 내적 상태로 만드는 것이다. 상담할 때 이 방식을 사용하면 상대의 생리체계를 보는 것만으로도 그 사람의 정신 속에서 어떤 변화가 일어나고 있는지 정확히 알 수 있다. 그가 크게 심호흡을 하면 어깨가 곧게 펴지고, 표정이 이완되며, 몸 전체가 더욱 기민하고 활기차 보인다.

부정적인 이미지의 경우도 같은 방식으로 연습해보자. 우리를 화나게 하고 마음에 고통을 준 일을 기억해보라. 이제 그 이미지를 가져와 더 밝게 해보라. 좀 더 가까이 가져오라. 그리고 더 크게 만들어라. 머릿속에서 어떤 변화가 일어나고 있는가? 대부분의 사람은 부정적인 내적 상태가 심화되었음을 알 수 있다. 전에 느꼈던 나쁜 감정이 그 어느 때보다 강화된다. 이제는 이미지를 원래 상태로 되돌려보라. 더 작게, 더 어둡게, 더 멀리 떨어지게 하면 어떻게 될까? 시도해보고 그 차이를 느껴보라. 부정적인 느낌이 약해졌다는 것을 알게 될 것이다.

다른 감각적 요소도 같은 방식으로 연습해보라. 자기 내면의 목소리를 크고, 짧고, 날카로운 톤으로 만들어보라. 가능한 한 확실하게 느껴보라. 마찬가지로 부정적인 감정이 강해질 것이다. 다시 말하지만, 너무 이론적으로 생각할 필요는 없다. 어떤 방식과 하위감각 양식이 가장 큰 영향을 미치는지 유심히 관찰하면서 더 집중이 잘 되고, 강렬한 방식으로 연습하기 바란다. 이미지를 조작하여 이미지에 대한 감정이 어떻게 바뀌는지 알게 되면, 마음속으로 자연스럽게 이 과정을 다시 수행할 수 있다.

이번에는 조금 전의 부정적 이미지를 좀 더 작게 만들어라. 이미지가 줄어들면 어떻게 되는지 살펴보라. 다시 초점을 흐리고 희미하게 해서 알아보기 어렵게 만든다. 그리고 멀리 두어라. 거의 보이지 않을 때까지 멀리 보내라. 최종적으로 이미지를 가져와 가상의 태양 뒤로 사라지게 하라. 이미지가 세상에서 사라질 때 자신이 무엇을 보고, 듣고, 느끼는지에 주목하라.

청각을 이용해서 같은 연습을 해보라. 들리는 목소리의 크기를 작게 해서 들어보라. 목소리를 아주 희미하게 만들어라. 그리고 리듬감과 활기를 제거한다. 운동감각적 요소도 동일하게 수행한다. 이미지를 약간 희미하고, 실체가 없고, 나약한 느낌으로 만들어라. 이 과정을 거치면 부정적인 이미지는 어떻게 될까? 보통 사람들에게 이와 같은 이미지는 힘을 잃어서 전혀 강력하거나 고통스럽지 않고, 심지어 존재하지도 않은 것처럼 느껴질 것이다. 그렇게 되면 과거에 겪은 큰 고통도 무력하게 만들고 녹여서 완전히 사라지게 할 수 있다.

이렇게 간단한 실습을 통해서도 이 기법이 얼마나 강력한지 알 수 있을 것이라고 생각한다. 단 몇 분 만에 긍정적인 느낌을 받고, 더 강해지고, 힘을 얻을 수 있다. 또한 강력한 부정적인 이미지가 우리의 힘을 빼앗아가지 않게 할 수 있다. 과거에 우리는 내적 표상의 결과에 휘둘렸지만, 이제는 절대로 그렇게 되지 않을 것이다.

기본적으로 우리는 두 가지 방식 중 하나를 선택하여 인생을 살 수 있다. 첫 번째 방식은 우리의 뇌가 과거에 해온 방식대로 우리를 움직이도록 만든다. 어떤 장면이나 소리 또는 느낌을 떠올리게 해서 종소리에 반응하는 파블로프의 개처럼 우리가 신호에 따라 자동으로 응답할 수 있도록 한다. 두 번째 방식은 우리가 스스로 뇌를 의식적으로 작동시키는 것이다. 우리가 원하는 신호를 머릿속에 삽입할 수 있다. 나쁜 경험과 부정적인 이미지를 가져와서 그 힘을 약화시킬 수도 있다. 이것들이 우리를 도저히 압도하지 못하게 하는 방식, 즉 잘게 '절단'하는 방식으로 최대한 작게 만들어 더 이상 나쁜 영향을 미치지 못하도록 할 수 있다.

너무 큰일처럼 느껴져서 도저히 끝내기 힘들 것 같아 시작할 엄두도 못 낸 적이 있지 않은가? 상상 속에서 그 일을 작은 이미지로 줄여서 생각했다면 압도당하지 않고 쉽게 처리할 수 있다는 느낌을 받았을 것이다. 그렇게 하면 일의 크기에 지레 겁을 먹고 물러나지 않고 실행할 수 있었을 텐데 말이다. 너무 쉽게 말하는 것처럼 들릴지 모르지만, 직접 시도해보면, 내적 표상을 바꾸는 것이 일에 대한 생각을 바꾸고, 그 생각이 행동으로 연결될 수 있다는 것을 알게 될 것이다.

물론 좋은 경험을 떠올리고 그 경험을 더 강화할 수도 있다. 삶의 작은 기쁨을 더 크게 만들고, 일상을 더 밝게 하면 자신이 더 밝아지고 행복해지는 것을 느낄 수 있다. 우리가 지금 배우고 있는 것은 인생에서 더 많은 활력, 더 많은 기쁨, 더 많은 열정을 만드는 방법이다.

> "세상에는 좋은 것도 나쁜 것도 없다.
> 생각이 그렇게 만들 뿐이다."
> 윌리엄 셰익스피어William Shakespeare

1장에서 재화의 왕에 대해 어떤 이야기를 했는지 기억할 것이다. 왕은 자신의 왕국을 통치할 수 있는 능력이 있다. 그렇다. 우리의 뇌가 우리의 왕국이다. 자신의 왕국을 통치하는 왕처럼 우리도 우리의 왕국을 통치할 수 있다. 삶의 경험을 표현하는 방식을 통제할 수 있으면 누구나 자신의 왕국을 통치할 수 있다. 지금까지 다룬 모든 하위감각은 뇌가 어떻게 느끼는지를 알려줬다. 명심하라. 우리는 삶이 실제로 어떤 것인지 잘 알지 못한다. 단지 자신에게 삶을 표현하는 방법을 알고 있을 뿐이다. 따라서 크고, 선명하고, 강력하고, 울림 있는 형태로 내적 표상되는 부정적인 이미지가 있다면 뇌 역시 부정적 경험이 엄청나게 큰 것이라고 말해준다. 그 부정적인 이미지를 가져와서 줄이고, 어둡게 만들고, 정지 화면으로 만들면, 그 힘이 사라지고 뇌 역시 그에 따라 반응한다. 그렇게 되면 부정적인 내적 상태에 빠지지 않고, 자신 있게, 화내지 않고, 부정적인 것을 처리할 수 있다.

우리가 사용하는 말 속에서 내적 표상의 많은 사례를 찾아볼 수 있다. 누군가의 미래가 밝다고 말할 때, 이것은 어떤 의미인가? 미래가 어두워 보인다고 말할 때는 어떤 느낌이 드는가? 어떤 주제를 조명한다고 말하기도 하는데, 그것은 어떤 의미인가? 또한 누군가가 무언가를 과장하거나 비뚤어진 이미지를 가지고 있다고 말한다면, 그것은 무슨 의미인가? 무언가가 마음을 무겁게 한다거나 정신적인 장애물이 있다고 말하면, 그것은 무엇을 의미하는가? 또한 무언가가 옳거나 익숙한 것 같다는 말은 어떤 의미인가? 만사가 잘 풀린다는 말은 또 어떤 의미인가?

우리는 이 말들이 단지 비유적인 표현이라고 생각하는 경향이 있다. 하지만 그렇지 않다. 머릿속에서 일어나는 일들을 정확하게 표현한 것이다. 조금 전에 실습할 때 불쾌한 기억을 가져와서 확대했을 때를 생각해보자. 경험의 부정적인 측면을 강조하면 어떻게 우리의 내적 상태를 부정적으로 만드는지를 기억할 것이다. 그 경험의 부정적인 측면을 강조해서 뇌도 부정적인 내적 상태가 되었다는 것 말고 달리 설명할 방법이 있을까? 우리는 본능적으로 정신적 이미지가 얼마나 강력한지 알고 있다. 자신의 뇌를 통제할 수 있다는 사실을 잊지 마라. 그러니 뇌가 우리를 조종하도록 놔두면 안 된다.

많은 사람들에게 도움이 될 만한 간단한 실습을 해보자. 끊임없이 일어나는 내적 표상 때문에 시달린 적이 있지 않은가? 뇌가 이야기를 멈추지 않은 적은 없었는가? 우리의 뇌는 쉴 새 없이 대화를 반복한다. 우리는 자신과 어떤 논점을 토론하거나, 오랜 논쟁에서 이기려고 하거나, 해묵은 일을 보복하려고 한다. 그런 일이 생기면 소리를 낮추어라. 머릿속의 목소리를 더 부드럽게 하고, 멀리 보내고, 약하게 만들어라. 그렇게 하면 대부분의 문제가 해결된다. 혹시 항상 자신을 제한하게 만드는 내적 대화가 들리는가? 이번에는 그냥 섹시한 목소리로 추파를 던지는 듯한 음색과 어조로 말하게 해보라. "너는 할 수 없어." 어떤 느낌이 드는가? 목소리가 하지 말라고 하는 일은 더 하고 싶어지게 될 것이다. 지금 시도해보고 그 차이를 느껴보라.

한 가지 실습을 더 해보자. 이번에는 경험한 것 중에서 정말 원해서 한 경험을 생각해보라. 긴장을 풀고, 그 경험을 가능한 한 선명한 이미지로 그려보라. 자, 이제 몇 가지 질문을 하겠다. 잠깐 멈추고 각각의 질문에 대답해보라. 여기에는 정답도 없고 오답도 없다. 사람마다 다르게 대답할 것이다.

머릿속 이미지는 동영상처럼 움직이는가, 아니면 사진처럼 정지되어 있는가? 컬러인가 아니면 흑백인가? 가까이 있는가 아니면 멀리 있는가? 왼쪽 또는 오른쪽에 있는가, 아니면 가운데 있는가? 위쪽이나 아래쪽, 아니면 중간에 있는가? 연계되어 자신의 눈으로 보는가, 아니면 연계되어 있지 않아서 외부인이 보는 것처럼 보고 있는가? 주변에 테두리가 있는가, 아니면 끝없이 이어지는 파노라마와 같은가? 밝은가 아니면 어두운가? 초점이 선명한가, 아니면 초점이 맞지 않는가? 이 실습을 할 때, 어떤 하위감각이 자신에게 가장 효과가 있는지, 집중할 때는 어느 것이 가장 강력한지 유의해서 살펴보기 바란다.

이제 청각과 운동감각의 하위 요소를 하나씩 살펴보자. 무슨 일이 일어나는지 들을 때 자신의 목소리가 들리는가, 아니면 다른 사람들의 목소리가 들리는가? 대화 소리로 들리는가, 아니면 독백으로 들리는가? 소리가 큰가, 아니면 작은가? 억양이 다양한가, 아니면 단조로운가? 리듬감 있는 말투인가, 아니면 날카로운가? 템포가 느린가, 아니면 빠른가? 소리가 들렸다 안 들렸다 하는가, 아니면 해설하는 것처럼 계속 이어지는가? 지금 듣고 있거나 자신에게 말하는 주된 내용은 무엇인가? 소리의 위치는 어디인가? 어디에서 소리가 들리는가? 느낌이 딱딱한가 아니면 부드러운가? 따뜻한가 아니면 시원한가? 거친가 아니면 매끄러운가? 유연한가 아니면 경직되어 있나? 고체인가 아니면 액체인가? 날카로운가 아니면 무딘가? 느낌은 몸의 어디에서 느껴지는가? 신맛인가 아니면 단맛인가?

처음에는 이런 질문에 선뜻 대답하기 어려울 수도 있다. 주로 운동감각적 방식으로 내적 표상을 형성하는 사람이라면 "나는 그림을 그리지 못해."라고 생각할 수도 있다. 잊지 마라. 그것은 일종의 신념이며, 이 신념을 유지하는 한 그 생각은 사실이 될 것이다. 하위감각 양식에 대해 더 많이 알게 되면 '겹침Overlap'이라는 현상을 통해 자신의 인식을 개선하는 방법을 배울 수 있다. 예를 들어, 주로 청각이 발달한 사람이라면 어떤 것을 파악하고 경험할 때 최대한 모든 청각 신호에 연결하려고 할 것이다. 따라서 그 당시에 들었던 내용을 가장 먼저 기억할 수 있다. 일단 그 내적 상태에 있고, 풍부하고 강력한 내적 표상을 하게 되면, 시각적 하위감각으로 작업하기 위해 시각적 틀로, 또는 하위감각을 경험하기 위해 운동감각적 틀로 훨씬 쉽게 전환할 수 있다.

우리는 방금 무언가를 하고 싶다는 강한 동기를 부여받았던 하위감각의 구조가 어떤지 알게 되었고, 경험도 했다. 특별한 느낌이 없고, 실제로 하고 싶은 동기도 없을 때, 하고 싶은 마음이 생기도록 강하게 동기를 부여받고 싶은 것이 있으면 떠올려보라. 다시 한 번 머릿속에 이미지를 그려보라. 이전에 강하게 동기가 부여된 것에 대한 반응과 지금의 반응이 어떻게 다른지 주의를 기울이면서 조금 전에 했던 것과 똑같은 질문을 해보라. 예를 들어, 이미지를 볼 때 동영상처럼 움직이는가, 아니면 사진처럼 정지되어 있는가? 그러고 나서 모든 시각적 하위감각을 점검하는 질문을 계속 진행한다. 이제 청각과 운동감각에 관한 질문을 해보라. 이 작업을 수행할 때 자신에게 어떤 하위감각이 가장 강력한지, 어떤 것이 내적 상태에 가장 큰 영향을 미치는지 유심히 관찰하라.

이제 동기를 부여받은 것(경험 1)과 동기를 부여받고 싶은 것(경험 2)을 동시에 생각해보라. 어렵지 않을 것이다. 머릿속에서 이미지를 TV의 두 개로 분할된 화면이라고 생각하고 이미지들을 동시에 바라보라. 하위감각에 차이가 있지 않은가? 물론 쉽게 예측할 수 있다. 각각 다른 내적 표상이 신경 체계에서 다른 유형의 결과를 생성하기 때문이다. 이제 어떤 유형의 하위감각이 우리에게 동기를 부여하는지에 대해 파악한 다음, 지금까지 배운 것을 이용하여 아직 동기가 부여되지 않은 것(경험 2)의 하위감각 양식을 조금씩 재조정하여 동기가 부여된 것(경험 1)과 일치시켜보라. 다시 말하는데, 사람마다 다를 수 있지만, 경험 1의 이미지가 경험 2의 이미지보다 밝을 가능성이 더 높다. 더 선명하고 가깝게 보일 것이다. 두 경험의 하위감각 간 차이에 집중하고, 경험 2의 내적 표상을 조정하여 경험 1의 내적 표상과 점점 더 가까워지게 해보라. 청각 및 운동감각적 표현에 대해서도 동일한 작업을 수행해야 한다는 것을 명심하라. 지금 당장 시도해보라.

경험 2에 대해 지금은 어떤 느낌이 드는가? 더 많이 동기부여가 되었는가? 경험 1의 하위감각 양식을 경험 2의 하위감각과 일치시키려면, 예를 들어 경험 1이 움직이는 영상이고, 경험 2가 정지 화면일 때, 경험 2의 정지 화면을 동영상으로 만들려면 모든 시각적·청각적·운동감각적 하위감각을 활용하여 이 과정을 계속 반복해야 한다. 원하는 상태로 만드는 특정 촉발 장치(하위감각)를 찾으면, 이것을 부정적인 내적 상태에 연결하여 한순간에 변경할 수 있다.

유사한 내적 표상이 유사한 내적 상태나 느낌을 생성한다는 사실을 기억하라. 그리고 유사한 감정이나 내적 상태는 유사한 행동을 유발한다. 또한 동기를 부여하는 것이 구체적으로 무엇인지 알게 된다면, 스스로 동기를 부여하기 위해 어떤 경험을 해야 할지도 정확히 알 수 있다. 동기가 부여된 상태가 되면 더욱 효과적으로 행동을 취할 수 있다.

중요한 점은 특정 하위감각은 다른 감각보다 우리에게 더 많은 영향을 미친다는 것이다. 나는 예전에 학교에 가기 싫어하는 어린 학생에게 도움을 준 적이 있다. 그 학생은 시각적 하위감각에 큰 영향을 받는 것 같지는 않았다. 하지만 이 학생은 자신에게 어떤 어조로 말을 하면 바로 학교에 가고 싶은 동기가 생긴다는 것을 알았다. 또한 동기가 부여되었을 때 팔뚝에 긴장감이 느껴진다고 했다. 그러나 아무것도 하고 싶지 않거나 화가 났을 때는 턱에 긴장감이 느껴지고 목소리 톤도 사뭇 달랐다. 그래서 이 두 가지 하위감각 양식만 변경하면 화가 나거나 동기가 부여되지 않은 상태에서도 곧바로 활기차고 동기가 부여된 상태로 바꿀 수 있었다. 음식의 경우도 마찬가지다. 한 여성은 식감이 좋고 부드러워서 초콜릿을 무척 좋아했지만,

포도는 씨를 깨무는 느낌 때문에 싫어했다. 내가 한 일은 그녀가 포도를 먹는 상상을 하게 하고, 입 안에 포도를 넣고 초콜릿처럼 천천히 굴리며 질감을 느끼도록 하는 것이었다. 또한 그녀에게 같은 어조로 같은 말을 하도록 했다. 이렇게 하자 그녀는 포도를 좋아하게 되었고, 그 이후로도 계속 즐기게 되었다.

모델링을 하는 사람으로서 우리는, 사람들이 정신적이든 육체적이든 어떻게 결과를 만들어내는지 항상 궁금해해야 한다. 예를 들어, 어떤 사람이 상담을 받으러 와서 "너무 우울해요."라고 말한다. 이때 나는 "왜 우울하죠?"라고 묻지 않는다. 그 사람 자신과 나에게 왜 우울한지 내적 표상을 하라고 요청한다. 이것이 그를 우울한 내적 상태로 빠뜨리기 때문이다. 우울한 이유를 알고 싶은 것이 아니라 어떻게 해서 우울해졌는지를 알고 싶은 것이다. 그래서 나는 이렇게 묻는다. "어떻게 해서 우울해졌죠?" 보통 우울증에 걸리는 것은 정신과 생리체계의 자극 때문인데, 그 사실을 모르고 있다는 것에 놀라게 된다. 그래서 이렇게 다시 묻는다. "내가 당신의 몸이라면 어떻게 하면 우울해질까요? 마음속에 무엇을 상상할까요? 자신에게 무슨 말을 할까요? 어떻게 말할까요? 어떤 톤으로 말할까요?" 이러한 과정은 구체적인 정신적·육체적 행동을 유발하여 특정한 감정적 결과를 낳는다. 이 프로세스의 구조를 변경하면 우울한 상태가 아닌 다른 상태로 변화할 수 있다.

일단 새로운 방식으로 어떻게 하는지 이해하면, 우리는 뇌를 작동시키고 원하는 삶을 살 수 있도록 하는 내적 상태를 만들 수 있다. 예를 들면, 어떨 때 좌절하거나 우울하게 되는가? 어떤 것을 생각하면 마음속에 그 이미지가 크게 확대되는가? 늘 슬픈 어조로 자신에게 말하는가? 그럼, 어떤 때 열정과 재미를 느끼는가? 어떤 때 마음속에 밝은 화면이 만들어지는가? 이 화면은 빠르게 또는 느리게 움직이는가? 자신에게 말할 때 목소리 톤은 어떤가? 이런 상황을 가정해보자. 이번에는 어떤 사람은 일을 하기 좋아하는 것처럼 보이지만 우리는 그렇지 않다고 가정하자. 일하고 싶은 내적 상태에서 그가 무엇을 하는지 알아보라. 그대로 따라 하면 우리가 얼마나 빨리 변화할 수 있는지에 깜짝 놀랄 것이다. 나는 수년간 심리치료를 받아온 사람들이 자신의 문제, 내적 상태, 행동까지 단 몇 분 만에 바꾸는 것을 자주 목격했다. 결국 좌절감, 우울감, 황홀감은 어떤 실체가 아니다. 우리가 의식적 또는 무의식적으로 통제하는 특정한 정신적 이미지나 소리, 신체적 행동으로 생성된 과정의 산물이다.

이와 같은 도구들을 효과적으로 사용하면 우리의 삶도 바꿀 수 있다. 일이 주는 도전의 느낌은 정말 좋아하지만 집 안을 청소하는 것이 싫다면, 두 가지 중 하나를 하면 된다. 가사도우미를 고용하거나, 일을 표현하는 방식과 집 청소를 표현하는 방식 사이의 차이를 알아보는 것이다. 집 청소와 도전적인 일을 동일한 하위감각으로 표현함으로써 집을 청소하고 싶은 충동이 생길 것이다. 아이들에게도 이 방법을 적용하면 아주 효과적일 것이다.

하기 싫지만 꼭 해야 한다고 생각하는 일에 즐거움이라는 하위감각 양식을 붙인다면 어떻게 될까? 원래부터 고유한 느낌을 갖고 있는 것이란 거의 없다. 즐거운 느낌, 불편한 느낌 모두 나중에 학습한 것이다. 이 경험에 대한 느낌을 간단히 새로 고치고, 즉시 새로운 느낌을 만들 수 있다. 우리의 모든 문제를 가져와서 아주 작게 만들고, 이 문제들과 멀리 거리를 두고 바라보면 어떻게 될까? 어떤 결과든 만들 수 있다. 우리가 지휘하고 있지 않은가!

이것 역시 다른 기법들과 마찬가지로 반복과 연습이 필요하다는 사실을 명심해야 한다. 간단한 하위감각 양식에 의식적으로 더 자주 변화를 줄수록 원하는 결과를 빨리 얻을 수 있다. 이미지의 밝기를 바꾸는 것이 그 위치나 크기를 변경하는 것보다 더 큰 영향을 끼칠 수 있다. 이 사실을 알고 나면 무언가를 바꾸고 싶을 때 가장 먼저 해야 할 일은 밝기 조정이라는 것을 알게 된다.

한편으로 이런 의문이 생길 수도 있다. 이렇게 하위감각 양식을 바꾸는 것은 좋지만, 어떻게 하면 다시 예전으로 돌아가지 않게 할 수 있을까? 지금 내 기분을 바꿀 수 있고, 이것이 가치 있는 일이라는 것도 알고 있는데, 변화를 더욱 자동적이고 일관성 있게 할 수 있는 방법이 있다면 좋지 않겠는가.

변화 상태를 유지하는 것은 '휘익 기법Swish Pattern'이라는 과정을 통해 가능하다. 우리가 가지고 있는 고질적인 문제와 나쁜 습관을 해결하는 방법이다. 이 기법은 일반적으로 자원이 부족한 상태를 생성하는 내적 표상을 자동으로 우리가 원하는 자원이 풍부한 새로운 내적 표상으로 바꾸는 것이다. 예를 들어, 어떤 내적 표상이 과식하게 만드는지 알아내면 휘익 기법을 사용하여 더 강력한 새로운 내적 표상을 만들 수 있으며, 이 새로운 내적 표상을 보거나 듣게 되면 음식을 멀리하게 된다. 두 내적 표상을 연결하면 과식을 생각할 때마다 첫 번째 표상이 즉시 두 번째 표상을 자극하여 음식을 원하지 않는 내적 상태에 이르게 된다. 휘익 기법의 가장 좋은 장점은 일단 제대로 인식하면 다시 생각하지 않아도 된다는 것이다. 이 과정은 의식적인 노력 없이 자동으로 진행된다. 휘익 기법이 작동하는 방식은 다음과 같다.

1단계: 바꾸고 싶은 행동을 확인한다.

이제 자신의 눈으로 직접 보면서 그 행동을 내적 표상으로 만든다. 만약 손톱을 물어뜯는 습관을 고치고 싶다면, 손가락을 입으로 가져가고 손톱을 물어뜯는 모습을 상상해본다.

2단계: 바꾸고자 하는 행동에 대한 선명한 이미지가 떠오르면 다른 표현, 즉 원하는 변화를 수행한 후의 자신의 이미지와 그 변화가 자신에게 어떤 의미 인지 생각해본다.

손가락을 입에서 떼고 물어뜯으려고 하는 손가락에 약간의 힘을 가한다. 깨끗하게 잘 다듬어진 손톱을 상상한다. 그리고 아주 멋진 옷차림과 헤어 스타일에 더욱 절제되고 자신감 있는 자신의 모습을 떠올린다. 원하는 상 태의 자기 모습을 타인처럼 바라볼 수 있어야 한다. 그 이유는 우리가 이미 이루었다는 느낌보다 계속해서 변화를 이끌어낼 내적 표상을 만들어야 하 기 때문이다.

3단계: 자원이 없는 경험이 자동으로 자원이 풍부한 경험을 촉발하도록 두 개의 화면을 '휘익' 바꾼다.

이 자극 메커니즘과 연계하면 손톱을 물어뜯는 데 사용된 신호들이 이제 는 이상적인 자신의 모습으로 바뀌도록 촉발된다. 과거에는 화가 나는 일 을 이제는 뇌가 처리할 수 있는 완전히 새로운 방식의 것으로 만들고 있는 것이다.

구체적인 방법은 다음과 같다. 먼저, 바꾸고 싶은 행동에 밝고, 크고, 환한 화면을 상상해본다. 그런 다음, 오른쪽 하단 구석에 원하는 모습을 담은 작 고 어두운 화면을 만든다. 이제 그 작은 화면을 아주 빨리 크기와 밝기를 키 우고, 말 그대로 더 이상 원하지 않는 행동의 화면과 바꿔치기한다. 이 과정 을 진행할 때는 최대한 신나게 '휘익'이라고 말하라. 약간 유치하게 들릴지 모르겠다. 그러나 신이 나서 '휘익'이라고 말하면 강력하고 긍정적인 신호 들이 뇌에 전달된다. 일단 머릿속에 화면을 그리고 나면, 모든 변화 과정이

'휘익'이라는 단어를 말하는 시간밖에 걸리지 않는다. 이제 우리 앞에는 원하는 모습의 크고, 밝고, 초점이 맞춰진 다채로운 화면이 있다. 과거의 화면은 깨져서 산산이 부서졌다.

이 기법의 핵심은 속도와 반복이다. 작고 어두운 화면이 밝아지고, 폭발하듯 커지면서 이전의 화면이 사라지고, 자신이 원하는 더욱 크고 밝은 장면으로 바뀌는 것을 느껴야 한다. 이제 자신이 원하는 장면으로 바뀌는 엄청난 느낌을 경험하라. 그런 다음 잠시 눈을 떠서 이 상태에서 벗어나라. 또다시 눈을 감고 바꾸고자 하는 화면을 떠올린 후 작은 화면을 '휘익' 하면서 폭발하듯 커지고, 더 밝아지게 하라. 이제 잠시 멈추고 눈을 떠서 바꾸고 싶은 화면을 확인해보라. 또다시 '휘익'을 한다. 이 과정을 가능한 한 빨리 5~6회 반복한다. 이 과정의 핵심은 속도라는 것을 명심하라. 그리고 즐겁게 하라. 우리가 자신의 뇌에 이것을 '휘익' 보라고 말하는 것이다. 해보라. 그리고 '휘익' 확인해보라. 자동적으로 새로운 화면, 새로운 내적 상태, 새로운 행동이 만들어질 때까지 계속 반복한다.

이제 첫 번째 화면을 떠올려보자. 어떻게 되었는가? 예를 들면, 손톱을 물어뜯는 행동에 이 기법을 적용하면 손톱을 물어뜯는 행동을 더 이상 하기 어려워질 것이다. 실제로도 부자연스럽게 느껴질 것이다. 만약 그렇지 않다면 휘익 기법을 다시 실행한다. 이번에는 이 과정을 더욱 명확하고, 빠르게 실행해보라. 반복 작업을 위해 눈을 뜨기 전에 새로 바뀐 화면에서 긍정적인 느낌을 확실하게 경험해보라. 새로 바뀐 화면이 흥미롭지 않거나 바라던 것이 아니면 작동하지 않을 수 있다. 화면을 매우 매력적인 상태, 즉 의욕이 넘치거나 열망하는 상태로 만든다. 진정으로 원하던 것이며, 예전의 행동보다 더 중요한 내적 상태다. 때로는 냄새나 맛과 같은 새로운 하위 감각을 함께 사용하는 것도 도움이 된다. 휘익 기법은 뇌의 특성 때문에 놀랍도록 빠르게 결과를 만들어낸다. 우리의 뇌는 불쾌한 것에서 즐거운 것으로 이동하는 경향이 있다. 더 이상 손톱을 물어뜯을 필요가 없다는 화면을 손톱을 물어뜯는 화면보다 훨씬 더 매력적인 것으로 만들면 뇌에 어떤 행동을 취해야 하는지에 대한 강력한 신호가 전달된다. 나 역시 이 버릇을 고치기 위해 같은 기법을 사용했다. 이 버릇은 완전히 무의식적인 것이었다. 이 휘익 기법을 사용했는데도 다음 날 나는 무심코 손톱을 물어뜯고 있었다. 실패라고 볼 수도 있었지만, 나의 습관을 알게 된 것만으로도 진전이 있다고 생각했다. 그다음 이 기법을 10회 더 수행했다. 그 이후로 손톱을 물어뜯을 생각은 한 번도 해본 적이 없다.

두려움이나 좌절감을 느낄 때도 이 기법을 사용할 수 있다. 두려워서 하기 싫은 일이 있으면 적용해보라. 이제 원하는 방식으로 작동하는 화면을 상상해보라. 이 화면을 정말 흥미진진하게 만들어보라. 이제 두 화면을 일곱 번 뒤바꿔라. 그리고 두려워해서 하기 힘들었던 일을 생각해보라. 지금은 느낌이 어떤가? 휘익 기법이 효과적으로 이루어졌다면, 두려워했던 것들이 생각나는 순간 자동으로 자신이 원하는 행동을 하는 화면으로 전환될 것이다.

휘익 기법의 또 다른 변형은 고무줄 새총을 상상하여 시도해볼 수 있다. 현재 바꾸고 싶은 행동의 화면을 새총의 Y자 모양의 나뭇가지 사이에 위치시킨다. 그리고 원하는 장면을 작은 화면으로 만들어 새총의 돌을 끼우는 부분에 넣는다. 그런 다음 마음속으로 새총의 고무줄이 최대한 늘어날 때까지 당긴다. 그리고 손가락을 푼다. 눈앞에 예전의 화면을 부수고, 우리의 뇌에 폭발하듯 박히는 모습을 상상하라. 상상 속이지만 이 작업을 수행할 때 고무줄을 완전히 뒤로 당기는 것이 중요하다. 손을 놓아버리는 순간, '휘익' 소리를 내며 원하는 화면이 오랫동안 제한적이었던 화면을 뚫고 나오게 한다. 이 과정을 올바르게 수행했다면 돌을 잡고 있던 손을 떼자마자 실제로 머리가 뒤로 젖혀질 정도로 화면이 빠르게 나타나야 한다. 지금 잠시 멈추고, 바꾸고 싶은 제한적인 생각이나 행동에 대해 생각해보고, 이 새총으로 휘익 기법을 사용하여 바꾸어보라.

우리의 정신은 한 가지 특별한 방법으로 우주의 법칙을 거스를 수 있다. 정신은 거꾸로도 갈 수 있기 때문이다. 시간이나 사건이 거꾸로 흐르는 것은 불가능하지만 정신은 가능하다. 회사에 출근했을 때를 생각해보자. 가장 먼저 생각나는 것은 중요한 보고서가 아직 마무리되지 않았다는 것이다. 불완전한 보고서는 우리를 우울한 상태에 빠지게 할 수 있다. 화가 나게 하거나 좌절감을 느끼게 할 수도 있다. 비서에게 소리치며 화풀이하고 싶어진다. 하지만 소리를 지른다고 해서 원하는 결과가 나오는 것은 아니다. 상황을 더욱 악화시킬 뿐이다. 핵심은 내적 상태를 보고서를 마무리할 수 있는 내적 상태로 바꾸는 것이다. 이것은 내적 표상을 조정함으로써 가능하다.

이 책의 전반부에서 자신의 주인이 되는 것, 자신을 통제하는 것, 자신의 뇌를 제어하는 것에 대해 이야기했다. 우리는 지금 이를 실행하는 방법을 알아보고 있다. 지금까지 수행한 몇 가지 실습을 통해 자신의 내적 상태를 완전히 제어할 수 있는 능력이 있음을 확인했다. 자신이 겪은 모든 경험이 밝고, 가깝고, 다채로워 보이며, 경쾌하고, 리듬감 있고, 풍부하게 들리고, 부드럽고, 따뜻하게 느껴진다면 그의 삶이 어떻게 바뀔지 생각해보라. 그리고 나쁜 경험을 작고 소리가 거의 들리지 않게 작은 틀에 가두고, 아주 멀리 떨어뜨려서 느끼지도 못 할 미미한 형태로 만들어 저장한다면 어떻게 될까? 성공한 사람들은 무의식적으로 이렇게 한다. 그들은 도움이 되는 것의 소리를 크게 올리고, 도움이 되지 않는 것의 소리를 끄는 방법을 알고 있다. 이번 장에서 우리는 이들을 모델링하는 방법을 배우고 있다.

문제를 무시해버리라는 말이 아니다. 당연히 반드시 해결하고 넘어가야 하는 문제도 있다. 하루에 아흔아홉 가지 일이 잘 풀렸는데도 매우 우울한 상태로 집에 돌아오는 사람들이 있다. 왜 그럴까? 그렇다, 하나가 잘 안 됐기 때문이다. 그들은 잘못된 한 가지를 크고, 밝고, 강한 이미지로 바꾸고, 다른 모든 것을 작고, 어둡고, 조용하고, 실체가 없는 이미지로 바꿨을 것이다. 많은 사람들이 자신의 삶을 이렇게 보낸다.

나에게 상담하러 오는 사람들 상당수가 "저는 항상 우울해요."라고 말한다. 이것이 자기 세계관의 일부가 되었기 때문에 거의 확신에 차서 말한다. 이 증상에 대해 많은 심리치료사들은 우울증의 원인을 파헤치는 힘들고, 오래 걸리는 작업부터 시작한다. 그들은 환자에게 우울증 증상에 대해 몇 시간 동안 이야기해보라고 한다. 그리고 우울한 경험과 과거의 정서적 학대의 근원을 찾기 위해 정신적인 노동을 한다. 이것은 아주 시간이 많이 소요되고, 비용도 많이 드는 비싼 치료법이다.

하루 종일 우울한 사람은 없다. 우울함은 다리를 잃는 것과 같은 영구적인 상태가 아니다. 쉽게 넘나들 수 있는 내적 상태다. 사실, 우울증을 겪는 사람들 대부분은 인생에서 보통 사람들보다 행복한 경험이 더 많은 사람들이다. 그들은 이러한 경험을 밝고, 크게, 연관된 긍정적인 방식으로 내적 표상을 하지 못할 뿐이다. 또한 가까운 곳이 아니라 먼 곳에서 행복한 시간을 내적 표상하기 때문이다. 지금 잠깐 지난주에 있었던 일 하나를 떠올리고 멀찌감치 밀어내라. 여전히 최근에 겪은 일로 보이는가? 그럼 이번엔 가까이 당기면 어떤가? 이제는 더 최근의 일 같지 않은가? 어떤 사람들은 순간의 행복한 경험은 멀리 밀어내어 오래전 것처럼 생각하고, 아픈 경험은 가까이에 저장한다. 누군가가 "나는 내 문제에서 멀리 떠나 있으면 좋겠어."

라고 말하는 것을 들어본 적이 있는가? 문제와 떨어지기 위해 먼 데까지 갈 필요는 없다. 마음속으로 문제들을 멀리 밀어내고 그 차이를 느껴보라. 우울함을 느끼는 사람들은 자신의 뇌를 주로 안 좋은 시절의 크고 시끄럽고, 가깝고 무겁고, 끈질긴 이미지들로 가득 채우고, 좋은 시절은 얇은 회색빛 웨이퍼만 채워 넣는다. 변화하는 것은 안 좋은 기억에 빠지는 것이 아니다. 하위감각 양식과 기억 구조 자체를 바꾸는 것이다. 자신을 불쾌하게 한 것들을 활력, 유머, 인내 및 힘으로 내적 표상하여 우리가 인생에서 도전하고 싶은 마음이 들도록 만든다.

어떤 사람들은 "잠깐만요, 그렇게 빨리 바뀌지 않아요."라고 말할 수 있다. 왜 안 된다는 걸까? 오랜 시간 동안 하는 것보다 순식간에 무언가를 파악하는 것이 훨씬 더 쉬울 때가 많은데 말이다. 뇌는 아주 빨리 배운다. 우리가 영화를 어떻게 보는지 생각해보라. 수천 장의 프레임을 보고 이것들을 합쳐서 완전한 동체로 인식한다. 한 프레임을 보고 한 시간 후에 다른 프레임을 보고, 하루나 이틀 후에 세 번째 프레임을 본다면 어떨까? 제대로 보이는 것이 없을 것이다. 개인적인 변화도 같은 방식으로 작용한다. 지금 당장 생각을 바꾸면, 내적 상태와 행동을 바꾸면, 가능한 한 가장 극적인 방법으로 자신을 보여줄 수 있다. 이것은 몇 달 동안 생각하며 고민하는 것보다 더 강력한 효과가 있다. 양자물리학에서는 사물이 시간이 지남에 따라 천천히 바뀌는 것이 아니라 비약적인 도약을 한다고 말한다. 우리는 어떤 수준의 경험에서 다른 수준의 경험으로 이동한다. 현재의 느낌이 마음에 들지 않으면 내적 표상 방식을 바꾸면 된다. 아주 간단하다.

또 다른 예로 사랑을 생각해보자. 사랑은 누구에게나 경이롭고, 오묘하며, 신비에 가까운 경험이다. 모델링 관점에서 보면 사랑은 내적 상태이며, 다른 모든 내적 상태나 결과와 마찬가지로, 특정 방식으로 인식되거나 표현될 때 일련의 특정한 행동 또는 자극으로 생성된다. 우리는 어떻게 사랑에 빠질까? 사랑에 빠지는 가장 중요한 지각적 요소 중 하나는 사랑하는 사람의 모든 것과 자신을 연계하는 것이다. 물론, 사랑하지 않는 사람의 모든 것과는 분리한다. 사랑에 빠진다는 것은 균형이 잡혀 있는 것이 아니기 때문에 자극적이고, 혼란스러운 감정이 될 수 있다. 상대의 좋은 점과 나쁜 점에 대한 비교표를 만들어 컴퓨터에 입력해서 그 결과를 보는 것도 아니다. 나를 도취시키는 사람의 몇 가지 요인에 완전히 몰두하여 연계된 상태가 된다. 적어도 그 순간에는 그 사람의 '결점'을 보지 못한다.

그렇다면 연인 간의 관계를 망치는 것은 무엇일까? 많은 요인이 있다. 그중 한 가지는 처음에 상대에게 끌렸던 것들과 이제 더 이상 연계되지 않는다는 것이다. 사실은 상대에 대한 모든 불쾌한 경험과 자신과 연계하고 함께한 즐거운 기억을 이제는 분리했을 수 있다. 어떻게 이런 일이 생기는 걸까? 배우자가 치약 뚜껑을 닫지 않거나 욕실 바닥에 물건을 흘리는 습관을 알고, 그것을 큰 화면으로 만들었을 수 있다. 이제 더 이상 사랑의 표현을 하는 일은 없을 것이다. 아니면 예전에 언쟁을 벌일 때 홧김에 상대가 한 말을 계속 되뇌고, 불쾌한 대화를 자꾸 떠올렸을 것이다. 아내는 남편의 부드러운 손길, 지난주에 했던 특별한 사랑의 말, 결혼기념일에 한 이벤트를 기억하지 못한다. 이런 예는 아주 많다. 여기에 '잘못'된 것은 없다. 그러나 이런 식의 내적 표상은 두 사람의 관계에 도움이 되지 않는다는 점을 분명히 알아야 한다. 말다툼 도중에, 처음 손을 잡거나 키스했을 때나 상대가 나를 위해 특별한 일을 해줬을 때의 기억을 소환하여 큰 화면에 담아 가깝고 밝게 다시 만들면 어떨까? 그런 내적 상태가 되면 사랑하는 사람을 어떻게 대하게 될까?

어떤 의사소통 방식이든 주기적으로 자신에게 질문을 던지는 것이 중요하다. 현재 나의 행동은 나를 어느 방향으로 이끌고 있으며, 과연 그것이 내가 가고자 하는 방향인가? 지금은 나의 정신적·육체적 행동이 무엇을 만들고 있는지 점검할 때다. 간단히 쉽게 바꿀 수 있는 무언가가 자신을 원하지 않는 곳으로 이끌었다는 것을 뒤늦게 알고 싶지는 않을 것이다.

우리의 내적 상태가 연계와 분리 중 어떤 패턴인지 아는 것이 매우 중요하다. 많은 사람들이 오랫동안 자신의 내적 표상을 분리된 상태로 두는 경향이 있다. 그들은 여간해서는 감정이 흔들리지 않는데, 이것은 분리의 장점이다. 어떤 일을 할 때 감정이 앞서지 않는다면 일을 처리하는 데 더 많은 자원을 확보할 수 있다. 그러나 이것이 인생에서 대부분의 경험을 내적 표상하는 일관된 패턴이라면, 흔히 '인생의 맛'이라는 모든 즐거움은 놓치게 될 것이다. 나는 자신의 삶에서 느끼는 것을 내적 표상을 하는 데 인색한 보수적인 성향의 사람들을 상담하고, 그들을 위해 새로운 지각 패턴을 설정해주었다. 그들은 연계된 내적 표상을 크게 늘림으로써 삶에서 생기를 되찾았고, 완전히 새로운 경험을 발견했다.

반면, 완전히 또는 거의 완전히 연계된 상태의 주관화된 내적 표상을 하면 감정적으로 적응하지 못할 수 있다. 사소한 것까지 신경 쓰다가 큰 어려움을 겪을 수 있기 때문이다. 인생이 언제나 즐겁고, 재미있고, 신나는 것은 아니다. 인생의 모든 것에 완전히 연계되어 있는 사람은 극도로 연약해서 상처 받기 쉽고, 모든 것을 자신의 일로 받아들이는 경향이 있다.

인생에서는 연계와 분리의 지각적 필터를 포함하여 모든 것의 균형을 맞추는 것이 가장 중요하다. 우리는 원하면 모든 것과 연계할 수 있고, 분리할 수도 있다. 중요한 것은 의식적으로 연계해서 우리에게 도움이 되도록 하는 것이다. 우리는 뇌에서 생성되는 모든 내적 표상을 제어할 수 있다. 앞에서 신념의 힘에 대해 배운 것을 기억할 것이다. 신념은 타고나는 것이 아니며 언제든지 바뀔 수 있다. 지금은 터무니없다고 생각하는 것들을 나는 어렸을 때 믿었다. 신념에 대한 장을 마칠 때 나는 중요한 질문을 하나 했다. "어떻게 하면 할 수 있다는 신념을 선택하고 부정적인 신념을 버릴 수 있을까?" 첫 번째 단계는 그 신념이 우리의 삶에 미치는 강력한 영향을 인식하는 것이다. 두 번째 단계는 이번 장에서 배우고 있는 것으로, 우리 자신에게 내적 표상하는 방식을 바꿔서 신념을 변화시키는 것이다. 우리가 어떤 것을 내적 표상하는 방식의 구조를 바꾸면 신념에 대해 느끼는 방식도 바뀌게 되며, 삶의 경험에서 진실이라고 믿는 것을 바꾸게 될 것이다. 우리는 계속해서 자신에게 활력을 주는 방식으로 자신에게 모든 것을 내적 표상할수 있다. 지금 당장 시도해보라!

잊지 마라. 신념은 특정한 사람, 사물, 생각 또는 삶의 경험에 대해 확실하다고 믿는 강한 내적 상태다. 어떻게 그 확신의 내적 상태를 만들 수 있을까? 특정 하위감각 양식을 통해 가능하다. 그렇다면 정반대에 있는 것처럼 작고, 흐릿하고, 초점이 맞지 않고, 마음속으로 멀리 떨어져 있는 것을 확실하다고 느낄 수도 있을까?

우리의 뇌에는 파일 저장 시스템Filing System이 있다. 확실하게 믿는 것을 왼쪽에, 확실하지 않은 것을 오른쪽에 저장하는 것이다. 말이 안 된다고 생각할 수 있지만, 예를 들어 어떤 사람이 오른쪽에 있는 확신하지 못하는 것을 왼쪽으로 옮겨놓으면, 그의 뇌는 확실하다고 느끼기 시작한다. 불과 얼마 전까지만 해도 확신하지 못했던 생각이나 개념을 믿게 된다.

이러한 신념 바꾸기는 우리가 진실이라고 확신하는 것과 확신하지 않는 것을 비교함으로써 쉽게 실험해볼 수 있다. 확실하다는 신념을 갖고 한번 시작해보자. 나의 이름은 존 스미스이고, 나이는 35세이며, 조지아주 애틀랜타에서 태어났다. 나는 내 아이들을 진심으로 사랑한다. 나는 마일스 데

이비스가 역사상 최고의 트럼펫 연주자라고 생각한다. 이런 식으로 시도한다. 의심하지 않고 틀림없는 사실이라고 생각한다. 그리고 이번에는 확실하지 않은 것, 즉 믿고 싶지만 아직 확신하지 못하는 것을 생각해보라. 5장에서 언급한 성공을 위한 신념 일곱 가지 중 하나를 사용해도 좋다. (다만, 전혀 믿지 않는 것은 선택하지 말라. 무언가를 완전히 믿지 않는다는 것은 사실이 아니라고 생각하는 것을 의미하기 때문이다.)

이제, 앞에서 동기부여에 대해 논하면서 다루었던 하위감각 양식을 실행해보자. 확실히 믿는 것에 대한 시각적·청각적·운동감각적 측면을 모두 실행한다. 그런 다음, 확신이 서지 않는 부분에 대해서도 동일하게 수행한다. 그리고 차이점을 찾아보라. 믿는 것들이 어느 한 곳에서 발견되면 확신하지 못하는 것들은 다른 곳에 있는가? 아니면 믿는 것들이 못 믿는 것들보다 더 가까이 있거나, 더 밝거나, 더 크게 보이는가? 하나는 정지된 화면이고, 다른 것은 동영상처럼 움직이는가? 하나가 다른 것보다 빠르게 움직이는가?

앞에서 동기부여가 되었을 때 했던 것을 그대로 행한다. 확신하지 못하는 것의 하위감각을 다시 프로그래밍하여 확실하다고 믿는 것과 맞춰라. 색상과 위치를 바꾼다. 목소리, 어조, 속도, 음색도 변경한다. 질감, 무게 및 온도의 하위감각 양식도 바꾼다. 다 끝냈을 때 어떤 느낌이 드는가? 불확실성을 일으키던 내적 표상을 정확하게 바꿨다면, 조금 전까지만 해도 확실하게 느껴지지 않았던 것이 이제는 확실한 것으로 느껴질 것이다.

유일한 장애물은 우리가 신념을 그렇게 빠르게 변화시킬 수 없다고 믿는 것이다. 이것이야말로 우리가 바꿔야 할 신념이다.

이와 같은 과정을 활용하면 분명하지 않은 것과 이해하고 있다고 느끼는 것 사이의 차이를 발견할 수 있다. 어떤 것에 대해 분명하지 않으면 내적 표상이 작고, 초점이 맞지 않거나 희미하고, 멀리 보이기 때문이다. 반면에 이해하고 있는 것은 더 가깝고, 더 밝고, 초점이 잘 맞춰진 것으로 내적 표상된다. 분명하지 않은 것의 내적 표상을 이해하는 것과 정확히 같아지도록 바꿨을 때 우리의 느낌이 어떻게 변하는지 지켜보라.

물론 더 가까이 가져오거나 더 밝게 한다고 해서 모든 사람의 경험이 강화되는 것은 아니다. 어떤 사람들은 사물이 어두워지거나 초점이 흐려질 때 더 강화된다고 느낀다. 중요한 것은 자신이나 변화에 도움을 주고자 하는 사람에게 어떤 하위감각 양식이 중요한지를 찾아내고, 이 도구들을 제대로 사용할 수 있도록 충분히 활력을 불어넣는 것이다.

우리가 하위감각 양식을 활용하면서 실제로 하는 일은 뇌가 경험에 대해 느끼는 방식을 전달하는 자극 시스템의 표식을 바꾸는 것이다. 우리의 뇌는 우리가 제동하는 모든 신호(하위감각 양식)에 반응한다. 한 가지 유형의 신호만 제공하면 뇌는 고통을 느낄 것이다. 하지만 다양한 하위감각 양식을 제공하면 금방 좋아진다. 내가 애리조나주 피닉스에서 NLP 전문가 교육과정을 진행할 때였다. 강의실에 있는 많은 사람의 얼굴 근육이 긴장되어 보였다. 나는 그것을 고통의 표현이라고 해석하고, 나 자신에게 내적 표상을 했다. 하지만 내 강의에서는 많은 사람들에게서 그런 반응이 유발될 정도로 고통스럽게 할 만한 것을 찾지 못했다. 결국 한 수강생에게 "지금 기분이 어때요?"라고 물었다. 그러자 그가 "머리가 많이 아파요."라고 대답했고, 곧바로 다른 사람도 머리가 아프다고 말했다. 강의실에 있는 사람들의 60퍼센트 이상이 두통을 겪고 있었다. 그들은 강연을 녹화할 때 사용하는 비디오 조명이 너무 눈부셔서 짜증이 나고, 고통스럽다고 설명했다. 게다가 그 강의실에는 창문이 없었고, 환기구가 세 시간 전에 고장이 나서 숨이 막힐 정도로 답답한 상태였다. 이 모든 것이 사람들에게 생리적 변화를 일으킨 것이다. 이런 상황에서 내가 무엇을 할 수 있을까? 약국에 가서 두통약을 사 먹으라고 모두 내보내야 할까?

　당연히 아니다. 뇌는 고통을 느끼라고 표현되는 자극을 받을 때만 고통을 전달한다. 그래서 나는 사람들에게 고통의 하위감각 양식을 표현해달라고 했다. 어떤 사람들은 고통이 심하고, 욱신거린다고 말했지만, 그렇지 않은 사람들도 있었다. 어떤 사람들에게는 고통이 매우 크고 밝게 느껴졌고(그 느낌이 어떤지 상상할 수 있을 것이다), 또 어떤 사람들에게는 작게 느껴졌다. 나는 먼저 그들이 고통의 모양과 크기를 보게 하고, 고통을 그들에게서 3미터 정도 떨어지게 함으로써 그들을 고통의 감정에서 분리시켰다. 그들의 내적 표상을 천장을 뚫을 정도로 크게 만들어 폭발시킨 다음 갑자기 줄여서 아래로 떨어지게 했다. 그러고 나서 고통을 태양 속으로 밀어 넣어 녹이고, 식물을 비추는 햇빛이 되어 지구로 내려오는 것을 지켜보게 했다. 마지막으로 그들에게 기분이 어땠는지 물었다. 5분도 채 되지 않아 95퍼센트가 두통이 사라졌다고 말했다. 뇌에 신호를 보내는 것의 내적 표상을 변경했기 때문에 뇌가 새로운 신호를 받고 새로운 반응을 생성한 것이다. 나머지 5퍼센트는 더 구체적인 변경 작업을 수행하느라 5분이 더 소요되었다. 편두통을 앓고 있는 한 남자가 있었는데, 그 사람도 좋아졌다.

　고통을 빠르고 쉽게 없앨 수 있다고 하면 믿지 않는 사람들이 있다. 그런데 스스로도 무의식적으로 이런 식으로 수차례 시도해보았을 것이다. 고통을 느꼈지만 다른 일에 몰두하거나 흥미진진한 일을 할 때, 생각하거나 뇌에 표상하는 것을 다른 것으로 바꾸었을 때, 더 이상 고통을 느끼지 않은 경험이 있지 않은가? 자신에게 고통을 내적 표상하지 않는 한, 그야말로 고통은 사라지고 다시 돌아오지 않을 것이다. 내적 표상을 약간만 조정해도 의도한 대로 쉽게 두통을 없앨 수 있다.

　사실 뇌에서 특정한 결과를 만들어내는 신호를 배운다면 우리는 무엇이든 바라는 대로 느낄 수 있다.

끝으로 유의할 점이 있다. 인간 경험에 대한 일련의 필터는 새로운 내적 표상을 유지하거나 처음부터 변경하는 능력에 영향을 끼칠 수 있다는 것이다. 이 필터들은 우리가 가장 가치 있다고 여기는 것과 현재의 행동에서 얻을 수 있는 무의식적인 이익과 관련이 있다. 가치의 문제와 중요성에 대해 설명하자면 하나의 장을 할애해야 할 정도로 분량이 많지만, 16장 재구성 Reframing 과정에서 무의식적인 이차적 이익에 대해 다루기로 한다. 고통이 우리의 몸에 변화가 필요하다고 신호를 보내도 우리가 아무런 반응을 보이지 않으면, 고통은 우리를 돕는 방식으로 작동하기 때문에 계속해서 고통스럽게 할 것이다.

지금까지 배운 것만으로도 우리의 삶은 물론 주변 사람들의 삶을 엄청나게 향상시킬 수 있다. 이제 효과적으로 모델링할 수 있도록 활력을 주는 중요한 요소인 경험 구체화 방식의 다른 측면에 대해 알아보기로 한다.

7장
성공의 구조

"모든 일을 품위 있고 질서 있게 하라."
고린도전서 14장 40절

우리는 사람들이 상황을 어떻게 인지하는지에 대해 알아보았다. 탁월한 결과를 만드는 사람들은 정신적(내적 활동)·육체적(외적 활동)으로 일관되게 특정한 행동을 한다는 것을 알았다. 그들을 모델링하면 우리도 그들과 유사한 결과를 얻을 수 있다. 그런데 결과에 영향을 미치는 또 다른 요인이 있다. 바로 행동 구조Syntax라는 것으로, 이 행동 구조를 바꾸면 그 결과도 크게 달라질 수 있다.

"개가 짐을 물었다."와 "짐이 개를 물었다."의 차이는 무엇인가? 그럼 "조가 바닷가재를 먹는다."와 "바닷가재가 조를 먹는다."의 차이는 무엇일까? 물론 완전히 다르다. 특히 내가 짐이나 조라면 더더욱 그럴 것이다. 하지만 사용된 단어는 같다. 다른 점은 구조, 즉 단어의 배열 방식이다. 경험의 의미는 뇌에 제공되는 신호의 배열에 따라 결정된다. 같은 자극, 같은 단어라도 그 의미가 달라질 수 있다. 성공한 사람들의 결과를 효과적으로 모델링하기 위해서는 사건이 일어난 순서에 따라 특정한 방식으로 뇌에 입력된다는 사실을 이해하는 것이 중요하다. 컴퓨터에 명령어를 입력하는 것과 같다. 명령을 올바른 순서로 프로그래밍하면 컴퓨터는 모든 기능을 동원하여 우리가 원하는 결과를 만들어낸다. 하지만 순서를 뒤섞어 프로그래밍하면 원하는 결과를 얻을 수 없다.

특정 결과를 얻기 위해 함께 작동하는 모든 요소, 즉 다양한 종류의 내적 표상, 하위감각 요소와 필수적인 구조에 대해 설명하기 위해 '전략Strategy' 이라는 단어를 사용하고자 한다.

우리는 삶에서 거의 모든 것에 대해 사랑, 매력, 동기부여, 판단 등의 감정 전략을 가지고 있다. 예를 들어, 사랑을 위한 전략이 무엇인지 알게 되면 의식적으로 사랑의 내적 상태를 촉발할 수 있다. 어떤 행동을 어떤 순서로 배열해야 하는지 안다면 우유부단한 사람도 신속하게 결정을 내릴 수 있다. 어떤 것을 입력해야 내부의 바이오컴퓨터에서 원하는 결과를 얻을 수 있을지를 알게 된다.

이 구성 요소와 전략의 활용은 빵을 굽는 것과 유사하다. 세상에서 가장 맛있는 초콜릿케이크를 만드는 사람이 있다고 할 때, 우리도 같은 품질의 케이크를 만들 수 있을까? 물론이다. 그 사람의 레시피를 알면 가능하다. 레시피가 전략이다. 즉, 어떤 재료가 필요하고, 원하는 결과를 얻기 위해 그 재료를 어떻게 사용할지에 대한 구체적인 계획이다. 우리의 신경체계가 모두 같다면 사용할 수 있는 자원도 모두 같다고 할 수 있다. 전략에 따라 결과가 결정되며, 이것이 자원을 이용하는 방법이라고 할 수 있다. 비즈니스에도 적용된다. 풍부한 자원을 보유한 기업보다 자원을 가장 잘 활용할 수 있는 전략을 가진 기업이 시장을 지배한다.

그렇다면 숙련된 제빵사처럼 최고급 케이크를 만들려면 무엇이 필요할까? 레시피를 그대로 따라 해야 한다. 그러면 같은 결과를 얻을 수 있다. 이 제빵사는 수년간 시행착오를 겪은 끝에 최고의 기술을 터득했다. 그렇기 때문에 그의 레시피를 모델링함으로써 많은 시간을 절약할 수 있다.

경제적으로 성공하고, 활력과 건강을 유지하고, 행복하고 사랑받는 것에도 전략이 필요하다. 이미 경제적으로 성공을 이루었거나 타인과의 관계가 원만한 사람들을 찾아내어 그들의 전략을 적용하면 엄청난 시간과 노력을 절약하면서 똑같은 성과를 얻을 수 있다. 이것이 모델링의 힘이다. 몇 년씩 그 일에 매여 있지 않아도 된다.

우리가 효과적으로 요리하는 데 레시피는 어떤 도움이 될까? 우선, 음식을 만드는 데 필요한 재료를 알려준다. 인간 경험이라는 '빵 굽기'에서 필요한 재료는 우리의 오감이다. 모든 인간의 결과는 시각, 청각, 촉각(운동감각), 미각, 후각과 같은 내적 표상 시스템을 특정하게 사용함으로써 구축되거나 생성된다. 레시피를 개발한 사람과 똑같은 결과를 얻기 위해서는 또 무엇이 필요할까? 재료가 얼마나 필요한지 알아야 한다. 전략에서 우리는 하위 감각 요소를 정량화하여 생각할 수 있다. 레시피는 우리에게 필요한 양도 구체적으로 알려준다. 예를 들어, 얼마나 밝고, 얼마나 어둡고, 얼마나 가까운지와 같은 시각적 요소가 얼마나 있어야 하는지 알려준다. 속도가 어느 정도인지, 질감이 어떤지 등도 가르쳐준다.

그러면 다 된 건가? 어떤 재료를 얼마나 사용해야 하는지를 알면 똑같은 품질의 케이크를 만들 수 있을까? 그렇지 않다. 생산 구조, 즉 언제 무엇을 어떤 순서로 해야 하는지를 알고 있어야 한다. 케이크를 구울 때 제빵사가 마지막에 넣어야 할 것을 제일 먼저 넣으면 어떻게 될까? 같은 품질의 케이크가 나올 수 있을까? 그렇지 않다. 하지만 같은 재료, 같은 양, 같은 순서로 케이크를 만들면 당연히 같은 결과를 얻을 수 있다.

동기를 부여하거나, 물건을 구매하거나, 사랑을 하거나, 누군가의 마음을 사로잡는 것 등에도 전략이 필요하다. 정해진 순서대로 특정한 자극을 주면 항상 특정한 결과에 도달한다. 전략은 뇌라는 자원의 금고를 여는 비밀번호와 같다. 번호를 알고 있어도 순서가 틀리면 금고를 열 수 없다. 하지만 올바른 숫자와 올바른 순서를 알면 언제든지 금고는 열린다. 따라서 자신의 금고를 여는 비밀번호는 물론 다른 사람의 금고도 열 수 있는 비밀번호를 알아야 한다.

이 구조는 무엇으로 구성되어 있을까? 우리의 감각으로 이루어져 있다. 우리는 내부와 외부 두 가지 차원에서 감각적인 입력을 처리한다. 구조란 우리의 외적 경험과 내적 표상을 벽돌처럼 쌓는 방법이다.

예를 들면, 두 가지 종류의 시각적 경험을 할 수 있다. 첫 번째는 바깥세상에서 보는 것이다. 이 책을 읽으면서 흰 바탕에 검은 글씨를 보면 시각적인 외부 경험을 하는 것이다. 두 번째는 내부적인 시각이다. 앞 장에서 시각적 양식과 하위감각 양식을 정신 속에서 체험한 것을 기억할 것이다. 우리는 실제로 그곳에 있으면서 해변이나 구름을 보고 행복하거나 힘든 시간을 보내지 않았다. 시각적인 방식으로 경험했을 뿐이다.

다른 감각도 마찬가지다. 창밖에서 기차 소리가 들린다면 그것은 외적 청각이다. 또한 마음속의 목소리를 들을 수 있다면 이것은 내적 청각이다. 목소리의 톤이 중요하다고 여겨진다면, 바로 청각적 하위감각 양식인 음색이다. 목소리로 전달된 말(의미)이 중요하다고 여겨진다면, 그것은 청각적 내부 언어Auditory Digital 다. 우리가 앉아 있는 의자의 팔걸이에 대한 질감을 느낀다면 외적인 운동감각이다. 또한 무언가로 기분이 좋아지거나 나빠지는 느낌을 받을 수 있는데, 이것은 내적 운동감각이다.

레시피를 만들려면 언제 무엇을 해야 하는지 설명하는 시스템이 있어야 한다. 그래서 우리에게는 전략을 설명하는 표기체계가 있다. 약자로 시각은 V, 청각은 A, 운동감각은 K로 표기하고, 내부적인 것은 i, 외부적인 것은 e, 음색은 t, 디지털은 d로 표기한다. 단축 표기법으로 감각 과정을 나타낸 것이다. 외부에서 무언가를 볼 때는 Ve로 표기한다. 예를 들면, 내적으로 어떤 느낌을 받을 때는 Ki로 표기한다. 어떤 것을 직접 보았을 때는 Ve로 표기할 수 있다. 어떤 것을 보고(Ve) 동기를 부여받아(Aid) 자신에게 하고 싶은 기분이 든다고(Ki) 자신에게 말하는 사람의 전략에 대해 생각해보자. 이 전략은 Ve-Aid-Ki로 표기된다. 그 사람이 왜 어떤 일을 해야 하는지, 우리는 이 사람과 하루 종일 '이야기'할 수는 있지만 그렇게 할 가능성은 거의 없다. 그러나 어떤 결과를 우리에게 '보여'주고, 내적으로 소통한 것을 알려주면, 우리는 금세 그가 겪은 내적 상태로 갈 수 있다. 이번 장에서는 이 전략들이 어떻게 작동하는지, 왜 중요한지를 설명할 것이다. 그리고 다음 장에서는 사람들이 특정 상황에서 사용하는 전략을 이끌어내는 방법을 이야기할 것이다.

우리는 모든 것에 대한 전략, 즉 계속해서 구체적인 결과를 만들어내는 내적 표상 패턴을 가지고 있다. 하지만 그 전략을 제대로 사용할 줄 아는 사람은 거의 없다. 어떤 자극을 받는지에 따라 다양한 내적 상태를 오간다. 우리가 해야 일은 원하는 내적 상태를 만들 수 있도록 우리의 전략을 파악하는 것이다. 또한 다른 사람들의 전략을 알아내어 그들이 무엇에 반응하는지 정확히 아는 능력도 필요하다. 예를 들어, 물건을 구입하는 과정만 보아도 사람마다 다르게 내적 경험과 외적 경험을 구성한다는 것을 알 수 있다. 특정 자동차에 마음이 끌리는 경험의 구조가 집을 구매할 때도 그대로 적용될 수 있다. 특정 자극이 정해진 순서에 따라 우리를 구매할 수 있는 상태에 이르게 한다. 정보를 다른 사람의 전략 구조에 맞게 제시하는 것은 친밀한 관계를 형성하는 수단이다. 실제로 의사소통은 자동적으로 특정한 반응을 유발하기 때문에 효과적으로 수행된다면 상대는 거의 거부할 수 없게 된다.

그 밖에 어떤 전략이 있을까? 설득의 전략이다. 상대가 거부할 수 없을 정도의 자료를 만드는 방법이 있을까? 물론 있다. 동기부여? 유도 전략? 학습 전략? 운동 전략? 판매 전략? 모두 더할 나위 없이 좋다. 그렇다면 우울증은 어떨까? 아니면 황홀함은? 이와 같은 감정을 만드는 세상의 경험을 특정한 순서대로 나타내는 특정한 방법이 있을까? 그렇다. 효율적인 관리를 위한 전략도 있다. 창의력을 발휘하기 위한 전략도 있다. 어떤 것에 자극을 받았을 때 우리는 그에 맞는 내적 상태로 들어간다. 적시에 원하는 내적 상태에 접근하려면 전략이 무엇인지 알아야 한다. 다른 사람들이 사용하는 전략을 파악해야 이들이 원하는 것을 제공할 수 있다.

따라서 우리가 해야 할 일은 특정한 결과, 즉 특정한 내적 상태를 만드는 구체적인 순서와 구체적인 전략 구조를 찾는 것이다. 그렇게 할 수 있고, 기꺼이 그에 필요한 작업을 수행하려고 할 때 원하는 세상을 만들 수 있다. 음식이나 물과 같은 삶의 물리적인 필수품 외에 우리가 원하는 것은 완전한 내적 상태다. 원하는 내적 상태에 이르기 위해 반드시 알아야 하는 것은 올바른 전략 구조다.

나는 미국 육군과 일할 때 가장 성공적인 모델링을 경험했다. 한 육군 장군을 소개받고 NLP와 같은 최적의 성과기법에 대해 설명했다. 나는 그가 실시하고 있는 모든 훈련 프로그램의 운영 시간을 절반으로 줄일 수 있으며, 심지어 그 짧은 시간에 사람들의 능력을 향상시킬 수 있다고 말했다. 파격적인 제안이었다. 그렇지 않은가? 장군은 관심은 있었지만 확신이 없었기 때문에 NLP 기술만 가르치도록 했다. NLP 교육과정을 성공적으로 끝낸 후, 나는 육군과 훈련 프로그램을 만들고 동시에 한 그룹에게 모델링하는 방법을 교육하기로 계약을 맺었다. 그런데 계약 조건은 성과가 있을 때만 돈을 지불하기로 되어 있었다.

내가 맡은 첫 번째 프로젝트는 사병들에게 45구경 권총을 목표물에 정확하게 발사하는 방법을 가르치는 4일간의 프로그램이었다. 과거에는 이 교육과정을 이수한 병사 중 평균 70퍼센트만 합격했는데, 장군은 이 수준이 자신이 예상할 수 있는 최고치라고 말했다. 이 시점에서 어떤 일부터 해야 할지에 대해 생각해보았다. 나는 태어나서 한 번도 총을 쏘아본 적이 없었다. 총을 쏜다는 생각조차 하기 싫었다. 원래는 존 그라인더가 나와 이 프로젝트를 함께하기로 되어 있었다. 그는 사격을 해본 경험이 있어서 이 문제는 충분히 해결할 수 있을 것이라고 생각했다. 하지만 존이 바쁜 일정 때문에 갑작스럽게 이 프로젝트에 참여하지 못하게 되었다. 그때 나의 마음 상태가 어땠는지는 상상할 수 있을 것이다! 게다가 몇몇 교관이 내가 성공하면 돈을 받게 된다는 것을 알고, 어떻게든 일을 방해할 것이라는 소문이 있었다. 나에게 본때를 보여주겠다는 것이다. 총을 쏜 경험도 없고, 최고의 파트너인 존도 없고, 내가 실패하기만을 기다리는 사람들만 있다는 사실을 알았지만 나는 어떻게 했을까?

먼저, 마음속에 만들어진 커다란 실패 이미지의 크기를 대폭 축소했다. 그런 다음 내가 할 수 있는 것에 대한 새로운 내적 표상을 수립하기 시작했다. 나는 내 신념체계를 '육군 최고의 교관도 못하는 것을 어떻게 내가 할수 있겠어.'에서 '교관은 자신의 분야에서는 최고일지 모르지만, 성과에 대한 내적 표상의 효과나 명사수를 모델링하는 방법에 대해서는 아는 게 거의 없지.'로 바꾸었다. 나 자신을 자원이 풍부한 상태로 만들고 나서, 장군에게 명사수들을 만나야 효과적으로 정확하게 사격을 할 수 있는 정신적·육체적 행동을 구체적으로 알 수 있다고 말했다. '차이를 만드는 방법'을 찾아내면 그것을 병사들에게 가르치고, 짧은 시간에 원하는 결과를 얻을 수 있을 거라고 판단했다.

나는 모델링 팀과 함께 명사수들이 공유하는 핵심적인 신념을 찾아냈고,

이것을 제대로 사격하지 못한 병사들의 신념과 비교했다. 다음으로 명사수들의 공통된 정신구조와 전략을 찾아내고, 이것을 복제하여 처음 사격하는 병사들에게 가르쳤다. 이 구조는 수십만 발, 아마도 수백만 발의 총을 쏜 경험에서 얻은 아주 미세한 변화의 결과였다. 그런 다음 생리체계의 주된 구성 요소를 모델링했다.

'효과적인 사격'이라는 결과를 얻기 위한 최적의 전략을 찾아내고, 신병들을 대상으로 하루 반의 훈련 과정을 고안했다. 결과는 어땠을까? 이틀이채 안 되는 기간에 병사의 100퍼센트가 사격 시험을 통과했고, 최고 수준(사격 전문가) 과정에 합격한 사람도 일반 4일 과정 참여자보다 세 배 이상 많았다. 이 신병들에게 사격 전문가들이 했던 것과 동일한 신호를 뇌에 생성하는 방법을 가르쳐줌으로써 이전 과정의 절반밖에 안 되는 시간에 병사들을 최고 수준으로 만든 것이다. 그런 다음 내가 모델로 삼았던 사람들, 즉 최고의 사수들을 데려가 사격술 전략을 강화하는 방법을 가르쳤다. 한 시간이지난 뒤 한 병사는 6개월 동안 연습했을 때보다 더 높은 점수를 받았고, 또어떤 병사는 최근의 어떤 대회에서보다 더 많은 총알을 과녁에 맞혔다. 사격 교관은 이 두 사람을 경쟁시켰다. 그는 장군에게 보고하면서, 이를 제1차세계대전 이후 권총 사격 분야의 '최고의 비약적 발전'이라고 말했다.

여기서 중요한 점은 경험이 거의 없거나 전혀 없는 불가능해 보이는 상황에서도 결과를 만드는 방법에 대한 훌륭한 모델이 있으면, 그 모델이 하는 일을 구체적으로 발견하고, 복제할 수 있다는 것이다. 그럼으로써 가능하다고 생각했던 것보다 훨씬 짧은 시간 내에 유사한 결과를 얻을 수 있다.

운동선수는 해당 종목 최고의 선수를 모델링하기가 훨씬 수월하다. 최고의 스키선수를 롤 모델로 삼고 싶다면, 먼저 그의 기술을 유심히 관찰해야 한다(Ve). 그 선수를 관찰하면서 같은 동작을 해본다(Ke). 자기 몸의 일부처럼 느껴질 때까지 한다(Ki). (우리는 이미 다른 사람이 스키 타는 모습을 보면서 무의식적으로 이 과정을 따라 해본 적이 있다. 관찰하고 있는 스키어가 회전하면 그를 따라 회전하는 자세를 취한다.) 다음으로 관찰하는 대상이 스키 타는 장면을 머릿속으로 그려본다(Vi). 지금까지 과정을 정리하면, 외적 시각에서 외적 운동감각으로 바뀌었고, 그것을 내적 운동감각으로 만들었다. 다음으로 새로운 내부 이미지를 만든다. 그리고 스키를 타는 자신의 이미지를 분리시킨다(Vi). 마치 영화를 보듯 가능한 한 정확하게 모델링하는 자신의 모습을 지켜보고, 그 화면 속으로 들어가서 연계된 방식으로 그 전문 스키선수가 한 동작을 시도하고, 그 느낌을 경험한다(Ki). 완전히 전문 스키선수가 느껴질 때까지 계속 반복한다. 그럼으로써 자신을 최고 수준에서 움직이게 해주는 특정한 생리체계 전략을 가지게 되는 것이다. 이제는 실제로 시도해볼 수 있다(Ke).

이 전략을 Ve-Ke-Ki-Vi-Vi-Ki-Ke로 구조화할 수 있다. 이것은 다른 누군가를 모델링하는 수많은 방법 중 하나다. 결과를 도출하는 방법은 무수히 많다는 것을 잊지 마라. 옳은 방법이나 틀린 방법은 없다. 오로지 원하는 결과를 얻는 데 효과적이거나 효과적이지 않은 방법만 있을 뿐이다.

어떤 사람을 모델링할 때 그 사람이 수행하는 일에 대한 정보가 정확할수록 더 확실한 결과를 얻을 수 있다. 가장 이상적인 것은 모델링하려는 대상의 내적 경험과 신념체계뿐만 아니라 기본적인 전략 구조도 모델링하는 것이다. 그러나 대상을 관찰하는 것만으로도 그 사람의 생리체계를 상당 부분 모델링할 수 있다. 그리고 생리체계는 우리의 현재 상태와 결과를 만들어내는 또 다른 요소다. 이 요소는 9장에서 다룰 것이다.

전략과 구조의 이해 여부에 따라 큰 차이가 생길 수 있는 중요한 영역 중 하나는 가르치고 배우는 교육 분야다. 학습에 진전이 없는 아이들이 있을 때, 두 가지 중요한 이유가 있다. 첫째, 교사가 이 아이들에게 특정 과목을 가르치는 가장 효과적인 전략을 모르기 때문이다. 둘째, 교사가 아이들 각각의 학습 방법을 정확하게 이해하지 못하기 때문이다. 사람은 모두 다른 전략을 가지고 있다. 그렇기 때문에 개인의 학습 전략을 모른다면 가르치는 데 많은 어려움을 겪을 수밖에 없다.

예를 들어, 단어의 철자를 잘 외우지 못하는 사람들이 있다. 단어를 잘 외우는 사람들보다 지능이 떨어지기 때문일까? 아니다. 철자를 잘 외우는 사람은 구조, 즉 주어진 상황에서 정보를 정리하고, 저장한 다음 나중에 그 정보를 검색할 수 있는 능력이 뛰어나기 때문이다. 일관된 결과를 얻을 수 있는지 여부는 단순히 현재의 사고 구조가 뇌에서 요구하는 작업을 지원하는지 여부에 달려 있다. 우리가 보고, 듣고, 느끼는 것은 모두 뇌에 저장된다. 수많은 연구 사례에 따르면, 최면 상태에 있는 사람들은 의식할 때 기억하지 못한 것들까지 기억할 수 있다고 한다.

철자를 잘 기억하지 못한다는 것은 단어를 내적 표상하는 데 문제가 있다고 볼 수 있다. 그렇다면 철자를 읽고, 쓰는 데 가장 효과적인 전략은 무엇일까? 운동감각적인 것은 확실히 아니다. 단어의 철자를 몸으로 느끼기는 힘들기 때문이다. 효과적으로 소리를 낼 수 없는 단어가 너무 많기 때문에 청각적인 것도 아니다. 그렇다면 어떤 감각이 필요할까? 시각적인 외적 글자를 저장할 수 있는 능력이다. 철자를 배우는 방법은 언제든지 쉽게 접근할 수 있는 시각적인 이미지를 만드는 것이다.

'Albuquerque(앨버커키)'라는 도시명을 예로 들어보겠다. 이 도시의 이름을 외우는 가장 좋은 방법은 철자를 반복해서 말하는 것이 아니라 단어를 마음속에 그림으로 저장하는 것이다. 다음 장에서 우리는 사람들이 뇌의 다른 부분에 접근하는 방법들을 배우게 될 것이다. 예를 들어, NLP의 창시자인 밴들러와 그라인더는 우리의 눈이 움직이는 위치에 따라 신경체계가 가장 쉽게 접근할 수 있는 부분이 결정된다는 점을 발견했다. 이러한 '접근 단서Accessing Cues'는 다음 장에서 자세히 알아볼 것이다. 지금까지 밝혀진 바로는 대부분의 사람들이 왼쪽을 올려다볼 때 시각적 이미지를 가장 잘 기억한다고 한다. 'Albuquerque'라는 철자를 외우는 가장 좋은 방법은 단어를 왼쪽 위에 두고, 명확한 시각적 이미지를 형성하는 것이다.

여기서 '말뭉치Chunking'라는 또 다른 개념을 소개한다. 일반적으로 사람들은 한 번에 5~9개의 정보 덩어리만 의식적으로 처리할 수 있다. 빠르게 배우는 사람들은 정보를 작은 단계로 쪼갠 다음 다시 원래의 전체로 재조립하기 때문에 꽤 복잡한 과정도 쉽게 처리할 수 있다. Albuquerque라는 단어를 기억하는 방법은 Albu/quer/que와 같이 3개의 작은 뭉치로 나누어 시작한다. 종이 위에 세 부분을 쓰고, 눈의 왼쪽 위에 대고, Albu를 본 다음 눈을 감고, 머릿속으로 바라본다. 그리고 눈을 뜨고 Albu를 본다. 말하지 않고 보기만 한다. 그런 다음 눈을 감고 머릿속에서 다시 그려본다. 눈을 감고 Albu를 분명히 볼 수 있을 때까지 이 작업을 4~6회 반복한다. 다음으로 두 번째 부분인 quer를 가져와서 순간적으로 사진 찍듯이 보고 같은 과정을 반복한다. 세 번째 que 부분도 마찬가지로 Albuquerque가 머리에 저장될 때까지 이 과정을 반복한다. 선명하게 그림으로 떠오르면 철자가 맞는다는 느낌을 느끼게 될 것이다. 그러면 단어가 아주 명확하게 보여서, 앞으로는 물론이고, 거꾸로도 쓰고, 기억할 수 있다. 시도해보라. Albuquerque를 써보라. 거꾸로도 써보라. 이렇게 해보고 나면 이 단어의 철자를 영원히 기억하게 될 것이다. 내가 보장한다. 어떤 단어도 가능하다. 과거에 자신의 이름조차 제대로 못 쓰던 사람도 철자법에 뛰어난 사람이 될 수 있다.

학습의 또 다른 이점은 다른 사람들이 선호하는 학습 전략을 발견할 수 있다는 것이다. 앞에서 언급했듯이 사람들에게는 자신만의 정신구조와 가장 자주 사용하는 특정한 정신 영역이 있다. 그러나 우리는 개인의 강점에 맞춘 방법으로 가르치지 않는다. 모두가 같은 방식으로 학습한다고 가정한다.

한 가지 예를 들어본다. 얼마 전 한 남학생이 찾아왔다. 난독증 때문에 글을 읽고 쓰지 못한다고 했다. 정신적으로 문제가 있다는 6쪽 반 분량의 진단서도 보여주었다. 나는 그가 자신의 경험을 운동감각적으로 처리하려고 한다는 사실을 금방 알아차렸다. 그가 정보를 처리하는 방식을 알게 되자 도움을 줄 수 있겠다는 생각이 들었다. 이 학생은 자신이 느낀 것은 아주 잘 이해하는 능력이 있었다. 그러나 표준적인 교육과정은 대부분이 시각적이거나 청각적이다. 그는 학습에 장애가 있는 것이 아니었다. 문제는 교사들이 그가 정보를 효과적으로 인식하고 저장하고 난 후, 다시 불러내는 그의 고유한 방식을 제대로 알아보지 못하는 데 있었다.

내가 맨 먼저 한 일은 그 진단서를 찢어버리는 것이었다. "이건 쓰레기야."라고 그에게 말했다. 이 행동이 그의 관심을 끌었다. 그는 흔히 하는 상담자의 질문을 예상하고 있었다. 그러나 나는 신경체계를 제대로 사용할 방법들에 대해 함께 이야기하는 것으로 상담을 시작했다. "학생은 운동을 꽤 잘하는 것 같은데, 그렇지 않아?"라고 말했다. 그러자 "네, 잘하는 편이에요."라고 소년은 말했다. 이야기를 나누다보니 그가 뛰어난 서퍼라는 사실을 알게 되었다. 서핑 이야기를 시작하자 소년은 금방 신이 났고, 효과적인 몰입 상태가 되었다. 그는 교사들이 판단한 것보다 훨씬 더 수용적인 내적 상태에 있게 된 것이다. 나는 그 소년이 정보를 운동학적으로 저장하는 경향이 있는데, 그것은 큰 장점이라고 말해주었다. 그의 이러한 학습 방식이 그가 철자를 읽고 쓰는 것을 어렵게 만든 것이다. 그래서 나는 그에게 철자를 시각적으로 익히는 방법을 보여주었고, 철자에 대해서도 그가 서핑할 때와 같은 느낌을 주기 위해 그의 하위감각 양식을 활용했다. 나는 불과 15분 만에 그를 단어를 잘 외우는 학생으로 만들 수 있었다.

학습 장애가 있는 아이들은 어떨까? 이 아이들도 전략 장애가 있을지는 몰라도 학습 장애가 있는 것은 아니다. 이들은 자신의 숨겨진 자원을 활용하는 방법을 배울 필요가 있다. 나는 11~14세 학습 장애가 있는 아이들을 가르치는 교사에게 이 전략을 알려주었다. 아이들 대부분은 단어 시험에서 70점을 넘어본 적이 없으며, 점수가 대부분 25~50점이었다. 교사는 '장애' 학생의 90퍼센트가 청각적 또는 운동감각적 철자 전략을 가지고 있다는 것을 알게 되었다. 아이들에게 새로운 철자 학습 전략을 사용하기 시작한 지 일주일 만에 26명 중 19명이 100점, 2명이 90점, 2명이 80점을, 나머지 3명은 70점을 기록했다. 그는 행동에 큰 변화가 있었다고 말했다. "마치 마법처럼 문제점이 사라졌어요." 이제 이 정보를 교육위원회에 제출하여 같은 지역에 있는 모든 학교에 소개할 예정이라고 말했다.

교육에서 가장 큰 문제 중 하나는 교사가 학생들의 전략을 모른다는 사실이다. 교사들은 학생들의 머릿속에 있는 금고의 다이얼 번호를 모른다. 예를 들어, 그 번호는 왼쪽으로 2, 오른쪽으로 24인데, 교사들은 오른쪽으로 24, 왼쪽으로 2로 돌리려고 한다. 지금까지의 교육과정은 학생들이 어떻게 배워야 하는지가 아니라 무엇을 배워야 하는지에 초점이 맞춰져 있었다. 반면에 최적의 성과기법은 다양한 사람들이 학습하는 데 사용하는 특정 전략과 더불어 철자법과 같은 특정 주제를 학습하는 최고의 방법을 가르쳐준다.

알베르트 아인슈타인이 상대성 이론을 어떻게 발견했는지 알고 있는가? 그는 자신에게 결정적으로 도움을 준 것은 "광선빔의 끝에 앉아 있으면 사물이 어떻게 될까?"를 마음속에 그려보는 자신의 능력이라고 말했다. 똑같은 것을 마음으로 볼 수 없는 사람은 상대성 이론을 배우는 데 어려움을 겪을 것이다. 그래서 그가 가장 먼저 배운 것은 자신의 뇌를 가장 효과적으로 작동시키는 방법이었다. 이것이 바로 최적의 성과기법의 핵심이며, 우리가 원하는 결과를 가장 빠르고 쉽게 얻는 가장 효과적인 전략을 사용하는 방법을 가르쳐준다.

교육 분야에서 발견한 문제는 다른 모든 분야에서도 거의 똑같이 발견된다. 잘못된 도구나 잘못된 순서를 적용하면 잘못된 결과를 얻게 된다. 하지만 올바르게 사용하면 놀라운 결과를 얻을 수 있다. 모든 것에는 전략이 있다는 것을 명심하라. 세일즈맨이라면 고객의 구매 전략을 아는 것이 도움이 되지 않겠는가? 당연히 도움이 될 것이다. 자동차를 구매하려는 고객이 있다고 가정해보자. 그는 강한 운동감각을 지닌 사람인데, 자동차의 아름다운 색상을 보여주는 것부터 시작한다면? 나라면 그렇게 하지 않는다. 고객의 강한 감각을 이용하여 그를 사로잡을 것이다. 먼저 그를 운전대 앞에 앉혀 시트의 촉감을 느끼게 하고, 탁 트인 길을 달리면서 느끼는 감정에 빠져들게 할 것이다. 시각적인 성향의 사람이라면 색상과 선, 그 밖의 시각적 하위감각을 먼저 활용할 것이다.

만약 운동선수를 지도하는 코치라면 무엇이 선수들에게 동기를 부여하는지, 어떤 종류의 자극이 선수들을 가장 자원이 풍부한 상태로 만드는 데 효과적인지를 알면 도움이 될 것이다. 내가 육군 최고의 사수들에게 시도한 것처럼, 특정 과제를 가장 효율적인 구조로 분석하고 싶지 않은가? 당연히 그럴 것이라고 생각한다. DNA 분자를 형성하는 방법이나 다리를 건축하는 방법처럼 모든 과제에는 최적의 구조와 원하는 결과를 지속적으로 이끌어낼 수 있는 전략이 있다.

이렇게 말하는 사람도 있을 것이다. "글쎄, 독심술을 사용할 수 있으면 몰라도, 사람만 보고 그 사람의 연애 전략을 어떻게 알아. 그리고 처음 보는 사람과 단 몇 분 동안 대화하고 나서 어떤 자극을 준다고 하더라도 그 사람이 물건을 사고 싶은 마음이 드는지 어떤지는 도저히 알 수 없어." 그 이유는 무엇을 찾아야 할지, 어떻게 요청해야 할지 모르기 때문이다. 올바른 방식으로 충분한 확신과 헌신으로 구한다면, 이 세상의 거의 모든 것을 얻을 수 있다. 어떤 전략은 추구하는 데 큰 확신과 에너지가 필요하다. 실질적인 노력을 해야 얻을 수 있다. 그러나 상대의 전략을 알기는 어렵지 않다. 단 몇 분 만에 한 사람의 전략을 알아낼 수 있다. 이것은 다음 장에서 배우기로 한다.

8장

상대의 전략을 알아내는 방법

왕은 근엄하게 말했다.
"일단 시작했으면 끝까지 가라. 그러고 나서 멈춰라."
루이스 캐럴Lewis Carroll, 《이상한 나라의 앨리스Alices Adventures in Wonderland》

열쇠 수리공이 금고 문을 여는 모습을 본 적이 있는가? 마법을 부리는 것처럼 보였을 것이다. 그는 남들이 듣지 못하는 것을 듣고, 보지 못하는 것을 보고, 느끼지 못하는 것을 느끼면서 어떻게든 금고의 비밀번호를 알아내어 잠긴 문을 연다.

의사소통을 하는 것도 금고를 여는 것과 다를 바 없다. 의사소통의 달인이 되면 상대의 정신구조를 알아낼 수 있다. 우리도 열쇠 수리공처럼 다른 사람의 마음이나 자신의 마음이라는 금고의 비밀번호 조합을 찾아낼 수 있다. 그러기 위해서는 전에 보지 못한 것을 보고, 듣지 못한 것을 듣고, 느끼지 못한 것을 느껴야 하며, 전에는 하지 않았던 질문을 던져야 한다. 이러한 것들을 정확하고, 세심하게 한다면 어떤 상황에서도 상대의 전략을 이끌어낼 수 있다. 다른 사람들이 원하는 것을 정확하게 제공하는 방법을 배우고, 그들에게도 똑같이 하는 방법을 가르쳐줄 수 있다.

우리가 상대의 전략을 알아낼 수 있는 이유는 누구나 무의식중에 자신의 전략을 모두 털어놓기 때문이다. 사람들은 자신의 입과 몸을 통해 우리에게 말을 한다. 심지어 눈으로도 말할 수 있다. 지도나 책을 읽는 법을 배우는 것만큼이나 능숙하게 상대를 읽는 법을 배울 수 있다. 전략은 단순히 감각이 특정한 결과를 만들어내는 일정한 순서의 내적 표상(시각·청각·운동감각·후각·미각)이라는 점을 명심하라. 우리가 해야 할 일은 사람들이 자신의 전략을 경험하게 하고, 그들이 그 경험 세계로 들어가기 위해 구체적으로 무엇을 하는지 유심히 관찰하고 기록하는 것이다.

전략을 효과적으로 알아내기에 앞서, 우리가 찾아야 하는 것이 무엇인지, 어떤 것이 어느 순간에 사람의 신경체계를 이용하는지 말해주는 단서를 포착해야 한다. 또한 사람들이 발전시키는 몇 가지 공통적인 성향을 인식하고, 이를 사용하여 더 큰 친밀감과 결과를 만드는 것도 중요하다. 예를 들어, 사람들은 특정 신경체계(시각, 청각 또는 운동감각)를 다른 감각보다 더 많이 사용하는 경향이 있다. 어떤 사람은 오른손잡이고, 또 어떤 사람은 왼손잡이인 것처럼 자신의 특정 신경체계를 선호하여 사용한다.

그러나 누군가의 전략을 이끌어내기 전에 우리는 그 사람의 주된 내적 표상체계를 찾아야 한다. 시각 중심적인 사람들은 세상을 그림으로 보는 경향이 있다. 이들은 주로 뇌의 시각적 부분을 건드릴 때 최고의 감각을 느낀다. 머릿속에 떠오르는 그림을 따라가려고 하기 때문에 시각적인 사람들은 빨리 말하는 경향이 있다. 말을 정확히 어떻게 끄집어내는지 크게 신경 쓰지 않으며, 말을 그림으로 바꾸기에 급급하다. 이런 사람들은 시각적으로 비유하여 말하는 경향이 있다. 예컨대 사물이 어떻게 보이는지, 어떤 패턴이 나타나는지, 밝거나 어둡게 보이는지에 대해 자주 이야기한다.

더 청각적인 사람들은 사용하는 어휘 선택에 신중한 경향이 있다. 이들은 남들보다 더 낭랑한 목소리를 가지고 있으며, 느리고 리듬감 있게, 정확하게 말한다. 이런 사람들에게 말은 굉장히 중요하기 때문에 자신이 말할 때도 매우 신중하다. 이들에게서는 "내게는 그럴듯하게 들린다." "무슨 말인지 알겠다." 또는 "완벽하게 클릭!"과 같은 말을 자주 들을 수 있다.

운동감각이 뛰어난 사람들은 말을 아주 느리게 하는 경향이 있다. 이들은 주로 감정에 반응한다. 이런 사람들의 목소리 톤은 대체로 저음이며, 느긋하게 천천히 말한다. 또한 신체적인 것과 비교를 잘한다. 항상 '구체적'이라는 의미로 "꽉 잡아라."라고 말한다. 어떤 상황을 '무겁다' '열정적이다'와 같이 표현하며, 어떤 사물과 '접촉할' 필요가 있다고 말하기도 한다. 그들은 "나는 답을 찾기 위해 몸부림쳤지만 아직 답을 손에 넣지 못했어."와 같은 식으로 말한다.

누구나 이 세 가지 요소를 모두 가지고 있지만, 대개는 그중 지배적인 한 가지 요소를 주로 사용한다. 상대가 어떤 방식으로 결정하는지 그 전략을 이해하려면, 그 사람의 주된 내적 표상체계가 무엇인지 알아야 한다. 시각 지향적인 사람을 대할 때는 천천히 걷거나 깊게 심호흡을 하면서 느리게 말하면 안 된다. 상대가 너무나 답답해할 것이다. 말을 빨리함으로써 전하려는 메시지를 그의 정신 작동 방식에 맞추어야 한다.

사람들을 관찰하고 그들이 말하는 것을 듣기만 해도 그들이 어떤 표상체계를 사용하고 있는지 금방 알 수 있다. 그리고 NLP는 누군가의 마음속에서 무슨 일이 일어나고 있는지 훨씬 더 구체적인 지표도 제시한다.

눈은 마음의 창이라는 말이 옛날부터 있었다. 그러나 최근에 와서야 이 말이 어느 정도 사실이라는 것을 알게 되었다. 여기에 심리학적 신비로움은 없다. 단순히 상대의 눈을 보면서 관찰하기만 하면 시각, 청각 또는 운동감각 중 어떤 표상체계를 주로 사용하는지 알 수 있다.

자, 다음 질문에 답해보라. 열두 살이 되던 해 생일 케이크의 초는 무슨 색이었나? 잠시 기억을 되새겨보라. 이 질문에 대답할 때 90퍼센트의 사람이 눈을 위로 치켜뜨고, 왼쪽을 바라본다. 이것은 오른손잡이와 일부 왼손잡이가 시각적으로 기억된 이미지에 접근할 때의 눈동자 위치다. 또 다른 질문을 해본다. 수염이 있는 미키 마우스는 어떻게 보일까? 잠시 그 모습을 머릿속으로 그려보라. 이번에는 아마 눈동자가 오른쪽 위로 움직일 것이다. 그곳이 바로 머릿속으로 새로운 이미지를 만들 때 눈동자가 향하는 위치다. 그러므로 눈만 봐도 상대가 어떤 감각 시스템에 접근하고 있는지 알 수 있다. 눈을 보면 그 사람의 전략을 알 수 있다. 전략은 개인이 특정 작업을 수행할 수 있도록 하는 일련의 내부 표상이라는 점을 기억하라. 이와 같은 일련의 순서가 바로 그 사람이 사용하고 있는 '방법'을 말해준다. 다음 도표를 보면 시선 접근 단서Eye-Accessing Clues를 이해하고 인식할 수 있을 것이다.

상대와 계속 대화하면서 눈동자의 움직임을 관찰하라. 상대에게 이미지, 소리 또는 느낌을 기억할 수 있는 질문들을 해보라. 각 질문에 대해 상대의 눈동자가 어떤 방향으로 움직이는가? 아래 도표의 설명이 맞는지 확인해 보라.

구체적인 응답을 얻기 위해 몇 가지 유형의 질문을 한다.

보이는 반응	가능한 질문
시각적 기억	"지금 사는 집에는 창문이 몇 개 있는가?" "아침에 눈을 떴을 때 가장 먼저 보는 것은 무엇인가?" "열여섯 살 때 남자 친구/여자 친구는 어떻게 생겼는가?" "집에서 가장 어두운 방은?" "친구 중에서 머리가 가장 짧은 사람은 누구인가?" "처음 가졌던 자전거는 무슨 색깔이었

나?""지난번에 동물원에 갔을 때 본 동물 중 가장 작은 동물은?""당신의 첫 번째 교사의 머리카락은 무슨 색이었나?""침실의 색깔을 생각해보라."

시각적 구성

"당신의 눈이 3개라면 어떤 모습일까?""사자 머리에 토끼 꼬리, 독수리 날개를 가진 경찰관을 상상해보라.""지금 사는 도시의 스카이라인이 연기로 휩싸인 모습을 상상해보라.""금발 머리를 한 자신의 모습을 상상해보라."

청각적 기억

"오늘 당신이 가장 먼저 한 말은 무엇인가?""오늘 누군가가 당신에게 가장 먼저 한 말은 무엇인가?"" 어렸을 때 가장 좋아한 노래 중 하나의 제목을 말해보라.""당신은 어떤 자연의 소리를 가장 좋아하는가?"" 애국가에서 일곱 번째 단어는 무엇인가?""동요 '곰 세 마리'의 아홉 번째 단어는 무엇인가?" 동요 '옹달샘'을 불러보라.""고요한 여름날에 작은 폭포 소리를 마음속으로 들어보라.""마음속으로 가장 좋아하는 노래를 들어보라.""집에 있는 문 중 가장 세게 닫히는 문은?""자동차 문 닫는 소리와 트렁크 문 닫는 소리 중 어느 것이 더 부드럽게 들리는가?""지인 중에 목소리가 가장 좋은 사람은 누구인가?"

사람들은 내적 정보를 표현할 때 미세하지만 눈동자를 움직인다. 다음 그림은 일반적으로 구조화된 오른손잡이의 반응인데, 체계적인 패턴을 보인다. (참고: 왼손잡이의 경우는 이와 반대다.)

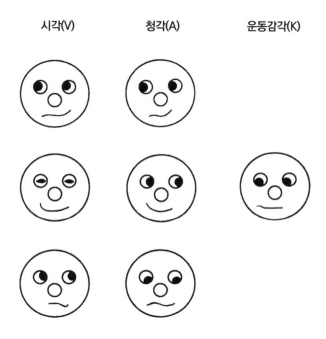

눈동자의 움직임으로 사람이 외부 세계를 내적으로 어떻게 표현하는지 알 수 있다. 외부 세계에 대한 개인의 내적 표상은 현실을 보는 그 사람의 '지도'이며, 각각의 지도는 나름의 특징이 있다.

청각적 구조	"토머스 제퍼슨, 에이브러햄 링컨, 존 F. 케네디에게 질문을 할 수 있다면 어떤 질문을 하겠는가?" "누군가가 핵전쟁 가능성을 없앨 방법을 묻는다면 무엇이라고 대답하겠는가?" "자동차 경적 소리가 플루트 소리로 바뀌는 것을 상상해보라."
청각적 내부 대화	"이 질문을 마음속으로 되뇌어보라. '지금 내 인생에서 가장 중요한 것은 무엇인가?'"
운동감각적 언어	"손에서 얼음이 녹는 느낌을 상상해보라." "오늘 아침에 침대에서 나왔을 때 기분이 어땠나?" "나무토막이 실크로 바뀌는 느낌을 상상해보라." "지난번에 바닷물에 발을 담갔을 때 추웠는가?" "집에 있는 담요 중 어떤 것이 가장 부드러운가?" "멋진 욕조에 몸을 담그고 있다고 상상해보라." "손으로 거친 나무껍질 위를 더듬다가 부드럽고 차가운 이끼 위를 쓰다듬으면 어떤 느낌일지 생각해보라."

예를 들어, 눈동자가 왼쪽으로 올라가면 그 사람은 기억 속에서 어떤 장면을 떠올리고 있는 것이다. 눈동자가 왼쪽 귀를 향하면 기억 속에서 무언가를 듣고 있는 것이다. 눈동자가 오른쪽으로 내려가면 내적 표상체계 중에서 운동감각적 기억에 접근하고 있는 것이다.

어떤 것을 기억하기가 어렵다면, 아마 눈동자를 필요한 정보에 확실히 접근할 수 있는 위치에 두지 않았기 때문일 것이다. 며칠 전에 본 것을 기억하려고 할 때, 오른쪽을 내려다보면 그 이미지를 떠올리는 데 도움이 되지 않는다. 그러나 왼쪽 위를 보면 정보를 빠르게 기억할 수 있다는 것을 알 수 있다. 뇌에 저장된 정보를 어디에서 찾아야 하는지 알게 되면 빠르고 쉽게

시선 접근 단서*

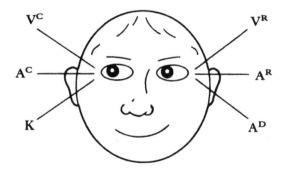

| **VR 시각적 기억** | 이전에 본 적 있는 이미지를 그때 방식 그대로 본다. |
| **과정 유도 질문** | "어머니의 머리는 어떤 모습이었나?" "지난 겨울 입었던 코트는 어떻게 생겼는가?" |

* 존 그라인더와 리처드 밴들러 공저, 《트랜스 형성: 신경언어 프로그래밍과 최면의 구조Trance-formations: Neuro-Linguistic Programming and the Structure of Hypnosis》에서 발췌했다. ©1981 Real People Press에서 재인쇄 허가를 받았다.

V^C 시각적 구성	이전에 본 적 없는 이미지를 보거나 이전에 보았던 것과 다르게 본다.
과정 유도 질문	"보라색 반점이 있는 주황색 하마는 어떻게 생겼을까?" "방 반대편에서 보면 내 모습은 어떻게 보일까?"

A^R 청각적 기억	이전에 들은 소리를 기억한다.
과정 유도 질문	"내가 마지막으로 무슨 말을 했나?" "내 알람 시계 소리는 어떤가?"

A^C 시각적 구성	이전에는 들어본 적 없는 단어를 듣는다. 소리나 말을 새로운 방식으로 결합한다.
과정 유도 질문	"지금 새가 지저귀는 소리를 만든다면 어떻게 들릴까?" "전기 기타로 내는 사이렌 소리를 상상해 보라."

A^D 청각적 내부 언어	자신에게 말한다.
과정 유도 질문	"평소에 자신에게 자주 하는 말은 무엇인가?" "국기에 대한 맹세를 낭독해보라."

K 운동감각	감정, 촉각 또는 자기수용적감각(근육의 움직임)을 느낀다.
과정 유도 질문	"행복하다는 것은 어떤 느낌인가?" "솔방울을 만지면 어떤 느낌이 드는가?" "달리면 기분이 어떤가?"

찾을 수 있다. (5~10퍼센트의 사람이 이러한 접근 단서의 방향이 반대다. 접근 단서가 반대인 왼손잡이 또는 양손잡이를 보면 확실히 알 수 있다.)

생리체계를 보면서도 현재 상태가 어떤지에 대한 단서를 찾을 수 있다. 어떤 사람이 가슴으로 크게 숨을 쉰다면 시각적으로 생각한다는 것을 의미한다. 횡격막이나 가슴 전체로 고르게 호흡하는 사람은 청각 상태에 있다. 아랫배까지 낮게 호흡하는 사람은 운동감각적으로 접근하고 있음을 말해준다. 이 세 사람의 호흡을 관찰하고, 호흡하는 위치와 빠르기에 주목하라.

또한 목소리를 들어봐도 내적 상태를 알 수 있다. 시각 중심적인 사람은 말을 빨리 하고, 일반적으로 고음, 비음 또는 긴장된 톤으로 말한다. 낮고 굵은 톤과 느린 말투는 대체로 운동감각적 성향을 가진 사람에게서 나타난다. 고른 리듬감과 확실하고 낭랑한 음조는 청각적으로 접근한다는 것을 말해준다. 피부 색깔을 통해서도 현재의 상태를 알 수 있다. 시각적으로 생각하면 얼굴빛이 창백해지는 경향이 있다. 홍조를 띤 얼굴은 운동감각적으로 접근하고 있다는 것을 말해준다. 머리가 위로 향하면 시각적 상태에 있는 것이다. 머리가 똑바로 있거나 (뭔가를 듣는 것처럼) 약간 기울어져 있으면 청각적인 상태다. 고개를 숙이거나 목 근육이 풀어져 있으면 운동감각적 상태에 있다.

따라서 아주 짧은 의사소통만으로도 상대의 마음이 어떻게 움직이는지, 어떤 종류의 메시지를 사용하고 반응하는지에 대한 단서를 얻을 수 있다. 전략을 알아내는 가장 간단한 방법은 그에 맞는 질문을 직접 해보는 것이다. 물건을 사고파는 것, 동기를 부여받는 것, 사랑에 빠지는 것, 사람들의 호감을 받는 것, 창의력을 키우는 것 등에는 전략이 있다는 사실을 잊지 마라. 이 전략 중 몇 가지를 여러분과 함께 실습해보고자 한다. 가장 좋은 학습 방법은 관찰하는 것이 아니라 직접 실행해보는 것이다. 가능하면 다른 사람과 함께 해보기 바란다.

상대의 전략을 효과적으로 알아내는 열쇠는 그를 완전히 '연계된 내적 상태Associated State'에 있도록 하는 것이다. 이 상태에서 그는 자신의 전략이 무엇인지 정확하게 말할 수밖에 없다. 언어가 아닌 비언어적인 눈동자의 움직임이나 신체 변화 등으로 말한다. 내적 상태는 전략과 연결되어 있는 핫라인이다. 무의식의 회로를 여는 스위치다. 완전히 연계된 상태에 있지 않을 때 전략을 이끌어내려고 하는 것은 전원이 연결되지 않은 토스터로 빵을 굽는 것과 같다. 배터리 없이 자동차의 시동을 거는 것과 다를 바 없다. 지적인 토론은 필요 없다. 우리는 사람들이 어떤 내적 상태와 그 상태를 유발하는 구조를 다시 경험하기를 바랄 뿐이다.

다시 말하지만, 전략을 일종의 레시피라고 생각하라. 세상에서 가장 멋진 케이크를 만드는 요리사를 만났을 때, 그가 케이크를 어떻게 만들었는지 정확히 설명하지 못한다면 실망할 수도 있다. 그 요리사는 무의식적으로 케이크를 만드는 사람이다. 재료의 양을 물으면 이렇게 대답할 수도 있다. "정확히는 모르겠지만, 이것저것 조금씩 넣었어요." 그럴 때는 그에게 설명해달라고 하지 말고 보여달라고 해야 한다. 주방으로 가서 직접 케이크 굽는 시범을 보여달라고 하라. 우리는 그가 케이크를 만드는 과정을 일일이 메모하고, 재료를 넣기 전에 그 양을 정확히 측정해야 한다. 전체 과정을 지켜보면서 재료와 양, 순서를 기록하면 우리는 나중에 그 요리사처럼 맛있는 케이크를 만들 수 있는 레시피를 가지게 된다.

전략을 알아내는 것도 마찬가지다. 우선 요리사가 주방에서 특정한 내적 상태를 경험하던 때로 돌아간 다음, 요리사를 그 내적 상태에 빠지게 한 첫 번째 원인이 무엇인지 알아내야 한다. 그것은 요리사가 본 것일까, 들은 것일까? 아니면 무언가나 누군가와 접촉한 것일까? 그가 무슨 일이 일어났는지를 말하게 한 후 그를 지켜보면서 "그 상태로 만든 바로 다음 원인은 무엇인가요? 그건 ……였나요?"라고 묻는다. 우리가 원하는 내적 상태로 돌입할 때까지 계속 질문한다.

어떤 전략이든 이와 같은 패턴을 따라 하면 쉽게 알아낼 수 있다. 그가 어떤 일에 의욕이 생기거나, 사랑을 느끼거나, 창의적이라고 느낀 특정한 때, 또는 우리가 알아내고 싶은 어떤 구체적인 때를 기억나게 함으로써 그를 당시의 내적 상태로 들어가게 해야 한다. 그런 다음 그가 보고, 듣고, 느낀 것의 구조에 대해 간결하고, 명확한 질문을 하여 전략을 재구성하도록 한다. 끝으로, 구조를 파악하고 나면 전략의 하위감각 양식을 알아낸다. 그 사람을 그와 같은 내적 상태로 만든 구체적인 장면, 소리, 느낌이 무엇인지 찾아보라. 이미지의 크기였나, 아니면 목소리 톤이었나?

상대의 동기부여 전략을 알아내려면 이 기법을 사용해보라. 첫째로, 상대를 협조적인 내적 상태로 만들어라. "어떤 일을 아주 의욕적으로 하고 싶었던 때를 기억하나요?"라고 질문한다. 그 사람의 목소리와 몸짓 언어가 명확하고, 확고하며, 믿을 수 있는지를 살피면서 전하고자 하는 메시지를 전달하고 있는지 확인한다. 그가 자신의 전략 순서를 전부 인식하지는 못한다는 사실을 명심하라. 한동안 그가 해온 행동이었다면 빠르게 지나칠 것이다. 그의 행동을 단계별로 알기 위해서는 천천히 표현해달라고 요청하고, 그가 하는 말이나 그의 눈동자, 몸짓을 유심히 살펴봐야 한다.

누군가에게 "어떤 일에 아주 의욕적이었던 때를 기억하나요?"라고 질문했을 때, 그가 "예?"라고 놀라움이 섞인 대답을 한다면 그건 어떤 의미일까? 그가 아직 우리가 원하는 내적 상태에 있지 않다는 뜻이다. 때로는 "예."라고 대답하고 고개를 가로젓는 사람도 있다. 그 역시 아니다. 아직 경험과 연계되어 있지 않은 것이다. 그래서 상대가 그 내적 상태에 빠져 구체

전략 알아내기

당신은 완전히 _____했을 때를 기억하나요?

그때가 언제인지 구체적으로 기억할 수 있나요?

그때로 돌아가서 _____를 다시 경험해보세요. (그 상태로 들어가게 한다.)

그때를 기억하면서, _____(그 상태에 머물게 한다.)

A. 당신에게 가장 처음 _____하게 한 것은 무엇인가요?

   무엇을 보았나요?

   무엇을 들었나요?

   무엇 또는 누구와 접촉했나요?

 당신을 처음으로 완전히 _____하게 만든 것은 무엇인가요?

 당신이 보거나 듣거나 또는 접촉한 다음 곧바로 당신을 완전히 _____
 하게 만든 것은 무엇이었나요?

B. 당신은……

   머릿속에 그림을 그렸나요?

   자신에게 어떤 말을 했나요?

   어떤 느낌이나 감정이 있었나요?

 당신을 _____로 만든 바로 다음 것은 무엇인가요?

 당신이 A와 B를 하고 난 후(무언가를 보고 자신에게 무언가를 말하는 등),

 당신을 완전히 _____하게 만든 바로 그다음 것은 무엇이었나요?

C. 당신은……

   머릿속에 그림을 그렸나요?

자신에게 어떤 말을 했나요?

어떤 느낌이나 감정이 있었나요?

아니면 다른 일이 일어났나요?

당신을 _____로 만든 그다음 것은 무엇인가요?

이 시점에서 그가 매우 _____가 되었는지 물어보라. (마음 끌림, 동기부여 등)

대답이 "예."라면 전략 알아내기에 성공한 것이다. 대답이 "아니오."인 경우 내적 상태와 일치할 때까지 계속해서 전략 구조를 찾는다.

다음 단계는 그의 전략에서 각 내적 표상의 구체적인 하위감각 양식을 이끌어내는 것이다.

전략의 첫 번째 단계가 시각적인 경우 다음과 같이 질문한다.

당신이 본 것은 어땠나요? (외적 시각)

그러고 나서, 다음과 같이 질문한다.

당신이 본 것에 대해 구체적으로 어떤 점이 당신에게 동기를 부여했나요?

"그것의 크기는 어땠나요?"

"그것의 밝기는 어땠나요?"

"그것은 동영상이었나요, 정지 화면이었나요?"

전략의 모든 하위감각 양식을 알아낼 때까지 이 과정을 계속한다. 그런 다음 같은 구조와 같은 주요 하위감각 양식의 단어를 사용하여 그 사람이 동기가 부여되기를 원하는 것에 대해 이야기한다. 그러고 나서 그 사람의 내적 상태에서 만들어낸 결과를 보고 성공 여부를 판단하라.

적이고 확실한 경험을 하도록 해야 한다. 그러기 위해서는 "의욕이 넘치는 상태에서 어떤 일을 했거나 정말 그 일을 하고 싶었던 때를 구체적으로 기억하나요? 그때로 돌아가서 당시의 경험 속으로 들어갈 수 있나요?"라고 질문해야 한다. 항상 그렇게 해야 한다.

그를 연계된 상태로 만들려면, "그때를 돌이켜볼 때, 언제 처음으로 동기를 부여받게 되었나요? 어떤 것을 보았을 때인가요, 들었을 때인가요, 아니면 무언가 또는 누군가와 접촉했을 때인가요?"라고 묻는다. 감명 깊은 강연을 듣고 즉시 무언가를 하고 싶은 동기가 생겼다면, 그의 동기 유발 전략은 외적 청각(Ae)에서 시작된 것이다. 그에게 무언가를 보여주거나 신체적으로 무언가를 하게 함으로써 동기를 부여할 수는 없을 것이다. 그는 말과 소리에 가장 잘 반응하기 때문이다.

이제 우리는 그의 관심을 끄는 방법을 알게 되었다. 그러나 이것이 전략의 전부는 아니다. 사람들은 외적으로뿐만 아니라 내적으로도 반응한다. 따라서 그의 내적 전략을 찾아야 한다. 다음으로, "강연을 들은 후 곧바로 무언가를 하고자 하는 동기를 부여한 것은 무엇인가요? 머릿속에서 무엇을 그렸나요? 자신에게 무슨 말을 했나요, 아니면 어떤 느낌이나 감정을 갖게 되었나요?"라고 묻는다.

만약 그가 머릿속에서 어떤 그림을 그리게 되었다고 말한다면, 그의 두 번째 전략은 내적 시각(Vi)이다. 그는 동기를 부여하는 무언가를 들은 후 곧바로 더 많이 동기가 부여되는 그림을 머릿속에 그린다. 그가 하고 싶은 일에 집중하는 데 도움이 되는 것은 그림일 가능성이 크다.

아직도 그의 전략을 다 알아내지 못했다면 계속해서 질문해야 한다. "어떤 것을 듣고 나서 머릿속에서 그 그림을 그려본 후 완전히 동기가 부여되었다면, 그것은 무엇인가요? 자신에게 어떤 말을 했나요? 내부에서 뭔가를 느꼈나요, 아니면 다른 무슨 일이 일어났나요?"와 같이 물어본다. 그 시점에서 그가 완전히 동기가 부여되었다는 느낌을 받았다면 그는 자신의 전략을 완성한 것이다. 그를 동기부여시키는 내적 상태를 만든 것은 Ae-Vi-Ki라는 일련의 내적 표상이다. 그는 무언가를 들었고, 머릿속으로 어떤 그림을 그려보았고, 동기가 부여되는 것을 느꼈다. 원하는 내적 상태에 도달할 때까지 10개 또는 15개의 서로 다른 표상 순서를 포함한 전략이 있는 사람도 일부 있지만, 대부분의 사람들은 완료되기 전까지 외적 자극과 두세 가지 내적 자극이 필요하다.

전략 구조를 알고 난 다음에는 하위감각 양식을 찾아야 한다. 이번에는 "동기를 부여한 것은 무엇이었나요? 그 사람의 목소리 톤이었나요 아니면 그 사람이 한 말 자체, 또는 목소리의 속도감이나 리듬감이었나요? 그때 머릿속에 어떤 그림을 그렸나요? 크고 밝았나요?"와 같은 질문을 한다. 그러면 그가 동기를 부여하기를 원하는 일에 같은 어조로 그에게 말함으로써 반응을 확인할 수 있다. 그리고 나서 그가 머릿속에 그리는 것과 그것이 만들어내는 것을 그에게 말해줄 수 있다. 이 과정을 정확하게 진행하면, 그 사람이 바로 눈앞에서 의욕에 찬 내적 상태로 바뀌는 것을 보게 될 것이다. 이 전략 구조의 중요성이 의심된다면 순서를 약간 바꿔보라. 그런 다음 그에게 어떤 느낌인지, 자신에게 무슨 말을 할 것인지 말해보라고 했을 때, 무관심한 반응을 보이거나 아무런 변화가 없다면 좋은 재료를 잘못된 순서로 요리한 것이다.

한 사람의 전략을 이끌어내는 데는 시간이 얼마나 걸릴까? 우리가 알고자 하는 행동이 얼마나 복잡한지에 따라 다르다. 어떤 때는 우리가 원하는 것을 하도록 동기부여가 될 정도의 구조를 알아내는 데는 1~2분밖에 걸리지 않는다.

우리가 육상 코치라고 가정해보자. 한 선수를 뛰어난 장거리 주자가 되도록 동기부여를 하려고 한다. 그 선수는 어느 정도의 재능과 관심은 있지만 뛰어난 선수가 되고 싶다는 간절함이나 동기는 없다. 무엇부터 시작하는 것이 좋을까? 최고의 선수들이 달리는 모습을 지켜보게 하는 것은 어떨까? 아니면 육상 트랙부터 보여주는 것이 좋을까? 코치가 얼마나 의욕에 차 있는지를 보여주기 위해 말을 빨리 하면 그에게 활력이 생길까? 아니다. 이 방법들은 모두 시각 중심의 전략을 가진 사람에게만 효과가 있다. 선수의 몸은 더욱 굳어버릴 것이다.

그 대신, 청각적 자극과 연결하여 이 선수를 움직여야 한다. 시각적인 사람을 대하듯 시속 100킬로미터 속도로 빠르게 달리듯 말하면 안 되고, 너무 느리고 처진 듯이 말해서도 안 된다. 잘 조절되고, 안정적이고, 분명하고, 낭랑한 목소리로 말하는 것이 좋다. 그에 대한 동기부여 전략을 촉발한 것과 똑같은 목소리 톤과 빠르기의 하위감각 양식으로 말해야 한다. 이렇게 말하는 것이 좋다. "우리의 육상 훈련 프로그램이 얼마나 성공적이었는지 많이 들어봤을 거야. 현재 우리 학교의 큰 자랑거리지. 올해 많은 사람들이 훈련 모습을 보러 왔어. 관중의 함성이 정말 엄청났어. 응원 소리를 들으면 선수들에게 엄청난 힘이 생겨서 놀랄 만큼 대단한 능력을 발휘하게 된다고 들었어. 불가능하다고 생각한 기록을 깨고 신기록을 세우는 거지. 그리고 결승선에 도달했을 때 들리는 함성 또한 대단해. 내가 지금까지 코치 생활을 하면서 그렇게 큰 함성은 들어본 적이 없어." 지금 우리는 이 선수의 언어로 말하고 있다. 그 선수와 같은 내적 표상체계를 이용하는 것이다. 그에게 몇 시간 동안 경기장을 둘러보라고 하면 그 선수는 별 느낌 없이 고개만 끄덕일 것이다. 하지만 그가 결승선을 통과할 때 관중의 함성을 듣게 한다면 의욕이 생길 것이다.

이것은 그 선수를 원하는 방향으로 이끄는 첫 번째 전략 구조에 불과하다. 이것 하나로 그에게 완전한 동기를 부여하기는 힘들다. 내부 과정의 순서도 같이 정리해야 한다. 그가 보이는 반응에 따라 청각 신호를 이렇게 바꿀 수 있다. "사람들의 함성을 들으며 생애 최고의 경기를 하는 네 모습을 그려볼 수 있을 거야. 그렇게 되면 네 생애 최고 경주에 참가하고 싶은 느낌이 들게 될 것이고, 생애 최고의 경주에 참여하고 싶은 욕구가 생길 거야."

회사를 경영하는 사람에게는 직원들에게 동기를 부여하는 것이 가장 큰 관심사일 것이다. 그렇지 않으면 아마도 회사를 오랫동안 유지하지 못할 것이다. 그러나 동기부여 전략을 알면 알수록 제대로 동기를 부여하는 것이 얼마나 어려운지를 더 많이 느끼게 된다. 직원마다 각각 다르게 동기가 부여된다면 모든 직원을 동시에 만족시키는 하나의 내적 표상을 찾기 어렵다. 단순히 자신만의 전략을 실행한다면 같은 유형의 사람들에게만 동기부여가 될 뿐이다. 세상에서 가장 설득력 있고 잘 짜인 방식의 동기부여 강의를 해도 상대의 구체적인 전략을 모르면 아무 소용이 없다.

이럴 때는 어떻게 해야 할까? 우선, 전략을 이해하면 두 가지 명확한 아이디어가 생긴다. 첫째, 그룹을 대상으로 하는 동기부여 기법에는 시각적·청각적·운동감각적 등 모든 사람을 위한 것이 있어야 한다. 뭔가를 보여주고, 들려주고, 느끼게 해야 한다. 그리고 세 가지 유형을 모두 연결할 수 있도록 하기 위해서는 목소리와 억양까지 다양하게 바꿀 줄 알아야 한다.

둘째, 각자가 독립적으로 일하는 것만큼 중요한 것은 없다. 우리는 모든 사람에게 어떤 일을 함께 일할 수 있다는 일반적인 단서를 제공할 수 있다. 그러나 다양한 사람들이 사용하는 모든 전략을 알기 위해서는 결국 개개인의 전략을 도출하는 것이 가장 이상적이다.

지금까지 살펴본 것은 누군가의 전략을 이끌어내는 기본적인 공식이다.

이를 효과적으로 사용하려면 전략의 각 단계를 더 상세히 알아볼 필요가 있다. 기본 패턴 위에 하위감각 양식을 더해야 한다.

예를 들어, 어떤 사람이 구매 전략을 시각적인 것으로 시작하려고 한다면, 그의 시선을 사로잡을 수 있는 것은 무엇일까? 밝은 색? 큰 화면? 그가 특정 패턴이나 대담하고 화려한 디자인을 보면 마음이 끌릴까? 청각 중심적인 사람이라면 섹시한 목소리에 끌릴까, 아니면 강렬한 목소리에 끌릴까? 그는 시끌벅적한 소리를 좋아할까, 아니면 미세하게 잔잔히 울리는 소리를 좋아할까? 상대의 주된 하위감각을 알아야 제대로 시작할 수 있다. 정확하고 확실하게 버튼을 누르기 위해서는 많은 것을 알아야 한다.

성공적인 판매를 위해서는 전략을 이해하는 것이 절대적으로 중요하다. 이것을 본능적으로 아는 판매원이 있다. 그는 잠재 고객을 만나면 즉시 '친밀한 관계'를 발전시키고, 고객의 의사 결정 전략을 알아낸다. 그들은 이렇게 시작할 수도 있다. "선생님께서 저희 경쟁사의 복사기를 사용하고 있다는 것을 알고 있습니다. 궁금한 점이 있는데요. 그 기계를 구매하시게 된 가장 큰 이유는 무엇인가요? 그 제품을 이전에 보셨거나 관련 정보를 읽어보신 적이 있나요? 아니면, 누군가가 선생님께 그 복사기에 대해 이야기해 주었습니까? 혹시 그 회사의 영업사원이나 제품에 대해 좋은 인상을 받으셨나요?" 이런 질문들이 약간 이상하게 들릴지 모르지만 이미 친밀감을 쌓은 판매원은 "선생님이 필요한 것을 채워드리고 싶어서 말씀드리는 겁니다."라고 말할 수 있다. 이 질문에 대한 답을 듣게 될 때 그는 자신의 제품을 가장 효과적인 방법으로 설명할 수 있는 매우 귀중한 정보를 얻게 되는 것이다.

고객은 매우 구체적인 구매 전략을 가지고 있다. 나 역시 마찬가지다. 쇼핑을 하다보면 잘못된 방식으로 판매하는 경우가 너무나도 많다. 판매원들은 내가 원하지도 않는 물건을, 내가 듣고 싶지 않은 말을 하면서 판매하려고 한다. 효과적으로 판매하기 위해서는 고객이 좋아하는 물건을 구입했던 때로 고객을 되돌아가게 해야 한다. 무엇이 고객으로 하여금 구매하도록 만들었는지를 알아내야 한다. 구매하기로 결정한 원인을 찾아야 한다. 주된 요인과 하위감각 양식은 무엇일까? 전략을 이끌어내는 방법을 아는 판매원은 고객의 욕구를 정확히 알고 있다. 실질적으로 고객의 필요를 만족시키고, 고객과 오랫동안 좋은 관계를 유지할 수 있는 힘이 있는 것이다. 고객의 마음을 사로잡는 데는 며칠 또는 몇 주가 걸릴 수가 있지만, 상대의 전략을 알면 순식간에 해낼 수 있다.

과식과 같은 제한 전략은 어떨까? 나는 과거에 체중이 120킬로그램이었다. 어떻게 몸을 이 지경까지 만들었을까? 간단하다. 폭식 또는 과식하는 전략을 개발했기 때문이다. 그 전략이 나를 지배한 것이다. 배고프지 않아도 잠시 후에 배고플 때를 떠올리면서 내 전략이 무엇인지 찾아냈다.

그 시절로 돌아가서 내가 왜 먹고 싶은 기분이 들었는지 나 자신에게 물었다. 본 것이나 들은 것 때문에? 아니면 무언가나 누군가와 접촉했기 때문에? 나는 눈으로 어떤 것을 보았기 때문이라는 사실을 알게 되었다. 운전을 하다가 갑자기 어떤 패스트푸드 체인점 간판을 봤는데, 그때 내가 가장 좋아하는 음식을 머릿속에 떠올리고 "그래, 나는 배가 고파."라고 자신에게 말했다. 이것이 배고픔을 느끼게 했고, 나는 식사를 주문하기 위해 차를 멈춘 것이다. 이 전략을 촉발한 음식점 간판을 보기 전까지 나는 배가 고프지 않았을 수도 있다. 하물며 그런 간판은 곳곳에서 볼 수 있다. 또 다른 경우에, 만약 어떤 사람이 "뭘 좀 먹지 않을래요?"라고 묻는다면, 나는 배가 고프지 않아도 머릿속으로 특정 음식을 먹는 상상을 하기 시작한다. 그런 다음 자신에게 "그래, 넌 배고파."라고 말하면서 배고픈 느낌이 들게 하고, "밥 먹으러 가자."라고 말할 것이다. 물론 TV나 유튜브 광고에서 계속 음식을 보여주면서 "지금 배고프지 않으세요?"라고 물으면, 나의 뇌는 머릿속에서 음식을 상상하고 반응하면서 속으로 "그래, 배고파."라고 말한다. 그렇게 되면 가까운 식당으로 가게 되는 것이다.

결국 나는 전략을 변경하고 행동을 바꿨다. 음식점 간판을 보고 거울 속 뚱뚱하고 못생긴 몸매를 바라보는 내 모습을 상상하면서 "역겨워 보여. 이 음식은 먹지 않겠어."라고 말했다. 그런 다음 운동을 하고 건강해진 내 몸을 그려보고, 나 자신에게 "잘했어! 멋져 보여."라고 말함으로써 운동을 하고 싶은 욕구를 불러일으켰다. 이 모든 것을 반복해서 연결했다. 간판을 보고, 뚱뚱한 내 모습을 상상했으며 마치 '휘익 기법'을 사용하듯 내적 의사소통을 반복했다. 음식점 간판을 보거나 "함께 점심 먹으러 갈까요?"라는 말을 들었을 때, 새로운 전략이 작동될 때까지 내적 의사소통을 반복했다. 그 새로운 전략이 만들어낸 결과가 지금의 내 몸이고, 지금까지 나를 지탱해주는 식습관이다. 우리는 전략을 바꿀 수 있다. 지금 당장 시도해보라!

상대의 전략을 알게 되면, 내적으로 사랑받고 있다고 느꼈을 때와 같은 자극을 유발하여 정말로 사랑받는 느낌을 받게 할 수 있다. 또한 우리는 자신의 사랑 전략이 무엇인지도 알 수 있다. 사랑 전략은 한 가지 중요한 측면에서 다른 전략과 다르다. 3개 또는 4개의 단계가 아닌, 일반적으로 하나의 단계만으로도 충분하다. 상대가 완전히 사랑받고 있다고 느끼게 하는 한 번의 접촉, 한 번의 말, 한 번의 시선이다.

그렇다면 모든 사람이 사랑받고 있다는 느낌을 들게 하는 전략이 한 가지뿐이라는 말일까? 물론 아니다. 나는 이 세 가지를 모두 느끼기를 원하고, 여러분도 그럴 것이라고 확신한다. 누군가가 올바른 방식으로 나와 스킨십을 하고, 사랑한다고 말해주고, 사랑한다는 것을 보여주기를 바란다. 그러나 단 하나의 감각이 전체를 지배하듯, 즉시 사랑을 표현하는 한 가지 방법이 우리의 자물쇠를 풀고 완전히 사랑받는 느낌을 준다.

다른 사람의 사랑 전략을 어떻게 알아낼 수 있을까? 우리는 이미 그 방법

사랑 전략 알아내기

완전히 사랑받는다고 느꼈던 때를 기억하나요?

구체적으로 언제인지 기억하나요?

그때로 돌아가서 다시 경험하면서 ＿＿＿(그를 그 내적 상태로 들어가게 한다.)

V: 이 깊은 감정을 느끼도록 하기 위해 상대가 당신을 ＿＿＿함으로써 깊이 사랑한다는 것을 보여주는 것이 꼭 필요한가요?

　　어떤 장소로 데려가기

　　어떤 물건 사주기

　　어떤 특별한 방식으로 바라보기

완전히 사랑받고 있다고 느끼기 위해 상대가 이런 식으로 당신을 사랑한다는 것을 보여주는 것이 꼭 필요한가요? (신체적 반응으로 판단한다.)

A: 이 깊은 사랑의 감정을 느끼려면 상대가 특정한 방식으로 사랑한다고 말하는 것이 꼭 필요한가요? (신체적 반응으로 판단한다.)

K: 이 깊은 사랑의 감정을 느끼려면 상대가 특정한 방식으로 스킨십을 하는 것이 꼭 필요한가요? (신체적 반응으로 판단한다.)

이제 하위감각 양식을 이끌어낸다. 구체적으로 어떻게 해야 할까? 보여주고, 말해주고, 전략 내부와 외부 모두에서 시험해본다. 그리고 적절한 생리적 반응으로 판단해보라.

을 알고 있다. 가장 먼저 무엇을 해야 할까? 누군가의 전략을 도출할 때마다 가장 먼저 해야 할 일이 무엇일까? 그 사람을 우리가 이끌어내고자 하는 전략의 상태에 놓이게 하는 것이다. 내적 상태는 회로를 작동시키는 전원이라는 사실을 기억하라. 다른 사람에게도 "완전히 사랑받고 있다고 느꼈던 때를 기억하나요?"라고 질문한다. 그리고 올바른 내적 상태에 있는지 확인하기 위해 "완전히 사랑받는다고 느꼈던 때를 구체적으로 기억하나요? 그때로 돌아가서, 기분이 어땠는지 기억을 떠올려보세요. 지금 그 느낌을 다시 몸으로 경험하세요."라고 말한다.

그리고 그 사람을 우리가 원하는 내적 상태에 들어가게 한다. 다음으로 그의 전략을 알아내야 한다. 이번에는 이렇게 질문한다. "그때를 기억하고 누군가에게 사랑의 감정을 깊이 느꼈을 때, 그 사람이 물건을 사주거나 멋진 곳으로 데려가거나 특별한 눈길을 보내는 것과 같은 방법으로 사랑을 표현하는 것이 꼭 필요한가요?" 이 질문의 대답을 주의 깊게 듣고, 이 대답이 그의 생각과 일치하는지를 확인한다. 그런 다음, 그 사람을 그 내적 상태로 들어가게 하고 "완전히 사랑받고 있다고 느끼려면 그 사람이 반드시 자신의 사랑을 어떤 특별한 방식으로 표현해야 하나요?"라고 질문한다. 언어적 응답과 비언어적 응답이 일치하는지 판단하라. 그리고 마지막으로 "완전하게 사랑받는 기분은 어떤지 기억해보세요. 그 깊은 사랑의 감정을 느끼려면 상대가 어떤 방식으로 스킨십을 해야 완전히 사랑받고 있다는 느낌이 드나요?"라고 묻는다.

이처럼 상대에게서 깊은 사랑의 감정을 일으키는 주된 요소를 발견하고 나면 구체적인 하위감각 양식을 찾아야 한다. 예를 들어, "정말 사랑받고 있다는 느낌을 받으려면 누군가가 구체적으로 당신과 어떻게 스킨십을 해야 할까요?"라고 질문한다. 그리고 그가 실제로 해보도록 한다. 그런 다음 시험해본다. 똑같은 방식으로 스킨십을 한다. 정확하게 따라 하면 그의 내적 상태가 즉시 변화하는 것을 볼 수 있다.

나는 매주 세미나를 할 때마다 이 방식을 시도하는데, 한 번도 실패한 적이 없다. 누구나 젤리를 녹일 듯한 특정한 표정, 자신의 머리를 매만지는 방식 그리고 "당신을 사랑해."라고 말할 때의 특정한 목소리 톤을 가지고 있다. 우리 대부분이 예전에는 이것이 무엇인지 잘 몰랐다. 그러나 이제 우리는 완전히 사랑받고 있다는 느낌을 받게 하는 내적 상태 한 가지를 생각해낼 수 있다.

세미나에 참석한 사람들이 내가 누군지 모른다고 해도 상관없고, 세미나실에서 서로 모르는 사람들끼리 있어도 관계없다. 내가 그들의 사랑 전략을 알아내서 그들에게 맞는 방식으로 행동하거나 쳐다보면 그들은 그냥 녹아버릴 것이다. 뇌가 완전히 사랑받고 있다는 느낌을 만들어내는 정확한 신호를 받기 때문에 이들에게는 선택의 여지가 거의 없다.

처음에는 하나가 아닌 두 개의 사랑 전략을 떠올리는 사람들도 간혹 있다. 그들은 어떤 스킨십을 하고, 듣고 싶은 말까지 함께 생각한다. 그들을 적절한 내적 상태에 있게 하고, 이 두 전략의 차이점을 알아내야 한다. 만질 수는 있지만 소리는 들리지 않는 상태에서도 완전히 사랑받는 느낌이 드는지 물어보라. 아니면 만질 수는 없지만 소리만 있는 내적 상태에 있을 때 완전히 사랑받고 있다는 느낌이 드는지 물어보라. 올바른 내적 상태를 유지하고 있으면 실패 없이 명확하게 구별할 수 있을 것이다. 명심하라. 우리는 세 가지, 즉 보고, 듣고, 스킨십하는 것을 모두 필요로 한다. 그러나 마법처럼 금고의 문을 여는 방법은 한 가지다.

배우자와 자녀의 사랑 전략을 알면 이들과의 관계 발전에 크게 도움이 될 것이다. 이들이 항상 사랑받고 있다고 느끼게 만드는 방법을 안다면, 우리가 사용할 수 있는 가장 강력한 도구가 될 것이다. 하지만 배우자의 사랑 전략을 모른다면 안타까울 뿐이다. 우리는 분명히 인생에서 한 번쯤은 누군가에게 사랑을 표현했는데 상대가 알아주지 않거나, 누군가가 나에게 사랑을 표현했지만 인정하지 않은 적이 있을 것이다. 전략이 일치하지 않아서 제대로 된 의사소통이 되지 않았기 때문이다.

연인 관계를 발전시킬 수 있는 흥미로운 힘의 이론이 있다. 관계의 발전 초기에, 즉 구애하는 단계에서는 기분이 크게 고조된다. 그렇다면 상대에게 사랑하는 마음을 어떻게 보여줄 수 있을까? 그냥 사랑한다고 말하면 될까? 아니면 보여주거나 스킨십만 하면 될까? 당연히 아니다! 우리는 '구애' 단계에서 모든 것을 다 한다. 무언가를 서로 보여주고, 말하고, 스킨십을 한다. 그러면 시간이 지나도 이 세 가지를 모두 계속 수행할까? 그런 커플도 있지만 흔치 않다. 그렇다면 상대를 덜 사랑하게 된 걸까? 물론 아니다! 다만 이전처럼 기분이 고조되지 않을 뿐이다. 관계에서 편안함을 느끼는 것이다. 상대가 나를 사랑한다는 것을 알고 있으며, 상대도 마찬가지다. 그렇다면 어떻게 사랑의 감정을 전달할 수 있을까? 아마도 내가 받고 싶어 하는 방식과 다르지 않을 것이다. 그렇다면 그 관계에서 사랑이라는 감정의 질은 어떻게 될까? 한번 알아보자.

청각 중심의 사랑 전략을 가지고 있는 남편이라면 어떻게 아내에게 사랑을 표현할까? 물론 "사랑해."라고 말할 수 있다. 하지만 아내가 시각적 사랑 전략을 가지고 있다면, 그녀의 뇌는 특정한 시각적 자극을 받을 때 깊이 사랑받는다고 느낄 것이다. 시간이 지나면 어떻게 될까? 남편과 아내 중 누구도 제대로 사랑받고 있다고 느끼지 않을 것이다. 두 사람은 연애할 때는 보여주고, 말하고, 스킨십을 하는 등 세 가지를 다 하면서 서로의 사랑 전략을 촉발했다. 이제는 남편이 "자기야, 사랑해."라고 말하면, 아내는 "아니야, 당신은 나를 사랑하지 않아!"라고 대답한다. 그는 "무슨 말을 하는 거야? 어떻게 그렇게 말할 수 있어?"라고 되묻는다. 아내는 "말로만 사랑한다고 하지, 이제는 나한테 꽃 한 송이도 주지 않잖아. 분위기 좋은 곳에도 가지 않고, 사랑이 담긴 눈빛으로 바라보지도 않잖아!"라고 말한다. 남편은 "어떻게 쳐다보라고? 내가 사랑한다고 말하고 있잖아."라고 하지만, 아내는 더 이상 사랑의 감정을 유발하는 특정한 자극을 일관되게 받지 않기 때문에 깊은 사랑의 감정을 경험하지 못한다.

그 반대의 경우도 생각해볼 수 있다. 남편은 시각적이고, 아내는 청각적인 성향인 경우다. 남편은 아내에게 선물을 사주고, 멋진 곳으로 데려간다. 그리고 꽃을 선물하면서 사랑하는 마음을 표현한다. 하지만 어느 날 아내가 "당신은 나를 사랑하지 않는 것 같아."라고 말한다. 그는 황당해하며 "어떻게 그런 말을 할 수 있어? 자기를 위해 이 집도 샀고, 멋진 곳도 함께 많이 다녔잖아."라고 한다. 그러자 아내는 "그래, 하지만 당신은 나를 사랑한다고 말한 적이 없어."라고 말한다. "당신을 사랑한다고!"라고 남편은 소리친다. 이런 말투는 아내의 전략과는 거리가 멀다. 그렇게 되면 아내는 사랑받고 있다고 느끼지 못한다.

가장 잘 맞지 않는다는 운동감각적 남성과 시각적 여성은 어떨까? 남편은 집에 와서 아내를 안고 싶어 할 것이다. "나 좀 그만 귀찮게 해. 당신은 오로지 끌어안는 것 말고는 하는 게 없어. 왜 우리는 어디 함께 데이트하러 가지도 않아? 나를 만지기 전에 먼저 좀 쳐다봐 봐." 이 중에 친숙한 말이 있는가? 처음에는 모든 방법을 동원해서 사랑을 표현하지만 나중에는 자신에게 익숙한 한 가지 방법으로만 사랑을 표현하게 된다. 이제 알겠는가? 서로 상대가 원하지 않는 방법으로 사랑 표현을 함으로써 사랑의 관계가 깨지는 것이다.

인식Awareness은 강력한 도구다. 대부분의 사람들은 세상일이 자신의 지도 안에서 벌어진다고 생각한다. 나는 사랑받고 있다는 느낌을 주는 것이 무엇인지 알고 있다고 생각한다. 그건 다른 사람도 마찬가지일 것이다. 우리는 이 지도에 있는 영토가 실제가 아니라는 사실을 잊고 있다. 이 지도는 영토를 보는 한 가지 방식일 뿐이다.

지금까지 우리는 사랑의 전략을 이끌어내는 방법을 알아보았다. 이제는 상대와 마주 보고 앉아서 완전히 사랑받는 느낌을 주는 것이 무엇인지 알아보라. 그리고 자신의 사랑 전략을 찾아낸 후, 어떻게 해야 자신이 사랑받는다고 느끼는지 상대에게 알려주라. 이 새로운 방식을 이해함으로써 우리의 사랑 전략은 질적으로 확실히 바뀔 수 있다.

사람들은 모든 일에 전략을 갖고 있다. 누군가가 아침에 깨어나서 늘 활기찬 기분을 느낀다면, 뭔지는 몰라도 그렇게 만드는 확실한 전략을 갖고 있는 것이다. 그 전략이 무엇인지 묻는다면 자신이 보거나, 말하거나, 느낀 것을 말할 것이다. 전략을 이끌어내는 것은 요리사를 주방에 두는 것이라는 사실을 기억하라. 즉, 그를 내가 원하는 상태에 있게 한 다음 그가 그 상태를 만들고, 유지하기 위해 어떤 일을 했는지 알아보는 것이다. 우리는 아침에 활기차게 일어나는 사람에게 어느 특정한 날 아침에 가장 편안하게 일찍 일어났는지 구체적으로 알려달라고 요청할 수 있다. 그가 가장 먼저 무엇을 의식하게 되었는지를 물어보라. 그는 "일어날 시간이야. 그만 일어나자."라는 말을 들었다고 대답할 수 있다. 그다음에는 그를 빨리 일어나게 만든 다음 것은 무엇인지 말해달라고 물어볼 수 있다. 무언가를 머릿속에 떠올리거나 느꼈을까? "침대에서 벌떡 일어나 따뜻한 물로 샤워를 하는 내 모습을 상상했어요. 몸을 흔들고 나서 욕실에서 나왔죠."라고 그는 말할 수 있다. 단순한 전략처럼 보인다. 다음으로 구체적인 재료의 종류와 양을 알아내야 한다. 이번에는 "일어날 시간이라고 말한 목소리는 어땠죠? 잠을 깨운 목소리의 특징은 어땠나요?"라고 묻는다. 그러면 그는 "목소리가 크고 속도가 아주 빨랐어요."라고 대답할 것이다. 또한 "당신이 머릿속에 그렸던 장면은 어땠나요?"라고 물어보면, "밝고, 빠르게 움직였어요."라고 대답할 수 있다. 우리는 이 전략을 직접 적용해볼 수 있다. 내가 그랬던 것처럼 여러분도 자신의 말과 머릿속에 그린 그림의 속도를 높이고, 소리를 크게 하고, 더 밝게 하면 빠르게 잠에서 깨어나고, 침대를 박차고 일어날 수 있을 것이다.

반대로 불면증이 있는 사람의 경우, 천천히 내적 대화를 하고 하품을 하거나 졸린 목소리 톤으로 말하면 곧바로 피곤이 몰려올 것이다. 지금 당장 시도해보라. 머릿속에서 하품 섞인 목소리로 아주 피곤한 사람처럼 천천히 말해보라. 하품을 하면서 얼마나 피...곤...한...지 아주 천...천...히 말한다. 이제 속도를 높여 말해보라. 그리고 둘의 차이를 느껴보라. 핵심은 누군가를 어떤 상태에 들어가게 하고, 그가 어떤 일을 어떤 순서로 하는지 구체적으로 알기만 하면 어떤 전략도 모델링할 수 있다는 것이다. 단순히 몇 가지 전략을 배워서 활용하는 것이 전부가 아니다. 중요한 것은 상대가 잘하는 것에 지속적으로 관심을 기울이고, 그 사람이 그것을 어떻게 하는지, 그의 전략이 무엇인지 알아내는 것이다. 이것이 바로 모델링의 정수다.

NLP는 정신에 대한 핵물리학이라고 할 수 있다. 물리학은 현실의 구조와 세계의 본질을 연구하는 학문이다. NLP는 인간 정신의 구조와 본질을 연구한다. NLP를 사용하면, 우리의 정신을 마치 기계의 부품처럼 여러 가지 구성 요소로 나눌 수 있다. 사람들은 완전히 사랑받고 있다고 느끼는 방법을 찾으며 인생을 살아간다. 많은 돈을 써가면서 정신 분석가와 함께 '자신을 알기' 위해 노력하고, 성공 방법을 알기 위해 많은 정보를 접한다. NLP

는 이러한 목표뿐만 아니라 많은 다른 목표를 명쾌하고 효율적으로 달성할 수 있는 기술을 제공한다.

앞에서 살펴보았듯이 자원이 풍부한 상태에 도달하는 한 가지 방법은 전략 구조와 내적 표상을 사용하는 것이다. 또 다른 방법은 생리체계를 조절하는 것이다. 앞에서 우리는 정신과 육체가 인공뇌학적 고리로 어떻게 연결되는지 이야기했고, 이번 장에서는 전략 상태의 정신적 측면을 논의했다.

이제 또 다른 측면에 대해 알아보자.

9장
생리체계: 탁월성에 이르는 길

"우리는 손으로 손이나 입을 만짐으로써 마음속 마귀를 몰아낼 수 있다."

테네시 윌리엄스Tennessee Williams

나는 세미나를 시작할 때 다소 요란하고 정신이 없지만 항상 즐겁고 열광적인 분위기를 만든다.

세미나실 문을 열면 300명이 넘는 참석자들이 펄쩍펄쩍 뛰고, 고함을 질러대면서 사자처럼 포효하고, 팔을 흔들고, 영화 속 록키처럼 주먹을 흔들고, 마구 손뼉을 치면서 가슴을 내미는 것을 볼 수 있다. 공작새처럼 으스대고, 엄지손가락을 치켜올려 최고라고 말하면서 마음만 먹으면 당장이라도 이 도시를 환하게 밝힐 수 있는 엄청난 에너지를 지닌 사람들을 만나게 될 것이다.

도대체 무슨 일이 벌어지고 있는 걸까?

이 소란스러운 상황은 인공두뇌학적 고리의 다른 절반인 생리체계를 말해준다. 사람들은 이전에 느꼈던 것보다 더 자원이 풍부하고, 더 강력하고, 더 행복하고, 성공을 확신하는 것처럼 행동한다. 여러분도 완전히 활력이 넘치는 것처럼 행동하라. 자신을 원하는 결과를 달성할 수 있는 내적 상태로 만드는 한 가지 방법은 '마치 성취한 것처럼' 행동하는 것이다. 이 '마치 한 것처럼As if' 기법은 생리체계를 조절해서 원하는 내적 상태로 들어가게 할 때 가장 효과적이다.

생리체계는 즉각적으로 내적 상태를 바꿈으로써 역동적인 결과를 생성할 수 있는 가장 강력한 도구다. "강해지고 싶으면 강한 척을 하라."라는 옛말이 있다. 절대 틀린 말이 아니다. 나는 세미나에 온 사람들이 자신의 인생을 변화시키는 확실한 결과를 얻기 바란다. 그러기 위해서는 가능한 한 최대한 자원이 풍부한 생리체계 상태여야 한다. 강력한 생리체계가 없으면 활력이 넘치는 행동도 없기 때문이다.

흥미롭고 역동적이면서 활력 넘치는 생리체계를 선택하면 자연스럽게 이와 같은 내적 상태에 있게 된다. 어떤 상황에서든 가장 강력한 지렛대 역할을 하는 것은 생리체계다. 왜냐하면 매우 빠르게 작동하면서도 실패하지 않기 때문이다. 생리체계와 내적 표상은 밀접하게 연결되어 있다. 하나가 바뀌면 즉시 다른 것도 바뀐다. "마음이 안 되면 몸으로 한다." 또한 "몸이 안 되면 마음으로 한다."라고 말하고 싶다. 생리체계, 즉 자세, 호흡 패턴, 근육 긴장, 음색 등을 변경하면 내적 표상과 내적 상태도 즉시 변경된다.

허탈감을 느꼈을 때를 떠올려보라. 그때 느낌이 어떠했는가? 육체적으로 피곤하거나, 근육이 약해지거나, 어딘가에 통증을 느낄 때는 충분한 휴식 후 생동감 있고 활력을 느낄 때와는 완전히 다르게 세상을 인식한다. 생리체계 조작은 뇌를 제어하는 강력한 도구다. 이 도구가 얼마나 큰 영향을 미치는지 아는 것이 매우 중요하다. 이는 외적 변수가 아니라 항상 작동하는 인공두뇌학적 고리에서 절대적으로 중요한 부분이다.

생리체계에 활기가 없으면 내적 상태의 긍정적인 에너지도 감퇴한다. 반면, 생리체계가 밝고 활기차면 내적 상태의 에너지도 같은 힘을 얻는다. 생리체계는 내적 상태를 변화시키는 지렛대 역할을 한다. 사실 생리체계가 제대로 바뀌지 않으면 감정의 변화는 없다. 또한 내적 상태가 제대로 바뀌지 않으면 생리체계도 바뀌지 않는다. 내적 상태를 바꾸는 방법에는 두 가지가 있는데, 내적 표상과 생리체계를 변경하는 것이다. 그렇다면 즉시 내적 상태를 바꾸고 싶을 때는 어떻게 해야 할까? 재빠르게 호흡, 자세, 표정, 동작 등 생리체계를 바꾸면 된다.

피곤해지기 시작하면 내면에 이를 계속 알리기 위해 생리체계에 특정한 징후가 생겨난다. 주요 근육들이 늘어져 어깨가 축 처지는 것과 같은 증상이 나타난다. 내적 표상을 변경하여 신경체계에 피곤하다는 메시지를 전달하기만 해도 피로해질 수 있다. 생리체계를 건강할 때 느끼는 방식으로 바꾸면 그 순간 내적 표상이 바뀌고, 느낌 또한 바뀔 것이다. 자신에게 피곤하다고 계속 말하면 피곤하게 만드는 내적 표상을 하고 있는 것이다. 스스로에게 에너지가 풍부하다고 말하고, 생리체계를 의식적으로 받아들인다면 육체도 그렇게 될 것이다. 생리체계를 바꿔라. 그러면 내적 상태가 바뀔 것이다.

앞에서 신념을 이야기할 때는 신념이 건강에 미치는 영향에 대해 일부만 설명했다. 오늘날 많은 과학자들이 강조하는 것이 있는데 질병과 건강, 활력과 우울증은 대부분 선택의 결과라는 것이다. 이것들은 생리체계로 결정된다. 거의 대부분 무의식적으로 결정되지만 의식적으로 결정되는 부분도 분명 있다.

진심으로 "나는 즐거워지기보다는 우울해지고 싶어요."라고 말하는 사람은 없다. 그러면 우울한 사람들은 어떤 행동을 할까? 우리는 우울증을 정신적인 상태로 생각하지만, 우울증에는 매우 명확하고 식별 가능한 생리학적 특성이 있다. 우울한 사람들이 어떤 모습인지 상상하는 것은 어렵지 않다. 그들은 대체로 시선을 아래로 향하고 걷는다(그들은 운동감각 양식으로 접근하거나 우울함을 느끼게 하는 내적 소통을 한다). 어깨를 축 늘어뜨린다. 그리고 힘없이 얕은 호흡을 한다. 이러한 행동은 자신을 우울한 생리체계로 만드는

© 1960 United Feature Syndicate, Inc.

일이다. 우울해지기로 작정한 것일까? 그렇지는 않지만 무의식적으로는 그렇게 느끼게 한다. 우울증은 결과이며, 우울해지는 데는 매우 구체적인 신체적 이미지가 필요하다. 만화《피너츠》의 주인공 찰리 브라운도 이 점을 잘 알고 있었다.

특정 방식으로 생리체계를 변화시켜 아주 쉽게 황홀경에 빠질 수 있다는 것은 정말 흥미롭다. 결국 감정이란 무엇일까? 복잡하게 연결되어 있는 복합적인 생리체계다. 나는 우울한 상태에 있는 사람을 누구든지 그의 내적 표상을 바꾸지 않고도 우울한 사람의 내적 상태를 몇 초 안에 바꿀 수 있다. 우울한 사람이 마음속으로 어떤 상상을 하는지는 알 필요가 없다. 생리체계를 바꾸면 자연히 내적 상태가 바뀌기 때문이다.

똑바로 선 채, 어깨를 뒤로 젖힌 다음 가슴 깊이 숨을 내쉬고, 위를 쳐다보면 신경체계는 자원이 풍부한 상태가 되기 때문에 우울해지지 않는다. 직접 시도해보라. 일어서서 어깨를 뒤로 젖히고 나서 심호흡을 하고, 위를 올려다보면서 몸을 움직여보라. 그 자세에서 우울함을 느낄 수 있는가? 거의 불가능하다고 느낄 것이다. 이때 뇌는 생리체계에서 기민하고, 활력이 넘치고, 자원이 풍부하다는 메시지를 받게 된다. 그 상태에서 어떻게 우울해질 수 있겠는가?

사람들이 내게 와서 어떤 일을 할 수 없다고 말하면, 나는 "할 수 있는 것처럼 행동하세요."라고 말한다. 대부분은 "글쎄요, 어떻게 해야 하는지 모르겠어요."라고 대답한다. 그러면 "아는 것처럼 행동해보세요. 어떻게 하는지 알고 있을 때와 같은 자세로 서보세요. 호흡과 표정도 마찬가지입니다. 방법을 알고 있을 때처럼 숨을 쉬어보세요. 당장이라도 할 수 있는 것처럼 표정을 지어보세요."라고 말한다. 내가 말한 대로 서서, 숨을 쉬고, 표정을 지으면 당장이라도 할 수 있다는 느낌이 들게 된다. 이 방법은 실패한 적이 없다. 생리체계를 조절하고 바꾸는 것이 놀라운 지렛대 역할을 하기 때문이다. 반복해서 생리체계를 변경하기만 해도 사람들은 전에는 결코 할 수 없었던 일을 할 수 있다. 사람들의 내적 상태가 변경되기 때문이다.

하고는 싶지만 할 수 없다고 생각하는 일이 있다면 한번 떠올려보라. 그일을 할 수 있다고 생각하면 어떤 자세로 서 있을까? 말은 어떻게 할까? 또호흡은 어떻게 하게 될까? 지금 당장 할 수 있다는 것을 알았을 때의 생리체계에 자신을 일치시켜라. 할 수 있다는 메시지를 몸 전체에 전하라. 이제할 수 있다는 것을 알았다면 자세, 호흡 및 표정을 생리체계에 반영하라. 그리고 가능하다고 생각하는 내적 상태와 할 수 없다고 생각했을 때의 내적 상태의 차이를 비교해보라. 올바른 생리체계를 유지하면 이전에는 할 수 없다고 생각했던 것을 '마치 할 수 있는 것처럼' 느낄 것이다.

숯불걷기를 할 때도 마찬가지다. 어떤 사람들은 숯불 길을 볼 때 내적 표상과 생리체계의 결합으로 완전히 자신감 넘치는 내적 상태가 된다. 그래서 뜨거운 숯불 위를 자신 있고, 건강하게 걸을 수 있는 것이다. 그러나 마지막 순간에 극심한 공포에 빠지는 사람들이 있다. 이들은 앞으로 일어날 일의 내적 표상을 바꿔서 최악의 시나리오를 상상한 것이다. 또는 숯불 길의 가장자리에 다가갈 때 뿜어져 나오는 타는 듯한 열기 때문에 자신감을 잃었을 수도 있다. 그 결과, 두려움으로 인해 몸이 떨리고, 겁을 먹거나 얼어붙을 수 있으며, 모든 근육이 말을 안 듣는 등 여러 주된 생리체계 반응이 나타날 수 있다. 이 사람들이 한순간에 두려움을 극복하고 불가능해 보이는 행동에 도전할 수 있도록 돕는 유일한 방법은 바로 그들의 내적 상태를 바꾸는 것이다. 인간의 모든 행동은 자신이 처한 내적 상태의 결과라는 것을 명심하라. 스스로 강하고 자원이 풍부하다고 느끼면 예전에 겁 많고 나약하고 힘들다고 느꼈을 때 하지 못했을 일을 시도할 수 있다. 따라서 숯불걷기는 이전에 생각하거나 느꼈던 것과 상관없이 목표를 지원하기 위해 순간적으로 내적 상태와 행동을 변화시키는 경험을 제공한다.

숯불을 보고 벌벌 떨고 얼어붙어 비명을 지르는 사람이 있다면 어떻게 해야 할까? 내가 할 수 있는 것은 오직 한 가지, 그의 내적 표상을 바꿔주는 것이다. 그가 성공적으로 건강하게 숯불 위를 걸어간 후에 어떤 느낌을 받을지를 상상하게 할 수 있다. 그럼으로써 생리체계를 변화시키는 내적 표상을 만드는 것이다. 2~4초 만에 그 사람은 자원이 풍부한 내적 상태가 된다. 우리는 그의 호흡과 표정이 바뀌는 것을 볼 수 있다. 그때 나는 그에게 숯불로 가라고 말하고, 방금 전에 두려움으로 굳어 있던 그 사람은 자신의 의지로 숯불 위를 걷고 반대편에서 축하를 받는다. 그러나 머릿속에서 성공적으로 안전하게 걸을 수 있다는 내적 표상보다 숯불 위에서 크게 화상을 입거나 걸어가다가 넘어지는 상황을 더 선명하게 그리는 사람들이 있다. 이때는 하위감각 양식을 변경하도록 해야 하는데 시간이 많이 걸릴 수 있다.

숯불 앞에서 공포에 사로잡힌 사람들에게 아주 효율적인 대안은 생리체계를 바꾸는 것이다. 내적 표상을 바꾸면 신경체계는 몸에 자세, 호흡 패턴, 근육 긴장 등을 바꾸도록 신호를 보낸다. 그렇다면 다른 모든 의사소통을 건너뛰고 곧바로 근원으로 가서 직접 생리체계를 변경하는 것은 어떨까? 그래서 나는 울고 있는 사람에게 고개를 들어 위를 올려다보라고 한다. 그러면 그는 운동감각 대신 신경체계의 시각적 측면에 접근하기 시작하고, 즉시 울음을 그친다. 직접 시도해보라. 너무나도 화가 나거나 울음이 터질 것 같은 때, 그 상태에서 벗어나고 싶다면 위를 쳐다보라. 어깨를 뒤로 젖히고 시각적 상태로 들어가라. 확실히 다르게 느껴질 것이다. 아이들에게도 이것을 적용해볼 수 있다. 아이가 다쳤을 때 위를 쳐다보게 하라. 울음과 고통이 멈추거나 적어도 순간적으로 엄청나게 줄어들 것이다. 사람들이 숯불 위를 완전히 자신 있게 성공적으로 무사히 걸을 수 있다는 것을 알도록 하기 위해 아주 씩씩하게 일어서고, 크게 숨을 쉬면서 당당하게 말하도록 한다. 이런 식으로 할 때 그의 뇌는 자신이 느끼는 방식에 새로운 메시지를 받게 되며, 결과적으로 불과 몇 초 전까지만 해도 겁에 질려 꼼짝도 하지 못한 사람이 목표를 이루기 위한 행동을 취할 수 있다.

어떤 일을 할 수 없다고 느낄 때 이 기법을 사용할 수 있다. 어떤 여자나 남자에게 다가갈 수 없을 때 또는 상사에게 하지 못한 말이 있을 때 언제든지 적용할 수 있다. 머릿속으로 상상하는 상황이나 대화 내용을 바꾸거나 우리가 서 있는 방식, 호흡하는 방식, 목소리 톤을 바꿈으로써 내적 상태를 바꾸고, 행동에 활력을 불어넣을 수 있다. 이상적인 것은 생리체계와 말하는 방식을 동시에 바꾸는 것이다. 그렇게 하면 즉각적으로 자원이 풍부하다고 느낄 수 있고, 원하는 결과를 얻기 위해 필요한 행동을 유지할 수 있다.

운동의 경우도 마찬가지다. 열심히 운동했을 때 얼마나 숨이 가쁘고 피곤했는지, 얼마나 많이 달렸는지를 자신에게 계속 말을 하면, 주저앉고 헐떡거리는 것과 같은 내적 의사소통을 지원하는 생리체계에 빠져들 것이다. 그러나 숨이 차더라도 의식적으로 똑바로 서서 호흡을 정상 속도로 맞추려고 하면 순식간에 회복된 느낌이 든다.

내적 표상과 생리체계를 변화시키면 감정과 행동이 바뀔 뿐만 아니라 신체의 생화학적 및 전기적 작용도 영향을 받는다. 여러 연구에 따르면, 사람들이 우울해지면 그에 따라 면역체계의 효율이 떨어지고, 백혈구 수가 감소한다. 키를리안Kirlian 사진(물체 주변에 코로나 방전 이미지가 나타나는 사진-옮긴이)을 본 적 있는가? 이것은 신체의 생체 전기 에너지를 나타내는 것으로 사람의 내적 상태나 기분이 바뀌면 현저하게 달라진다. 정신과 육체는 연결되어 있기 때문에 강렬한 내적 상태에서는 몸 전체의 전기장이 바뀌는데, 이와 같은 내적 상태가 되면 불가능해 보였던 일을 할 수 있다. 나는 경험과 책에서 읽은 지식으로, 우리의 몸은 긍정적이든 부정적이든 우리가 믿는 것보다 훨씬 한계가 적다는 것을 알게 되었다.

정신과 육체의 연관성에 대해 광범위하게 연구한 허버트 벤슨 박사는 세계의 여러 지역에서 부두교Voodoo敎의 주술과 관련된 몇 가지 놀라운 이야기를 들려줬다. 호주의 한 원주민 부족에서는 주술사가 '뼈 추리기'라는 전통 의식을 수행한다. 이 의식에서 희생자에게 강력한 마법 주문을 걸면, 그는 끔찍한 질병과 죽음에 이르리라는 것을 절대적으로 확신하게 된다. 벤슨 박사는 1925년에 있었던 일을 다음과 같이 기술했다.

"악마가 자신의 뼈를 추린다고 믿는 사람을 보고 있자니 참으로 불쌍하다는 생각이 든다. 그는 망연자실한 표정으로 뭔가를 응시하며 겁에 질려 서 있었고, 몸 위로 쏟아지는 상상 속 칼날을 막으려고 두 손을 들어올렸다. 얼굴은 창백해지고, 눈빛이 흐려지면서, 표정은 끔찍하게 일그러졌다. 비명을 지르려고 하지만 소리는 목구멍에서 막히고, 입에서는 거품만 나올 뿐이다. 몸이 떨리기 시작하고 근육이 저절로 뒤틀렸다. 몸을 뒤로 흔들다가 땅으로 쓰러졌고, 잠시 후 기절한 것처럼 보였다. 그러나 곧 죽음의 고통에 빠진 사람처럼 몸을 비틀다가 손으로 얼굴을 가리고 신음하기 시작했고, 그는 비교적 짧은 순간에 죽음을 맞이했다."

여러분은 어떨지 모르지만, 나는 이보다 죽음을 더 생생하고 소름 끼치게 묘사한 것을 본 적이 없다. 이것을 모델링하라고 권할 생각은 추호도 없다. 하지만 생리체계와 신념의 힘을 상상할 수 있는 가장 설득력 있는 사례라고 할 수 있다. 이 전통 의식에서 그 사람에게 물리적으로 무언가를 행한 것은 전혀 없다. 그러나 자기 신념의 힘과 생리체계의 힘은 그를 완전히 파괴할 정도로 끔찍하고 강력한 부정적인 힘을 만들어냈다.

이와 같은 일이 흔히 원시적이라고 불리는 집단에만 국한되어 일어난다고 할 수 있을까? 그렇게 생각하지 않는다. 정확히 같은 상황이 매일 우리 주변에서 일어난다. 벤슨 박사는 로체스터대학교 대학병원의 조지 엥겔 George L. Engel 박사가 오랜 기간 수집한, 예상치 못한 상황에서 일어난 돌연사를 다룬 전 세계 신문 기사의 내용을 언급했다. 외부 세계에서 어떤 끔찍한 일이 벌어진 것이 아니었다. 오히려 범인은 피해자 자신의 부정적인 내적 표상이었다. 무엇인가가 피해자를 의지할 곳 없는 무력한 사람으로 만들었고, 외로움을 느끼게 했다. 실제 결과는 원주민 의식과 다르지 않았다.

눈길을 끄는 것은 정신과 신체의 관계에 관해서는 도움이 되는 측면보다 해가 되는 측면에서 더 많은 연구가 이루어졌다는 점이다. 앞의 사례도 해로운 측면을 더욱 강조한 것으로 보인다. 우리는 스트레스의 좋지 않은 영향이나 사랑하는 사람의 죽음 이후 살고 싶은 의지를 잃는 사람들에 대한 이야기를 많이 들어왔다. 그래서 부정적인 내적 상태와 감정이 말 그대로 우리를 죽음으로 몰고갈 수 있다는 것을 알고 있다. 그러나 긍정적인 상태가 우리를 치유하는 방법에 대해서는 거의 들어보지 못했다.

이러한 측면에서 노먼 커즌스는 좋은 사례를 제공한다. 그는 《웃음의 치유력》에서 오랜 질병으로 약해진 몸을 웃음을 통해 기적적으로 회복하는 방법을 소개했다. 웃음은 커즌스가 자신의 병에서 회복하고자 하는 의지를 북돋기 위해 의식적으로 사용한 도구였다. 치료법의 핵심은 웃기는 영화나 TV 프로그램을 보고, 재미있는 책에 몰두하며 하루를 보내는 것이었다. 그렇게 하면서 그는 분명히 내적 표상을 지속적으로 바꿨으며, 웃음으로 근본적으로 생리체계를 바꾸어, 신경체계에 긍정적인 메시지를 보냈다. 그러자 긍정적인 신체 변화가 생겼다. 잠을 더 잘 자고, 통증이 줄었으며, 이에 따라 건강 상태가 전체적으로 호전되었다.

처음에 의사는 커즌스가 완전히 회복될 확률은 500분의 1이라고 말했지만, 결국 그는 완치되었다. 그는 다음과 같이 결론지었다. "미래가 아무리 비참해 보여도 인간의 정신과 육체가 재생하는 능력을 과소평가해서는 안 된다는 것을 배웠다. 생명력은 지구상에서 가장 이해하기 어려운 것이다."

아직 초기 단계지만 일부 흥미로운 연구들은 커즌스의 경험과 유사한 연구를 하는 사람들에게 서광을 비추고 있다. 그 연구들은 표정이 우리의 감정에 미치는 영향을 살펴보았는데, 기분이 좋을 때 미소를 짓고, 즐거운 정신 상태에 있을 때 웃는 경우가 그다지 많지 않다고 결론 내렸다. 그러나 미소와 웃음은 실제로 생물학적 과정을 촉발시켜 우리를 기분 좋게 만든다. 뇌로 가는 혈액의 흐름을 증대시키고, 신경전달물질을 자극하는 수준을 바꾼다. 다른 표정도 마찬가지다. 우리의 얼굴 표정을 두려움이나 분노, 혐오감이나 놀람의 생리체계에 있게 하면 곧바로 그렇게 느끼게 된다.

"우리의 몸은 정원이고, 우리의 의지가 정원사다."
윌리엄 셰익스피어William Shakespeare

사람의 얼굴에는 약 80개의 근육이 있으며, 일종의 지혈대 역할을 하여 몸이 과격하게 움직일 때 혈액 공급을 일정하게 유지하거나 뇌의 혈액 공급량을 조절하여 뇌가 제대로 기능하게 한다. 1907년에 프랑스의 내과 의사인 이스라엘 웨인바움은 표정이 실제로 감정을 변화시킨다는 놀라운 이론을 발표했다. 오늘날 다른 연구자들도 이와 같은 결과를 발견했다. 캘리포니아대학교 샌프란시스코의 정신과 교수인 폴 에크먼 박사는 일간신문인 〈로스앤젤레스 타임스〉(1985년 6월 5일)에 이렇게 기고했다. "어떤 감정을 갖게 되면 그 감정이 얼굴에 나타난다는 사실을 알게 되었다. 이제는 감정이 다른 방향으로 흘러갈 수 있다는 것도 발견했다. 감정은 우리가 얼굴에 표정을 짓는 대로 나타난다. 괴로움 속에서도 웃으면 내면에서 괴로움을 느끼지 못한다. 얼굴에 슬픔이 나타나면 내면에서도 그렇게 느낀다." 실제로 에크먼은 거짓말 탐지기를 속이는 방법에 이와 동일한 원리가 적용된다고 말한다. 자신을 신념의 생리체계와 일치시키는 사람은 거짓말을 하고 있을 때마저도 진실한 신념으로 기록된다는 것이다.

이 모든 것이 바로 나와 NLP 지지자들이 수년 동안 강조한 것이다. 이제 학계에서 우리가 이미 유용하다고 말한 것을 최종적으로 검증하고 있는 것처럼 보인다. 이 책에는 앞으로 몇 년 동안 검증될 다른 많은 것들이 있다. 하지만 학계에서 확인해줄 때까지 기다릴 필요가 없다. 이 책을 읽으면서 바로 활용할 수 있으며, 지금 당장 원하는 결과를 얻을 수 있다.

우리는 몸과 정신의 상관관계에 대해 많은 것을 배웠다. 어떤 사람들은 우리가 진정으로 해야 할 일은 몸을 잘 돌보는 것이라고 가르친다. 신체를 잘 작동시켜야 뇌도 효과적으로 작동한다. 이것이 모세 휄든크라이스가 수행한 연구의 본질이다. 그는 사람들에게 생각하는 방법과 사는 방법을 가르치기 위해 몸의 움직임을 이용했다. 휄든크라이스는 단순히 운동감각 수준의 행동으로도 자아 이미지, 내적 상태 및 뇌의 전반적인 기능을 바꿀 수 있음을 발견했다. 그는 삶의 질이 움직임의 특성이라고 말한다. 그의 연구는 인간의 생리체계를 매우 특정한 방식으로 변화시킴으로써 인간을 재창조할 수 있는 귀중한 자료라고 할 수 있다.

생리체계에서 중요한 것은 내적 일치다. 내가 긍정적이라고 생각하는 메시지를 전하면서 목소리가 약하고, 자신감이 없고, 몸짓이나 자세도 어정쩡하고, 부자연스러우면 내적으로 일치되지 않은 상태에 있는 것이다. 내적 불일치는 할 수 있는 것을 못하게 하고, 될 수 있는 것도 안 되게 한다. 자신에게 모순된 메시지를 보내는 것에는 적당히 넘어가려는 의도가 숨어 있다고 할 수 있다.

어떤 사람을 믿지 못하는데, 왜 그런지 그 이유를 모르는 경험을 해본 적이 있을 것이다. 그가 하는 말이 일리는 있지만 어찌된 일인지 그의 말을 신뢰하지 못하기 때문이다. 우리가 의식적으로 알아채지 못한 것을 무의식이 알아냈기 때문이다. 예를 들어 누군가에게 어떤 질문을 했는데 그 사람은 "예."라고 대답하면서 고개를 좌우로 천천히 흔들었을 수 있다. 아니면 그가 "나는 할 수 있어."라고 말했을지 모르지만, 우리의 무의식이 그의 처진 어깨와 아래로 내리깐 눈, 얕아진 호흡을 보고, "사실 나는 할 수 없어."라고 말하는 것을 눈치챘을지도 모른다. 그의 일부는 우리의 요청을 받아들이기 원하지만 다른 부분은 그렇지 않은 것이다. 이렇게 불일치로 상반된 상황이 연출된다. 그는 동시에 다른 두 방향으로 가려고 했으므로 말과 몸이 서로 다르게 표현된 것이다.

내면에서 한 부분은 진정으로 무언가를 원하지만 다른 부분이 그렇지 않은 불일치의 결과를 경험한 적이 있을 것이다. 내외적 일치가 힘이다. 계속 성공하는 사람들은 성공을 달성하기 위해 정신적 자원과 육체적 자원을 동시에 투입할 수 있는 사람들이다. 지금 잠시 멈추고, 주변의 아는 사람 중에 가장 내외적 일치를 잘하는 세 사람을 생각해보라. 이번에는 가장 내외적 불일치를 보여주는 세 사람을 생각해보라. 이들의 차이는 무엇일까? 내외적 일치를 보여주는 사람은 불일치를 보여주는 사람보다 우리에게 얼마나 큰 영향을 미치는가?

내외적 일치를 개발하는 것은 개인의 힘을 증대시킬 수 있는 주된 원천이다. 나는 사람들과 소통할 때 말과 목소리, 호흡 등 전체적인 생리체계를 명확하게 한다. 말과 몸이 일치할 때, 내가 그러길 바란다는 분명한 신호를 뇌에 보낸다. 내 정신은 그 신호에 따라 반응한다.

자신에게 "그래 맞아, 이 일은 내가 해야 할 것 같아."라고 말하면서도 생리체계가 약하고 우유부단하다면, 뇌는 어떤 유형의 메시지를 받게 될까? 브라운관이 깜박거리는 TV를 보는 것과 마찬가지다. 화면을 제대로 알아보기 힘들 것이다. 뇌도 마찬가지다. 신체가 제공하는 신호가 약하거나 상충되면 뇌는 무엇을 해야 할지 갈피를 잡을 수 없게 된다. 이것은 마치 전쟁에서 지휘관이 "글쎄, 이 전술이 주효할지 어떨지 모르겠지만 일단 나가서 어떻게 될지 한번 해보자."라고 말하는 것과 같다. 이때 병사들은 어떤 내적 상태에 있게 되겠는가?

"나는 반드시 그렇게 할 것이다."라고 말하고 생리체계, 즉 자세, 표정, 호흡 패턴, 몸짓과 동작 그리고 말과 목소리 톤을 일치시킨다면 우리는 분명히 그 일을 할 수 있을 것이다. 내외적으로 일치된 상태는 누구나 바라는 것이다. 우리가 취할 수 있는 가장 중요한 것은 자신이 확고한 결단력이 있으며, 생리체계가 일치된 상태에 있다고 확신하는 것이다. 말과 몸이 일치되지 않으면 완전한 성공에 이르지 못한다.

내외적 일치를 개발하는 한 가지 방법은 내외적으로 일치된 사람들의 생리체계를 모델링하는 것이다. 모델링의 본질은 주어진 상황에서 성공을 이룬 사람이 뇌의 어느 부분을 사용했는지 찾아내는 것이다. 성공하기를 원한다면 성공한 사람들과 같은 방식으로 뇌를 사용해야 한다. 누군가의 생리체계를 그대로 따라 하면 뇌의 같은 부분을 자극하게 된다. 지금 내외적으로 일치된 상태에 있는가? 그렇지 않다면 일치하도록 시도해보라. 우리는 하루 중 일치하지 않은 상태에 어느 정도 있을까? 오늘부터 시작하라. 잠깐 멈추고 롤 모델로 삼고 싶은 사람 중에 가장 강한 생리체계를 가진 사람 다섯 명을 생각해보라. 그들의 생리체계는 당신의 생리체계와 어떻게 다른가? 이 사람들은 어떻게 앉아 있는가? 어떻게 서 있는가? 어떻게 행동하는가? 그들이 잘하는 표정과 몸짓은 무엇인가? 그들의 앉는 자세도 따라 해보기 바란다. 표정과 몸짓도 따라 해보라. 어떤 느낌이 드는가?

나는 세미나 참석자들에게 다른 사람들의 생리체계를 따라 하게 함으로써 모델링하려는 사람의 내적 상태에 접근하고 비슷한 느낌을 받도록 한다. 여러분도 함께해보기 바란다. 우선, 함께할 상대가 있어야 한다. 상대에게 구체적이고 강렬한 기억을 떠올리게 한 다음 말하지 말고 그 내적 상태로 들어가게 한다. 그가 앉아 있는 방식, 다리의 위치, 팔과 손의 위치를 그대로 반영한다. 그의 얼굴과 몸에서 느껴지는 긴장의 정도도 복제한다. 머리의 위치와 눈, 목이나 다리의 움직임도 그대로 따라 한다. 그 사람의 입, 피부 긴장도, 숨 쉬는 속도 역시 그대로 반영한다. 그의 생리체계를 복제하면 그가 자신의 뇌에 전달하는 것과 같은 신호가 당신에게도 똑같이 전달된다. 이제 그 사람과 유사하거나 같은 느낌을 받게 될 것이다. 그가 보고 있는 것과 같은 그림을 자신의 시각으로 보게 되고, 그가 생각하고 있는 것과 같은 생각을 자신의 관점에서 할 수 있게 된다.

이렇게 하고 나서, 현재 있는 내적 상태, 즉 다른 사람을 정확히 따라 하는 동안 느낀 것을 몇 개의 단어로 써본다. 그런 다음, 그 사람이 어떤 느낌이었는지 확인한다. 거의 대부분 유사한 느낌의 단어일 것이다. 세미나를 할 때마다 다른 사람이 보고 있는 것을 그대로 보기 시작하는 사람들을 많이 볼 수 있다. 다른 사람이 어디에 있었는지 또는 그 사람이 상상한 사람이 누군지 정확히 알아냈다고 한다. 합리적인 설명이 불가능한 사례도 있었다. 영적 훈련을 받지 않았는데도 일종의 영적 체험을 한 것처럼 보였다. 우리가 한 일은 모델링을 한 사람과 똑같은 메시지를 뇌에 전달한 것이 전부였다.

믿기 힘들겠지만, 세미나에 참석한 사람들은 5분만 연습을 해도 이 작업을 수행할 수 있다. 한 번에 성공할 것이라고 장담할 수는 없지만, 그대로 따라 하면 상대의 분노, 고통, 슬픔, 기쁨, 환희, 황홀감 같은 내적 상태를 경험하게 된다. 사전에 상대가 무엇을 느꼈는지에 대해 이야기하지 않았는데도 말이다.

최근의 몇몇 연구는 이 현상을 과학적으로 입증한다. 과학 잡지 〈옴니Omni〉는 미주리대학교 대학병원의 신경생리학자 도널드 요크와 시카고 언어병리학자 톰 젠슨의 다음과 같은 연구 결과를 실었다. 단어를 사용할 때 사람에 따라 동일한 패턴이 존재한다는 것이다. 두 연구자는 실험으로, 다른 언어를 사용하는 사람들에게서도 동일한 뇌파 패턴을 찾을 수 있었다. 미리 컴퓨터가 뇌파 패턴을 인식하도록 가르친 다음, 말을 하지 않아도 그 사람의 마음속에 있는 단어를 해석할 수 있도록 했다. 컴퓨터는 말 그대로 생리체계를 반영할 때 그 느낌을 아는 것처럼 생각도 정확히 읽을 수 있었다.

존 F. 케네디, 마틴 루터 킹, 프랭클린 루스벨트와 같이 엄청난 영향력을 가진 사람들에게는 특별한 표정, 목소리 톤, 몸짓 등 생리체계에 독특한 측면이 있었다. 이들의 특정한 생리체계를 모델링할 수 있다면 우리도 그들과 같은 자원이 풍부한 부분에 접근하여 동일한 방식으로 느끼게 될 것이다. 호흡, 움직임, 목소리 톤은 내적 상태를 만드는 데 중요한 요소인데, 그들의 사진만으로는 우리가 원하는 만큼의 구체적인 정보를 알아낼 수 없다. 그들에 관한 영화나 동영상을 보는 것이 좋다. 잠시 이 위인들의 자세, 표정, 몸짓을 가능한 한 똑같이 따라 해보라. 그들과 비슷한 느낌이 들기 시작할 것이다. 그들의 목소리가 어떻게 들리는지 기억한다면 같은 목소리 톤으로 무언가를 말해볼 수도 있다.

또한 이 사람들의 내적 일치 수준에도 주목해보자. 생리체계는 충돌하는 메시지가 아닌 하나의 메시지를 가지고 있을 것이다. 우리가 그들의 생리체계를 따라 할 때 내적으로 일치하지 않는 상태라면 뇌에 동일한 메시지를 전달할 수 없기 때문에 그들과 같은 느낌을 받지 못할 것이다. 예를 들어, 생리체계를 그대로 따라 하면서 자신에게 "나는 바보 같아."라고 말하면 내적으로는 일치되지 않기 때문에 모델링의 이점을 제대로 살릴 수 없다. 우리의 몸과 정신이 서로 다른 말을 하게 될 것이다. 진정한 힘은 하나로 통일된 메시지를 전달할 때 나온다.

마틴 루터 킹의 연설을 녹음한 테이프가 있다면 그의 음성, 목소리 톤, 말의 빠르기를 그대로 따라 해보라. 이전과는 다른 강한 힘과 활력을 느낄 수 있을 것이다. 존 F. 케네디나 벤저민 프랭클린, 알베르트 아인슈타인 같은 사람이 쓴 책을 읽는 가장 큰 장점은 우리가 그들과 유사한 내적 상태에 놓일 수 있다는 것이다. 그들처럼 생각하기 시작하고 똑같은 내적 표상을 만들 수 있다. 이 위인들의 생리체계를 복제하면 육체적으로 그들을 느낄 수 있고, 그들이 한 것처럼 행동할 수도 있다.

자신의 내적인 힘과 마법을 즉시 더 많이 활용하고 싶은가? 그렇다면 존경하는 사람들의 생리체계를 의식적으로 모델링하라. 그렇게 하면 그들이 경험하는 것과 동일한 내적 상태가 될 것이다. 그들과 거의 같은 경험을 할 수 있을 것이다. 당연히 우울증에 걸린 사람의 생리체계를 본받고 싶지는 않을 것이다. 강력하고 자원이 풍부한 사람들을 모델링하고 싶을 것이다. 이러한 사람들을 모델링하면 선택의 폭을 넓힐 수 있고, 과거에는 효과적으로 사용하지 못한 뇌의 다른 부분에도 접근할 수 있다.

예전에 세미나에서 도저히 이해하기 힘들 정도로 생리체계 자원이 결핍된 한 아이를 만난 적이 있다. 아무리 시도해도 그 아이의 내적 상태를 더 활력 있게 만들지 못했다. 알고 보니 아이는 사고로 인해 뇌의 일부가 손상되었다고 했다. 그래서 나는 아이가 나를 모델링하고 '마치 나인 것처럼' 행동하게 했다. 그리고 이때까지 불가능할 것이라고 생각한 생리체계를 갖게 했다. 나를 모델링하면서 아이는 전혀 새로운 방식으로 행동하기 시작했다. 세미나가 끝나갈 즈음 그 아이는 거의 알아보지 못할 정도로 바뀌어 있었다. 예전과 완전히 다르게 생각하고 행동했기 때문이다. 다른 사람의 생리체계를 모델링함으로써 사고, 감정, 행동에 새로운 선택을 경험하기 시작한 것이다.

그런데 만약 세계적인 육상선수의 신념체계, 정신구조, 신경체계를 모델링한다면 곧바로 1마일(1.6킬로미터)을 4분 만에 주파할 수 있을까? 당연히 아니다. 그 선수를 정확하게 모델링한 것이 아니기 때문이다. 그 선수는 꾸준한 연습을 통해 현재의 달리기 실력을 갖추었지만, 우리는 지속적으로 (오랜 시간에 걸쳐) 뇌신경체계에 메시지를 보내지 않았다. 일부 전략들은 아직 갖고 있지 않은 생리체계의 개발이나 프로그래밍이 필요하다는 점을 유의해야 한다. 세계에서 가장 위대한 제빵사를 롤 모델로 삼을 수도 있다. 그의 레시피는 섭씨 300도 정도까지 빵을 굽는 것인데, 우리가 섭씨 100도까지 굽는다면 같은 결과가 나오지 않을 것이다. 그러나 그의 레시피를 따라 하면 우리의 오븐에서도 최대한의 성과를 얻을 수 있다. 그리고 우리의 오븐을 사용하여 수년에 걸쳐 생산성을 높인 방법을 모델링하고 열심히 노력을 기울이면 같은 결과를 얻을 수 있다. 이 전략을 모델링하여 결과를 만들어내는 힘을 키우기 위해서는 오븐의 성능을 높이는 데 시간을 투자해야 할 수도 있다. 이것은 다음 장에서 다시 논의하기로 한다.

생리체계에 집중하면 선택을 할 수 있다. 사람들은 왜 마약을 하고, 술을 마시고, 담배를 피우고, 과식을 할까? 이것들은 모두 간접적으로 생리체계를 변화시켜 내적 상태를 바꾸려는 시도일 것이다. 이번 장에서는 내적 상태를 빠르게 바꿀 수 있는 직접적인 접근 방식을 제공했다. 새로운 방식으로 호흡하거나 몸의 동작과 표정을 바꿈으로써 즉각적으로 내적 상태가 바뀔 수 있다. 음식, 술, 약물 등과 같이 우리의 몸이나 정신에 해를 주지 않고 같은 결과를 만들어낼 것이다. 인공두뇌학적 영역에서 선택권이 많은 사람일수록 자신을 잘 통제할 수 있다는 점을 잊지 마라. 어떤 시스템에서든 가장 중요한 것은 유연성이다. 다른 모든 조건이 같다면, 유연성이 좋은 시스템이 다른 시스템을 지배할 수 있다. 사람도 마찬가지다. 선택의 폭이 넓을

수록 많은 것을 책임질 수 있다. 모델링은 가능성을 만드는 방법이다. 생리 체계를 이용하는 것보다 더 빠르고 역동적인 방법은 없다.

앞으로는 크게 성공한 사람이나 많은 존경을 받는 사람을 보면 그의 행동이나 몸짓을 그대로 따라 하고, 차이를 느끼고, 생각 패턴의 변화를 즐겨보라. 즐거운 마음으로 경험하라. 새로운 선택이 우리를 기다리고 있다! 이제 생리체계의 또 다른 측면, 즉 우리가 먹는 음식, 숨 쉬는 방법, 섭취하는 영양분을 살펴볼 것이다. 이것들 역시 생리체계에서 중요한 부분이다.

10장
활력: 탁월성의 연료

"국민의 건강은 국가의 행복과 활력을 결정하는 진정한 토대다."
벤저민 디즈레일리Benjamin Disraeli

앞에서 우리는 생리체계가 탁월성에 도달할 수 있는 길이라는 것을 알았다. 근육 조직을 사용하는 방식을 바꾸면 생리체계에 변화를 줄 수 있다. 자세, 표정이나 호흡을 바꾸면 된다. 내가 이 책에서 이야기하고자 하는 것 또한 생화학적 기능의 차원에서 이루어진다. 신체를 망가뜨리거나 중독시키는 것이 아니고 정화하고 영양분을 공급하는 것을 전제로 한다. 이번 장에서는 생리체계의 기초, 즉 무엇을 먹고 마셔야 하고, 어떻게 숨을 쉬어야 하는지를 알아볼 것이다.

나는 활력을 탁월성의 연료라고 말하고 싶다. 우리는 하루 종일 자신의 내적 표상을 변경할 수 있다. 생화학체계가 헝클어지면 뇌가 내적 표상을 왜곡한다. 전체 시스템이 엉망진창이 되어 배운 것을 실제로 적용하고 싶은 마음이 거의 들지 않을 것이다. 세상에서 가장 멋진 경주용 자동차라도 연료가 휘발유가 아닌 맥주라면 꿈쩍도 하지 않을 것이다. 좋은 자동차에 적합한 연료를 넣어도 시동이 켜지지 않으면 소용이 없다. 이번 장에서는 활력에 대한 몇 가지 생각과 활력을 최고 수준으로 끌어올리는 방법을 알아볼 것이다. 활력 수준이 높을수록 신체는 더 효율적으로 작동한다. 신체의 효율성이 높아질수록 기분이 좋아지며 더 많은 재능을 사용하여 탁월한 결과를 얻을 수 있다.

나는 활력의 중요성과 풍부한 활력이 만들어내는 마법의 힘을 잘 알고 있다. 예전에 내 몸무게는 120킬로그램이 넘었지만 지금은 108킬로그램이다. 예전에는 인생을 제대로 사는 방법을 잘 몰랐다. 내 생리체계는 탁월한 결과를 얻는 데 도움이 되지 않았다. 배우고, 행동하고, 만들어내는 것보다 먹고, TV를 보는 것이 먼저였다. 그러던 어느 날 삶에 염증을 느끼기 시작했다. 그래서 어떻게 하면 건강하게 살 수 있는지 연구하기 시작했고, 그 결과 건강을 꾸준히 좋은 상태로 유지한 사람들을 모델링했다.

그런데 영양적인 분야에 대해서는 의견이 분분하고 너무 복잡해서 무엇부터 시작해야 할지 몰랐다. 어떤 책을 읽었는데, 책에서 말한 대로만 하면 영원히 살게 될 것이라고 했다. 너무 흥분되었다. 하지만 다른 책을 보니 그러한 것을 하면 죽게 된다며 다른 식으로 해보라고 권했다. 또 다른 책은 이 두 책의 내용을 모두 반박했다. 저자들이 모두 의학박사지만 기본적인 내용조차 일치하지 않았다.

나는 어떤 자격증을 찾는 것이 아니다. 결과를 원했을 뿐이다. 그래서 직접 체험을 통해 결과를 만들어낸 사람들, 즉 활력 있고 건강한 사람들을 찾았다. 그들이 어떻게 했는지 알아냈고, 똑같이 따라 했다. 내가 배운 것을 나를 위한 약속이나 원칙으로 정리하고, 건강한 삶을 위한 60일짜리 프로그램으로 만들었다. 이 원칙들을 매일 적용했고, 한 달이 지났을 때는 체중이 13킬로그램 넘게 줄었다. 더 중요한 것은 번거롭지 않고, 다이어트 지향이 아닌 내 몸이 잘 작동하도록 하는 방법, 즉 진정 건강한 삶을 살기 위한 방법을 찾았다는 사실이다.

지난 5년 동안 내가 지켜온 원칙을 여기서 공개하겠다. 그 전에 이 원칙이 나의 생리체계를 어떻게 변화시켰는지 한 가지 예를 들겠다. 나는 여덟 시간 동안 잠을 잤다. 또한 아침에 잠에서 깨기 위해서는 알람 시계가 3개나 필요했다. 하나는 소리를 내고, 하나는 음악을 켜고, 하나는 조명을 켜기 위한 것이었다. 지금은 저녁 내내 세미나를 진행하고 새벽 한두 시에 잠을 잔다. 대여섯 시간만 자고 일어나도 아주 생기 있고 활력이 넘친다. 혈액 순환이 원활하지 않고 활력 수준이 떨어지더라도 나는 제한된 생리체계를 최대한 활용하려고 노력한다. 또 신체적·정신적 능력을 동원할 수 있는 생리체계로 하루를 시작한다.

이번 장에서 강력하고 불굴의 생리체계를 갖기 위해 필요한 열쇠 여섯 가지를 소개하고자 한다. 내가 지금 말하는 대부분은 여러분이 지금까지 믿어온 것들과 많이 다를 수 있다. 일부는 현재의 건강에 대한 생각과 정반대일 수도 있다. 그러나 이 여섯 가지 원칙은 나와 함께 일해온 사람들과 '자연 치유법'이라 불리는 건강과학을 실천하는 수천 명의 사람들에게 큰 효과가 있었다. 이 원칙들이 자신에게 맞는지 생각해보고, 현재 자신의 건강 습관이 가장 효과적인 몸 관리 방법인지도 잘 생각해보기 바란다. 여섯 가지 원칙을 10~30일간 적용해보고, 배운 지식이 아닌 몸에 나타나는 결과로 그 효용성을 판단해보라. 몸이 어떻게 작동하는지 잘 이해하고, 그 작동 방식을 소중하게 생각하라. 그러면 몸이 우리를 돌볼 것이다. 지금까지는 뇌 사용하는 법을 배웠다. 이제는 몸을 움직이는 법을 배울 차례다.

건강을 위한 첫 번째 열쇠: 활력 있는 호흡

건강의 기본은 산소와 영양소를 신체의 모든 세포로 운반하는 혈액의 흐름이다. 혈액 순환이 원활해야 건강하게 오래 살 수 있다. 이 시스템을 제어하는 열쇠는 무엇일까? 바로 호흡이다. 호흡은 신체에 온전히 산소를 공급하여 각 세포의 전기적 과정을 자극한다.

우리의 몸이 어떻게 작동하는지 좀 더 자세히 살펴보자. 호흡은 세포의 산소 공급을 조절할 뿐만 아니라 몸을 지켜주는 백혈구를 포함하고 있는 림프액의 흐름도 조절한다. 림프계란 무엇인가? 신체의 하수 시스템이라고 볼 수 있다. 우리 몸의 모든 세포는 림프로 둘러싸여 있다. 몸에는 혈액보다 4배 많은 림프액이 있다. 림프계가 작동하는 방식은 다음과 같다. 혈액은 심장에서 동맥을 통해 얇고 다공성인 모세혈관으로 운반된다. 산소와 영양분은 모세혈관으로 운반된 다음 림프라고 불리는 세포 주변의 액체로 퍼진다. 세포는 필요한 것을 인지하는 지능 또는 친화력이 있어서 건강에 필요한 산소와 영양소를 섭취한 다음 독소를 배출하며, 그중 일부는 다시 모세혈관으로 돌아간다. 그러나 죽은 세포, 혈액 단백질, 기타 독성 물질은 림프계에서 제거된다. 그리고 심호흡을 하면 림프계가 활성화된다.

몸의 세포는 산소의 양을 제한하는 독성 물질과 과도한 체액 배출을 통제하는 유일한 방법으로 림프계에 의존한다. 림프액은 림프절을 통과하며, 그 과정에서 죽은 세포와 혈액 단백질을 제외한 다른 모든 독이 중화되고 파괴된다. 림프계는 얼마나 중요할까? 만약 림프계가 24시간 동안 완전히 차단되면 혈액 단백질이 막히고, 세포 주변의 과도한 수분으로 인해 죽음에 이르게 된다.

혈류에는 펌프 역할을 하는 심장이 있다. 그러나 림프계에는 그런 역할을 하는 것이 없다. 림프는 심호흡과 근육 운동으로만 움직일 수 있다. 따라서 효과적인 림프계와 면역체계로 건강한 혈류를 유지하려면 심호흡을 하여 이 체계들을 자극해서 움직임을 만들어야 한다. 효과적인 호흡으로 몸을 완전히 깨끗하게 만드는 방법을 가장 먼저 가르쳐주지 않는 '건강 프로그램'이 있다면 일단 의심해보는 것이 좋다.

캘리포니아대학교 샌타바버라 캠퍼스의 림프학 권위자 잭 실즈 박사는 최근 면역체계에 관한 흥미로운 연구를 수행했다. 그는 사람의 몸속에 카메라를 넣어 림프계의 정화 작용을 촉진하는 것이 무엇인지 알아보았다. 그리고 횡격막으로 깊게 호흡하는 것이 가장 효과적인 방법이라는 사실을 발견했다. 깊은 횡격막 호흡은 진공청소기처럼 혈류로 림프를 빨아들이고, 신체가 독소를 제거하는 속도를 증가시킨다. 실제로 심호흡과 운동은 이 과정을 최대 15배까지 가속화할 수 있다.

이번 장에서 언급한 심호흡의 중요성만 이해해도 신체 건강의 수준을 극적으로 개선할 수 있다. 요가와 같은 건강 시스템에서 호흡법을 강조하는 것도 같은 이유에서다. 몸을 정화하는 데 호흡만큼 중요한 것은 없다.

건강에 필요한 요소 중 산소가 가장 중요하다는 것은 잘 알려진 상식이다. 그러나 얼마나 중요한지를 아는 것이 중요하다. 독일의 노벨상 수상자이자 막스플랑크연구소Max Planck Institute 세포생리학 연구소장을 역임한 오토 바르부르크 박사는 세포에 미치는 산소의 영향을 연구했다. 그는 단순히 산소 공급량을 낮추는 것만으로 건강한 세포를 악성 세포로 바꿀 수 있었다. 그의 연구는 미국에서 해리 골드블랫이 계승했다. 골드블랫 박사는 〈실험의학저널Journal of Experimental Medicine〉(1953년)에서 악성 종양이 없는 쥐를 대상으로 수행한 실험을 설명했다. 그는 갓 태어난 쥐에서 세포를 떼어내 세 그룹으로 나누고, 그중 한 그룹은 종 모양의 병에 넣고 한 번에 최대 30분 동안 산소를 차단했다. 바르부르크 박사와 마찬가지로 몇 주 후에 이 세포 중 상당수가 죽거나 움직임이 둔화된 사실을 발견했으며, 일부 세포는 구조가 바뀌어 악성 세포가 되었다. 산소 함량을 대기 농도와 유사하게 유지한 두 그룹의 세포는 병에 그대로 보존되었다.

한 달 후, 골드블랫 박사는 세 그룹의 세포를 각각 구분하여 쥐들에게 주입했다. 2주 후, 정상적인 세포가 주입된 정상적인 두 그룹의 쥐에는 아무 변화가 없었다. 하지만 산소를 차단한 세포를 주입한 쥐들에게서는 악성 종양이 나타났다. 일 년이 지난 후 다시 조사해보니 악성 종양이 있는 쥐는 그대로 악성 종양을 가지고 있었고, 정상적인 쥐는 그대로 정상 상태를 유지했다.

이것은 어떤 의미일까? 연구진은 산소 결핍이 세포를 악성 종양이나 암세포로 만드는 데 중요한 역할을 한다고 믿게 되었다. 산소는 확실히 세포의 생존에 큰 영향을 미친다. 우리 건강의 질은 실제로 세포의 질이라고 할 수 있다. 따라서 체내 시스템에 온전히 산소를 공급하는 것이 가장 중요하며, 효과적으로 호흡하는 것이 가장 먼저해야 할 일이다.

문제는 대부분의 사람들이 호흡하는 방법을 모른다는 것이다. 미국인 세 명 중 한 명이 암에 걸린다. 그러나 운동선수의 경우는 일곱 명에 한 명꼴로 암을 경험한다. 이유가 뭘까? 앞의 연구들이 그 이유를 말해준다. 운동선수는 혈류에 가장 중요하고 필수적인 요소인 산소를 일반인보다 훨씬 더 많이 공급한다. 또 다른 설명은 운동선수는 림프의 움직임을 자극하여 신체의 면역체계가 최고의 수준에서 작동하도록 자극한다는 것이다.

이제 체내 시스템을 정화하는 데 가장 효과적인 호흡법에 대해 알아보자. 다음과 같은 비율로 호흡해야 한다. 숨을 들이마시면서 하나를 세고, 숨을 참고 넷까지 센 다음, 숨을 내쉬면서 둘을 센다. 4초 동안 숨을 들이마셨다면, 16초 동안 숨을 참고, 8초 동안 숨을 내쉰다. 왜 숨을 들이마시는 시간보다 내쉬는 시간이 두 배나 많을까? 림프계로 독소를 제거해야 하기 때문이다. 그럼 왜 숨을 들이마시는 것보다 4배나 되는 시간 동안 숨을 참는가? 그래야 혈액에 산소를 충분히 공급하고 림프계를 활성화할 수 있기 때문이다. 호흡은 혈액 시스템의 모든 독소를 제거하는 진공청소기처럼 복부 깊숙한 곳에서 시작해야 한다.

운동을 하고 나면 얼마나 배고픔을 느끼는가? 한 시간 동안 달리고 나면 앉아서 커다란 스테이크를 먹고 싶은가? 대부분 그렇지 않을 것이다. 왜 그럴까? 건강한 호흡을 통해 몸은 이미 필요한 것을 모두 얻었기 때문이다. 여기에 바로 건강한 삶의 첫 번째 비결이 있다. 내가 앞에서 말한 방식대로 하루에 열 번씩 세 번 이상 심호흡을 하라. 비율은 어떻게? 숨을 들이마시면서 하나, 숨을 참고 넷, 숨을 내쉬면서 둘이다. 예를 들어, 복부에서 시작하여 일곱까지 세면서 코로 심호흡을 하라. (또는 개인 능력에 따라 더 큰 숫자나 작은 숫자를 선택할 수 있다.) 들이마실 때의 4배, 즉 스물여덟까지 세는 동안 숨을 참는다. 그런 다음 들숨 때의 2배 또는 열넷을 세는 동안 입을 통해 천천히 숨을 내쉰다. 절대로 억지로 해서는 안 된다. 천천히 자신의 폐활량을 늘려가면서 어느 정도까지 끌어올릴 수 있는지 확인한다. 이런 식으로 하루에 세 번씩 열 번을 호흡하면 건강이 좋아지는 것을 경험할 수 있다. 이 호흡법보다 더 좋은 음식이나 비타민은 이 세상에 없다.

건강한 전신 호흡의 또 다른 필수 요소는 날마다 하는 유산소 운동이다.* 약간의 스트레스는 있지만 달리기가 좋다. 수영 역시 훌륭한 운동이다. 그러나 최고의 전천후 유산소 운동 중 하나는 트램펄린으로, 쉽게 접근할 수 있고 신체에 주는 스트레스도 아주 적다.

트램펄린 같은 운동은 과도한 스트레스 없이 집중적으로 할 수 있다는 점에서 효과적이다. 30분 정도 통증이나 스트레스, 피로감 없이 시작하고, 운동량을 조금씩 늘려가면 된다. 조깅이나 트램펄린을 시작하기 전에 기초를 견고하게 다져야 한다. 적절하게 운동을 제대로 하면 깊게 호흡을 할 수 있고, 계속해서 하다보면 몸에 좋게 작용한다. 트램펄린이 신체 기관을 강화

---

*   유산소Aerobic는 말 그대로 "산소와 함께 운동하다"라는 뜻이다.

하는 방법에 대해 설명하는 책은 서점에서 쉽게 찾을 수 있다. 시간을 내어 삶의 질을 높일 수 있는 이 운동을 해보라. 분명히 만족감을 느낄 것이다.

건강을 위한 두 번째 열쇠: 수분 많은 음식 섭취

지구의 70퍼센트는 물로 덮여 있다. 우리의 몸도 80퍼센트가 물로 이루어져 있다. 그러면 우리가 먹는 음식의 상당 부분은 무엇이 포함되어야 할까? 음식에 수분이 70퍼센트 이상이 되어야 한다. 신선한 과일이나 채소 또는 갓 짜낸 주스 등이 여기에 해당된다.

어떤 사람들은 '체내 시스템을 정화하기 위해' 하루에 8~12잔의 물을 마셔야 한다고 말한다. 정말 말도 안 된다. 우선, 우리가 마시는 대부분의 물은 몸에 그다지 좋지 않다. 염소, 불소, 미네랄 및 기타 독성 물질이 포함되어 있을 가능성이 높다. 일반적으로 증류수를 마시는 것이 가장 좋다고 한다. 그러나 어떤 종류의 물을 마셔도 몸을 깨끗이 정화할 수는 없다. 우리가 마시는 물의 양은 갈증에 따라 결정될 뿐이다.

체내 시스템을 정화하는 방법은 물을 직접 마시는 것보다 자연적으로 수분이 풍부한 음식, 즉 수분 함량이 높은 음식을 먹는 것이다. 이런 음식은 이 세상에 과일, 채소, 새순 세 종류만 존재한다. 이 음식들은 우리에게 생명을 주고 정화하는 물질인 물을 풍부하게 제공한다. 수분이 적은 음식만 섭취하면 건강에 분명히 해롭다. 알렉산더 브라이스 박사는《생명과 건강의 법칙The Laws of Life and Health》에서 이렇게 말한다. "몸에 너무 적은 양의 수분이 공급되면 혈액의 점성이 높아져서 조직이나 세포 변화로 생기는 독성 노폐물이 완전히 제거되지 않는다. 결국 몸은 자신의 배설물로 중독되는데, 주된 이유는 세포가 만들어내는 노폐물을 용액에 담아 운반하기에 충분한 양의 액체가 공급되지 않았기 때문이다."

우리 식단은 소화되지 않는 음식으로 몸에 부담을 주기보다는 몸의 정화 과정에 지속적으로 도움을 주어야 한다. 체내에 노폐물이 쌓이면 질병이 생긴다. 혈류와 신체를 이 노폐물과 독소에서 최대한 자유롭게 유지하는 방법은 체내의 배설기관에 부담을 주는 식품 또는 비식품을 적게 섭취하는 것이다. 또 다른 방법은 체내 시스템에 충분한 물을 공급하여 노폐물을 희석하거나 제거하는 것이다. 브라이스 박사는 "화학자들에 따르면, 물만큼 많은 양의 고체 물질을 용해시킬 수 있는 액체는 없다. 물은 세상에서 가장 훌륭한 용매. 따라서 충분한 양이 공급되면 독성 폐기물이 용해되어 신장, 피부, 장 또는 폐로 배설되기 때문에 전체 영양 작용이 촉진된다. 그러나 독성이 있는 물질이 몸에 쌓이면 각종 질병이 발생한다."라고 말한다.

심장병이 가장 큰 사망 요인인 이유는 무엇일까? 왜 우리는 40대의 사람들이 테니스 코트에 쓰러져 사망했다는 소식을 자주 접하게 되는 걸까? 한 가지 이유는 평생 자신의 체내 시스템을 제대로 관리하지 못했기 때문이다. 인간의 수명은 세포의 질에 달려 있음을 알고 있을 것이다. 혈류가 폐기물로 가득 차면 세포를 강하고, 활기차고, 건강하게 할 수 없으며, 균형 잡힌 정서적 생활을 가능케 하는 생화학 작용도 촉진하지 못한다.

1912년 노벨상 수상자이자 록펠러연구소 일원이었던 알렉시 카렐 박사는 평균 수명이 11년인 닭의 세포 조직을 채취하여 실험함으로써 이 이론을 증명하고자 했다. 단순히 무한정으로 세포에 노폐물이 쌓이지 않게 유지하고 필요한 영양분을 공급했다. 그 후 록펠러연구소 연구진은 이 세포들이 영원히 살아 있을 수 있다고 확신했고, 닭은 실험을 끝낼 때까지 34년간이나 살아 있었다.

우리 식단에서 수분이 풍부한 식품이 차지하는 비율은 몇 퍼센트나 될까? 지난주에 먹은 음식 목록을 작성했을 때 몇 퍼센트나 되는가? 70퍼센트 정도? 아닐 것이다. 그러면 50퍼센트? 25퍼센트? 아니면 15퍼센트? 세미나에 참석한 사람들에게 이런 질문을 하면 대부분은 수분 함량이 15~20퍼센트인 음식을 섭취한다고 대답한다. 전체 평균보다는 높은 수치다. 한 가지 충고하면 15퍼센트는 자살 행위다. 내 말을 못 믿겠다면 암과 심장질환에 대한 통계를 보라. 미국국립과학원에서 어떤 음식을 피하라고 권하는지 그리고 그 음식의 수분 함량을 알아보라.

자연에서 가장 크고 가장 힘센 동물들은 대부분 초식 동물이다. 고릴라, 코끼리, 코뿔소 등은 모두 수분이 풍부한 음식만 먹는다. 초식 동물은 육식 동물보다 더 오래 산다. 독수리 같은 동물을 생각해보라. 왜 날카롭게 보인다고 생각하는가? 수분이 많은 음식을 먹지 않기 때문이다. 우리가 말린 음식이나 싱싱하지 않은 음식만 먹는다면 어떤 모습일지 상상할 수 있겠는가? 비유적으로 말하면, 건물의 자재가 좋으면 건물 전체가 강하고 우아해 보인다. 우리의 몸도 마찬가지다. 완전히 살아 있음을 느끼고 싶다면 수분이 풍부하고 싱싱하고 신선한 음식을 먹는 것이 상식이다. 아주 간단하다. 그럼 우리가 먹는 음식에 70퍼센트 이상의 수분이 함유되어 있는지 어떻게 확인할 수 있을까? 어려운 일이 아니다. 이제부터는 매 끼니마다 반드시 샐러드를 먹으면 된다. 간식을 초코바에서 과일로 바꿔라. 몸이 더 효율적으로 작용될 때 그 차이를 느끼게 될 것이다.

건강을 위한 세 번째 열쇠: 균형 잡힌 식단

얼마 전 스티븐 스미스라는 의사가 백 번째 생일을 맞았다. 장수의 비결이 무엇이냐는 질문에 "처음 50년 동안 위를 잘 관리하면, 그다음 50년은 위가 몸을 잘 관리해줄 겁니다."라고 답했다. 정말 틀림없는 말이다.

많은 위대한 과학자들이 식품의 조합을 연구했다. 허버트 셸턴 박사는 이 분야의 권위자로 알려져 있다. 그러나 이 분야를 처음으로 광범위하게 연구한 과학자가 있다. 러시아의 이반 파블로프 박사로, 자극과 반응에 관한 획기적인 연구로 잘 알려진 인물이다. 어떤 사람들은 식품 조합을 매우 복잡한 것으로 생각하지만 실제로는 아주 간단하다. 함께 먹으면 안 되는 음식들을 피하는 것이다. 음식 종류에 따라 각기 다른 소화액이 필요하며, 모든 소화액이 다 음식에 맞는 것은 아니다.

예를 들어, 고기와 감자를 함께 먹으면 어떨까? 치즈와 빵, 우유와 시리얼, 또는 생선과 쌀은 어떤가? 만약 내가 이런 조합이 신체의 내부 시스템을 완전히 파괴하고 에너지를 빼앗는다고 말한다면, 갑자기 무슨 헛소리냐고 의아해할 것이다.

이 조합들이 왜 파괴적인지, 낭비되는 많은 양의 신경 에너지를 어떻게 절약할 수 있는지 설명해보겠다. 음식은 소화되는 방식이 각각 다르다. 전분이 많은 식품(쌀, 빵, 감자 등)에는 알칼리성 소화 물질이 필요한데, 그것이 처음 입에서 나오는 프티알린 효소다. 단백질 식품(고기, 유제품, 견과류, 씨앗 등)은 소화를 위해 염산과 펩신과 같은 산성 소화 물질이 필요하다.

상반된 두 개의 매개 물질(산성과 알칼리성)은 동시에 작용할 수 없다는 것은 화학 법칙이다. 이 물질들은 서로를 중화시킨다. 녹말 성분과 함께 단백질을 섭취하면 소화가 잘 안 되거나 완전히 억제된다. 소화되지 않은 음식물은 박테리아의 토양이 되어 발효되고 분해되어 소화 장애와 가스를 유발한다.

양립할 수 없는 음식의 조합은 에너지를 빼앗고, 이로써 에너지 손실은 질병을 일으킬 가능성이 높다. 그리고 몸에서 산소를 빼앗는 산을 과다하게 분비시켜 혈액의 점도를 높이고, 체내 시스템 내에서 혈액을 천천히 흐르게 한다. 작년 추수감사절 만찬 자리에서 불편하게 앉아 있다가 나왔을 때 몸 상태가 어땠는지 기억해보라. 이것이 좋은 건강, 건강한 혈류, 활기찬 생리체계에 얼마나 도움이 되었을까? 삶에서 원하는 일을 하는 데 과연 도움이 되었는가? 미국에서 가장 많이 팔리는 약이 무엇인지 아는가? 과거에는 진정제인 발륨Valium이었지만 지금은 위장장애 치료제 타가메트Tagamet다. 좀 더 현명한 식습관이 있을 수도 있다. 그것은 바로 음식을 잘 조합하는 것이다.

음식을 적절히 조합하는 아주 간단한 방법이 있다. 한 끼에 농축된 음식만 먹지 않는 것이다. 그럼 농축된 음식은 무엇인가? 수분이 많지 않은 음식이다. 예를 들어, 육포는 농축된 식품이지만 수박은 수분이 많은 식품이다. 농축된 식품의 섭취를 줄이려고 하지 않는 사람들이 있는데, 여기서 최소한 이 말은 하고 싶다. 녹말이 함유된 탄수화물과 단백질은 한 번에 먹지 않아야 한다. 고기와 감자를 함께 먹지 말라. 둘 다 먹지 않고는 살 수 없겠다고 생각되면 점심과 저녁에 따로 먹으면 된다. 어렵지 않다. 그렇지 않은가? 세계에서 가장 멋진 레스토랑에 가서도 "구운 감자 없이 스테이크에 큰 접시의 샐러드와 약간 익힌 채소만 주세요."라고 주문할 수 있다. 전혀 문제 없다. 단백질은 수분 함량이 높은 식품이기 때문에 샐러드나 채소와 잘 어울릴 것이다. 스테이크 없이 구운 감자 한두 개를 주문하고 큰 샐러드와 익힌 채소를 주문할 수도 있다. 이렇게 먹으면 배가 고플까? 절대 그렇지 않다.

6시간이나 7시간, 또는 8시간을 자고 일어나도 아침에 피곤함을 느낄 때가 있을 것이다. 그 이유를 알고 있는가? 잠자는 동안 몸이 위에 있는 잘못 조합된 음식물을 소화시키느라 과도하게 일을 했기 때문이다. 이때 소화기관은 정상적인 다른 일을 할 때보다 더 많은 신경 에너지를 소모한다. 음식이 소화기관에서 부적절하게 조합되면 소화하는 데 8시간, 10시간, 12시간, 심지어 14시간까지 걸릴 수 있다. 음식이 적절하게 조합되어야 신체

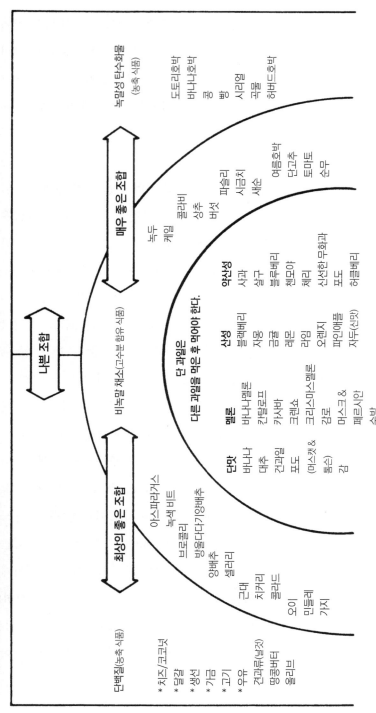

가장 효율적인 소화를 위한 음식 조합표

이 '상시적인' 도표는 신선하고 활력을 주는 음식이 어떻게 조합될 때 가장 소화가 잘 되고, 몸에 활력을 주고, 몸을 강화시키는지를 보여준다.

나쁜 조합

최상의 좋은 조합

매우 좋은 조합

단백질(농축 식품)

* 치즈/크림넛
* 달걀
* 생선
* 기름
* 고기
* 우유

견과류(날것)
땅콩버터
올리브

아스파라거스
녹색 비트
브로콜리
방울다다기양배추
양배추
셀러리
근대
치커리
콜라드
오이
민들레
가지

비녹말성 채소(고수분 함유 식품)

단맛
바나나
대추
건과일
포도
(머스캣 & 톰슨)
감

다른 과일을 먹은 후 먹어야 한다.

멜론
바나나멜론
칸탈로프
카사바
크렌쇼
크리스마스멜론
검로
머스크 &
페르시안
수박

신맛
블랙베리
자몽
금귤
레몬
라임
오렌지
파인애플
자두(신맛)

아산성
사과
살구
블루베리
첸모아
체리
신선한 무화과
포도
허클베리

녹두
케일
콜라비
상추
버섯

파슬리
시금치
세손

여름호박
단호박
토마토
순무

녹말성 탄수화물
(농축 식품)

도토리호박
바나나호박
콩
빵
시리얼
곡물
허버드호박

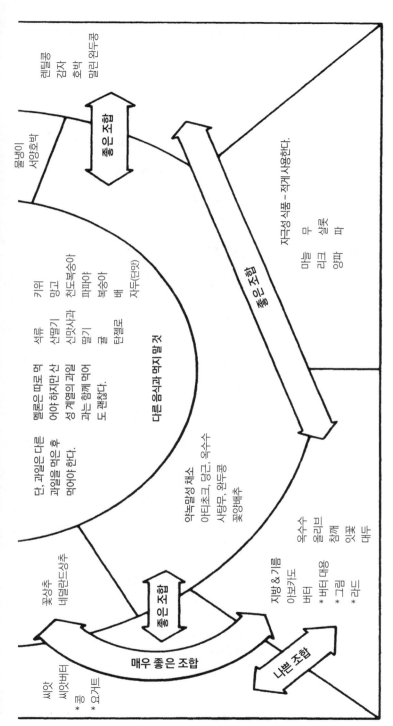

1. 단백질과 탄수화물을 절대 함께 먹으면 안 된다.
2. 잎이 많은 녹색 샐러드는 단백질, 탄수화물 또는 지방과 함께 먹어도 좋다.
3. 지방은 단백질의 소화를 억제한다. 단백질이 함유된 지방을 먹어야 할때는 채소 샐러드를 함께 먹어야 한다. 소화 억제를 상쇄시켜줄 것이다.
4. 식사 도중 또는 식사 직후에 수분을 섭취하지 않아야 한다.

* 위 목록은 설명을 위한 것이지 권장 사항은 아니다.

가 제 역할을 할 수 있으며, 소화시키는 데 걸리는 시간이 평균 3~4시간이기 때문에 소화에 에너지를 낭비할 필요가 없다.*

음식 조합에 대해 자세하게 잘 설명한 책으로는 허버트 셸턴의 《이렇게 먹어야 건강하다Food Combining Made Easy》가 있다. 또한 내 동료였던 하비와 매릴린 다이아몬가 쓴 《다이어트 불변의 법칙Fit for Life》도 있다. 이 책은 적절하게 잘 조합된 훌륭한 레시피로 가득 차 있다. 즉시 정보를 얻고자 한다면 음식 조합표를 참고하고, 식단에서 이 원칙을 따르기만 하면 된다.

건강을 위한 네 번째 열쇠: 조절된 음식 소비 법칙

먹는 것을 좋아하는가? 나도 그렇다. 어떻게 하면 건강하게 많이 먹을 수 있을까? 비결은 조금씩 먹는 것이다. 그렇게 하면 오랫동안 아주 많이 먹을 수 있다.

의학 연구도 이를 뒷받침한다. 동물의 수명을 늘리는 가장 확실한 방법은 먹는 음식의 양을 줄이는 것이다. 코넬대학교 교수인 클라이브 맥케이 박사는 유명한 연구를 수행했다. 그는 실험에서 쥐에게 주는 음식의 양을 절반으로 줄였다. 그러자 쥐의 수명이 두 배로 늘어났다. 텍사스대학교의 에드워드 J. 마사로 박사가 수행한 후속 연구는 더욱 흥미롭다. 마사로 박사는 쥐를 세 그룹으로 나누어 실험했다. 첫 번째 그룹은 쥐에게 원하는 만큼 먹였다. 두 번째 그룹은 음식 섭취량을 60퍼센트로 줄였다. 세 번째 그룹에는 음식을 원하는 만큼 주었지만 단백질 섭취량은 절반으로 줄였다. 결과는 어땠을까? 810일 후 첫 번째 그룹은 13퍼센트만 살아남았다. 음식 섭취

---

* 잘 조합된 음식을 섭취한 후에도 다른 음식을 섭취하기까지 최소한 3시간 반은 기다려야 한다. 또한 식사 때 수분을 섭취하면 소화액이 희석되고, 소화 과정이 느려진다는 점을 명심하라.

량을 60퍼센트까지 줄인 두 번째 그룹에서는 97퍼센트가 살아남았다. 음식 섭취량은 높지만 단백질 섭취량을 절반으로 줄인 세 번째 그룹은 50퍼센트가 살아 있었다.

이것이 시사하는 바는 무엇일까? UCLA의 저명한 연구원 로이 월포드 박사는 "영양 부족은 지속적으로 노화 과정을 지연시키고, 온혈 동물의 최대 수명을 연장하는 유일한 방법이다. 지금까지 연구된 모든 종에서 같은 결과를 보였기 때문에 이 연구들은 의심할 여지 없이 인간에게도 적용할 수 있다."** 연구들에 따르면, 음식을 제한함으로써 면역체계의 정상적인 저하를 포함한 생리적 악화가 현저하게 지연되는 것으로 나타났다. 여기서 메시지는 명확하다. 적게 먹고 오래 살자는 것이다. 나도 다른 사람들과 마찬가지로 먹는 것을 좋아한다. 일종의 기분 전환이다. 그러나 기분 전환이 나를 죽일지도 모른다는 점을 명심하라. 군이 많은 양의 음식을 먹고 싶다면 수분이 풍부한 식품인지 확인하라. 스테이크보다 훨씬 더 많은 샐러드를 먹으면 활기차고 건강한 삶을 영위할 수 있을 것이다.

건강을 위한 다섯 번째 열쇠: 효과적인 과일 섭취

과일은 가장 완벽한 음식이다. 소화시키는 데 최소한의 에너지가 소모되지만 몸에는 가장 많은 에너지를 제공한다. 뇌를 작동시키는 데 가장 필요한 음식은 포도당이다. 과일은 주로 과당(포도당으로 쉽게 전환될 수 있다.)이며, 대부분은 90~95퍼센트가 수분이다. 이는 과일이 정화와 영양 공급을 동시에 한다는 것을 의미한다.

** 　　정보 소식지 〈깨어라Awake〉(1982년 12월 22일) 3쪽에서 발췌했다. 식습관도 중요하다. 잠자리에 들기 직전에는 음식을 먹지 않는 것이 좋다. 가장 좋은 식습관은 밤 9시 이후에는 과일 이외의 음식은 절대 먹지 않는 것이다.

과일의 유일한 문제는 대부분의 사람들이 어떻게 해야 과일의 영양소를 효과적으로 섭취하는지 모른다는 것이다. 과일은 항상 공복에 먹어야 한다. 왜일까? 위에서 소화되지 않기 때문이다. 주로 소장에서 소화된다. 과일은 먹었을 때 불과 몇 분 만에 위를 지나고 소장으로 들어가 당분을 배출한다. 그러나 위에 고기나 감자, 녹말이 있으면 과일이 그곳에 갇혀 발효되기 시작한다. 과식 후 디저트로 과일을 먹고 남은 저녁 내내 트림을 하면서 불편한 뒷맛을 경험한 적이 있지 않은가? 올바르게 먹지 않았기 때문이다. 과일은 항상 공복에 먹어야 한다.

과일을 가장 효과적으로 먹는 방법은 신선한 과일을 그대로 먹거나 주스로 만들어 마시는 것이다. 캔이나 유리 용기에 담긴 주스를 마시는 것은 권하고 싶지 않다. 대부분의 과일 주스는 밀봉 과정에서 열이 가해져 그 구조가 산성으로 바뀌기 때문이다. 자신에게 가장 가치 있는 물건을 하나 구매하고 싶다면 주스기를 구입하라. 자동차를 소유하고 있는가? 그럼 차를 팔아 주스기를 사라. 주스기가 우리를 이전보다 훨씬 더 건강하게 해줄 것이다. 지금 당장 구입하라. 공복에 과일을 주스로 섭취할 수 있다. 주스는 아주 빨리 소화되므로 15분이나 20분만 지나면 식사를 할 수 있다.

나만 과일 섭취의 중요성을 강조하는 것이 아니다. 유명한 매사추세츠 프레이밍햄 심장 연구소의 책임자인 윌리엄 카스티요 박사는 '과일이 심장 질환을 예방하는 최고의 음식'이라고 말했다. 그는 과일에 바이오플라보노이드Bioflavinoids가 함유되어 있어서, 혈액의 농도가 진해지고 동맥이 막히는 것을 방지한다고 말한다. 또한 모세혈관을 강화시켜 내부 출혈과 심장마비를 방지한다.

얼마 전 내가 주최한 건강 세미나에서 한 마라톤 선수와 이야기를 나누었다. 원래 그는 내 견해에 아주 회의적이었지만 식단에 과일을 적절하게 사용하는 데 동의했다. 그 후 어떤 일이 생겼을까? 그는 마라톤 경기에서 기록을 9분 30초 단축했다. 경기 후 회복 시간도 절반으로 단축했고, 생애 처음으로 보스턴 마라톤 출전 자격을 얻었다.

과일에 대해 마지막으로 명심해야 할 것이 있다. 하루를 어떻게 시작해야 할까? 아침 식사로 무엇을 먹어야 할까? 침대에서 나온 뒤 하루 종일 엄청난 양의 음식으로 체내 시스템을 꽉 채우는 것이 현명하다고 생각하는가? 당연히 아니다.

우리는 소화하기 쉽고, 즉시 사용할 수 있는 과당을 제공하고, 몸을 정화하는 데 도움이 되는 음식을 원한다. 아침에 깨어나서 가능한 한 천천히 편안하게 신선한 과일이나 갓 짜낸 과일 주스만 먹어보라. 매일 적어도 정오 12시까지는 이 약속을 지켜라. 과즙을 몸에 오래 품고 있을수록 몸이 스스로 정화할 기회가 많아진다. 몸에 부담을 주는 커피와 쓰레기 같은 음식들에서 벗어나기 시작하면 믿기지 않을 정도로 새로운 활력과 에너지가 밀려오는 느낌이 들 것이다. 앞으로 열흘 동안 시도하고 직접 확인해보기 바란다.

건강을 위한 여섯 번째 열쇠: 단백질에 대한 근거 없는 믿음

거짓말도 큰 소리로 되풀이하면 진실이라고 믿게 된다. 놀라운 단백질의 세계에 온 것을 환영한다. 인간이 최적의 건강과 웰빙 생활을 유지하기 위해 고단백 식단이 필요하다는 것보다 심한 거짓말은 없다.

우리는 단백질 섭취에 신경을 많이 쓴다. 왜 그럴까? 어떤 사람은 에너지를 얻기 위해서라고 생각한다. 또 어떤 사람은 지구력을 키우기 위해서는 단백질이 필요하다고 생각한다. 뼈를 단단하게 하려고 단백질을 먹는다는 사람도 있다. 하지만 단백질을 과도하게 섭취하면 우리의 바람과 정반대의 효과가 생길 수 있다.

실제로 우리에게 얼마나 많은 양의 단백질이 필요할까? 사람들에게 단백질이 가장 필요한 시기가 언제라고 생각하는가? 아마도 신생아 때일 것이다. 대자연은 아기에게 필요한 모든 것이 포함된 식품인 모유를 제공했다. 모유에 단백질이 50퍼센트, 25퍼센트, 10퍼센트 중 얼마나 포함되어 있는지 맞혀보라. 모두 너무 많다. 아기가 막 태어났을 때 모유에는 약 2.38 퍼센트의 단백질이 함유되어 있으며, 6개월 후에는 1.2~1.6퍼센트로 감소한다. 그게 전부다. 그렇다면 어떤 이유로 인간에게 엄청난 양의 단백질이 필요하다고 생각하게 된 걸까?

사실, 우리에게 어느 정도의 단백질이 필요한지는 아무도 모른다. 하버드의과대학교 영양학 교수 마크 헥스테드 박사는 10년 동안 인간의 단백질 섭취량을 연구했는데, 인간은 어떤 단백질이든 섭취할 수 있도록 적응되어 있는 것 같다고 말했다. 또한《작은 행성을 위한 식단Diet for a Small Planet》을 저술한 프랜시스 라페와 같은 사람은 거의 10년 동안 모든 필수 아미노산을 얻기 위해서는 단백질을 채소와 함께 섭취해야 한다고 주장했다. 하지만 지금은 자신의 주장이 틀렸다고 말한다. 단백질을 다른 음식과 조합하여 섭취할 필요가 없으며, 균형 잡힌 채식 위주의 식단으로도 필요한 단백질을 모두 얻을 수 있다고 말한다. 미국국립과학원에 따르면, 미국의 성인 남성은 하루에 56그램의 단백질이 필요하다. 또 국제영양학회의 보고서에 따르면, 성인 남성의 일일 단백질 권장량은 국가별로 39~110그램으로 다양하게 설정되어 있다. 어찌 된 일일까? 그렇게 많은 단백질이 필요하다는 건가? 혹시 잃어버린 것을 보충하기 위함인가? 단백질이 배설과 땀으로 배출되는 양은 아주 미미하다. 그렇다면 이 수치의 근거는 무엇일까?

나는 예전에 미국국립과학원에 전화해서 어떻게 56그램이라는 수치가 나왔는지 문의한 적이 있다. 사실, 자신들의 자료에는 30그램만 필요하다고 되어 있지만 56그램을 추천한다고 답변했다. 지금은 단백질 과다 섭취는 배뇨기관에 부담을 주어 피로를 유발한다고 말한다. 그렇다면 왜 미국 국립과학원은 우리가 필요한 것보다 더 많은 양을 권장할까? 아직 만족할 만한 답변을 듣지 못했다. 그들은 예전 권장량이 80그램이었는데, 이 수치를 낮추기로 하자 사람들에게 엄청난 항의를 받았다고 한다. 누가 항의했을까? 여러분이나 나와 같은 사람들이 전화를 걸어서 불평했을까? 아니다. 이 수치에 대한 항의는 고단백 식품과 제품 판매로 이득을 챙기는 기득권 층에서 나왔을 것이다.

세상에서 가장 위대한 마케팅은 무엇일까? 사람들이 자신의 제품을 사용하지 않으면 죽을지도 모른다고 생각하게 만드는 것이다. 단백질이 이와 같은 사례다. 제대로 분석해보자. 에너지를 만들기 위해 단백질이 필요하다는 생각은 맞는가? 에너지를 만들기 위해 우리의 몸은 무엇을 사용할까? 우선 과일, 채소 및 새싹에서 나오는 포도당을 사용한다. 두 번째로 탄수화물을 사용하고, 세 번째가 지방이다. 맨 마지막으로 사용하는 것이 단백질이다. 그런데도 단백질이 그렇게 많이 필요할까? 단백질이 지구력을 키우는 데 도움이 된다는 말을 어떻게 생각하는가? 이것 역시 잘못되었다. 과도한 단백질은 신체에 과도한 질소를 제공하여 피로를 유발한다. 단백질로 꽉 찬 몸을 가진 보디빌더가 마라톤 경기에서 유리하다는 이야기는 들어본 적이 없다. 보디빌더들은 쉽게 피곤함을 느낀다. 그렇다면 단백질이 뼈를 단단하게 만든다는 말은 어떤가? 이것도 틀렸다. 오히려 반대다. 단백질이 너무 많으면 뼈가 부드러워지고 약화되어 골다공증을 유발한다. 지구상에서 가장 튼튼한 뼈를 가진 사람은 채식주의자다.

나는 단백질 섭취를 위해 고기를 먹는 것이 최악인 이유를 100가지도 넘게 말할 수 있다. 예를 들어, 단백질 대사로 인해 생기는 부산물 중 하나가

암모니아다. 특별히 두 가지만 말하겠다. 첫째, 고기에는 높은 수준의 요산이 포함되어 있다. 요산은 살아 있는 세포 작용으로 생긴 신체의 폐기물이나 배설물 중 하나다. 신장은 혈류에서 요산을 추출하고 방광으로 보내서 소변과 함께 배출한다. 요산이 혈액에서 신속하고 철저하게 제거되지 않으면 신체 조직에 과도하게 축적되어 나중에 신장에 해를 끼치는 것은 물론이고, 통풍이나 방광 결석의 원인이 된다. 일반적으로 백혈병 환자들의 혈류에 매우 높은 수준의 요산이 있는 것으로 밝혀졌다. 보통의 고기 한 조각에는 0.9그램의 요산이 함유되어 있다. 인간의 몸은 하루에 약 0.5그램의 요산만을 제거할 수 있다. 고기의 맛을 나게 하는 것이 무엇인지 아는가? 바로 요산이다. 우리가 지금 먹고 있는 죽은 동물에서 나온 것이다. 내 말이 의심스럽다면 양념하기 전의 코셔Kosher식(유대교 율법에 따라 식재료를 선택하고 조리한 음식-옮긴이) 고기를 먹어보라. 피가 씻겨나갈 때 대부분의 요산도 배출된다. 요산이 없는 고기는 맛이 없다. 그렇다고 동물의 소변으로 배출되어야 할 요산을 몸속에 넣고 싶은가?

더욱이 고기는 부패를 일으키는 박테리아로 가득 차 있다. 궁금할 것 같아서 말하는데, 그 박테리아는 바로 대장균이다. 제이 밀튼 호프만 박사는 그가 쓴《의학대학 커리큘럼에 누락된 음식 화학작용과 신체 화학작용의 연관성The Missing Link in the Medical Curriculum Which Is Food Chemistry in Its Relationship to Body Chemistry》(135쪽)에서 "동물이 살아 있을 때 대장의 삼투압 작용은 부패성 박테리아를 동물의 몸으로 들어가지 못하게 한다. 그러나 동물이 죽으면 삼투압 과정이 일어나지 않아서 부패성 박테리아가 대장벽을 뚫고 살 속으로 파고든다. 그래서 고기가 부드러워지는 것이다."라고 설명했다. 숙성된 고기가 맛있다고 한다. 그러나 고기를 숙성시키고 부드럽게 만드는 것은 바로 부패성 박테리아다.

고기에 있는 박테리아에 대해 이렇게 말하는 전문가도 있다. "그 박테리아는 비료 속에 있는 박테리아와 특성이 같으며, 어떤 고기에는 새 비료보다 박테리아가 더 많이 있다. 모든 육류는 도축 과정에서 배설물 세균에 감염되며, 저장 기간이 길어질수록 세균 수가 증가한다."*

그래도 고기가 먹고 싶은가?

꼭 먹어야 한다면 다음을 유의하기 바란다. 첫째, 목초지에서 방목되었음을 보증하는 곳에서 구입해야 한다. 다시 말해, 성장 호르몬제를 맞지 않았다는 것을 보증해야 한다. 둘째, 섭취량을 대폭 줄여라. 고기를 하루에 한 번 이상 먹지 않아야 한다.

단순히 고기를 안 먹어야 건강해진다는 말이 아니다. 고기를 먹으면 건강에 안 좋다는 것도 아니다. 고기를 먹는 사람이 채식주의자보다 더 건강할 수도 있다. 왜냐하면 일부 채식주의자들은 고기 말고는 다른 어떤 것도 먹을 수 있다고 믿는 경향이 있기 때문이다. 나는 이들의 생각에 찬성하지 않는다.

그러나 살아 있는 동물의 살과 피부를 먹지 않겠다고 결정하면 지금보다 더 건강하고 행복할 수 있다는 것을 알아야 한다. 피타고라스, 소크라테스, 플라톤, 아리스토텔레스, 레오나르도 다빈치, 아이작 뉴턴, 볼테르, 헨리 데이비드 소로, 조지 버나드 쇼, 벤저민 프랭클린, 토머스 에디슨, 알베르트 슈바이처 박사, 마하트마 간디, 이들의 공통점이 무얼까? 이들은 모두 채식주의자였다. 롤 모델로 삼기에 좋은 인물들이지 않은가?

---

*　배틀크리크 요양병원의 세균학자 A. W. 넬슨A. W. Nelson은 1930년 플로리다 잭슨빌에서 열린 전국 견과재배자 협의회에서 J. H. 켈로그J. H. Kellogg 박사의 논문을 인용 발표했다. 또한 《의학대학 커리큘럼에 누락된 음식 화학작용과 신체 화학작용의 연관성》 134쪽의 각주 5, 141쪽에서 인용했다. Professional Press Publishing Company(13115 Hunza Hill Terrace, Valley Center, CA 92802)에서 출판하였다.

유제품은 좀 나을까? 어떤 면에서는 더 나쁘다. 모든 동물에는 젖 속에 그 동물의 균형에 맞게 설계된 영양소가 있다. 그러므로 소를 포함한 다른 동물의 젖을 마시면 많은 문제가 생길 수 있다. 예를 들어 젖소의 강력한 성장 호르몬은 송아지로 출생 때 40킬로그램에서 2년 후 신체적으로 450킬로그램까지 성장할 수 있도록 맞춰져 있다. 이에 비해 인간은 태어날 때 몸무게가 2.7~3.6킬로그램이지만 21년 후 신체적으로 성숙해지면 45~90킬로그램에 도달한다. 우유가 인간에 미치는 영향에 대해 많은 논란이 있다. 유제품이 인간의 혈류에 미치는 영향에 관한 연구의 권위자인 윌리엄 엘리스 박사는 몸에 알레르기가 생기기를 원한다면 우유를 마셔야 한다고 말한다. 체내 시스템이 막히기를 원한다면 우유를 마시라고 한다. 젖소의 단백질을 제대로 소화시킬 수 있는 성인이 거의 없다는 연구 결과 때문이다. 우유의 주요 단백질은 카세인Casein으로, 이는 젖소의 신진대사에 필요할 뿐 인간에게는 필요치 않다. 그의 연구에 따르면, 신생아와 성인 모두 카세인 소화에 상당한 어려움을 겪었다. 신생아의 경우 카세인의 50퍼센트 이상을 소화시키지 못한다. 이렇게 부분적으로 소화된 단백질은 혈류로 들어가 조직을 자극하고 알레르기 항원에 민감한 반응을 일으킨다. 결국에는 간에서 부분적으로밖에 소화되지 못한 소 단백질이 제거되어야 하는데, 이때 전체 배설 시스템, 특히 간에 불필요하게 부담을 준다. 이에 반해, 모유의 1차 단백질인 락트알부민은 사람이 소화하기 쉽다. 칼슘 섭취를 위해 우유를 마시는 것과 관련하여 엘리스 박사는 2만 5천 명 이상을 대상으로 혈액 검사를 한 결과, 하루에 3~5잔의 우유를 마시는 사람들의 혈중 칼슘 수치가 가장 낮았다고 말했다.

엘리스 박사는 충분한 칼슘 섭취가 걱정이 된다면 녹색 채소, 참깨, 버터 또는 견과류를 많이 먹으면 된다고 말한다. 견과류는 칼슘이 매우 풍부하고 몸에 사용되기도 쉬운 식품이다. 또한 칼슘을 너무 많이 섭취하면 신장에 축적되어 신장 결석을 유발할 수 있다는 점에 유의해야 한다. 이뿐만 아니라 우리의 몸은 혈중 농도를 비교적 낮게 유지하기 위해 섭취하는 칼슘의 약 80퍼센트를 그대로 배출한다. 그래도 걱정이 된다면 우유 말고 다른 공급원이 있다. 예컨대 순무 잎에는 같은 양의 우유보다 2배나 많은 칼슘이 함유되어 있다. 많은 전문가들은 사실 칼슘 부족에 대해서는 크게 우려하지 않아도 된다고 한다.

우유가 인체에 미치는 주된 영향은 무엇인가? 우유는 굳으면서 소장 내부의 모든 것에 달라붙고 딱딱한 점액 덩어리가 되어 신체 작용을 매우 어렵게 만든다. 그럼 치즈는 어떤가? 단지 농축된 우유일 뿐이다. 약 450그램의 치즈를 만드는 데 4~5리터의 우유가 필요하다고 한다. 지방 함량만으로도 섭취를 제한할 만한 충분한 이유가 된다. 그래도 치즈를 먹고 싶다면 많은 샐러드에 조금만 잘라서 넣어 먹으면 된다. 그렇게 하면 수분이 풍부한 음식을 충분히 섭취하여 소장의 막힘 현상을 어느 정도 상쇄할 수 있다. 어떤 사람들에게는 치즈를 먹지 말라는 소리가 끔찍하게 들릴 수 있다. 여러분이 피자와 브리Brie 치즈(프랑스 브리 지방에서 생산되는 부드러운 치즈-옮긴이)를 좋아한다는 것을 알고 있다. 요거트는 어떨까? 안 좋기는 마찬가지다. 그럼 아이스크림은? 최고의 상태를 원한다면 도움이 되지는 않는다. 하지만 그 환상적인 맛이나 식감을 포기하지 않아도 된다. 얼린 바나나를 주스기에 넣고 갈면 아이스크림과 같은 맛과 느낌을 주면서도 몸에 영양을 공급할 수 있다. 코티지Cottage 치즈(작은 알갱이들이 들어 있는 부드럽고 하얀 치즈-옮긴이)는 어떤가? 많은 유제품 회사에서 코티지 치즈를 걸쭉하게 만들고 서로 달라붙게 하기 위해 무엇을 사용하는지 아는가? 바로 소석고(황산칼슘)다. 농담이 아니다. 캘리포니아에서는 사용이 불법이지만 연방 기준에는 허용된다. 코티지 치즈가 허용되는 주에서 제조되어 캘리포니아로 배송되면 판매가 가능하다. 혈류를 깨끗하고 자유롭게 만들고 나서 다시 소석고로 채우는 것을 상상할 수 있겠는가?

왜 우리는 이런 유제품에 대한 문제를 몰랐을까? 여러 가지 이유가 있겠지만, 일부는 과거의 관행과 우리의 신념체계와 관련이 있다. 또 다른 이유는 미국 연방 정부가 잉여 유제품을 처리하기 위해 연간 약 25억 달러를 지출한다는 사실과도 관련이 있다. 실제로 〈뉴욕타임스〉에 따르면, 정부의 최신 홍보 전략은 유제품의 추가 소비를 촉구하는 캠페인이라고 했다. 그러나 이것은 지나친 지방 섭취의 위험을 경고하는 다른 정부 캠페인과 상충된다. 현재 정부의 보관 창고는 13억 파운드(1파운드=0.45㎏)의 분유, 4천억 파운드의 버터, 9억 파운드의 치즈로 가득 차 있다. 낙농업계를 공격하려는 의도는 추호도 없다. 나는 낙농업에 종사하는 농민들이야말로 우리 사회에서 가장 열심히 일하는 사람들이라고 생각한다. 하지만 이것이 내 몸에 도움이 되지 않는 제품을 계속 먹어도 되는 이유가 될 수는 없다.

예전에는 나도 여러분과 같은 식습관을 가지고 있었다. 피자는 내가 가장 좋아하는 음식이었다. 포기할 수 없다고 생각했지만, 피자를 포기한 후 내 몸 상태는 훨씬 더 나아졌다. 과거로 돌아가 피자를 다시 먹는 일은 없을 것이다. 어떤 차이가 있는지 설명해보라고 하면, 장미의 냄새를 맡아본 적이 없는 사람에게 장미의 냄새를 설명하라는 것과 같다고 할 수 있다. 30일 동안 우유를 마시지 않고 다른 유제품 섭취도 줄여보라. 그리고 몸에서 느껴지는 결과로 판단하라.

이 책에 있는 정보를 읽고, 유용하다고 생각하는 것은 취하고 그렇지 않은 것은 취하지 않으면 된다. 하지만 결정하기 전에 먼저 테스트를 해보면 어떨까? 살아가면서 지금까지 설명한 건강 시스템 여섯 가지 원칙을 시도해보라. 앞으로 10일에서 30일 동안 또는 평생 동안 시도해보고 더 높은 수준의 에너지와 활기찬 느낌이 생기는지 스스로 판단하라. 작은 주의 사항이 한 가지 있다. 림프계를 활성화하는 방식으로 효과적으로 호흡하기 시작하고, 음식을 올바르게 조합하고, 수분 함량이 70퍼센트인 음식을 먹기 시작하면 어떤 일이 생길까? 브라이스 박사가 물의 힘에 대해 말한 것을 기억하는가? 출구가 몇 개밖에 없는 건물에서 화재가 발생한 상황을 생각해보라. 많은 사람이 같은 출구를 향해 몰려들 것이다. 우리의 몸도 같은 방식으로 작동한다. 몇 년 동안 시스템에 쌓여 있던 쓰레기를 청소하기 시작하는데, 최대한 빨리 처리하기 위해 새로 발견한 에너지를 사용할 수 있다. 그러다보면 갑자기 가래를 동반한 재채기를 시작할 수도 있다. 감기에 걸린 것인가? 아니다. 수년간의 끔찍한 식습관이 '감기'와 같은 현상을 만든 것뿐이다. 이제 몸은 이전에 조직과 혈류에 저장된 과도한 폐기물을 스스로 제거하기 위해 배설기관을 사용할 수 있는 에너지를 갖게 되었다. 몇몇 사람들은 조직에서 많은 독을 혈류로 방출하기 때문에 약간의 두통을 경험할 수도 있다. 그럼 두통약을 찾아야 할까? 그 독소를 안과 밖 중 어디에 두어야 할까? 그 많은 가래를 손수건과 허파 중 어디에 두겠는가? 이것은 수년간의 끔찍한 건강 습관을 없애기 위해 치러야 할 작은 대가에 불과하다. 실제로 대부분의 사람들에게 부작용은 거의 나타나지 않고, 오히려 그들은 활력이 넘치고 행복감이 고조되는 것을 느낄 것이다.

이 책에서는 식단에 대해 논의할 수 있는 지면이 한정되어 있으므로, 그 밖에 다른 주제(지방과 기름, 설탕, 담배 등)에 대해서는 언급하지 않았다. 이와 관련해서는 여러분이 개인의 건강 연구에 박차를 가할 수 있는 방법을 찾아보기 바란다. 추가로 정보를 원한다면 캘리포니아 델 마에 있는 로빈스 연구소에 메일을 보내 필요한 정보나 레시피 자료 목록을 요청할 수 있다.

또는 나와 같은 견해를 가진 미국자연위생학회에 연락하면 된다.

생리체계가 우리의 지각과 행동에 영향을 미친다는 것을 명심하라. 인스턴트식품, 패스트푸드, 첨가제와 화학물질이 포함된 식단이 몸속에 '갇힌' 쓰레기를 만들어낸다. 이 쓰레기가 산소 처리 능력과 전기 에너지 수준을 떨어뜨려 암을 유발하고, 급기야는 범죄까지 일으키게 하는 것을 우리는 매일 목격한다. 그중에서 나는 알렉산더 샤우스가《식단, 범죄 그리고 비행Diet, Crime and Delinquency》에서 묘사한 한 상습적인 비행 청소년의 식단을 보고 놀라지 않을 수 없었다.

소년은 아침 식사로 설탕 반 티스푼을 탄 슈가 스맥Sugar Smacks 다섯 컵, 설탕 입힌 도넛 한 개와 우유 두 잔을 먹는다. 그리고 기다란 줄줄이 감초사탕과 손바닥 길이의 육포 3개를 간식으로 먹는다. 점심으로는 햄버거 두 개, 감자튀김, 감초 맛 사탕과 완두콩을 약간 먹고, 샐러드는 전혀 먹지 않는다. 저녁 식사 전 간식으로는 약간의 흰 빵과 초콜릿 우유를 먹는다. 그 후에는 땅콩버터와 젤리를 바른 샌드위치, 토마토수프 한 캔, 달짝지근한 쿨 에이드 한 잔을 먹는다. 그리고 나중에 아이스크림 한 그릇, 캔디바 한 개와 약간의 물을 마신다.

도대체 설탕을 얼마나 많이 섭취하는 걸까? 먹은 음식 중에 수분은 몇 퍼센트 정도나 함유되어 있나? 균형 잡힌 식단이라고 할 수 있을까? 이것과 조금이라도 유사한 식단으로 어린아이를 키우는 사회는 스스로 문제를 키우는 것과 다를 바 없다. 이런 '음식'이 아이의 생리체계에 영향을 주고 내적 상태와 행동에도 영향을 끼친다고 생각되지 않는가? 물론 그렇다. 이 영양행동조사 설문에서 열네 살 소년에게 다음과 같은 증상이 확인되었다. '잠에서 깨어나면 다시 잠들기가 힘들다' '두통이 있고 피부가 가렵거나 피부위로 스멀거리는 느낌이 든다' '위와 장이 울렁거리는 것 같다' '피부에 멍이 생겨서 검푸른 자국이 잘 나타난다' '악몽이나 안 좋은 꿈을 꾼다' '정신이 혼미하거나 현기증 증세가 있다' '식은땀이 나거나 불쾌함을 느낀다' '자주 먹지 않으면 배가 고프거나 어지럽다' '뭔가를 자주 잊어버린다' '먹거나 마시는 대부분의 음식에 설탕을 넣는다' '안절부절못한다' '심하게 긴장해서 아무 일도 할 수 없다' '어떤 것을 결정하기가 어렵다' '우울함을 느낀다' '계속해서 무언가를 걱정한다' '혼란스럽다' '아무것도 아닌 일에 쉽게 울적해진다' '사소한 일에 지나치게 신경 쓰고 쉽게 화를 낸다' '겁이 많아진다' '신경이 아주 예민하다' '매우 감정적이다' '뚜렷한 이유 없이 운다' 등이다.

이런 상태라면 비행을 저지르는 것이 이상할 것이 없지 않은가? 다행스럽게도 이 소년이나 비슷한 상황의 아이들이 행동에 근본적인 변화를 일으키고 있다. 이들이 긴 징역형을 선고받았기 때문이 아니라, 그들 행동의 주된 원인인 생화학적 상태가 식단을 통해 바뀌었기 때문이다. 범죄 행위는 '마음속에만' 있는 것이 아니다. 생화학적 변수가 내적 상태와 행동에 영향을 미친다. 하버드대학교 공중보건대학 학장 제임스 시먼스는 이렇게 말했다. "정신 질환 조사에 대한 새로운 접근 방식이 특별히 필요하다. ……오늘날 우리가 정신 속 오물 웅덩이를 청소하는 데 너무 많은 시간과 에너지, 돈을 소비하듯이, 정신 질환에 대한 특정 생물학적 원인을 발견하고 제거하기 위해 노력하는 것이 더 유익하지 않을까?"*

식단이 범죄자를 만드는 것은 아닐지도 모른다. 하지만 가능하면 많은 시간 동안 자원이 풍부한 상태에 있도록 하는 완전한 생활 방식을 개발하는 것이 좋지 않겠는가?

나는 수년 동안 질병 없이 건강한 생활을 유지해왔다. 하지만 그동안 내

---

* 알렉산더 샤우스의 《식단, 범죄 그리고 비행》에서 인용했다.

동생은 늘 피곤하고 많이 아팠다. 그래서 식단에 대해 동생에게 여러 차례 이야기했고, 지난 7년 동안 나의 건강이 변화한 것을 본 동생은 기꺼이 변화를 시도했다. 그러나 그 과정에서 아주 힘든 문제에 부딪혔다. 동생은 몸에 좋지 않은 음식에 대한 욕구가 무척 컸기 때문이다.

잠깐 생각해보자. 특정 음식에 대한 욕구는 어떻게 생기는 걸까? 먼저, 욕구는 외부에서 받아들이는 것이 아니라는 사실을 알아야 한다. 우리가 자신을 내적 표상하는 방식으로 만들어내기 때문에 거의 대부분 무의식적으로 생겨난다. 그러나 어떤 종류의 음식에 강렬한 욕구가 생기려면 특정 종류의 내적 표상이 있어야 한다. 모든 일에 우연은 없다. 원인이 있기에 결과가 있는 법이다.

동생이 그토록 원하는 것은 바로 켄터키 프라이드치킨이었다. 차를 운전하면서 가다가 우연히 이 패스트푸드점 앞을 지나가게 되었는데, 그때 예전에 치킨을 먹었던 기억이 떠올랐다. 입안에서 바삭바삭한 느낌(운동감각/미각적 하위감각 양식)을 상상하고 목구멍으로 넘어갈 때 음식이 주는 따뜻함과 식감을 느꼈을지도 모른다. 그렇다. 불과 몇 분 만에 샐러드는 머릿속에서 깨끗하게 사라지고 프라이드치킨이 들어와 있었다. 결국 동생은 내가 하위감각 양식을 사용하여 변화를 일으키는 방법을 발견한 지 얼마 되지 않을 때, 자신의 식이요법과 건강을 방해하는 충동을 제어할 수 있도록 도움을 요청했다. 나는 동생에게 켄터키 프라이드치킨을 먹는 것을 내적 표상하라고 했다. 그 순간 동생의 입에 침이 고였다. 그런 다음 동생에게 시각적, 청각적, 운동감각적 그리고 미각적 하위감각 양식을 상세하게 내적 표상하도록 한 후 이미지를 오른쪽에 두도록 했다. 실물 크기의 움직이는 화면에 초점이 맞추어져 있고 색상도 컬러였다. 치킨을 먹으면서 자신에게 "아, 정말 맛있어."라고 말하는 소리가 들린다. 그는 바삭바삭한 느낌과 따뜻함을 좋아했다. 그런 다음 동생이 가장 싫어하는 음식, 생각만 해도 속이 메스꺼울 것 같은 음식인 당근을 내적 표상하도록 했다. (내가 당근 주스를 마실 때마다 동생의 얼굴이 파랗게 질리는 것을 미리 알고 있었다.) 나는 동생에게 당근의 하위감각 양식에 대해 자세히 설명하라고 했다. 동생은 당근에 대해 생각조차 하기 싫어했고, 메스꺼운 느낌이 든다고 했다. 그리고 당근 이미지는 왼쪽 아래에 있다고 말했다. 어둡고 실물보다 약간 작았고 정지된 화면이었으며 차가운 느낌이었다. 청각적 내적 표상은 "당근은 역겨워. 절대 먹고 싶지 않아. 정말 싫어."였다. 동생의 운동감각적 양식과 미각적 하위감각 양식은 당근을 너무 많이 익혔을 때 흐물거리는 것에 거부감이 있었으며, 보통 때도 미지근하고 물컹거리며 썩은 맛이 난다고 느꼈다. 나는 동생에게 상상 속에서 치킨을 한 조각만 먹어보라고 말했다. 그러자 동생은 정말 고통을 느껴서인지 도저히 먹을 수 없다고 말했다. 목구멍으로 넘기면 기분이 어떨 것 같으냐고 물었더니, 토해버릴 것 같다고 말했다.

나는 켄터키 프라이드치킨과 당근을 내적 표상하도록 하여 둘의 차이를 철저히 파악한 후, 건강에 좋은 방식으로 식습관을 개선하기 위해 이 두 가지 음식에 대한 감정을 맞바꿀 의향이 있는지 동생에게 물었다. 동생은 내가 늘 들어왔던 것처럼 비관적인 어조로 그렇다고 말했다. 그래서 나는 모든 하위감각 양식을 맞바꾸게 했다. 머릿속에 치킨의 이미지를 떠올리고 왼쪽 아래로 옮기라고 했다. 그러자 곧바로 동생의 얼굴에 혐오스러운 표정이 역력했다. 그에게 화면을 실물보다 어둡고 작게 하여 정지 화면으로 만들고 "이건 정말 역겨워. 먹고 싶지 않아. 정말 싫어."라고 이전에 당근을 보고 사용한 어조로 말하라고 했다. 그리고 마음속으로 치킨을 집어 들고 그것이 얼마나 축축하고 흐물거리는지 그리고 얼마나 미지근하고 썩은 맛이 나고 곤죽 같고 기름진지도 느끼게 했다. 동생은 다시 고통스러워 보였다. 한 조각 먹어보라고 권했지만 싫다고 말했다. 왜 그랬을까? 이제 당근이 그에게 보낸 것과 같은 신호를 치킨이 보냈기 때문에 이 둘에 대해 같은 감정을 느낀 것이다. 마지막으로 머릿속으로 치킨 한 조각을 먹어보라고 했지만 동생은 "토할 것 같아."라고 말했다.

그런 다음 나는 당근에 대한 내적 표상을 떠올리게 하고, 앞에서 한 것과 정반대로 진행했다. 머릿속에 당근을 떠올리고 오른쪽에 둔 다음, 실물 크기로 밝게 하고 초점을 맞추고 색상을 컬러로 만들게 했다. 그리고 따뜻하고 바삭바삭한 식감을 느끼면서 "음, 이거 정말 맛있어."라고 자신에게 말하게 했다. 이제 동생은 당근을 좋아하게 되었다. 그날 밤 우리는 함께 저녁 식사를 하러 갔고, 성인이 된 후 처음으로 당근을 주문했다. 당근을 맛있게 먹었을 뿐 아니라 켄터키 프라이드치킨 가게 앞을 그냥 지나갔다. 동생은 지금까지도 그 식습관을 그대로 유지하고 있다.

아내 베키에게도 이 방식을 적용해보았는데, 5분밖에 걸리지 않았다. 나는 아내가 좋아하는 초콜릿의 진하고 달콤하고 부드러운 하위감각 양식을 가장 싫어하는 음식인 굴의 흐물거리고 미끈거리고 냄새나는 하위감각 양식과 맞바꿨다. 그 이후로 아내는 초콜릿을 입에 대지도 않는다.

이번 장에서 설명한 건강을 위한 열쇠 여섯 가지는 여러분이 건강에 대한 체험을 하는 데 사용할 수 있다. 지금부터 우리가 이야기한 원칙과 개념을 실제로 한 달 동안 실천했다고 상상해보라. 효과적인 식습관과 호흡으로 생리체계를 변화시킨 후 개선된 자신의 모습을 바라보라. 우리의 몸 전체에 활력을 불어넣기 위해 깨끗하고 강한 심호흡을 열 번쯤 하면서 하루를 시작하면 어떨까? 매일 가볍고 즐거운 마음으로 몸을 통제하면서 하루를 시작하면 어떨까? 스트레스를 주면서 체내 시스템을 저해하는 육류와 유제품의 섭취를 중단하고, 깨끗하고 수분 함량이 많은 음식을 먹기 시작하면 어떨까? 음식을 적절하게 조합하여 섭취함으로써 얻은 에너지를 정말로 중요한 일에 사용할 수 있게 된다면 어떨까? 매일 밤 최대의 활력을 경험했다고 느끼며 잠자리에 들면 어떨까? 건강하게 살고 있고, 꿈도 못 꿀 정도의 엄청난 에너지가 있는 것처럼 느껴진다면 어떨까?

이렇게 변화된 자신의 모습을 보고 마음에 든다면, 내가 말하는 모든 것을 쉽게 손에 넣을 수 있을 것이다! 한 번 오래된 습관을 깨고 나면 다시는 예전으로 되돌아가지 않는다. 그러기 위해서는 약간의 훈련만 하면 된다. 노력한 것 몇 배 이상의 보상이 있을 것이다. 머릿속에 그려본 모습이 좋았다면 실행에 옮겨라. 오늘 시작하면 여러분의 삶은 영원히 바뀔 것이다.

이제 우리는 원하는 결과를 얻기 위한 최상의 내적 상태를 만드는 방법을 알게 되었으니 다음 단계를 생각해보자.

PART
2

최고의 성공 공식

The Ultimate
Success Formula

11장

한계에 도전하는 방법: 우리가 원하는 것은 무엇인가?

"내가 생각하는 성공은 오직 하나,
바로 내 방식대로 인생을 사는 것이다."
크리스토퍼 몰리Christopher Morley

PART 1에서 우리는 최고의 힘을 발휘할 수 있는 방법을 이야기했다. 탁월한 사람들이 어떻게 성과를 이루어냈는지를 배웠고, 어떻게 모델링을 해야 그들처럼 성공할 수 있는지에 대한 기술과 통찰력도 알아보았다. 또한 자신의 마음을 다스리고 올바르게 건강을 유지하는 법도 배웠다. 그래서 우리는 자신이 원하는 바를 성취하는 방법뿐만 아니라 다른 사람들을 돕는 방법까지 알게 되었다.

그런데도 아직 해결해야 할 문제가 한 가지 더 있다. 우리가 원하는 것은 무엇인가? 우리가 아끼고 사랑하는 사람들이 원하는 것은 무엇인가? PART 2에서는 이 질문을 통해 우리의 능력을 멋지고 효과적으로 활용할 수 있는 직접적인 방법을 찾아볼 것이다. 우리는 이미 명사수가 되는 방법을 알고 있다. 이제 과녁을 찾는 일만 남았다.

아무리 강력한 도구라 할지라도 어떤 용도로 사용해야 할지 모르면 소용이 없다. 세상에서 가장 성능이 좋은 전기톱을 가지고 숲속을 헤매고 있는 것과 마찬가지다. 그 톱으로 무엇을 할 건가? 어떤 나무를 자르고 싶은지, 왜 잘라야 하는지를 알아야 상황을 통제할 수 있다. 그렇지 않으면 아무리 좋은 도구가 있어도 무용지물일 뿐이다.

우리는 앞에서 삶의 질이 의사소통의 질이라고 배웠다. PART 2에서는 주어진 상황에서 자신의 능력을 가장 효과적으로 사용할 수 있도록 하는 의사소통 기술을 연마하는 방법을 이야기할 것이다. 어디로 가고 싶은지 정확히 알아야 전략을 세울 수 있으며, 목표에 도달하기 위해 도움이 되는 것이 무엇인지 알아야 한다.

새로운 것을 배우기 전에 지금까지 배운 내용을 복습해보자. 가장 중요한 것은 인간의 능력에는 한계가 없다는 것이다. 그 열쇠는 모델링의 힘에 있다. 탁월성은 복제가 가능하다. 누군가가 숯불 위를 걷든, 백만 달러를 벌든, 완벽한 관계를 발전시키든, 정확히 모델링을 하면 그 일을 똑같이 해낼 수 있다. 그럼 어떻게 모델링을 해야 할까? 먼저 모든 결과를 얻기 위해서는 일련의 특정한 행동이 필요하다. 모든 결과에는 원인이 있다. 누군가의 내적·외적 행동을 정확하게 복제할 수 있다면 똑같은 결과를 얻을 수 있다. 누군가의 신념체계에서 시작하여 정신적 행동을 모델링하고, 그다음 그의 사고 구조를 복제하고, 마지막으로 그의 생리체계를 따라 하면 된다. 이 세 가지를 모두 효과적으로 확실하게 수행하면 어떤 일도 가능하다.

성공과 실패는 우리의 신념에 달려 있다. 자신이 무언가를 할 수 있다고 믿든 할 수 없다고 믿든 모두 옳다. 무언가를 할 수 있는 기술과 자원이 있다 하더라도, 우리가 할 수 없다고 스스로에게 말하면 그 일을 가능하게 하는 신경학적 경로가 차단되고 만다. 반대로 자신에게 무언가를 할 수 있다고 말하면 그 일을 성취할 수 있는 자원을 제공받는 길이 열린다.

우리는 최고의 성공 공식을 배웠다. 자신이 원하는 것이 무엇인지 알고,

무엇을 얻을 것인지를 판단할 수 있는 감각을 키워라. 그리고 무엇이 효과적인지 알 수 있을 때까지 행동을 바꿀 수 있는 유연성을 계발하라. 그러면 성공할 것이다. 원하는 목표를 달성하지 못하면 실패한 것인가? 당연히 아니다. 배를 조종하는 조타수처럼 원하는 목표에 도달할 때까지 행동을 바꾸기만 하면 된다.

우리는 자원이 풍부한 상태에 있을 때 어떤 능력을 발휘할 수 있는지에 대해 배웠으며, 생리체계와 내적 표상을 조절하여 목표 달성을 위한 지렛대로 사용하는 방법도 배웠다. 그래서 성공에 전념하면 성공할 수 있다는 것을 알고 있다.

> "사람들이 게으른 것이 아니다.
> 무기력한 목표, 즉 동기가 부여되지 않는 목표를 가지고 있을 뿐이다."
> 토니 로빈스Tony Robbins

한 가지 더 중요한 점은 이와 같은 과정에는 믿을 수 없을 정도로 엄청난 역동성이 내재해 있다는 것이다. 자원을 많이 계발할수록 그만큼 더 많은 능력을 얻게 된다. 힘이 많이 있다고 느낄수록 더 큰 자원과 강력한 내적 상태를 활용할 수 있다.

'100번째 원숭이 효과100th monkey syndrome'라는 아주 흥미로운 연구가 있다. 생물학자 라이얼 왓슨은 그의 저서《생명 조류Lifetide》에서 일본의 한 섬에 사는 원숭이 무리에게 흙이 묻은 고구마를 주고 무슨 일이 벌어지는지를 관찰하고 그 결과를 설명했다. 원숭이들의 다른 먹이는 씻을 필요가 없었기 때문에, 처음에는 흙이 묻어 있는 고구마 먹기를 꺼렸다. 그러다가 한 원숭이가 개울에서 고구마를 씻고 문제를 해결하고 나서, 어미와 동료 원숭이들에게 똑같이 하라고 가르쳐주었다. 그 후 놀라운 일이 벌어졌다.

일정 수의 원숭이(약 100마리)가 이 지식을 습득했고, 심지어 전혀 접촉한 적 없는 다른 섬에 사는 원숭이도 같은 행동을 하기 시작했다. 도대체 어찌 된 일인지 그 행동이 퍼져나간 것이다.

지금은 이런 상황이 그다지 놀랍지 않다. 희한하게도 서로 전혀 만난 적이 없는 사람들도 똑같은 행동을 하는 경우가 많다. 한 명의 물리학자가 새로운 아이디어를 발견하면, 동시에 다른 곳에 있는 세 명의 물리학자도 똑같은 아이디어를 생각해낼 수 있다. 어떻게 이런 일이 가능할까? 정확한 이유를 아는 사람은 없다. 하지만 물리학자 데이비드 봄과 생물학자 루퍼트 셸드레이크와 같은 많은 저명한 과학자와 뇌 연구자들은, 우리에게는 서로를 끌어당기는 일종의 '집단 의식Collective Consciousness'이 있으며, 우리는 신념, 초점, 최적의 생리체계로 자신의 내부를 정립할 때 이 집단 의식 상태로 들어가는 방법을 찾는다고 믿고 있다.*

우리의 몸과 뇌, 내적 상태는 더 높은 수준의 존재와 조화를 이루려고 하는 소리굽쇠와 같다. 조율이 잘 될수록 그리고 잘 조정될수록 풍부한 지식과 느낌을 더 많이 활용할 수 있다. 정보가 잠재의식에서 걸러져 우리에게 전해지는 것처럼, 집단 의식도 자원이 풍부한 상태에 있게 되면 외부에서 걸러져 우리에게 오는 것인지도 모른다.

이 과정에서 핵심은 자신이 진정으로 무엇을 원하는지 아는 것이다. 무의식은 우리를 특정한 방향으로 움직일 수 있도록 계속해서 정보를 처리한다. 무의식적 수준에서도 정신은 정보를 왜곡하고 삭제하는가 하면 일반화

---

*   생물학자인 루퍼트 셸드레이크는 하버드대학교 대학원에서 생물학을 전공하고, 케임브리지대학교에서 박사 학위를 취득했다. 그는 《생명의 새로운 과학A New Science of Life》에서 자신의 생각을 기술했다. 물리학자인 데이비드 봄은 홀로그램 패러다임에 관한 연구로 잘 알려져 있다. 그의 저서인 《전체와 접힌 질서Wholeness and the Implicate Order》를 참조하기 바란다.

하기도 한다. 따라서 정신이 효율적으로 작동하기 전에 우리가 도달할 것으로 예상하는 결과를 인식할 수 있는 능력을 계발해야 한다. 맥스웰 몰츠 박사는 《성공의 법칙Psycho-Cybernetics》에서 이것을 '사이코-사이버네틱스'라고 불렀다. 확고한 목표가 있을 때 정신은 그 목표에 도달할 때까지 집중해서 노력하며, 필요하면 방향을 수정하고 거기에 맞춰 노력하기를 반복한다. 그러나 분명한 목표가 없으면 에너지가 허비된다. 마치 세상에서 가장 좋은 전기톱을 들고 있으면서, 자기가 왜 숲속에 서 있는지 모르는 사람과 같다.

자원을 얼마나 제대로 활용할 수 있는지 여부는 목표에 따라 좌우된다. 예일대학교 1953년 졸업생들을 대상으로 한 한 연구는 이 점을 명확하게 보여준다. 인터뷰에 응한 졸업생들에게 확실하고 구체적인 목표와 그 목표를 달성하기 위한 계획이 있는지 물었다. 자신의 목표를 글로 작성한 사람은 응답자 중 3퍼센트에 불과했다. 연구진은 20년 후인 1973년에 다시 그 졸업생들을 인터뷰했다. 그 결과, 글로 구체적으로 목표를 작성한 3퍼센트가 나머지 97퍼센트를 전부 합친 것보다 더 많은 재산을 소유하고 있었다. 물론 이 연구는 사람들의 금전적 발전 측면만 측정했다. 그러나 연구진은 졸업생들이 느끼는 행복감이나 즐거움처럼 측정이 어렵거나 주관적인 부분에서도 3퍼센트의 졸업생이 더 우위에 있다고 생각했다. 이것이 목표 설정의 힘이다.

이번 장에서는 자신의 목표, 꿈과 바람을 체계화하는 방법, 원하는 것을 마음에 단단히 고정하고 성취하는 방법을 배울 것이다. 전체 그림을 보지 않고 직소 퍼즐을 맞추려고 시도한 적이 있는가? 마치 목표 없이 인생을 짜 맞추려고 하는 것과 같다. 원하는 목표를 알면 신경체계에서 받아들인 정보 중에 어떤 것이 우선인지 명확하게 그림을 그리고 그것을 뇌로 전송하게 된다. 효과적인 목표 달성을 위해 더 명확한 메시지를 전달하는 것이다.

"승리는 시작과 함께 결정된다."
작자 미상

수많은 사람이 혼란이라는 안개 속에서 길을 잃고 헤맨다. 그들은 이쪽 길로 가다가 다른 길로 빠지기도 한다. 이 일을 하다가 다른 일로 바꾸기도 한다. 또한 이 길을 내려가다가 방향을 바꿔 되돌아오기도 한다. 이들의 문제점은 분명하다. 자신이 무엇을 원하는지 모른다는 것이다. 과녁이 어디 있는지 모르는데 어떻게 쏠 수 있겠는가?

이번 장에서 해야 하는 일은 꿈을 찾는 것이다. 그 꿈에 집중하는 것이 절대적으로 중요하다. 그냥 읽기만 하면 아무 소용이 없다. 12단계의 목표 설정 워크숍을 한다고 생각하고 연필과 종이, 또는 노트북을 준비하라.

편안한 느낌을 주는 곳에 자리를 잡아라. 평소 좋아하는 책상 앞이나 햇볕이 잘 드는 탁자 옆도 좋다. 한 시간 정도 시간을 할애하여, 자신이 진정으로 하고 싶은 것, 다른 사람들과 공유하고 싶은 것, 보고 싶은 것, 만들고 싶은 것이 무엇인지 생각해보라. 이 시간이야말로 지금까지 보낸 시간 중 가장 값진 시간이 될 것이다. 우리는 목표를 세우고 결과를 수립하는 법을 배울 것이다. 인생 여정에 필요한 여행 지도를 만들 것이다. 그리고 우리가 어디에 가고 싶은지, 어떻게 그곳에 도달할 수 있는지 알게 될 것이다.

시작하기 전에 중요한 경고를 하자면 미리 가능성에 한계를 둘 필요가 없다. 물론 기본적인 지성과 상식을 넘어서도 된다는 의미는 아니다. 150 센티미터 키로 내년 NBA 슬램덩크 대회에서 우승하는 것을 목표로 설정하는 것은 의미가 없다. (긴 나무다리를 자유자재로 다루지 않는 한) 아무리 시도해도 불가능할 것이다.* 더욱 중요한 것은 에너지를 엉뚱한 곳에 허비하지 말고 효율적으로 사용해야 한다는 점이다. 잘 생각해보면 우리의 목표에는 한계가 없다. 제한된 목표는 제한된 삶을 만든다. 그러므로 목표를 설정할 때 최대한 확장하라. 먼저 자신이 무엇을 원하는지 결정해야 한다. 그래야만 성과를 기대할 수 있기 때문이다. 결과를 공식화할 때 다음의 원칙 다섯 가지를 지켜야 한다.

1. 목표를 긍정적으로 말하라.

무슨 일이 일어나기를 원하는지 말하라. 많은 사람들은 자신이 원하지 않는 것을 목표로 설정하는 경우가 많다.

2. 구체적으로 말하라.

결과가 어떻게 보이고, 들리고, 느껴지고, 냄새가 나는가? 모든 감각기관을 동원해서 결과를 구체적으로 표현하라. 감각적으로 표현할수록 뇌에 원하는 것을 이룰 수 있는 힘을 더 많이 실어주게 된다. 또한 구체적인 완료 날짜 또는 기간을 설정해야 한다.

3. 확인 절차를 만들어라.

결과를 달성한 후 자신이 어떻게 보일지, 어떻게 느껴질지, 외부에서 무엇을 보고 듣게 될지를 알아야 한다. 목표를 달성한 시점을 모른다면 이

---

* 이 글을 쓴 이후 NBA 애틀랜타 호크스의 스퍼드 웹은 키가 168센티미터밖에 안 되지만 슬램덩크 대회에서 우승했다. 결국 나무다리가 있어야 한다는 것도 한계를 두는 것에 불과했다.

미 목표를 달성했을 수도 있다. 점수를 기록하지 않으면 승리하고도 패한 것처럼 느껴질 것이다.

4. 자신을 통제하라.

자신의 목표는 직접 시작하고 유지할 수 있어야 한다. 자기가 행복해지는 것을 다른 사람의 변화에 의존해서는 안 된다. 자신의 목표에는 자신이 직접 영향을 줄 수 있는 점이 반영되어야 한다.

목표 설정의 주요 구성 요소

구체적	나는 정확히 무엇을 원하는가?
감각 기반	나는 무엇을 보게 될 것인가?
	나는 무엇을 듣게 될 것인가?
	나는 무엇을 느끼게 될 것인가?
	나는 무슨 냄새를 맡게 될 것인가?
	나는 무엇을 맛보게 될 것인가?
원하는 상태 / 현재 상태	나는 무엇을 원하는가?
	지금 무슨 일이 일어나고 있는가?
	그 차이는 무엇인가?
확인 절차	성과를 달성했는지 어떻게 알 수 있나?

---

5. 목표가 생태학적으로 건전하고 바람직한지 확인하라.

원하는 결과가 미래에 미치는 영향을 생각해보라. 그 결과는 다른 사람들에게도 이익이 되는 것이어야 한다.

세미나를 할 때마다 항상 하는 질문이 있다. 여기서도 그 질문을 해보겠다. "절대 실패하지 않는다면 무엇을 하겠는가? 성공이 절대적으로 확실하다면 어떤 식으로 활동하고, 어떤 행동을 취하겠는가?"

우리는 원하는 것을 어느 정도는 알고 있다. 더 많은 사랑, 더 많은 돈, 삶을 즐기기 위한 더 많은 시간 등 다소 모호한 것들도 있다. 그러나 우리의 바이오컴퓨터(뇌)가 결과를 얻을 수 있도록 힘을 부여하기 위해서는 새 차, 새 집, 더 나은 직장과 같이 구체적이어야 한다.

목록을 작성하다보면 몇 년 전부터 생각해온 것이 있는가 하면, 확실하게 생각한 적이 없는 것도 있을 것이다. 하지만 먼저 무엇을 원하는지 명확하게 정해야 한다. 원하는 것이 분명해야 무엇을 얻을 것인지가 확실해지기 때문이다. 모든 것은 외부 세계에서 일어나기 전에 틀림없이 내부 세계에서 먼저 일어나는 법이다. 우리가 원하는 것을 명확하게 내적 표상하면 매우 놀라운 일이 생긴다. 내적 표상은 그 목표를 달성하기 위해 정신과 육체를 프로그래밍한다. 현재의 한계를 뛰어넘기 위해서는 먼저 정신 속에서 더 많은 것을 경험해야 한다. 그러면 우리의 실제 삶도 그 경험을 따라갈 것이다.

신체의 움직임과 관련된 비유를 하나 들어보겠다. 자, 이렇게 해봐라. 일어서서 양발을 약간 벌리고 앞을 주시한다. 양팔을 바닥과 평행이 되도록 똑바로 앞으로 올린다. 이제 발은 바닥에 붙인 채 몸을 왼쪽으로 돌리고 편안한 범위 내에서 손가락을 최대한 멀리까지 가리킨다. 그때 손가락이 가리키는 벽 위의 위치를 마음속으로 기록한다. 이제 몸을 되돌린 뒤 눈을 감고, 마음속으로 왼쪽으로 몸을 돌리는 자신의 모습을 그려본다. 이번에는 더 멀리 돌린다. 다시 한 번 조금 전보다 더 많이 돌려보라. 이제 다시, 무슨 일이 일어나는지 보라. 더 멀리 돌아갔는가? 물론 그랬을 것이다. 우리는 먼저 이전의 한계를 넘어서도록 뇌를 프로그래밍함으로써 새로운 외부 현실을 만들어낸 것이다.

이번 장에서 우리는 인생을 위한 몸 돌리기를 해볼 것이다. 그러면 우리가 원하는 대로 인생을 만들어갈 수 있다. 우리는 인생에서 지금까지 한 것밖에는 이루지 못했다. 그러나 이제 과거에 경험한 것보다 더 멋진 현실을 창조할 수 있는 시간을 갖게 될 것이다. 그런 다음 내적 현실을 외적 현실로 실현하게 될 것이다.

1. 나의 꿈, 즉 갖고 싶은 것, 하고 싶은 것, 되고 싶은 것, 나누고 싶은 것의 목록을 작성하라.

내 인생의 일부가 되면 좋을 사람, 느낌, 장소를 적어라. 지금 당장 앉아서 종이와 펜을 들고 써보아라. 적어도 10~15분 동안 멈추지 말고 써내려가는 것이 중요하다. 지금 이 목표를 어떻게 달성해야 할지 결정하려고 덤비지 말라. 그냥 적어라. 아무런 제한도 없다. 다음 목표로 즉시 넘어갈 수 있도록 가능하면 간단히 적어라. 펜을 계속 움직여라. 시간을 충분히 갖고 가족, 인간관계, 정신적·감정적·사회적·물질적·신체적 상태 등과 관련된 목표를 광범위하게 찾아서 정리하라. 왕이 된 것처럼 모든 것이 내 손안에 있다는 점을 잊지 마라.

원하는 목표를 아는 것이 목표에 도달하는 첫 번째 열쇠다. 목표를 설정할 때 중요한 것은 놀이처럼 하는 것이다. 생각이 자유롭게 돌아다니게 하라. 우리에게 한계가 있다면 그것은 바로 우리가 만든 것이다. 한계는 바로 우리의 마음속에 존재한다. 그러니까 한계에 부딪힐 때마다 그 한계를 떨쳐버려라. 마음속에서 시각화하여 떨쳐버려라. 레슬링선수가 상대를 링 밖으로 던지는 모습을 머릿속에 그린 다음, 자신을 속박하는 것을 던져라. 부정적인 신념을 링 밖으로 던져버리고, 자유를 만끽하라. 이것이 첫 번째 단계다. 지금 당장 자신의 목록을 만들어라!

2. 자신이 작성한 목록을 검토하고 목표를 언제(6개월, 1년, 2년, 5년, 10년, 20년)까지 이룰 수 있는지 예상해보라.

얼마나 걸릴지를 미리 생각하면 도움이 될 것이다. 자신의 목록이 어떤지 확인해보라. 어떤 사람들의 목록은 당장 실현되기를 원하는 것이 주류를 이룬다. 또 다른 사람들은 원대한 꿈을 목표로 설정하기 때문에 목표가 완전히 성취되는 시기를 아주 먼 미래로 잡기도 한다. 목표를 단기적으로 잡았다면 잠재력과 가능성을 좀 더 긴 관점으로 볼 필요가 있다. 반면, 목표가 장기적인 것이라면 먼저 자신이 예상하는 방향으로 이끌 수 있는 중간단계를 생각해봐야 한다. 천 리 길도 한 걸음부터다. 첫 번째 걸음과 마지막 걸음 모두를 아는 것이 중요하다.

3. 이제 다른 것을 시도해보자. 올해 자신에게 가장 중요한 네 가지 목표를 정하라.

가장 하고 싶은 것, 가장 신나는 것, 가장 만족감을 많이 주는 것을 선택하라. 이제 그것들이 절대적으로 이루어져야 하는 이유를 적어보라. 명확하고 간결하게 그리고 확실하게 적어라. 그 목표에 도달할 수 있다고 확신하는 이유와 달성하는 것이 중요한 이유를 자신에게 말하라.

만약 우리가 해야 하는 분명한 이유를 찾을 수 있다면 어떤 일이든 할 수 있다. 목표는 우리가 추구하는 대상 그 자체보다 훨씬 더 강력한 동기를 부여하는 힘을 갖고 있다. 나의 첫 번째 자기계발 선생님인 짐 론은, 이유만 분명하면 무엇이든 할 수 있다고 가르쳤다. 단지 관심만 두고 있는 것과 무언가를 성취하기 위해 전념하는 것에는 분명한 차이가 있다. 우리는 살면서 많은 것을 원한다고 말하지만, 실제로 그것들에 관심을 두는 것은 잠시뿐이다. 달성하고자 하는 것이 있으면 헌신적으로 뛰어들어야 한다. 예를 들어 막연히 부자가 되고 싶다고 말한다면, 이것은 목표가 될 수는 있지만 뇌에 많은 정보를 주지 못한다. 왜 부자가 되고 싶은지, 부자가 된다는 것이 어떤 의미인지 이해한다면 부자가 되고 싶은 동기가 더 분명해질 것이다. 어떤 일을 하는 이유는 그것을 하는 방법보다 훨씬 더 중요하다. 이유를 제대로 알면 방법은 얼마든지 알아낼 수 있다. 분명한 이유가 있으면 어떤 일도 할 수 있다.

4. 이제 중요한 목표의 목록을 완성했으니, 그 목표를 공식화하기 위한 다섯 가지 원칙과 비교 검토하라.

목표는 긍정적으로 기술되어 있는가? 구체적이고 감각적인가? 확인 절차가 있는가? 목표를 달성했을 때 경험하게 될 것들을 서술하라. 더욱 명확하게 감각적인 용어로 무엇을 보고, 듣고, 느끼고, 냄새 맡게 될지를 써보라. 또한 그 목표를 스스로 유지할 수 있는지 확인해보라. 사회적 측면에서나 자신뿐만 아니라 다른 사람들을 위해서도 바람직한 것인가? 이 조건에 맞지 않은 부분이 있으면 적절하게 수정하기 바란다.

5. 지금 사용할 수 있는 중요한 자원의 목록을 작성하라.

예컨대 건설 프로젝트를 시작할 때 우리는 어떤 장비가 구비되어 있는지 알아야 한다. 미래에 대한 강력한 비전을 구축할 때도 마찬가지다. 자신이 가진 능력을 정확히 파악하고 있어야 한다. 성격 특성, 친구, 경제 능력, 교육, 시간, 에너지 또는 그 밖에 어떤 것이든 좋다. 자신의 강점, 기술, 자원, 도구 등의 목록을 작성하라.

6. 이상의 작업이 끝났다면, 그 자원 중 일부를 가장 효과적으로 사용한 시간에 초점을 맞춰라.

지금까지 살아오면서 완전히 성공했다고 자부하는 것 3~5가지를 생각해보라. 사업이나 운동, 재정 문제 또는 인간관계에서 특히 잘했던 때를 생각해보라. 주식 시장에서 큰 수익을 올렸을 때, 자녀와 함께 멋진 시간을 보냈던 때 등 어떤 것이든 상관없다. 그런 다음 그 경험이 어땠는지 종이에 기록한다. 성공하기 위해 어떤 일을 했는지, 어떤 자질이나 자원을 효과적으로 사용했는지 그리고 성공했다고 생각했을 때 그 느낌은 어땠는지 기술하라.

7. 모든 것을 끝낸 후에 목표를 달성하기 위해서는 어떤 사람이 되어야 하는지 적어보라.

목표를 달성하려면 많은 훈련이나 교육이 필요한가? 시간 관리를 잘해야 하나? 예를 들어, 사회를 진정으로 변화시키고자 하는 시민 지도자가 되고 싶다면, 어떤 유형의 사람이 당선되는지 그리고 수많은 사람들에게 영향을 주기 위해 어떤 능력을 갖추어야 하는지를 기술하라.

우리는 성공에 대해 많은 것을 들어왔지만 성공의 구성 요소, 즉 성공하기 위해 필요한 태도, 신념 및 행동에 대해서는 별로 들어본 적이 없다. 각각의 요소를 제대로 이해하지 못하면 전체를 결합하기가 힘들다. 그러므로 바라는 것을 이루려면 지금 당장 개인이 가져야 하는 성격적 특성, 기술, 태도, 신념 및 원칙에 대해 몇 문장 또는 한 페이지 정도 써보라. 충분히 시간을 갖고 작성하는 것이 좋다.

8. 다음으로, 현재 원하는 것을 가지지 못하게 하는 요인을 몇 개의 문장으로 적어보라.

자신이 만든 한계를 극복하는 한 가지 방법은 그것이 무엇인지 정확히 아는 것이다. 원하는 것을 성취하는 데 방해가 되는 것이 무엇인지 알아보기 위해 자신의 성격을 세밀하게 분석해보자. 계획을 잘 세우지 못하는가? 계획을 세워도 제대로 실행하지 못하는가? 한 번에 너무 많은 일을 하려고 하는가? 아니면 한 가지에 너무 집착해서 다른 일을 하지 못하는가? 예전에 경험한 최악의 시나리오를 상상하고 그 내적 표상이 자신이 하려는 행동을 방해하도록 한 적은 없는가? 누구나 자신을 속박하는 방법이나 실패했던 전략이 있다. 하지만 과거에 나를 제한한 전략이 무엇인지 알아내면 그것을 즉시 변경할 수 있다.

우리는 자신이 무엇을 원하는지, 왜 그것을 원하는지, 누가 우리를 도와줄 것인지 그리고 그 밖에 다른 많은 것을 알 수 있지만 결국 목표를 성공적으로 달성할 수 있게 해주는 요인은 우리의 행동이다. 행동을 이끌어내려면 단계별로 계획을 세워야 한다. 예를 들어, 집을 지을 때 목재, 못, 망치, 톱만 있으면 곧바로 일을 시작할 수 있을까? 아니면, 일단 톱질과 망치질을 해놓고 어떤 결과가 나오는지 보기만 하면 될까? 그렇게 해서 성공할 가능성은 없다. 집을 짓기 위해서는 청사진, 즉 계획이 필요하다. 행동이 서로를 보완하고 강화할 수 있도록 하기 위해서는 절차와 구조화가 필요하다. 그렇지 않으면 나무판을 대충 엮은 허접한 구조물을 보게 될 뿐이다. 우리의 삶도 마찬가지다. 성공을 위해서는 자신만의 청사진을 만들어야 한다.

원하는 결과를 얻기 위해 지속적으로 취해야 할 행동은 무엇일까? 확실히 모른다면, 이미 원하는 것을 성취한 사람을 롤 모델로 삼는 것을 생각해보라. 최종적인 성과로 시작해서 단계별로 거꾸로 작업해야 한다. 주된 성과 중 하나가 경제적으로 풍요로워지는 것이라면, 한 가지 방법은 회사 사장이 되는 것일 수 있다. 그 직전 단계는 부사장이나 중대한 직책을 맡은 임원이 되는 것이다. 또 다른 방법은 자금 관리를 도와줄 유능한 투자 자문이나 세무사를 찾는 것이다. 목표 달성을 위해 오늘 할 수 있는 일을 찾을 때까지 계속해서 거꾸로 올라가는 것이 중요하다. 오늘 할 일이 저축예금 계좌를 개설하거나 경제적으로 성공한 사람들의 재무 전략을 알려주는 책을 구입하는 것이 될 수도 있다. 만약 전문 댄서가 되고 싶다면 그 결과에 도달하기 위해 무엇을 해야 할까? 주요 단계는 무엇이며 오늘, 내일, 이번 주, 이번 달, 올해 무엇을 해야 할지 아는 것이 중요하다. 이번에는 세계 최고의 작곡가가 되고 싶다고 가정해보자. 어떤 단계를 거쳐야 할까? 사업에서 개인 생활에 이르기까지 원하는 성과를 단계별로 거꾸로 찾아 작업함으로써, 최종 목표에서 오늘 할 수 있는 일에 이르기까지 따라야 할 정확한 경로를 그려볼 수 있다.

최종 단계의 정보를 바탕으로 계획을 수립하라. 계획이 무엇인지 잘 모른다면, 지금 원하는 것을 하지 못하게 하는 것이 무엇인지 자신에게 물어보라. 그 질문의 답은 변화하기 위해 지금 당장 행할 수 있는 행동이 될 것이다. 이 문제를 해결하는 것은 더 큰 목표를 달성하기 위한 하위 목표가 되거나 디딤돌이 될 수 있다.

9. 지금 네 가지 주요 목표를 설정하고, 각각의 목표를 달성하기 위한 단계

별 계획의 초안을 작성해보라.

목표를 갖고 시작해야 한다는 것을 잊지 마라. 그리고 스스로에게 다음과 같이 물어본다. '이 목표를 달성하려면 먼저 무엇을 해야 할까?' '지금 하는 일을 방해하는 것은 무엇이며, 상황을 바꾸려면 어떻게 해야 할까?' 계획에는 오늘 할 수 있는 일을 꼭 포함시켜야 한다.

지금까지 우리는 '최고의 성공 공식'의 첫 번째 부분을 완성했다. 원하는 것이 무엇인지 이제 완전히 알게 되었다. 장·단기 목표를 규정했고, 자신의 성향에서 어떤 측면이 원하는 결과를 얻는 데 도움이 되고, 어떤 측면이 방해가 되는지 확실히 파악했다. 이제 목표에 도달하는 방법에 대한 전략을 수립해보자.

탁월성에 도달하는 가장 확실한 방법은 무엇일까? 그것은 우리가 목표로 세운 일을 이미 성취한 사람을 모델링하는 것이다.

10. 모델링할 대상을 생각해보라.

우리의 주변 인물이든 큰 성공을 거둔 유명인이든 상관없다. 자신이 이루고자 하는 것을 성취한 사람 중 3~5명의 이름을 적고, 그들을 성공으로 이끈 자질과 행동을 몇 단어로 표현해보라. 이 작업을 수행하고 나서, 잠시 눈을 감고 이 사람들 한 명 한 명이 당신에게 목표 달성을 위한 최선의 방법에 대해 조언을 해줄 것이라고 상상하라. 이들이 개인적으로 줄 수 있는 주요 아이디어를 하나씩 받아 적어라. 그것은 장애를 극복하거나 한계를 뛰어넘는 방법이 될 수 있으며, 우리가 주의해야 하거나 찾고 있는 것일 수도 있다. 그들이 우리에게 이야기하고 있다고 상상하고, 각각의 이름 아래에 이들이 해줄 수 있는 조언이라고 생각되는 아이디어를 적어라. 비록 그들을 개인적으로는 알지 못하지만, 이러한 과정에서 그들은 당신의 미래에 대한 훌륭한 조언자가 될 수 있다.

아드난 카쇼기는 록펠러를 롤 모델로 삼았다. 돈을 많이 벌어 성공한 사업가가 되고 싶었기 때문에 자신이 원하는 성공을 이룬 사람을 모델링하기로 했다. 스티븐 스필버그는 유니버설 스튜디오에 채용되기 전부터 그곳에서 일하는 사람들을 모델링했다. 큰 성공을 거둔 거의 대부분의 사람들에게는 그들을 올바른 방향으로 인도한 롤 모델이나 멘토 또는 스승이 있었다.

지금 우리는 어디로 가고 싶은지에 대한 명확한 내적 표상을 하고 있다. 우리는 성공한 사람들을 따라 하면서 시간과 에너지를 절약하고 잘못된 길로 가지 않을 수 있다. 인생에서 롤 모델 대상이 될 수 있는 사람들은 누구일까? 친구, 가족, 국가 지도자, 유명인 등 누구나 모델링 대상이 될 수 있다. 그럴 대상이 없다면 반드시 찾아야 한다.

우리가 하고 있는 일은 뇌에 신호를 주어 명확하고 간결한 결과 패턴을 만드는 것이다. 목표는 자석과 같다. 목표를 현실로 만들어줄 수 있는 것들을 끌어당긴다. 우리는 6장에서 뇌를 작동하는 방법, 긍정적인 이미지를 강화하고 부정적인 이미지의 힘을 약화시키기 위해 하위감각 양식을 조절하는 방법을 배웠다. 이제 배운 것을 목표에 적용해보자.

과거의 경험으로 돌아가서 자신이 완전한 성공을 거두었을 때의 상황을 생각해보자. 눈을 감고 성취했을 때의 모습을 선명하고 밝은 이미지로 만든다. 그 이미지가 왼쪽 또는 오른쪽, 위쪽, 중간 또는 아래쪽 중 어디에 있는지 확인한다. 다시 말하지만 하위감각 양식, 즉 움직임의 크기, 움직이는 모양과 소리의 유형과 그 소리가 만들어내는 내적 느낌에 주목하라. 그리고 미리 적어놓은 성과를 생각해보라. 오늘 세웠던 목표를 달성하면 어떨지 상상해본다. 그 이미지를 조금 전의 이미지와 같은 위치에 두고 가능한 한 크고 밝게 그리고 또렷하게 초점을 맞추고 컬러로 만들어라. 어떤 느낌이 드는가? 처음 목표를 세웠을 때보다 훨씬 더 성공할 거라는 확신을 느낄 것이다.

이 작업을 수행하는 것이 힘들면, 6장에서 이야기한 '휘익' 기법을 사용해보라. 원하는 이미지를 머릿속 한편에 그리고 나서, 초점을 흐리게 하고 흑백으로 만든다. 그런 다음 우리가 인지할 수도 있는 실패 가능성에 대한 모든 내적 표상을 없애면서 성공적인 이미지와 같은 위치로 빠르게 이동시킨다. 그리고 그 이미지를 이미 성공한 것처럼 크고 밝게 하고 선명한 컬러로 만든다. 이 과정을 계속해야 뇌가 목표에 대한 이미지를 더욱 명확하고 강렬하게 느끼게 할 수 있다. 뇌는 반복되는 것과 강렬한 느낌에 잘 반응한다. 그렇기 때문에 우리가 계속해서 원하는 삶의 이미지를 인상 깊고 강렬하게 경험한다면 확실히 원하는 목표에 도달할 수 있을 것이다. 성공으로 가는 길은 언제나 진행 중이라는 사실을 잊지 마라.

11. 아침에 일어날 때부터 잠자리에 들 때까지 계획을 세워라.

다양한 종류의 목표를 갖는 것은 매우 바람직하다. 그러나 더 좋은 것은 그 목표들을 통합하여 더 의미 있게 만드는 것이다. 자, 이제 이상적인 하루를 설계해보자. 어떤 사람들을 만나게 될까? 무엇을 할까? 어떻게 시작하면 좋을까? 어디로 갈까? 어디에 있을까? 어떤 환경에 있게 될까? 완벽한 하루를 마치고 침대에 누우면 과연 어떤 기분이 들까? 펜을 들고 자세히 적어보라. 우리가 경험하는 모든 결과와 행동 그리고 현실은 머릿속 이미지에서 시작한다는 것을 기억하면, 진정으로 원하는 방식으로 하루를 설계할 수 있다.

12. 완벽한 환경을 조성하라.

때때로 우리는 꿈이 자유로운 환경에서 시작된다는 것을 잊는다. 성공을 위한 첫걸음은 우리의 꿈을 실현시켜줄 창의성을 키우는 분위기를 조성하는 것이라는 사실을 잊어버린다. 결론적으로, 완벽한 환경을 조성하라.

정신에 제약을 두지 말고 자유롭게 하라. 무엇을 원하든 내면에서 먼저 이루어야 한다. 왕이 된 것처럼 생각하라. 인간으로서 최대한의 능력을 발휘할 수 있는 환경을 만들어라. 숲속, 바다, 사무실 중 어디에 있는 것이 좋은가? 아트 패드, 물감, 음악, 컴퓨터, 핸드폰 등 어떤 도구를 원하는가? 주변에 원하는 것을 성취하는 데 도움을 줄 수 있는 사람은 누구인가?

이상적인 하루가 어떤 것인지 명확한 내적 표상을 하지 않았는데 어떻게 이상적인 하루를 만들 수 있겠는가? 이상적인 환경이 어떤 것인지도 모르면서 어떻게 그런 환경을 조성할 수 있겠는가? 과녁이 어디 있는지 모르는 사람에게 과녁에 명중시키라고 말할 수 있는가? 뇌에는 달성하고자 하는 목표에 대해 명확하고 직접적인 신호가 필요하다는 사실을 명심하라. 우리의 정신에는 우리가 원하는 모든 것을 줄 수 있는 힘이 있다. 그러나 그 힘은 명확하고, 밝고, 강렬하고, 집중된 신호를 받을 때만 발휘된다.

> "생각하는 것은 매우 힘든 일이다.
> 그래서 극소수의 사람들만 생각을 하는 것 같다."
> 헨리 포드Henry Ford

이번 장에서 하는 실습은 분명한 신호를 만드는 데 가장 중요한 단계 중 하나다. 도달하고자 하는 목표가 무엇인지 제대로 알지 못하면 그 목표를 달성할 수 없다. 이번 장에서 우리가 얻을 것은 '결과는 필연적'이라는 것이다. 우리의 정신 속에 원하는 결과를 프로그래밍하지 않으면 다른 사람이 프로그래밍할 것이다. 스스로 계획을 세우지 않으면 다른 사람들이 그들의 계획에 우리를 포함시킬 것이다. 이 책을 단지 읽기만 한다면 시간 낭비일 뿐이다. 각각의 실습을 수행하는 것이 정말 중요하다. 처음에는 쉽지 않겠지만 나를 믿고 따라 하기 바란다. 그럴 만한 가치가 충분히 있다. 일단 시작하면 점점 더 재미있어질 것이다. 많은 사람들이 인생에서 성공하지 못하는 이유 중 하나는 노력보다 성공 자체에 더 큰 의미를 부여하기 때문이다. 목표를 설정하거나 성과를 올리려면 많은 노력이 필요하다. 하지만 사람들은 여기에 큰 의미를 부여하지 않는다. 자신의 삶을 설계하지 않고 하루하루를 근근이 살아간다. 지금 최대한 능력을 발휘하여 실습을 하면서 자신을 훈련하는 시간을 갖기 바란다. 인생에는 두 가지 고통이 있다고 한다. 하나는 단련의 고통이고 다른 하나는 후회의 고통이다. 단련의 무게는 몇십 그램이지만 후회의 무게는 몇 톤이나 된다고 한다. 내가 말한 열두 가지 원칙을 적용하면 엄청난 즐거움을 경험할 수 있다. 자신을 위해 꼭 시도해보기 바란다.

또한 자신이 원하는 성과를 주기적으로 점검하는 것이 중요하다. 우리는 자주 변하지만 목표는 바뀌지 않는다. 그 이유는 계속 같은 성과를 원하는지를 확인하지 않기 때문이다. 몇 달에 한 번씩 자신의 목표를 체계적으로 업데이트한 다음, 체계적인 방식으로 1년 또는 6개월에 한 번씩 재수립하는 것이 좋다. 한 가지 유용한 방법은 일지를 작성하는 것이다. 이 일지는 인생의 목표에 대한 지속적인 기록이라고 할 수 있다. 자신의 삶이 어떻게 발전했고, 얼마나 성장했는지를 점검하기에 좋다. 가치가 있는 삶이라면 기록할 가치도 있다.

이 모든 것이 효과가 있을까? 물론 효과가 있다. 3년 전 나는 앉아서 이상적인 하루와 이상적인 환경을 설계했다. 지금은 두 가지를 모두 이뤘다.

그때 나는 캘리포니아의 마리나 델 레이에 있는 아주 보잘것없는 집에 살았지만, 더 나은 삶을 살고 싶어 했다. 그래서 나만의 목표 설정 워크숍을 하기로 마음먹었다. 최고의 하루를 설계하고, 내가 가장 바라는 삶을 상상 속에서 매일 경험함으로써 잠재의식이 이상적인 삶을 창조하도록 프로그래밍했다. 나는 이렇게 시작했다. 매일 아침에 일어나서 눈 앞에 넓게 펼쳐진 바다를 보고 싶어 했고, 그다음에는 백사장이 잘 정돈된 해변을 달리고 싶었다. 아주 선명하지는 않아도 초록의 숲과 해변이 잘 어우러진 풍경을 그렸다.

아침에 운동을 마치고 일하기 좋은 공간도 갖고 싶었다. 그곳은 고층 건물의 높은 층에 있는 넓은 사무실이었다. 2층이나 3층의 원형 모양의 집도 그렸다. 리무진과 운전기사도 필요했다. 그리고 나만큼 강렬하고 열정적인 4~5명의 파트너를 정기적으로 만나 사업 이야기를 하면서 새로운 아이디어를 위해 브레인스토밍도 하고 싶었다. 아내가 될 이상적인 여성도 꿈꿨다. 돈 한 푼 없었지만 경제적으로 독립도 하고 싶었다.

나는 머릿속에서 프로그래밍한 모든 것을 떠올렸다. 그때 내가 꿈꿨던 것이 모두 실현되었다. 지금 살고 있는 저택은 마리나 델 레이에 살았을 때 상상했던 바로 그 집이다. 그리고 상상한 지 6개월 만에 나의 이상형을 만났고 18개월 만에 결혼에 골인했다. 창의력을 키울 수 있고 끊임없이 의욕을 불러일으켜주고 매일 감사하는 자세로 살 수 있는 환경을 만들었다. 어떻게 가능했을까? 나는 나 자신에게 목표를 주었고, 이것이 나의 현실이라는 명확하고 정확한 메시지를 매일 나의 뇌에 직접적으로 전달했다. 내 잠재의식이 분명하고 정확한 목표를 갖고 원하는 결과를 이끌어내도록 생각과 행동을 인도한 것이다. 이것이 나에게 효과가 있었듯이 여러분에게도 분명히 효과가 있을 것이다.

"묵시가 없으면 백성이 방자히 행하거니와
율법을 지키는 자는 복이 있느니라.
(비전이 없으면 사람은 타락한다.)"
잠언 29장 18절

이제 마지막으로 할 일만 남았다. 한때 목표였지만 현재는 이미 성취한 것들, 즉 꿈꾸던 것 중 이미 이룬 것들, 삶에서 큰 도움이 된 사람들이나 그들의 행동, 우리가 가진 자원의 목록을 작성하는 것이다. 나는 이것을 '감사 일지'라고 부른다. 때때로 사람들은 자신이 원하는 것에만 지나치게 집착한 나머지 이미 가지고 있는 것에 감사하지 않거나, 그것을 사용하지 못한다. 목표를 향한 첫 번째 단계는 자신이 가진 것을 찾아서 그것에 감사하고, 미래의 성공을 위해 적용하는 것이다. 우리에게는 언제든지 더 나은 삶을 살 수 있는 방법이 있다. 어려운 꿈을 이루기 위해서는 당장 올바른 길로 인도하는 일상적인 단계부터 시작해야 한다. 셰익스피어는 "행동은 곧 웅변이다."라고 말했다. 더욱 만족스러운 결과를 얻기 위해서 설득력 있는 행동으로 오늘을 시작하라.

지금까지는 결과를 공식화할 때 정확성이 얼마나 중요한지 살펴보았다. 우리 자신과의 소통 그리고 다른 사람들과의 소통도 마찬가지다. 정확하면 정확할수록 그만큼 효과적이다.

이제 그와 같은 정확성과 관련된 몇 가지 도구를 알아보자.

12장

언어의 힘

"인간의 언어는 곰이 춤 출 수 있도록 장단을 맞춰주는 깨진 주전자와 같고,
이때 우리는 항상 별을 동정심으로 움직이기를 갈망한다."

귀스타브 플로베르Gustave Flaubert

마법처럼 마음을 움직이는 말을 들었을 때를 떠올려보라. 마틴 루터 킹의 "나에게는 꿈이 있습니다"와 같은 대중 집회의 연설, 아버지나 어머니 또는 선생님의 말씀을 들었을 때일 수 있다. 그 말이 워낙 울림이 강하고 또렷해서 우리의 기억에 영원히 남아 있을 수 있다. 영국의 소설가 러디어드 키플링은 "말은 인류가 사용하는 가장 강력한 마취제다."라고 했다. 우리는 말에 마법과 같은 중독성이 있었을 때를 기억할 수 있다.

존 그라인더와 리처드 밴들러는 성공한 사람들을 연구하면서 많은 공통적인 특징을 발견했다. 그중 가장 중요한 것이 정확한 의사소통 능력이었다. 회사 경영자가 성공하려면 정보를 잘 관리할 줄 알아야 한다. 두 사람은 성공한 리더들은 정보의 본질에 신속하게 접근하고, 여기서 알게 된 것을 다른 사람들에게 전달하는 데 천재적이라는 사실을 발견했다. 중심이 되는 생각을 전달할 때 핵심적인 문구와 단어를 사용하는 경향이 있었다.

또한 성공한 사람들은 모든 것을 알 필요가 없다는 것을 이해했다. 알아야 할 것과 알 필요가 없는 것을 구분하고, 알아야 할 것에 집중했다. 그라인더와 밴들러는 버지니아 사티어, 프리츠 펄스, 밀턴 에릭슨 박사 등 뛰어

난 심리치료사들이 환자를 치료할 때 동일한 패턴의 문구를 사용한다는 것을 알아냈다. 그들은 이 문구를 1~2년간 계속 사용한 것이 아니었다. 치료 기간 중 1~2회만 사용했는데도 곧바로 좋은 결과를 얻었다.

그라인더와 밴들러의 발견은 그다지 놀랄 만한 일이 아니다. 앞에서 '지도는 실제 영토가 아니다.'라고 말한 것을 기억하고 있을 것이다. 우리가 경험을 설명하는 데 사용하는 말은 경험 그 자체가 아니다. 생각해낼 수 있는 최고의 언어적 표현일 뿐이다. 따라서 성공을 측정하는 척도는 원하는 것을 말로 얼마나 정확하게 전달하느냐, 즉 우리의 지도가 실제의 땅을 얼마나 실제에 가깝게 나타낼 수 있느냐이다. 우리는 말이 마법과 같은 감동을 준다는 것을 알고 있지만, 의사소통이 완전히 어긋나서 절망적으로 잘못되었던 때도 기억하고 있다. 나는 이런 의미로 말했지만 상대는 완전히 반대의 의미로 받아들일 수도 있다. 정확한 언어는 사람들을 유용한 방향으로 이끄는 능력이 있는 반면, 부정확한 언어는 사람들을 잘못된 길로 인도할 수 있다. 작가 조지 오웰은 바로 그 원칙에 기초하여 쓴 작품《1984년》에서 "생각이 언어를 타락시킨다면 언어도 생각을 타락시킬 수 있다."라고 말했다.

이번 장에서는 이전보다 더 정확하고 효과적으로 의사소통하는 데 도움이 되는 도구를 알아보고자 한다. 다른 사람도 같은 결과를 얻을 수 있도록 도움을 주는 방법 또한 배우게 될 것이다. 우리에게는 얽혀 있는 말의 부풀림이나 왜곡을 없애는 데 사용할 수 있는 간단한 언어 도구가 있다. 말은 벽이 될 수도 있지만 사람들을 연결해주는 다리가 될 수도 있다. 사람들을 갈라놓기보다는 서로 연결하기 위한 말을 사용하는 것이 매우 중요하다.

나는 세미나 참석자들에게 자신이 원하는 것을 얻는 방법을 알려줄 것이라고 말한다. 실제로 사람들에게 종이의 맨 위에 '내가 원하는 것을 얻는 방법'이라고 적으라고 말한다. 준비 작업을 하고 난 후, 그들에게 마법의 공식을 알려준다.

원하는 것을 얻는 방법은? "구하라!"라고 말하고, 곧이어 "강의 끝."이라고 말한다.

내가 농담하는 것 같은가? 아니다. "구하라!"라는 말의 의미는 징징거리거나 구걸하거나 불평하거나 애원하거나 비굴해지라는 것이 아니다. 누군가가 베푸는 것, 즉 무료 점심이나 자선 행위를 기대하라는 말도 아니다. 다른 사람이 나의 일을 대신해주기를 기대하라는 것도 아니다. 내 말은 현명하고 정확하게 요구하는 법을 배우라는 것이다. 원하는 성과를 규정하고 달성하는 데 도움이 되는 방식으로 요구하는 방법을 배워라. 앞 장에서 원하는 특정 결과, 목표 및 활동을 구체화하면서 우리는 이미 그 방법을 배웠다. 이제 좀 더 구체적인 언어 도구가 필요하다. 현명하고 정확하게 요청하기 위해서는 다음과 같은 다섯 가지 지침에 따라야 한다.

1. 구체적으로 요구하라.

자신뿐만 아니라 다른 사람에게도 자신이 원하는 것을 설명할 수 있어야 한다. 얼마나 높이, 얼마나 멀리, 얼마나 많이 원하는가? 언제, 어디서, 어떻게, 누구와 함께할 것인가? 사업을 위해 대출이 필요한 경우 신청하는 방법을 알면 대출을 받을 수 있다. "신제품 생산을 위해 생산 라인을 확장하려면 돈이 더 필요합니다. 자금 좀 빌려주세요."와 같이 무엇이 필요한지, 왜 필요한지, 언제 필요한지를 정확하게 말해야 한다. 그것으로 무엇을 생산할 수 있는지 명확히 보여주어야 한다. '목표 설정 세미나'에서 참가자들은 항상 더 많은 돈을 갖기 원한다고 말한다. 그럴 때면 나는 참가자들에게 25센트 동전 몇 개를 건네준다. 그들은 요청해서 받았지만 현명한 방법으로 구하지 않았기 때문에 원하는 만큼은 얻지 못했다.

2. 자신을 도와줄 수 있는 사람에게 요청하라.

구체적으로 요구하는 것만으로는 충분치 않다. 지식, 자본, 세심함 또는 사업 경험과 같은 자원이 있는 사람에게 구체적으로 요청해야 한다. 예를 들어, 배우자와 갈등이 있다고 가정해보자. 부부관계가 점점 무너지고 있다. 이럴 때 우리는 마음을 털어놓아야 한다. 한 인간으로서 자신의 상황을 최대한 정직하고 구체적으로 말할 수 있어야 한다. 하지만 나와 같은 상황에 처한 사람에게 도움을 청하면 성공할 수 있을까? 당연히 안 될 것이다.

도움을 청할 적절한 사람을 찾으려면 무엇이 효과적인지 알아차리는 방법을 배우는 것이 얼마나 중요한지 다시 깨닫게 된다. 바로 이것이 핵심이다. 더 나은 인간관계, 더 나은 직업, 더 현명한 투자 방법과 같은 것은 누군가가 이미 갖고 있거나 이미 행하고 있는 것들이다. 따라서 우리의 문제를 해결하는 방법은 그 사람들을 찾아 그들이 어떻게 하는지를 알아내는 것이다. 많은 사람이 술집에서 만난 사람들에게 그 비결을 찾으려고 한다. 이것은 문제를 해결하려는 것이 아니라 내 말에 공감해주는 사람과 이야기하는 것에 불과하다. 공감은 경험과 지식과 연결되지 않는 한 아무 쓸모가 없다.

3. 요청할 사람에게도 도움이 될 만한 가치를 찾아라.

누군가에게 요청하기만 하면 그가 우리에게 원하는 것을 줄 것이라고 기대하지 말라. 먼저 그를 도울 수 있는 방법을 찾아보라. 사업 아이디어가 있는데 그것을 실현하기 위해 돈이 필요한 경우, 한 가지 방법은 사업을 통해 도움과 혜택을 동시에 줄 수 있는 사람을 찾는 것이다. 사업 아이디어가 본인뿐만 아니라 그에게 어떻게 수익을 가져다줄 수 있는지 그에게 보여주라. 가치를 창출하는 것이 항상 눈에 보이는 것이 아니어도 괜찮다. 우리가 창출하는 가치가 어떤 느낌이나 감정 또는 꿈일 수도 있지만, 때로는 그것만으로도 충분하다. 누군가 내게 와서 천만 원이 필요하다고 말하면 나는 아마도 "다른 사람들도 마찬가지입니다."라고 말할 것이다. 그러나 목적을 분명히 하여, 다른 사람들의 삶을 변화시키기 위해 돈이 필요하다고 말하면 그 사람의 말에 귀를 기울일 것이다. 어떻게 다른 사람들을 돕고, 그들과 자신을 위해 어떻게 가치를 창출하고 싶은지를 구체적으로 나에게 말한다면, 나는 그를 돕는 것이 나를 위해서도 가치 있는 일이라는 점을 깨닫게 될 것이다.

4. 집중적이고 일치된 신념을 갖고 요청하라.

실패하는 가장 확실한 방법은 서로 모순되는 생각을 하는 것이다. 자신이 요청하는 것에 대해 확신이 없다면 다른 사람이 어떻게 도움을 줄 수 있겠는가? 그러므로 요청할 때는 절대적인 확신이 있어야 한다. 말과 생리체계로 무엇을 원하는지 표현하라. 내가 어떤 것을 확실히 원하고, 확실히 성공할 것이라는 사실, 그것이 나뿐만 아니라 상대에게도 가치를 창출해줄 것이라는 확신을 보여주어야 한다.

때때로 사람들은 다음 네 가지를 모두 완벽하게 수행한다. 첫째, 구체적으로 요청한다. 둘째, 자신을 도울 수 있는 사람에게 요청한다. 셋째, 그 사람에게 도움이 되는 것을 만든다. 넷째, 내적으로 일치된 신념을 갖고 요청한다. 하지만 이 네 가지를 수행한 후에도 원하는 것을 얻지 못한다면? 그이유는 다섯 번째 방법을 행하지 않았기 때문이다. '될 때까지' 요청하지 않았던 것이다. 이것이 가장 중요한 다섯 번째 지침이다.

5. 원하는 것을 얻을 때까지 요청하라.

같은 사람에게 계속 요청하라는 말이 아니다. 계속 똑같은 방법으로 요청하라는 의미도 아니다. 최고의 성공 공식에 따르면, 진행되는 과정을 판단할 수 있는 예리함을 계발하고, 상황에 맞는 유연성이 있어야 한다. 따라서 요청할 때는 원하는 것을 얻을 때까지 계속 수정하고 조정해야 한다. 성공한 사람들의 삶을 연구해보면, 그들은 자신들이 원하는 것을 만족시켜줄 사람을 곧 찾게 될 것이라고 확신하기 때문에 계속 요청하고, 계속 시도하고, 계속 방법을 바꾼다는 것을 알게 된다.

다섯 가지 중 가장 어려운 것이 무엇인가? 대부분 구체적으로 요청하는 것을 가장 어려워한다. 우리는 정확한 의사소통을 중시하는 사회에 살고 있지 않다. 이것은 우리의 가장 큰 문화적 실패라고 할 수 있다. 언어는 그 사회에서 필요로 하는 것을 반영한다. 에스키모인들에게는 '눈Snow'을 표현하는 단어가 수십 개라고 한다. 이유가 뭘까? 효과적인 에스키모어가 되기 위해서는 여러 유형의 눈을 잘 구별할 수 있어야 하기 때문이다. 하늘에서 떨어지는 눈, 이글루를 만들 수 있는 눈, 개들이 뛰어놀 수 있는 눈, 먹을 수 있는 눈, 금방 녹는 눈… 등이 있다. 나는 캘리포니아 출신이다. 눈을 본 적이 거의 없다. 그래서 나에게는 한 단어만으로도 충분하다.

우리의 문화권에서 사람들이 사용하는 많은 문구와 단어에는 구체적인 의미가 거의 또는 전혀 없다. 나는 이렇게 일반화되고 무감각적인 단어들을 '보풀Fluff'이라고 부른다. 이 단어들은 서술적인 언어가 아니다. 막연한 추측에 가깝다. 보풀의 사례는 "메리가 우울해 보인다." "메리가 피곤해 보인다."와 같은 말이며, 더욱 심하게는 "메리는 우울하다, 메리는 피곤하다."라고 말하는 것이다. 이것의 구체적인 언어는 "내 오른편에 앉아 있는 메리는 32세의 여성으로, 파란 눈에 갈색 머리다. 그녀는 의자에 등을 기대고 다이어트 콜라를 마시면서 풀린 눈으로 가늘게 숨을 쉬고 있다."다. 외관으로 확인할 수 있는 경험을 정확하게 설명하는 것과 아무도 제대로 알 수 없는 것을 추측하는 것에는 차이가 있다. 말하는 사람은 메리의 정신 속에서 무슨 일이 일어나고 있는지 전혀 알지 못한다. 그는 자신의 지도를 가져가서 그녀의 경험이 무엇인지 알고 있다고 가정하는 것이다.

> "인간이 사고라는 진정한 노동을 피할 수 있는 방도는 없다."
> 토머스 에디슨Thomas Edison

추정은 느슨한 의사소통이라고 할 수 있다. 다른 사람을 대할 때 할 수 있는 가장 위험한 것 중 하나다. 좋은 예가 '스리마일섬Three Mile Island 원자력발전소 사고'다. 〈뉴욕타임스〉의 보도에 따르면, 사고로 인해 이 섬의 발전소가 폐쇄되었는데 이미 많은 문제점이 발전소 직원의 보고서에 기록되어 있었다고 한다. 나중에 회사 경영진이 인정했듯이 그들은 다른 사람들이 그 문제를 해결해줄 것이라고 생각했다. 누구에게 구체적인 책임이 있고 무엇을 해결해야 할지 묻는 직접적인 조치를 취하지 않고, 어딘가에 있는 누군가가 그 문제를 처리할 것이라고 추정했다. 그 결과, 미국 역사상 최악의 원자력 사고가 발생했다.

우리가 사용하는 언어의 대부분은 대략적인 일반화와 추정에 지나지 않는다. 이런 유형의 안일한 언어는 진정한 의사소통을 방해한다. 사람들이 자신을 괴롭히는 것이 무엇인지 정확히 구체적으로 이야기한다면, 원하는 것이 무엇인지 알아내어 문제를 쉽게 해결할 수 있다. 하지만 모호한 표현과 일반화된 말을 사용한다면, 우리는 머릿속 안개 안에 있는 보풀로 인해 길을 잃을 것이다. 효과적인 의사소통의 핵심은 그 안개를 뚫고 들어가 보풀을 제거하는 것이다.

　너무 느슨하고 지나치게 일반화된 언어를 사용하여 진정한 의사소통을 방해하는 경우는 무수히 많다. 효과적으로 의사소통을 하고 싶다면 보풀이 생겨날 때 없앨 수 있어야 하고, 구체적으로 질문하는 방법도 알아야 한다. 언어 패턴이 정확해야 하는 이유는 유용한 정보를 가능한 한 많이 찾아내야 하기 때문이다. 다른 사람의 내적 경험을 완벽하게 표현하면 할수록 더 많은 변화를 가져올 수 있다.

　언어적 보풀을 해결하는 한 가지 방법은 '정확화 모델Precision Model'이다. 이것은 두 손에 쉽게 잘 그려볼 수 있다. 몇 분이면 이 도표를 암기할 수 있다. 양손을 각각 따로 가져다가 우리 눈의 좌측 위로 이동시킨다. 그러면 우리의 눈은 이 정보를 저장하기에 좋은 위치에 있게 된다. 손가락을 한 번에 하나씩 보고 끝에 있는 단어들을 반복해서 말한다. 한쪽 손에 있는 말을 모두 암기할 때까지 계속한다. 그런 다음 다른 손가락에도 똑같이 진행한다. 모든 손가락에 있는 문구들을 반복하여 정확히 암기한다. 그런 다음 손가락을 보고 나서 곧바로 손가락 끝의 단어나 문구가 생각나는지 확인하라. 자동적으로 연상될 때까지 암기하라.

　머릿속에 어떤 단어들과 구절들을 배치했으니 이제는 그것이 무엇을 의미하는지 알아보자. 정확화 모델은 언어를 사용할 때 가장 흔히 빠지기 쉬운 함정을 극복하기 위한 지침 역할을 한다. 사람들이 치명적으로 위험한 길로 가지 않도록 도움을 주는 지도다. 잘못된 단어와 구절이 튀어나올 때 곧바로 인지해서 더 구체적인 방향으로 다시 유도하는 것이 목적이다. 정확화 모델은 사람들과 조화로운 관계를 유지하면서 사람들의 왜곡, 삭제 및 일반화를 검증할 수 있는 수단을 제공한다.

　새끼손가락부터 시작해보자. 오른손 새끼손가락에는 '일반화된 말

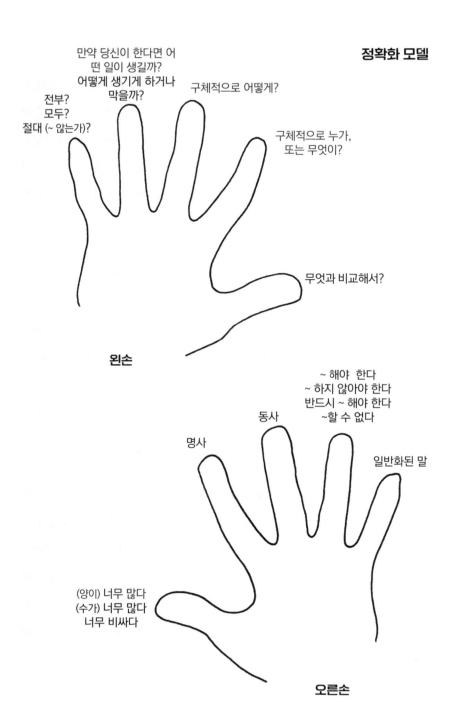

정확화 모델

만약 당신이 한다면 어
떤 일이 생길까?
어떻게 생기게 하거나
막을까?

구체적으로 어떻게?

전부?
모두?
절대 (~ 않는가)?

구체적으로 누가,
또는 무엇이?

무엇과 비교해서?

왼손

~ 해야 한다
~ 하지 않아야 한다
반드시 ~ 해야 한다
~할 수 없다

동사

명사

일반화된 말

(양이) 너무 많다
(수가) 너무 많다
너무 비싸다

오른손

Universals'이 있다. 왼손 새끼손가락에는 '전부All, 모두Every, 절대 ~ 않다 Never'가 있다. 일반화된 말이 사실일 때는 문제가 없다. 사람은 '모두' 산소가 필요하다거나 자녀 학교의 교사들이 '전부' 대학을 졸업했다고 말하면, 이는 사실을 전달하는 것이다. 그러나 일반화된 말은 보풀 영역에 있는 경우가 상당히 많다. 우리는 거리에서 시끄럽게 떠드는 아이들을 보고 "요즘 애들은 예의가 없어."라고 말할 수 있다. 회사에서 직원 한 명이 일을 엉망으로 했을 때, "내가 왜 이런 사람들에게 급여를 줘야 하는지 모르겠어. 제대로 하는 일이 하나도 없는데 말이야."라고도 말한다. 이 두 가지 경우에서 일반화된 말이 부분적인 진실에서 일반적인 비(非)진실로 옮겨간다. 아이들이 시끄러웠을 수 있지만 모든 아이들이 예의가 없는 것은 아니다. 특정 직원이 무능할 수 있지만 모든 직원이 무능한 것은 아니다. 따라서 다음에 이와 같은 일반화된 말을 듣게 되면 정확화 모델로 가서 일반화된 부분을 강조하면서 다음과 같은 문장을 반복한다.

"아이들은 모두 예의가 없나?" 스스로에게 물어보라. "모두?"

"글쎄, 그렇지 않은 것 같은데. 몇몇 아이들만 그렇지."

"직원들이 전혀 일을 못 하는가?" 곧바로 반문한다. "전혀?"

"글쎄, 직원들이 모두 그런 건 아니다. 한 명이 일을 망친 건 확실하지만 직원이 모두 그렇다고 말할 수는 없다."

이번에는 양손의 두 손가락을 모으고 '해야 한다Should' '해서는 안 된다 Shouldn't' '반드시 해야 한다Must' '할 수 없다Can't'와 같은 부정적인 단어를 살펴보자. 누군가가 어떤 일을 할 수 없다고 말한다면 그는 뇌에 어떤 신호를 보내고 있는 것일까? 실제로 그는 자신이 그 일을 할 수 없다고 부정적인 신호를 보내는 것이다. 이때 그 사람에게 왜 그 일을 할 수 없는지, 왜 하기 싫은 일을 해야 하는지 물으면 대부분 제대로 대답하지 못한다. 그

악순환을 끊는 방법은 "만약 당신이 그 일을 한다면 어떻게 될까요?"라고 묻는 것이다. 그럼으로써 그들이 이전에는 미처 인지하지 못했던 가능성을 만들고 행동에서 나올 수 있는 긍정적인 결과와 부정적인 결과를 생각할 수 있다.

내적 대화에서도 같은 프로세스가 작동한다. 자신에게 "나는 할 수 없어."라고 말할 때, 다음으로 할 일은 "만약 내가 할 수 있다면 어떻게 될까?"라고 자문하는 것이다. 대답은 긍정적이고 가능하게 하는 행동과 감정을 불어넣는 것이 될 것이다. 그러면 가능성에 대한 새로운 내적 표상이 생기고, 그럼으로써 새로운 내적 상태와 새로운 행동, 새로운 잠재적 결과가 창조될 것이다. 자신에게 그와 같은 질문을 던지는 것만으로도 생리체계와 사고체계가 훨씬 더 가능성 있는 쪽으로 바뀔 것이다.

또한 "나는 지금 무엇 때문에 이 일을 하지 못하는가?"라고 질문하면 구체적으로 무엇을 바꿔야 할지를 명확히 인지할 수 있다.

이제 동사를 나타내는 가운뎃손가락으로 넘어가서 "구체적으로 어떻게?"라고 물어본다. 뇌가 효율적으로 작동하려면 명확한 신호가 필요하다는 점을 명심하라. 보풀이 있는 언어와 생각은 뇌를 둔감하게 만든다. 누군가 "나는 우울해."라고 말한다면, 그는 단지 자신의 꼼짝하지 못하는 내적 상태를 설명하는 것에 불과하다. 구체적으로 말하고 있는 것이 아니다. 긍정적인 방식으로 작업할 수 있는 정보도 제공하지 않았다. 보풀을 걷어내고 막혀 있는 내적 상태에서 벗어나라. 누군가가 우울하다고 말한다면 구체적으로 얼마나 우울한지, 무엇이 그렇게 느끼게 하는지 물어볼 필요가 있다.

그가 좀 더 자신을 구체적으로 설명하게 하려면, 정확화 모델 내에서 자유롭게 이동할 수 있어야 한다. 따라서 그에게 좀 더 구체적으로 말하라고 요구하면 그는 "나는 항상 일을 망치기 때문에 우울해요."라고 말할 수 있다. 다음 질문은 무엇일까? 일반화된 말은 사실일까? 그렇지 않을 것이다. 그래서 "당신은 항상(Always) 일을 엉망으로 만드나요?"라고 물을 것이다. 대부분의 경우에 대답은 "글쎄요, 항상 그렇지는 않죠."일 것이다. 보풀을 걷어내고 세부 사항을 파악함으로써 실제 문제를 식별하고 처리하는 과정에 들어선 것이다. 흔히 사람들은 실제로는 작은 잘못을 했는데도 마음속으로 큰 실패를 했다고 생각하는 오류를 범한다.

이제 명사와 '구체적으로 누가 또는 무엇이'를 나타내는 둘째손가락을 모은다. 어떤 일반화된 문장에서 명사(사람, 장소 또는 사물)를 들을 때마다 '구체적으로 누가 또는 무엇이'를 포함하는 문구로 대답해보라. 이는 우리가 동사를 명확히 바꾼 것으로 불명확한 보풀이 있는 세계에서 실제 세계로 이동하는 것과 같다. 누군가의 머릿속에만 존재하는 일반화된 뜬구름과 같은 것으로는 움직일 수 없다. 우리는 현실 세계를 다룰 수 있다.

불명확한 명사는 최악의 보풀 중 하나다. 주변에서 "그들은 나를 이해하지 못해." 또는 "그들은 나에게 공평하게 기회를 주지 않을 거야."라는 말을 자주 들어봤을 것이다. 그럼, 구체적으로 여기서 말하는 '그들'은 누구인가? 큰 조직이라면 어떤 결정을 내리는 누구일 것이다. 따라서 '그들'이 이해하지 못하는 이 모호한 영역에 갇혀 있지 말고 실질적으로 결정을 내리는 그 사람을 대하는 방법을 찾아야 한다. 지정되지 않은, 이름 없는 '그들'이라는 단어를 사용하는 것은 가장 안 좋은 책임 회피 수단에 불과하다. '그들'이 누구인지 모르면 무력감을 느끼고 상황을 바꿀 수 없다고 생각하게 된다. 그러나 구체적인 것에 집중하면 조절 능력을 되찾을 수 있다.

누군가가 "당신의 계획은 별 소용이 없을 겁니다."라고 말한다면, 그이가 구체적으로 무엇에 문제가 있다고 생각하는지 알아내야 한다. "아니요, 효과가 있을 거예요."와 같이 반박한다면 그와의 관계가 안 좋아질 수 있거나 문제를 해결하는 데 도움이 되지 않는다. 문제는 계획 전체에 있는 것이 아니라 작은 부분에 있는 경우가 많다. 전체를 재정비하려고 하면 레이더 없이 하늘을 나는 비행기와 같다. 전체를 고친다고 해도 정작 문제는 그대로 남아 있을 수 있다. 어디에 문제가 있는지 찾아내어 그 문제를 해결하면 비로소 가치 있는 변화를 가져올 수 있다. 지도가 실제 영토에 가까울수록 더욱 가치가 있다는 점을 명심하라. 그 지역이 무엇으로 이루어져 있는지 더 잘 파악할수록 변화시킬 수 있는 힘을 더 많이 갖게 된다.

이제 정확화 모델의 마지막 단계다. 양손의 엄지손가락을 내민다. 한쪽 엄지손가락은 "양이 너무 많다, 수가 너무 많다, 값이 너무 비싸다."라고 말할 때, 다른 엄지손가락은 "무엇에 비해?"라고 말한다. "양이 너무 많다, 값이 너무 비싸다"라고 말할 때 우리는 또 다른 형태의 삭제를 사용한다. 이런 말들은 대개 뇌의 어딘가에 근거 없이 입력된 임의의 구조를 기반으로 한다. 예를 들어, 일주일 이상의 휴가는 직장을 떠나 있기에는 너무 긴 시간이라고 말할 수 있다. 어린아이가 2백만 원짜리 노트북을 사달라고 한다면 너무 비싸다고 생각할 수도 있다.

우리는 비교를 함으로써 일반화에서 벗어날 수 있다. 2주일 동안 직장을 떠나 있어도 충분한 휴식을 취하고 최선을 다해 일할 수 있다면 그 휴식 기간은 충분히 가치가 있다. 노트북도 마찬가지다. 제대로 활용할 생각이 없다면 너무 비싸다고 할 수 있다. 하지만 소중한 학습 도구라고 생각한다면 몇천 만 원의 가치가 있을 것이다. 이러한 결정을 이성적으로 할 수 있는 유일한 방법은 합리적으로 비교하는 것이다. 정확화 모델을 사용하기 시작하면, 나중에 자연스럽게 사용할 수 있게 된다는 것을 알게 될 것이다.

예를 들어, "선생님 세미나는 너무 비싸요."라고 말하는 사람들이 간혹 있다. "무엇에 비해 비싸다는 거죠?"라고 반문하면, 그는 "글쎄요, 제가 참여한 다른 세미나에 비해 그렇다는 거죠."라고 말할지도 모른다.

그러면 나는 그가 구체적으로 어떤 세미나를 말하는지 알아내기 위해 "그 세미나가 나의 세미나와 구체적으로 어떤 부분이 같은가요?"라고 묻는다.

그러면 그는 "글쎄요. 똑같지는 않죠."라고 말한다.

나는 또 이렇게 물어본다. "그것 참 흥미롭군요. 만약 제 세미나에 시간과 돈을 투자할 충분한 가치가 있다고 생각한다면 어떻게 될까요?"

그는 호흡 패턴이 달라지더니 미소를 지으며 "잘 모르겠지만, 기분이 좋을 것 같아요."라고 대답한다.

"지금 제 세미나를 당신이 그렇게 느끼도록 하기 위해 제가 구체적으로 할 수 있는 일은 무엇일까요?"

"글쎄요, 선생님이 더 많은 시간을 할애해서 이런저런 주제를 다뤄주면 좋을 것 같아요."

"좋습니다. 그 주제에 더 많은 시간을 할애하면 제 세미나에 시간과 돈을 투자할 가치가 있다고 생각하시겠어요?"

그는 동의의 표시로 고개를 끄덕인다. 이 대화에서 무슨 일이 생긴 걸까? 우리는 실제로 다루어야 할 구체적인 문제를 찾았다. 일반적인 것에서 구체적인 것으로 옮겨갔다. 일단 구체적인 것에 도달하면 문제의 해결책을 모색할 수 있다. 거의 모든 종류의 의사소통에서도 가능하다. 합의에 이르는 길은 구체적인 정보로 포장된 도로다.

앞으로 며칠 동안 주위 사람들이 사용하는 언어를 집중해서 살펴보라. 구체적이지 않은 동사와 명사 표현이 얼마나 많은지 찾아보라. 어떤 문제가 있나? 이번에는 TV를 켜고 대담 프로그램을 시청해보라. 대화에서 사용되는 보풀을 식별하고, 구체적인 정보를 얻을 수 있는 질문을 TV에 던져보라.

여기에서 주의해서 들어봐야 할 몇 가지 추가 패턴이 있다. '좋다' '나쁘다' '더 좋다' '더 나쁘다'인데, 이처럼 판단 또는 평가하는 말은 피하라. "그건 좋지 않은 생각이야." 또는 "접시에 담긴 음식은 다 먹는 것이 좋아."와 같은 말을 들었을 때, "누가 그런 말을 했죠?" 또는 "어떻게 그걸 알죠?"라고 물어볼 수 있다. 때로는 원인과 결과를 연결하는 문장으로 말하는 사람들도 있다. "그 사람 말을 들으면 정말 화가 나요." 또는 "그 말을 들으니 다시 생각해봐야 할 것 같아요."라고 말할 수 있다. 이제부터 그런 말을 들으면 "구체적으로 X가 어떻게 Y의 원인이 되나요?"라고 물어야 한다. 그렇게 할 때 훌륭한 의사소통가 또는 모델링을 잘하는 사람이 될 수 있다.

또 한 가지 경계해야 할 것은 상대의 마음을 읽는 말이다. 누군가 "나는 그 사람이 나를 사랑한다는 것을 알아요." 또는 "당신은 내가 당신을 믿지 않고 있다고 생각하는 것 같아요."라고 말하면, 우리는 "그걸 어떻게 알아요?"라고 물어야 한다.

마지막으로 배울 언어 패턴은 조금 더 미묘하기 때문에 세심하게 살펴봐야 한다. '주의' '진술' '이유'와 같은 단어들의 공통점은 무엇인가? 그렇다, 모두 명사다. 또한 실제로는 눈으로 볼 수 없는 단어들이다. '주의'를 본 적이 있는가? 이 단어들은 사람이나 장소 또는 사물도 아니다. '주의하다'라는 동사에서 온 단어이기 때문이다. 명사화된 단어는 구체성을 잃은 말이다. 이런 명사를 들으면 우리의 경험을 동적인 것, 즉 활력을 주는 다른 것으로 바꾸고 싶어진다. 만약 누군가가 "지금까지와 다른 경험을 하고 싶어요."라고 말하면, 우리는 방향을 바꿔주기 위해 "그러면 어떤 것을 경험하고 싶나요?"라고 묻는다. 그가 "나는 사랑을 원해요."라고 말하면 "어떻게 사랑받고 싶으세요?" 또는 "사랑한다는 것은 무엇일까요?"라고 물어볼 수 있다. 두 문장은 구체성에서 차이가 있는가? 확실히 있다.

올바른 질문을 함으로써 의사소통을 통제할 수 있는 다른 방법이 몇 가지 있다. 그중 하나는 '성과 프레임Outcome Frame'이다. 누군가에게 자신을 괴롭히는 것이 무엇인지 또는 무엇이 잘못되었는지 묻는다면, 아주 장황한 대답을 듣게 될 것이다. "무엇을 원하나요?" 또는 "어떻게 바꾸기를 원하나요?"라고 질문한다면, 문제에서 해결로 대화의 방향을 바꾼 것이 된다. 아무리 암울한 상황에서도 이루어야 하는 성과가 있다. 우리의 목표는 문제에서 벗어나 방향을 바꾸고 원하는 성과를 달성하는 것이다.

제대로 된 질문을 함으로써 이를 수행하라. 그런 질문들은 얼마든지 있다. NLP에서는 '성과 질문Outcome Question'이라고 불린다.

"나는 무엇을 원하는가?"
"목표가 무엇인가?"
"나는 무엇 때문에 여기에 왔는가?"
"내가 당신에게 원하는 것은 무엇인가?"
"내가 나에게 원하는 것은 무엇인가?"

이것보다 더 중요한 프레임이 있을까? '왜'라는 질문보다 '어떻게'라는 질문을 사용하라. '왜'라는 질문은 우리가 이유, 해명, 변명이나 핑곗거리를 만들지만 유용한 정보는 주지 않는다. 자녀에게 왜 수학이 어려운지 묻지 마라. 더 잘하기 위해 어떻게 해야 하는지 물어보라. 입찰한 계약을 마무리하지 못한 이유를 직원에게 물어볼 필요가 없다. 다음 계약을 성사시키기 위해 그가 어떻게 바뀔 것인지 물어보라. 훌륭한 의사소통가는 문제가 발생한 이유를 합리화하는 것에는 관심이 없다. 어떻게 해야 잘 될지에 관심이 쏠려 있다. 올바른 질문은 우리를 올바른 방향으로 이끌 것이다.

이제 5장의 '성공을 위한 신념 일곱 가지'에서 살펴본 성공의 원동력인 '신념'으로 돌아가서 마지막 요점 정리를 해보자. 자기 자신뿐만 아니라 다른 사람들과의 의사소통은, 모든 일에는 목적이 있으며 원하는 성과를 달성하기 위해 이 의사소통을 사용할 수 있다는 원칙에서 출발해야 한다. 이는 의사소통 기술은 실패가 아닌 중간 결과를 반영해야 한다는 의미다. 우리는 퍼즐의 한 조각이 맞지 않는다고 해서 실패로 간주하고 퍼즐 맞추기를 그만두지는 않는다. 그것을 중간 결과로 받아들이고 더 잘 맞을 것 같은 다른 조각으로 맞추려고 시도한다. 의사소통에서도 같은 원칙을 적용하는 것이 좋다. 의사소통을 할 때 어떤 문제라도 거의 전체를 변형시킬 수 있는 구체적인 질문이나 정확한 문구들이 있다. 여기에서 논의한 일반 원칙을 따르면 어떤 상황에서도 원하는 것을 찾을 수 있다. 지금 당장 앞에서 언급한 '정확화 모델'을 사용하는 것도 좋다.

다음 장에서는 모든 성공적인 인간 상호작용의 토대, 즉 사람들을 하나로 묶어주는 접착제를 살펴보기로 한다.

13장
라포의 마법

"나를 이해하는 친구가 나를 만든다."
로맹 롤랑Romain Rolland

누군가와 마음이 완전히 하나가 된 적이 있을 것이다. 그 사람이 친구나 연인일 수도 있고, 가족일 수도 있다. 또한 우연히 만난 사람일 수도 있다. 그때로 돌아가서 친밀한 느낌이 들게 한 것이 무엇이었는지 생각해보라.

특정한 영화나 책 또는 경험에 대해 비슷한 생각을 하거나 같은 감정을 공유했기 때문일 수 있다. 그때는 의식하지 못했을 수도 있지만 호흡하거나 말하는 패턴이 비슷했을 수도 있다. 어쩌면 그 사람과 유사한 경험을 했거나 비슷한 신념이 있었기 때문일지도 모른다. 이유가 무엇이든 그것은 동일한 기본 요소인 '라포Rapport'가 반영된 결과다. 라포는 다른 사람의 세계에 들어가 당신이 그를 이해하고 강한 유대감을 가지고 있다고 느끼게 만드는 능력이다. 이것은 당신의 세계 지도에서 그의 세계 지도로 완전히 이동할 수 있는 능력이다. 이것은 성공적인 의사소통의 핵심이다.

라포는 다른 사람들과 함께 성과를 이룰 수 있는 최고의 도구다. 우리는 5장에서 사람이야말로 그 어느 것보다 중요한 자원이라고 배웠다. 라포는 이 자원을 활용하는 방법이다. 우리의 인생 목표가 무엇이든 적절한 사람들과 관계를 발전시킬 수 있다면 그들이 필요로 하는 것을 줄 수 있고, 그들 역시 우리가 원하는 것을 채워줄 수 있다.

라포를 형성하는 능력은 인간이 가진 것 중 가장 중요한 기술 중 하나다. 성공한 사람이나 탁월한 세일즈맨, 좋은 부모나 좋은 친구, 훌륭한 강연자나 정치인이 되기 위해 꼭 필요하며, 이는 타인에게 강한 유대감과 공감을 가질 수 있는 능력이다.

많은 사람들이 쓸데없이 삶을 아주 복잡하고 어렵게 만든다. 이 책에서 배우는 모든 기술은 실제로 다른 사람들과 좀 더 좋은 관계를 형성하는 방법이라 할 수 있다. 상대와 라포가 형성되면 거의 모든 일이 더 쉽고 간단해져서 함께 즐겁게 일할 수 있다. 살면서 무엇을 하고, 무엇을 보고, 무엇을 만들고, 무엇을 나누고, 무엇을 경험하고 싶든 그리고 영적 깨달음을 얻든, 백만 달러를 벌든, 자신의 목표를 더 빠르고 쉽게 달성할 수 있도록 도와주는 누군가가 있다. 그 사람은 더 빨리 또는 더 효과적으로 목적지에 도착하는 방법을 알고 있거나 목적지에 더 빨리 도착하도록 도와줄 수도 있다. 그의 협력을 얻는 방법이 라포를 형성하는 것이다. 라포는 사람들을 결속하고 동료로 생각하게 만드는 마법의 끈과 같다.

우리가 자주 쓰는 상투적인 말 중에 잘못된 표현이 있다. "서로 다른 것이 끌어당긴다."라는 말이다. 대부분의 잘못된 표현이 그렇듯, 여기에 사실적인 요소가 전혀 없는 것은 아니다. 사람들 사이에 공통점이 많을 때 서로 다른 점은 흥미를 더해준다. 하지만 전체적으로 볼 때 어떤 것이 더 매력적일까? 공통점이 많은 사람과 다른 점이 많은 사람 중에서 누구와 함께 시간을 보내고 싶은가? 매사에 의견이 다르고 관심사가 다른 사람인가? 내가 놀고 싶을 때 자는 것을 좋아하고, 자고 싶을 때 노는 것을 좋아하는 사람을 찾게 되는가? 당연히 아니다. 우리는 보통 나와 비슷하면서도 약간 독특한 사람과 함께 있고 싶어 한다.

사람들은 서로 비슷하면 호감을 갖는 경향이 있다. 성향이 다른 사람끼리 모임을 만드는 것을 본 적이 있는가? 그렇지 않을 것이다. 전쟁 참전용사, 게임 마니아 또는 야구 카드 수집가가 함께 모이는 이유는 공통점으로 인해 라포가 형성되기 때문이다. 집회에 참석한 적이 있는가? 처음 보는 사람들과도 곧바로 유대감이 생기지 않았는가? 코미디의 주요 요소 중 하나는 말이 빠르고 시끌벅적한 외향적 성향의 사람이 조용하고 자기를 내세우지 않는 내향적인 사람과 상호작용을 시도하는 것이다. 그들의 관계는 어떤가? 좋지 않을 것이다. 서로 좋아하기에는 공통점이 너무 없다.

대부분의 미국인은 영국인과 이란인 중 누구에게 더 호감을 느낄까? 정답은 쉽다. 미국과 공통점이 많은 쪽이다. 그럼 중동을 생각해보라. 그곳에는 왜 문제가 있다고 생각하는가? 유대인과 아랍인은 종교적 신념이 같은가? 사법 제도가 유사한가? 사용하는 언어가 같은가? 얼마든지 나열할 수 있다. 그들의 문제는 서로 다른 방식 때문에 생겨난 것이다.

사실, 우리는 사람들이 모두 '다르다'고 말하는데, 이는 서로 다른 방식 때문에 문제가 야기된다는 의미다. 미국에서 흑인과 백인은 어떤가? 문제는 어디에서 시작되는가? 서로 다른 방식, 즉 피부색, 문화 및 관습의 차이에 초점을 맞출 때 문제가 시작된다. 혼란은 엄청나게 큰 차이로 인해 발생할 수 있다. 조화는 유사함에서 비롯되는 경향이 있다. 인류의 역사를 보면 알 수 있다. 세계적인 차원에서도 사실이고, 개인적인 차원에서도 사실이다.

서로 친하게 지내는 사람들의 관계를 유심히 살펴보면, 그들이 유대감을 형성하게 된 첫 번째 이유는 공통점이라는 사실을 알게 될 것이다. 같을 일을 할 때 일하는 방식은 서로 다를 수 있지만 처음에 그들을 묶어준 것은 공통점이었다. 자신이 정말로 좋아하는 사람에 대해 생각해보라. 그리고 그에게 이끌리는 것이 무엇인지 잘 생각해보라. 그가 우리와 같거나, 적어도 우리가 그 사람처럼 되고 싶은 건 아닌가? "와! 저 사람은 모든 면에서 나와 반대로 생각해."라고 생각하지는 않을 것이다. "대단한 사람이야. 정말 똑똑해!"라고 생각한다. 그는 세상을 나와 같은 방식으로 바라보고 심지어 내 시야를 넓혀주기까지 한다. 이번에는 우리가 도저히 참을 수 없는 사람을 생각해보라. 그는 우리와 같은 성향의 사람인가? 맙소사, 정말로 싫은 사람이라고 생각하는가? 그 사람도 나와 같은 생각을 할까?

그렇다면 차이가 갈등을 낳고, 그 갈등이 더 많은 갈등을 낳고, 그럼으로써 더 많은 다른 점을 만들어내는 악순환에서 벗어날 길이 없다는 의미인가? 당연히 아니다. 다른 점이 있는 모든 경우에 공통점도 있기 때문이다. 미국에서 흑인과 백인은 얼마나 많이 다른가? 물론, 겉모습만 보려고 한다면 다르게 보일 것이다. 하지만 공통점이 훨씬 더 많다. 그렇지 않은가? 우리는 모두 비슷한 두려움과 열망을 가진 남자이고, 여자이며, 형제자매다. 부조화에서 조화로 가는 길은 다른 점에 집중하는 것보다 공통점에 집중하는 것이다. 진정한 의사소통의 첫 번째 단계는 자신의 세계 지도를 다른 사람의 지도로 번역하는 방법을 배우는 것이다. 어떻게 하면 가능할까? 바로 라포 기술로 가능하다.

> "누군가에게 나의 대의를 받아들이게 하려면
> 먼저 내가 그 사람의 진정한 친구임을 납득시켜라."
> 에이브러햄 링컨Abraham Lincoln

어떻게 하면 라포를 형성할 수 있을까? 공통점을 찾거나 만듦으로써 가능하다. NLP 용어로 이 과정을 '미러링Mirroring(행동 맞추기)' 또는 '매칭 Matching(생각 맞추기)'이라고 한다. 다른 사람과 공통점을 만들어 라포를 형성하는 방법에는 여러 가지가 있다. 한 가지는 관심사를 미러링하는 것이다. 예를 들어, 좋아하는 운동이나 옷 스타일이 같을 수 있고, 비슷한 경험을 할 수도 있다. 또는 인간관계를 미러링할 수 있다. 즉, 나와 비슷한 성향의 친구나 지인을 사귀는 것이다. 신념을 미러링할 수도 있다. 이것들은 공통적인 경험이다. 우리가 친분이나 인간관계를 형성하는 방식이다. 이러한 경험들에는 한 가지 공통점이 있다. 언어로 전달된다는 것이다. 다른 사람을 매칭하는 가장 일반적인 방법은 언어로 서로의 정보를 교환하는 것이다. 그러나 연구에 따르면, 사람들 사이에 의사소통되는 내용 중 단 7퍼센트만 언어로 전달된다고 한다. 38퍼센트는 목소리로 전달된다. 내가 어렸을 때 어머니가 목소리를 높여 특유의 어조로 '앤서니'라고 했는데, 그것은 내 이름 자체보다 훨씬 더 큰 의미로 다가왔다. 의사소통에서 가장 큰 부분인 55퍼센트를 생리체계나 몸짓이 차지한다. 의사소통을 하는 사람의 표정, 몸짓, 특성 및 동작 유형은 말 자체보다 내용에 대한 정보를 더 많이 제공한다. 이것은 미국의 희극인 돈 리클스와 같은 사람이 벌떡 일어나 우리를 공격하면서 섬뜩한 말을 해도 웃게 되는 이유를 설명해준다. 또한 영화배우 에디 머피가 비속어를 말해도 웃게 되는 이유이기도 하다. 중요한 것은 말 자체가 아니다. 이들의 어조와 생리체계가 웃게 만드는 것이다.

따라서 단순히 대화의 내용만으로 라포를 형성하려고 한다면, 다른 사람의 머릿속에 공통점을 전달할 수 있는 가장 큰 방법을 놓칠 수 있다. 라포 형성의 가장 좋은 방법 중 하나는 그 사람과 공통된 생리체계를 만드는 것이다. 위대한 최면치료사 밀턴 에릭슨 박사가 이 방법을 사용했다. 그는 다른 사람들의 호흡 패턴, 자세, 음색 및 몸짓을 미러링하는 법을 알고 있었다. 그렇게 함으로써 몇 분 만에 굳건한 라포를 형성했다. 에릭슨 박사를 모르는 사람들도 전혀 의심 없이 그를 믿었다. 말만으로도 라포를 형성할 수는 있지만 말과 생리체계가 함께 연계하여 발전된 라포는 엄청난 힘을 발휘한다.

말은 사람의 의식에서 작용하지만 생리체계는 무의식에서 작용한다. 여기가 뇌는 생각하는 곳이다. '그것 봐, 이 사람은 나와 비슷해. 아주 괜찮은 사람이야.'라고 생각하게 된다. 일단 그런 생각이 들면 엄청난 매력과 유대감이 생긴다. 이것은 무의식적이기 때문에 더욱 효과적이다. 이미 형성된 유대감 외에는 어떤 것도 인식하지 못한다.

그렇다면 다른 사람의 생리체계를 어떻게 미러링할 수 있을까? 어떤 신체적 특성을 미러링하면 좋을까? 목소리부터 시작하라. 어조와 어법, 음조, 말하는 속도, 말 빠르기, 음량 등을 미러링하라. 즐겨 사용하는 말이나 문구도 미러링하라. 자세와 호흡 패턴, 눈 맞춤, 몸짓, 표정, 손짓 같은 특유의 동작은 어떨까? 발을 디디는 방식에서 머리를 기울이는 각도에 이르기까지 모든 생리체계를 미러링할 수 있다. 처음에는 이 말이 우습게 들릴지 모른다.

만약 다른 사람에 대한 모든 것을 미러링한다면 어떤 일이 일어날까? 사람들은 자신을 완전히 이해하고 자신의 깊은 생각까지도 읽을 수 있는, 자신과 똑같은 영혼의 친구를 찾은 것처럼 느끼게 될 것이다. 하지만 라포를 형성하기 위해 그 사람에 대한 모든 것을 미러링할 필요는 없다. 누군가의 목소리 톤이나 표정을 비슷하게 미러링해도 그와 놀랄 만한 라포를 구축할 수 있다. 앞으로 며칠 동안 주변 사람들을 미러링하는 연습을 해보라. 그들의 몸짓과 자세를 따라 하라. 호흡 속도와 호흡하는 위치를 미러링하라. 목소리 톤, 템포나 크기를 미러링하라. 그 사람들과 더 가깝게 느껴지는가?

앞에서 한 생리체계에 관한 미러링 실험을 기억할 것이다. 어떤 사람이 다른 사람의 생리체계를 미러링할 때, 그는 같은 내적 상태와 같은 종류의 내적 경험, 심지어 같은 생각을 경험할 수도 있다. 자, 일상생활에서도 그렇

목소리 미러링의 구성 요소

음량

큰

부드러운

목소리 크기

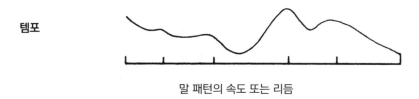

템포

말 패턴의 속도 또는 리듬

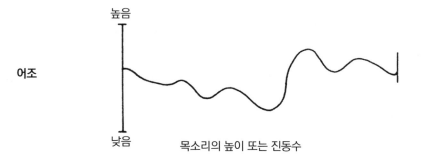

어조

높음

낮음

목소리의 높이 또는 진동수

음색

목소리의 개별적인 특성 또는 음질

게 할 수 있다면 어떻게 될까? 아주 능숙하게 미러링하여 다른 사람이 무슨 생각을 하는지 알 수 있을 정도가 된다면 어떨까? 그러면 상대와 어떤 종류의 라포를 형성하게 되며, 그것을 통해 무언가를 할 수 있을 것이다. 생각만 해도 놀라운 일이다. 하지만 의사소통 전문가들은 항상 그렇게 한다. 미러링은 다른 기술과 마찬가지로 계발하기 위해서는 훈련이 필요하다. 그렇지만 지금 당장 사용해도 결과를 얻을 수 있다.

효과적인 미러링을 위해서는 두 가지 핵심 요소가 필요하다. 바로 예리한 관찰력과 유연성이다. 두 사람이 함께할 수 있는 실험을 하나 소개한다. 한 사람은 미러링을 하는 사람이 되고 다른 사람은 미러링의 대상자인 리더가 된다. 리더는 1~2분 동안 신체에 가능한 한 많은 변화를 주도록 한다. 표정, 자세, 호흡 등을 바꾼다. 팔짱을 끼는 것과 같이 큰 동작을 바꾸고, 목 근육에 긴장감을 주는 등 작은 것을 바꾼다. 집에서 자녀와 함께 해도 좋다. 아이들이 좋아할 것이다. 실험이 끝나고 서로의 의견을 교환한다. 미러링을 얼마나 잘했는지 확인한다. 그런 다음 역할을 바꾼다. 놓친 것이 많다는 사실을 알게 될 것이다. 누구나 미러링 전문가가 될 수는 있지만 사람들은 수많은 방식으로 자신의 생리체계를 사용한다는 사실을 인식하는 것부터 시작해야 한다. 사람들의 자세를 많이 알면 알수록 성공할 확률이 높아진다. 몸을 사용하는 방법은 무한히 많지만, 예컨대 앉아 있는 사람의 동작은 제한되어 있다. 어느 정도 연습을 하고 나면 의식적으로 생각할 필요도 없이 미러링을 할 수 있다. 그러면 자동적으로 주변 사람들의 자세와 생리체계를 미러링하게 된다.

효과적으로 미러링하기 위해서는 예리함이 필요하지만, 중요한 것은 우리가 앞의 전략 알아내기에서 다룬 세 가지 기본적인 내적 표상체계다. 모든 사람이 시각, 청각, 운동감각의 세 가지 내적 표상체계를 모두 사용한다.

사람들이 의사소통을 인식하는 방법

일반적인 사람	시각 지향적인 사람	청각 지향적인 사람	운동감각 지향적인 사람
당신이 한 말을 이해한다.	무슨 말인지 눈에 선하다.	당신이 무슨 말을 하는지 잘 알겠다.	나는 당신이 무슨 말을 하는지 같이 온다.
당신과 할 말이 많이 있다. 내가 무슨 말을 하려고 하는지 알겠는가?	당신이 한번 봐줬으면 한다. 내가 확실하게 그리고 있는가?	나는 이것을 큰 소리로 분명하게 말하고 싶다. 내가 하는 많이 당신에게는 맞는 것으로 들리나?	나는 당신의 이것을 꽉 움켜쥐기 바란다. 나는 당신의 이것을 잘 다루기 바란다.
나는 그것이 사실이라는 것을 안다.	그것이 사실이라는 것은 명확하다.		
나는 그것을 확신할 수 없다.	그것은 내게 많이 모호해 보인다.	그 정보는 한마디로 정확하다.	그 정보는 바위처럼 확실하다.
당신이 하는 것을 좋아하지 않는다.	당신이 하는 행동이 좋게 보이지 않는다.	그 말은 전혀 들어본 적이 없다.	당신을 따라야 할지 모르겠다. 당신의 행동이 옳다고 느껴지 않는다.
인생은 좋은 것이다.	인생을 보는 나의 정신적 이미지는 만화책이고 수정처럼 맑다.	그것은 내게는 전혀 반향을 일으키지 않는다. 인생은 완벽한 조화를 이루어야 한다.	인생은 따뜻하고 정이 롭게 느껴진다.

그러나 우리는 대부분 몇 번이고 반복해서 사용하는, 특히 선호하는 내적 표상체계가 있다. 시각적, 청각적 또는 운동감각적인 것 중 하나에 주로 의존한다. 어떤 사람의 주된 내적 표상체계를 알게 되면, 그 사람과의 관계를 발전시키는 것이 기본적으로 단순화된다.

> "효과적인 의사소통을 위해서는
> 우리가 세상을 인식하는 방식이 모두 다르다는 것을 깨달아야 하며,
> 이것을 다른 사람들과의 의사소통을 위한 지침으로 사용해야 한다."
> 토니 로빈스Tony Robbin

만약 행동과 생리체계의 구성 요소들이 무작위로 섞여 있다면 단서들을 힘들게 찾아서 조합해야 할 것이다. 하지만 내적 표상체계는 금고의 문을 열 수 있는 열쇠와 같다. 한 가지 단서만 알아도 열 개가 넘는 실마리를 풀 수 있다. 8장에서 살펴보았듯이, 시각을 주로 사용하는 사람의 행동에는 일정한 특징이 있다. "내 눈에는 이렇게 보인다." 또는 "나는 그렇게 하는 것을 머릿속에 그려볼 수 없다."와 같이 말하며, 여기에는 언어적 단서들이 있다. 말이 보통 빠른 편이고, 가슴으로 깊게 호흡한다. 목소리는 톤이 높고 콧소리가 섞여 있으며 긴장감이 있다. 특히 어깨와 복부의 근육이 긴장된다. 시각 지향적인 사람들은 무언가를 가리키는 경향이 있다. 목을 죽 늘리고 어깨를 구부정하게 하는 경우가 많다.

청각 지향적인 사람들은 "그 말은 듣기 좋다." "내게는 전혀 들리지 않는다."와 같은 청각 위주의 표현을 자주 사용한다. 말은 잘 정돈되어 있고 말하는 속도는 적당하며, 목소리 톤은 낭랑하고 맑은 경향이 있다. 호흡은 횡격막 또는 가슴 전체에서 고르고 깊게 하는 경향이 있다. 근육의 긴장도도 고른 편이다. 사람들의 손이나 팔을 잡는 것은 대부분 청각적으로 접근한다는 것을 의미한다. 청각적인 사람들은 어깨가 다소 처져 있고 머리가 한

쪽으로 약간 기울어지는 경향이 있다.

운동감각적인 사람들은 "느낌이 좋지 않다." 또는 "별로 와 닿지 않는다."와 같은 표현을 사용한다. 그리고 느린 템포로 말한다. 대부분 말과 말 사이에 간격이 길고, 낮고 깊은 음조로 말하는 경우가 많다. 몸을 많이 움직이는 것은 접촉하기를 좋아하거나 외적으로 운동감각적이라는 것을 보여준다. 팔을 구부려 손바닥을 위로 향하는 자세를 자주 취하며, 근육은 이완되어 보인다. 팔을 구부리고 편안한 상태에서 손바닥을 뒤집는 자세는 운동감각적인 것이다. 앉아 있을 때는 머리와 어깨가 직각을 이루는 등 견고한 자세를 유지한다.

그 밖에 다른 단서들도 있고 사람마다 차이가 있기 때문에 늘 세심하게 관찰해야 한다. 각각의 사람들은 독특하다. 그러나 어떤 사람의 주된 내적 표상체계를 알게 되면 그의 세계에 들어가기 위한 길을 제대로 찾은 것이다. 그다음은 그 길을 따라가기만 하면 된다.

청각적인 성향의 사람을 생각해보자. 만약 그에게 어떤 일을 하도록 설득할 때, 빠르게 말하면서 머릿속에 무엇이 보이는지 그려보라고 하면 설득하지 못할 것이다. 그는 우리가 하는 말을 들어야 하고, 제안 내용을 들으면서 그것이 자신에게 맞는지 판단하기 때문이다. 사실, 처음부터 우리의 이야기에 흥미가 없어서 전혀 듣지 않았을지도 모른다. 또 어떤 사람은 시각적인 내적 표상체계를 갖고 있을 수 있다. 그에게 운동감각적으로 접근하여 우리가 생각하는 것을 아주 천천히 이야기하면, 아마도 답답해하고 짜증을 내며 요점만 말하라고 다그칠 것이다.

이러한 차이를 설명하기 위해 내가 알고 있는 주택가의 예를 들어본다. 한 집은 조용하고 평온한 거리에 있다. 아무 때나 밖에 나가기만 하면 새들이 지저귀는 소리를 들을 수 있다. 동화책에나 나올 법할 정도로 잘 꾸며져 있어서 누구도 그냥 지나치기 힘들어 보인다. 황혼이 질 무렵에는 새소리, 나뭇가지 사이로 스치는 산들바람, 현관에서 들려오는 윈드 차임 소리를 듣기 위해 정원으로 나가고 싶어진다.

또 다른 집은 놀라울 정도로 그림 같다. 보기만 해도 가슴이 설렌다. 흰

서술어

시각적	청각적	운동감각적	불분명함
보다	듣다	느끼다	감지하다
쳐다보다	경청하다	만지다	경험하다
살펴보다	~처럼 들리다	움켜잡다	이해하다
나타나다	작곡하다	손에 넣다	생각하다
보여주다	화음을 내다	빠져나가다	배우다
분명해지다	주파수를 맞추다	따라잡다	진행하다
표현되다	귀를 기울이다	활용하다	결정하다
마음속에 그리다	벨을 울리다	접촉하다	동기를 부여하다
밝히다	침묵시키다	내던지다	고려하다
반짝거리다	소식을 듣다	방향을 바꾸다	바꾸다
선명한	울려 퍼지다	딱딱한	인지하다
침침한	귀가 먹은	무감각한	둔감한
초점이 맞은	감미로운	굳은	뚜렷한
흐릿한	불협화음	굵다	상상하다
반짝거리는	조율하다	부동의	마음에 품다
아주 맑은	압도적인 소리	감을 잡다	의식하다
번쩍이다	들리지 않는	견고한	알다
	질문하다	고통받다	

서술어구

서술어는 사람들이 시각적, 청각적 또는 운동감각적 양식을 통해 내부적으로 자신의 경험을 표현하기 위해 의사소통에 사용하는 말(동사, 부사, 형용사)이다. 다음은 자주 사용되는 서술어구다.*

시각적 (보다)	청각적 (듣다)	운동감각적 (느끼다)
눈길을 끄는	뒤늦은 생각	깨끗하게 씻은
내가 보기에	입이 싸다	~으로 귀착되다
의심의 그림자를 넘어	종소리처럼 또렷한	낡은 것을 떼어내다
전경	명확하게 표현된	~와 씨름하다
~을 언뜻 보다	요청하다	진정하다
선명한	자세히 설명하다	시원한/차분한/침착한
어렴풋이 보이는	놀라운 소식	확고한 기반
마주 보다	자신의 의사표현을 하다	건조한 공기 위에 떠 있는
불현듯 깨닫다	설명하다	조작하다
~에 대한 관점을 갖다	내 말을 들어봐	부담을 갖다
살펴보다	~을 허락하다	접촉하다
흐릿한 생각	목소리가 들리다	표류하다
전혀 별개의 것	숨겨진 메시지	화나게 하다
~에 비추어	잠자코 있다	손잡고
몸소	잡담	꿋꿋이 버티다
~의 관점에서	조사하다	열띤 논쟁
~처럼 보이다	기조 연설자	기다려!

야단법석을 떨다	크고 명확한	잠깐 멈춰!
정신적 이미지	어투	성급한 사람
정신적 그림	주의를 기울이다	열 올리지 마!
마음의 눈	연설의 힘	노하우
육안	새끼 고양이처럼 가르	사실을 말하다
그림을 그리다	랑거리다	약간 어지러운
생생한 기억	거침없이 말하는	공황 상태
똑똑히 보다	그룹 토론	당신을 따르지 않고
그림처럼 예쁘다	종을 울리다	목에 통증이 있다
주의하다	당신의 목적을 말해!	연줄을 대다
근시안적인	고자질쟁이	매우 날카로운
폼을 잡다	사실대로 말하자면	깜빡 잊다
보기만 해도 좋은 것	말문이 막힌	멋진 사람
허공을 쳐다보다	말을 맞추다/무시하다	그저 그런
엿보다	금시초문의	처음부터 시작하다
좁은 시야	완전히	참고 견디다
바로 코앞에서	의견을 표명하다	잘난 체하는 사람
눈에 띄는	박식한	너무 번거로운
명확한	들리는 범위 내	뒤죽박죽
	한마디로	손이 모자라는

*   서술어를 일치시키는 것은 듣는 사람이 말하는 언어와 일치시켜 공감과 이해하는 분위기를 조성하기 위함이다.

색의 긴 베란다부터 복숭앗빛의 섬세한 벽 장식까지 볼수록 경탄을 자아낸다. 사방에 창문이 있어서 온종일 아름다운 햇살이 비친다. 구불구불한 계단과 우아하게 조각된 참나무 문에 이르기까지 볼만한 것이 너무 많아서 구석구석을 둘러보며 신기한 볼거리를 찾는 것만으로도 하루를 보낼 수 있다.

세 번째 집은 설명하기가 더 어렵다. 직접 가서 경험해봐야 한다. 실제로 느껴봐야 한다. 집의 구조는 견고하고 튼튼하다. 방마다 특유의 온기가 있다. 말로 표현하기 힘들지만 마음속의 무언가를 건드린다. 집 한편에 있노라면 마음을 차분하게 만드는 기운이 몸에 스며드는 것 같다.

세 가지 모두 같은 집을 묘사한 것이다. 첫 번째는 청각적 관점, 두 번째는 시각적 관점, 세 번째는 운동감각적 관점에서 말했다. 집의 풍요로움을 최대한 전달하기 위해서는 세 가지 방식을 함께 활용하는 것이 좋다. 듣는 사람의 주된 내적 표상체계에 따라 세 가지 중 가장 매력적으로 들리는 것이 결정될 것이다. 하지만 사람들은 세 가지를 모두 사용한다는 점을 기억하라. 가장 훌륭한 의사소통 방법은 모든 것을 활용하면서 상대가 가장 많이 사용하는 내적 표상체계에 집중하는 것이다.

시각적, 청각적, 운동감각적 단어의 목록을 작성하라.

앞으로 며칠 동안 주위 사람들의 말에 귀를 기울이고 그들이 어떤 종류의 말을 가장 많이 하는지 살펴보라. 그리고 사람들에게 같은 종류의 말을 사용해서 이야기해보라. 어떤 일이 생길까? 또한 한동안은 다른 내적 표상체계를 이용하여 이야기해보라. 이번에는 어떤 일이 생길까?

미러링의 효과가 얼마나 강력한지를 말해주는 한 가지 예를 들어보겠다. 최근에 업무차 뉴욕에 머문 적이 있었는데, 잠시 휴식을 하려고 센트럴 파크에 갔다. 여기저기 거닐다가 벤치에 앉아서 앞에서 벌어지는 상황을 구경하고 있었다. 잠시 후, 맞은편에 앉아 있는 사람을 유심히 바라보았다. 그리고 나는 그 남자를 미러링하기 시작했다. (한번 습관이 되면 그만두기가 쉽지 않다.) 그 사람을 똑같이 따라 했다. 그와 같은 자세로 앉아서 같은 방식으로 호흡하고 발동작도 똑같이 따라 했다. 그가 새들에게 빵 부스러기를 던져주자, 나 역시 빵 부스러기를 던져주었다. 그리고 위를 쳐다보자 나도 위를 쳐다보았다. 그가 나를 보았고 나 역시 그를 바라보았다.

얼마 후, 그는 자리에서 일어나더니 나에게 걸어왔다. 그리 놀랄 일은 아니다. 내가 자기와 같다고 생각했기 때문에 관심을 갖게 된 것이다. 우리는 이야기를 나눴다. 나는 그의 음색과 말투를 정확하게 미러링했다. 잠시 후 그는 "당신은 정말 똑똑한 사람인 것 같아요."라고 말했다. 그는 왜 그렇게 생각했을까? 내가 자신과 같다고 느꼈기 때문이다. 얼마 지나지 않아 그는 25년 동안 알고 지낸 사람들보다 내가 그를 더 잘 아는 것처럼 느껴진다고 말했다. 그러고는 내게 일자리를 제안했다.

내가 미러링에 관해 이야기하면, 어떤 사람들은 아주 완고한 태도로 미러링이 자연스럽지 않고 속임수 같다고 말한다. 하지만 부자연스럽다고 생각하는 것은 터무니없다. 누군가와 라포 형성을 할 때 상대의 생리체계나 목소리 톤 등을 미러링하는 것은 자연스러운 일이다. 나의 세미나에서도 항상 몇 명 정도는 미러링에 대해 좋지 않은 생각을 품고 있다. 그러면 나는 슬쩍 고개를 돌려 옆에 있는 사람을 보기만 해도 같은 자세로 앉아 있다는 것을 쉽게 알 수 있을 것이라고 말한다. 두 사람 모두 다리를 꼬고 앉아 있거나 머리가 같은 각도로 기울어져 있을 것이다. 그들은 며칠 동안 라포를 형성했기 때문에 서로를 미러링한 것이다. 그리고 내가 상대에 대해 어떻게 생각하는지 물어보면, "좋아요." 또는 "친근하게 느껴져요."라고 말한다. 이번에는 다른 사람에게 생리체계를 바꾸고 완전히 다른 자세를 취해보라고 말한다. 그런 다음 첫 번째 사람에게 지금 다른 사람에 대해 어떻게 생각하는지 물으면, 그는 "별로 가깝게 느껴지지 않아요." 또는 "멀게 느껴져요."라고 말하거나 "잘 모르겠어요."라고 대답한다.

이처럼 미러링은 자연스러운 라포 형성 과정이다. 우리는 이미 무의식적으로 미러링을 하고 있다. 이제 라포 형성을 할 수 있는 방법을 알게 되면, 심지어 낯선 사람을 만나도 라포를 형성할 수 있다. 만약 미러링이 속임수라고 생각된다면, 평상시의 빠르기와 목소리 톤으로 말할 때와 타인과 의사소통을 잘하는 사람의 방식을 찾아내어 말할 때 어떤 것이 더 의식적인 노력이 필요한지 생각해보라. 그리고 다른 사람을 미러링하면 그동안 그가 느끼는 것을 똑같이 경험할 수 있다는 점도 기억하라. 혹시 우리가 상대를 속이려는 의도로 미러링을 했다고 하더라도, 일단 미러링을 시작하면 실제로 그 사람처럼 느끼기 시작할 것이다. 그렇게 되면 '우리는 자신을 속이려고 하는 것이 아닐까?' 하는 의문을 품게 될 것이다.

다른 사람을 미러링한다고 해서 자신의 정체성을 포기하는 것이 아니다. 우리에게는 시각, 청각 또는 운동감각 중 하나만 있는 것이 아니므로 유연성이 필요하다. 미러링은 우리가 공유한 인간성을 강조하는 생리체계의 공통성을 만드는 것뿐이다. 미러링을 할 때 다른 사람의 감정, 경험과 생각을 알 수 있다. 미러링을 함으로써 다른 사람과 세상을 공유하는 방법에 대해 경험할 수 있으며, 이것은 아름답고 강력한 교훈이다.

대규모의 문화적 성공은 대중과의 라포 형성으로 생긴 결과다. 위대한 지도자들은 세 가지 내적 표상체계 모두에 강하다. 우리는 호소력이 있고 일치감을 주는 사람을 신뢰하는 경향이 있다. 과거 미국 대선을 생각해보자. 로널드 레이건이 나이에 비해 외모가 매력적이라고 생각하는가? 매력적인 목소리와 매너 있는 어조를 가지고 있었는가? 애국심과 가능성의 감정으로 사람들을 감동시켰는가? 그의 정책에 동의하지 않는 사람들을 포함하여 대부분의 사람이 이 세 가지 질문에 "그렇다!"라고 확실하게 대답할 것이다. 사람들이 레이건 전 대통령을 '뛰어난 의사소통가'라고 부르는 것은 그다지 놀라운 일이 아니다. 이번에는 월터 먼데일(미국의 제42대 부통령으로, 1984년 민주당 대통령 후보였으나 낙선했음-옮긴이)을 생각해보자. 시각적으로 매력적인 사람인가? 세미나에서 이 질문을 하면 기껏해야 20퍼센트가 "예"라고 대답한다. "그의 말투는 매력적인가?" 하고 질문하면 그렇다고 대답하는 사람의 수는 더 적다. 먼데일이 말하는 모든 것에 동의하는 사람들조차도 이 질문에 "예"라고 대답하는 경우는 거의 없다. "그는 애국심과 가능성의 감정으로 사람들을 감동시킬 수 있었나?"라고 질문하면 사람들은 웃음을 터뜨린다. 이것이 그가 실패한 가장 큰 요인이다. 그래서 레이건이 압승을 거둘 수 있었던 것이다.

이번에는 게리 하트(미국의 정치인, 1984년 민주당 대통령 후보 경선에 나섰지만 먼데일에게 패배했음-옮긴이)의 사례를 생각해보자. 그는 세 가지 면에서 상당히 매력적인 사람이었다. 먼데일이 돈도 많았고 백악관에서 부통령으로 있었기 때문에 유리해 보였지만, 게리 하트는 경쟁에 뛰어들었다. 그런데 짧은 시간 만에 끝이 났다. 도대체 무슨 일이 일어난 걸까? 우선, 그는 내적 일치를 이루지 못했다. 사람들이 그에게 왜 개명을 했는지 물었을 때, 그것은 중요하지 않다고 말했다. 하지만 그의 몸짓과 목소리 톤은 그것을 대변해주지 못했다. 기자들 앞에서 "예, 저는 이름을 바꿨습니다. 여러분이 제 이름으로 저를 판단하지 않고 제가 하는 일의 결과로 저를 판단해주기를 바랍니다."라고 말할 수도 있었을 것이다. 하지만 그는 우유부단한 태도를 보였다. 그 후 '새로운 아이디어'에 대해 토론하는 자리에서 많은 사람이 그의 아이디어에 실질적인 내용이 없다고 느꼈다. 그저 별 볼 일 없는 보풀 같은 것들이었다.

　제럴딘 페라로(미국 민주당 정치인, 미국 주요 정당 역사상 첫 여성 부통령 후보였음-옮긴이)는 어떤가? 시각적으로 매력적인 여성이라고 생각하는가? 내가 인터뷰한 사람들의 약 60퍼센트가 그렇다고 생각했다. 목소리 톤이 매력적이라고 느껴지는가? 이것 때문에 페라로는 큰 타격을 입고 패배했다. 내가 인터뷰한 사람의 80~90퍼센트는 그녀의 목소리가 매력적이지 않을 뿐만 아니라 귀에 거슬린다고 말했다(뉴욕 출신만 예외). 10퍼센트만이 그녀의 말에 감동받았다고 말했다. 아무리 훌륭한 아이디어라도 입을 열 때마다 사람들이 짜증을 낸다면 사람들의 호응을 얻기가 얼마나 어려울지 상상이 될 것이다. 일부 사람들의 눈에는 여성이라는 것과 먼데일 대통령 후보의 부통령 파트너라는 것이 좋아 보이지 않았을 수도 있다. 그러나 이것은 페라로가 지지받지 못한 주된 이유가 아니었다. 거슬리는 목소리 톤, 사람들을 감정적으로 움직이지 못하는 무능력 그리고 마지막으로 내적 불일치가 그녀에게 대가를 치르게 했다. 낙태, 핵 선제 공격, 남편의 재정 문제 등 여러 문제가 불거졌을 때 그녀는 애매한 말로 넘어가려는 것처럼 보였다. 당시 민주당 후보들은 개인적인 의사소통 능력 측면만 보더라도 패배가 거의 불가피했다.

　이제 브루스 스프링스틴처럼 문화 분야에서 성공한 사례를 살펴보자. 그의 콘서트는 항상 매진을 기록했고 청중들의 눈과 귀를 모두 만족시켰다. 그는 시각적으로 매력적일 뿐만 아니라 호소력 있는 목소리로 청중과 대화하며 엄청난 라포를 형성한다. 그는 완전히 내적 일치가 된 사람으로 보였다.

　현대사에서 강력하고 카리스마를 보이고 변화를 가져온 인물로 기억에 남는 대통령 한 사람을 떠올려보자. 존 F. 케네디를 생각했는가? 내가 조사한 사람들의 95퍼센트가 그렇게 생각했다. 왜일까? 여러 가지 이유가 있겠지만 그중 몇 가지만 살펴보기로 하자. 케네디 대통령이 시각적으로 매력적인 남자라고 느끼는가? 그럴 것이다. 그렇지 않다고 생각하는 사람은 거의 보지 못했다. 청각적인 관점에서는 어떤가? 내가 조사한 사람들의 90퍼센트가 그가 청각적인 면에서도 매력적이라는 데 동의했다. "국가가 당신을 위해 무엇을 해줄 수 있는지 묻지 말고 당신이 국가를 위해 무엇을 할 수 있는지 물어보라."와 같은 말로 대중을 감동시켰다. 그는 연설로 사람들을 감동시키는 의사소통의 달인이었다. 과거 소련의 흐루쇼프는 그렇게 생각했을 것이다. 쿠바의 미사일 위기 상황은 케네디와 흐루쇼프 사이의 내적 일치를 시험하는 무대였다. 두 정상은 눈을 부릅뜨고 서로를 쳐다보고 있었다. 한 작가가 이 상황을 이렇게 표현했다. "흐루쇼프가 먼저 눈을 깜빡였다."

성공한 사람들에 관한 연구 결과를 보면, 그들이 라포 형성에 뛰어난 재능이 있다는 것을 알 수 있다. 세 가지 방식 모두에서 유연하고 매력적인 사람들은 교사, 사업가 또는 세계적인 지도자로서 많은 사람들에게 영향을 끼칠 수 있다. 그렇게 하기 위해 어떤 타고난 재능이 있어야 하는 것이 아니다. 보고, 듣고, 느낄 수만 있으면 된다. 상대가 하는 것을 그대로 따라 하는 것만으로도 라포를 형성할 수 있기 때문이다. 가능한 한 눈에 띄지 않고 자연스럽게 미러링하는 방법만 찾으면 된다. 물론 천식을 앓고 있거나 경련이 심한 사람을 따라 한다면 라포가 형성되기는커녕 상대는 조롱받고 있다고 생각할 것이다.

상대가 어떤 사람이든 꾸준히 연습하면 그 사람의 세계로 들어가 그가 하는 방식으로 말할 수 있다. 그것은 곧 제2의 천성이 된다. 그리고 의식하지 않아도 자동으로 미러링할 수 있게 된다. 효과적으로 미러링하기 시작하면 그 과정이 단순히 라포를 형성하고 상대를 이해하는 것 이상의 역할을 한다는 것을 알게 될 것이다. 소위 페이싱Pacing(리듬 찾기)과 리딩 Leading(리드하기)으로 알려진 효과로 인해 상대가 여러분을 따라 하게 할 수도 있다. 상대와 얼마나 다른지는 중요하지 않다. 어떻게 만났는지도 중요하지 않다. 상대와 충분히 라포 형성을 할 수 있다면 얼마 뒤에는 그가 행동을 바꾸어 여러분을 따라 하기 시작할 것이다.

나의 사례를 하나 들어보겠다. 몇 년 전, 건강식품 사업을 시작했을 때였다. 나는 베벌리힐스에서 영향력이 큰 의사와 친분을 맺으려고 했다. 하지만 우리 관계는 출발부터 영 좋지 않았다. 그는 자신의 제안에 즉각적으로 결정을 내려주기를 바랐다. 하지만 우리 측에서 결정을 내릴 수 있는 사람은 나뿐이었는데 당시 나는 출장이 잦았다. 더구나 그는 당시 스물한 살인 나 같은 풋내기를 기다리는 것을 싫어했다. 마침내 내가 그를 만났을 때 그는 아주 적대적인 태도를 취했다.

사무실에서 그를 보니 앉은 자세가 매우 딱딱하고 근육이 경직된 것 같았다. 나는 그와 마주 보고 앉아서 정확히 같은 자세를 취하고 그의 호흡 리듬을 미러링하기 시작했다. 그가 빠르게 말하면 나도 빠르게 말했다. 오른팔로 원을 그리며 흔드는 독특한 몸짓을 하면, 그것도 따라 했다.

첫 만남은 별로 좋지 않았지만 우리는 점점 가까워지기 시작했다. 어떻게 가능했을까? 그를 따라 하면서 라포를 형성했기 때문이다. 그러고 나서 나는 그를 리드할 수 있을지 알아보기 시작했다. 먼저, 말하는 속도를 늦춰보았다. 그러자 그도 나를 따라 천천히 말했다. 그다음에 의자에 등을 대고 앉았다. 그 역시 따라 했다. 처음에 나는 그를 매칭하고 미러링했다. 하지만 라포가 형성되면서 그가 나를 미러링하도록 리딩할 수 있었다. 그는 함께 점심 식사를 하자고 제안했고, 우리는 아주 좋은 분위기에서 친한 사이처

페이싱과 리딩

디지털 페이싱

- 서술어를 매칭한다.
- 접근 신호를 순서대로 매칭한다.
- 목소리 톤을 매칭한다.
- 목소리 높낮이를 매칭한다.

아날로그식 페이싱 또는 미러링

- 호흡
- 맥박
- 피부 상태
- 머리 위치
- 얼굴 움직임
- 눈썹 움직임
- 눈동자 크기
- 근육 긴장도
- 무게 중심 이동
- 발동작
- 신체 부분의 위치
- 특별한 감정적 유대
- 손동작
- 공간에서의 몸동작
- 자세

럼 화기애애하게 식사를 하게 되었다. 처음에 내가 사무실에 들어섰을 때만 해도 그는 나를 애송이 취급하고 못마땅하게 생각했다. 따라서 미러링을 잘하기 위해 반드시 이상적인 환경이 필요한 것은 아니다. 자신의 행동을 다른 사람의 행동에 맞추는 기술이 필요할 뿐이다.

내가 이 사람과 한 것은 페이싱과 리딩이었다. 페이싱은 품위 있는 미러링이다. 상대가 움직이는 대로 움직이고 몸만 바꾸면 된다. 다른 사람을 미러링하는 기술을 습득하면 거의 본능적으로 그 사람이 하는 대로 자신의 생리체계와 행동을 바꿀 수 있다. 라포 형성은 고정된 것이 아니다. 형성된 후 그대로 유지되는 것이 아니다. 역동적이고 유동적이며, 유연한 과정이다. 진정으로 공감하고 지속적인 관계를 구축하는 열쇠가 상대가 경험하는 것을 따르고 조정할 수 있는 능력이듯이, 페이싱의 열쇠는 상대의 행동에 대해 품위 있고 정확하게 기어를 바꾸는 능력이다.

리딩은 페이싱 다음에 곧바로 이어진다. 누군가와 라포 형성을 하게 되면 어느 정도의 연결고리가 생겼다고 느껴진다. 리딩은 페이싱만큼이나 자연스럽게 이루어진다. 상대를 미러링하다가 변화를 유도하는 지점에 도달하게 되는데, 여기가 변화를 리드할 정도로 라포가 되었을 때 상대가 무의식으로 따라오게 되는 지점이다. 예를 들면 밤늦게 친구들과 함께 있을 때는 전혀 피곤하지 않아도 친구가 하품을 하면 나도 하품을 하게 되는 깊은 라포를 경험한 적이 있을 것이다. 최고의 세일즈맨도 마찬가지다. 다른 사람의 세계에 들어가 라포 형성을 한 다음, 그것을 이용하여 고객을 리드할 수 있다.

이렇게 라포 형성을 이야기할 때마다 꼭 나오는 질문이 있다. "상대가 미친 듯이 화가 났을 때는 어떻게 하나요? 그의 광기나 분노도 그대로 미러링해야 하나요?" 이것은 확실히 선택의 문제다. 아무튼 다음 장에서 분노든 좌절이든 그 사람의 패턴을 어떻게 얼마나 빨리 깰지를 이야기할 것이다. 분노를 그대로 반영하기보다는 그 패턴을 깨는 것이 최선이다. 때로는 누군가의 분노를 미러링한 다음 그의 세계로 들어가서 긴장을 풀면 그 사람도 긴장을 풀게 할 수 있다. 라포를 형성할 때 항상 웃어야 한다는 뜻은 아니다. 라포 형성은 즉각적인 대응을 의미한다. 예를 들어, 거리의 노숙자들을 미러링할 때는 그들이 화내는 것을 미러링하는 것이 꼭 필요하다고 느끼게 될 것이다. 그 사람과 의사소통할 때 강렬한 수단이 필요할 수 있다. 그들의 문화 속에서는 상대에게 화를 내는 것이 친근감 표시의 한 방편일 수도 있기 때문이다.

또 다른 연습을 해보자. 누군가와 대화하면서 자세, 목소리, 호흡을 그대로 미러링하라. 그리고 잠시 후 자세나 목소리 톤을 조금씩 바꿔라. 몇 분 후 상대가 따라 하는가? 그렇게 되지 않으면 처음으로 돌아가서 다시 페이싱을 하라. 그런 다음 다른 리딩을 시도하고 좀 더 크게 변화시켜보라. 우리가 누군가를 리드하려고 할 때 그가 따라오지 않는다면 아직 충분히 교감이 생기지 않았다는 것을 의미한다. 이때는 라포를 더욱 발전시키고 다시 시도해보라.

> "나는 그에게 거울을 보듯 사람들의 삶을 들여다보게 하고,
> 사람들에게서 본받을 점을 찾으라고 말했다."
> 테런스Terence

라포를 형성할 때 가장 중요한 것은 무엇일까? 바로 유연성이다. 다른 사람들과 라포를 유지할 때 가장 큰 장벽은 그들이 우리와 똑같은 지도를 가지고 있다고 생각하는 것이다. 하지만 훌륭한 의사소통가는 이런 오류를 범하지 않는다. 그들은 결과를 성공적으로 달성할 수 있는 접근 방식을 찾을 때까지 언어, 목소리 톤, 호흡 패턴, 몸짓 등을 바꿔야 한다는 사실을 잘 알고 있다.

누군가와 의사소통에 실패하면 우리는 그 사람이 말귀를 잘 못 알아듣는 구제불능인 사람이라고 생각할 수 있다. 하지만 그렇게 생각한다면 그와는 절대로 소통하지 못할 것이다. 그의 세계를 매칭할 때까지 우리의 말과 행

동을 바꿔야 한다.

NLP의 핵심 원칙 중 하나는 의사소통의 의미가 우리가 이끌어내고자 하는 반응이라는 것이다. 의사소통의 책임은 우리 자신에게 있다. 누군가에게 어떤 일을 하게 하려고 설득했는데 그가 따라오지 않는다면 의사소통이 잘못된 것이다. 제대로 메시지를 전달할 방법을 찾지 못한 것이다.

이것은 우리가 하는 모든 일에서 가장 중요하다. 교육에 대해 생각해보자. 교육의 가장 큰 비극은 대부분의 교사가 자신의 과목에 대해서는 잘 알지만 학생에 대해서는 잘 모른다는 사실이다. 학생들이 어떻게 정보를 처리하는지 그리고 학생들의 내적 표상체계도 모를 뿐만 아니라, 그들의 마음이 어떻게 움직이는지도 모른다.

훌륭한 교사는 본능적으로 페이싱과 리딩 방법을 잘 알고 있다. 라포를 형성하는 방법을 알고 있기 때문에 자신의 메시지를 잘 전달할 수 있다. 교사라고 해서 라포 형성 방법을 배우지 말라는 법은 없다. 학생들과 보조를 맞출 수 있는 페이싱 방법을 습득하여 학생들이 정보를 효과적으로 처리하도록 한다면, 교육계는 혁신할 수 있다.

어떤 교사는 자신이 담당한 과목에 대해 잘 알고 있다고 생각하기 때문에 의사소통 실패의 책임은 학생들에게 있다고 생각한다. 그러나 의사소통의 진정한 의미는 가르치는 내용이 아니라 학생들의 반응이다. 예컨대 교사가 신성로마제국에 대해서는 잘 알 수 있다. 하지만 학생들과 제대로 라포 형성을 하지 못한다면, 교사의 지도 정보를 학생의 지도 정보로 바꾸지 못하는 것이기 때문에 그 지식은 의미가 없다. 그렇기 때문에 최고의 교사는 라포 형성을 잘하는 사람이다. 이런 이야기가 있다. 어떤 교실에서 학생들이 장난으로 교사를 놀라게 하려고 정확히 오전 9시에 책을 바닥에 떨어뜨렸다. 교사는 재빨리 분필을 내려놓고 책을 집어 똑같이 떨어뜨렸다. 그러고는 "미안해, 내가 좀 늦었구나."라고 말했다. 그 일이 있은 뒤 학생들은 그 교사를 전적으로 따랐다고 한다.

NLP 주창자들은 교육이 어떤 역할을 해야 할지 흥미로운 사례를 제공한다. 주된 내적 표상체계가 운동감각인 한 젊은 공대생이 있었다. 처음에 그는 전기 회로도를 읽는 법을 배우는 데 많은 어려움을 겪었다. 그 과목이 너무 어렵고 재미없다고 생각했다. 기본적으로 시각적으로 제시되는 개념을 이해하는 데 어려움을 겪은 것이다.

그러던 어느 날 그는 자기가 전자가 되어 눈앞에 그려진 회로도를 떠다니면 어떤 느낌일지 상상하기 시작했다. 회로도에 도식화된 부품들과 접촉할 때 나오는 자신의 다양한 반응과 행동 변화를 생각했다. 그러자 곧바로 회로도가 이해되기 시작했다. 심지어 그 반응과 행동을 즐기게 되었다. 회로도가 그에게 새로운 여정을 제시한 것이다. 그는 공학도가 된 것이 너무나 기뻤다. 자신이 선호하는 내적 표상체계로 학습했기 때문에 성공했다. 현재의 교육 제도 밖으로 밀려난 아이들도 대부분 학습 능력이 있다. 하지만 교사들은 그들을 가르치는 방법을 배운 적이 없다. 우리는 그 학생들과 라포 형성을 하지 않았고, 이들의 학습 전략에 맞추지도 않았다.

나는 교육이 매우 중요하다고 강조해왔다. 교육은 집에서 아이들과 함께하든 직장에서 다른 직원이나 동료들과 함께하든, 결국 우리 모두가 해야 할 일이기 때문이다. 교실에서 효과가 있으면 회의실이나 집에서도 효과가 있다.

마지막으로, 라포 형성에 놀라운 점이 한 가지 더 있다. 세계에서 가장 접근하기 쉬운 기술이라는 것이다. 교과서를 보거나 강의를 들을 필요가 없다. 전문가에게 가르침을 받기 위해 발품을 팔지 않아도 되고, 학위를 받을 필요도 없다. 인간의 5대 감각, 즉 시각, 청각, 촉각, 미각, 후각만 있으면 된다.

지금 당장이라도 라포를 형성하는 기술을 배울 수 있다. 우리는 살면서 항상 소통하고 교류한다. 라포는 소통과 교류에 가장 효과적인 방법이다. 비행기를 타기 위해 기다릴 때 줄을 서 있는 사람들을 미러링하여 라포 형성 기술을 연구할 수 있다. 마트에 가서도 라포를 사용할 수 있다. 물론 직장과 집에서도 가능하다. 직장을 구하기 위해 면접을 볼 때도 면접관을 미러링하고 매칭하면 그는 즉시 호감을 느끼게 될 것이다. 비즈니스에서도 고객과 라포를 형성하면 곧바로 연결고리를 만들 수 있다. 의사소통의 달인이 되고 싶다면 상대의 세계에 들어가는 법을 배우기만 하면 된다. 우리는 이미 이것을 수행하는 데 필요한 모든 것을 갖추고 있다.

라포를 형성하는 데 도움이 되는 또 다른 방법이 있는데, 이는 상대의 근본적 사고방식을 알아내는 것이다. 이것은 다음 장에서 알아보기로 한다.

14장
탁월성의 차이: 근본적 사고방식

"열쇠가 맞으면 어떤 문도 열 수 있다.
하지만 열쇠가 맞지 않으면 아무것도 열 수 없다.
결과는 어떤 열쇠를 가지고 있는가에 달려 있다."
조지 버나드 쇼George Bernard Shaw

인간의 반응이 얼마나 다양한지 알 수 있는 가장 좋은 방법은 많은 부류의 사람을 대상으로 강연을 해보는 것이다. 그러면 사람들이 같은 말에 대해 얼마나 다르게 반응하는지 금방 알 수 있다. 동기부여에 관한 이야기를 할 때, 어떤 사람은 그 자리에 얼어붙은 듯 몰입을 하지만 또 어떤 사람은 지루해서 하품을 연발할 수도 있다. 농담을 하면 폭소를 터뜨리는 사람이 있는가 하면 아무렇지도 않은 듯 무덤덤하게 있는 사람도 있다. 사람들은 제각각 다른 정신적 언어로 듣고 있다는 생각이 든다.

문제는 같은 메시지에 대해 왜 그렇게 다르게 반응하는가이다. 같은 컵을 보고도 왜 어떤 사람은 컵이 반쯤 비어 있다고 보는데, 다른 사람은 반쯤 차 있는 것으로 보는 것일까? 왜 어떤 사람은 메시지를 듣고 활기를 얻고 흥분하고 의욕이 넘치는데, 다른 사람은 정확히 같은 메시지를 듣고도 전혀 반응하지 않는 걸까? 조지 버나드 쇼의 말이 확실하게 맞는 것 같다. 잘 맞는 열쇠로 누군가에게 말을 하면 어떤 말이든 할 수 있다. 하지만 맞지 않는 열쇠로는 어떤 말을 해도 통하지 않는다. 아무리 큰 영감을 주는 메시지,

아무리 통찰력 있는 사고, 아무리 지성적인 비평이라도 전달받는 사람이 지적으로나 감정적으로 이해하지 않는다면 전혀 의미가 없다. 잘 맞는 열쇠는 개인적인 활력뿐만 아니라 우리가 집단적으로 대처해야 하는 더 광범위한 사회 문제들을 해결하기 위해 매우 중요하다. 비즈니스와 개인 생활 모두에서 설득의 대가, 즉 의사소통의 대가가 되기 위해서는 꼭 맞는 열쇠를 찾는 방법을 알아야 한다.

이 과정은 근본적 사고방식Metaprograms을 통해 이루어진다. 근본적 사고방식은 사람이 정보를 처리하는 방식의 핵심이다. 사람이 내적 표상을 형성하고 행동을 지시하는지 결정하는 데 도움을 주는 강력한 내적 패턴이다. 우리가 주의를 기울여야 할 대상을 결정할 때 사용하는 일종의 내부 프로그램이다. 우리는 정보를 왜곡하고 삭제하고 일반화하는데, 그 이유는 우리의 의식이 주어진 시간에 집중할 수 있는 정보량에는 한계가 있기 때문이다.

뇌는 컴퓨터가 처리하는 것과 같은 방식으로 정보를 처리한다. 엄청난 양의 데이터를 가져와 우리가 이해할 수 있는 형태로 재구성한다. 컴퓨터는 특정 작업을 수행할 수 있는 구조를 제공하는 소프트웨어 없이는 아무것도 할 수 없다. 근본적 사고방식은 우리 뇌에서 컴퓨터의 소프트웨어와 같은 역할을 한다. 무엇에 관심이 있고, 경험을 어떻게 이해하고, 그 경험이 우리를 어디로 이끄는지에 대한 구조를 제공한다. 근본적 사고방식은 우리가 어떤 것이 재미있고 따분한지, 어떤 것이 잠재적인 축복이고 잠재적 위협인지를 판단하는 근거를 제공한다. 컴퓨터와 소통하려면 소프트웨어를 이해해야 한다. 마찬가지로 어떤 사람과 효과적으로 소통하려면 그 사람의 근본적 사고방식을 이해해야 한다.

우리에게는 일정한 행동 패턴이 있으며, 이 행동의 기반이 되는 경험을 조직화한 패턴도 가지고 있다. 이 패턴을 이해했을 때, 상대에게 차를 사게 하든 진정으로 사랑한다는 것을 이해시키든 우리의 메시지를 전달할 수 있다. 상황은 다를 수 있지만 사람들이 사물을 이해하고 생각을 체계화하는 방식에는 일정한 구조가 있다.

근본적 사고방식 1: 무언가를 향해 가거나 멀어지는 것에 관한 것

인간의 모든 행동은 즐거움을 찾거나 고통을 피하려는 충동을 위주로 이루어진다. 이를테면, 우리는 해 질 무렵의 즐거움을 찾기 위해 아름다운 석양을 감상한다. 반면, 화상의 고통을 피하기 위해 가스불에서 멀어지려고도 한다.

다소 모호한 행동들도 마찬가지다. 어떤 사람은 운동을 즐기기 때문에 2킬로미터의 거리를 걸어서 출근할 수 있다. 또 어떤 사람은 차에 타는 것에 대한 공포증 때문에 걸어다닐 수도 있다. 그런가 하면 산문이 주는 교훈과 통찰력을 즐기고 싶어서 포크너나 헤밍웨이, 피츠제럴드의 작품을 읽는 사람도 있다. 이 사람은 자신에게 즐거움을 주는 무언가를 향해 다가가는 것이다. 하지만 남들이 자신을 무식한 사람으로 생각하는 것을 원하지 않기 때문에 이런 작가의 글을 읽을 수도 있다. 이때는 즐거움을 찾는 것이 아니라 고통을 피하는 것이다. 무언가를 향해 가는 것이 아니라 무언가에서 멀어지는 것이다.

내가 논의할 다른 근본적 사고방식과 마찬가지로 이 프로세스는 절대적인 프로세스가 아니다. 사람들은 어떤 것을 향해 움직이고 다른 것에서는 멀어진다. 모든 사람에게는 자신을 지배하는 하나의 방식, 즉 강하게 끌리는 성향의 특유한 프로그램이 있다. 하지만 아무도 각각의 자극에 동일한 방식으로 반응하지는 않는다. 어떤 사람들은 활기차고 호기심이 많아서 위험도 감수하는 경향이 있다. 그들은 자신을 흥분시키는 무언가를 향해 움직일 때 가장 편하다고 느낀다. 또 어떤 사람들은 조심스럽고 경계하며 방어적인 경향이 있다. 세상을 아주 위험한 곳으로 보고 흥미로운 것을 향하기보다는 위험하거나 위협적인 것에서 벗어나려는 행동을 취하는 경향이 있다. 사람들이 어떤 성향인지 알고 싶다면 집이나 자동차, 직업 등 어떤 것을 원하는지 물어보라. 무엇을 원한다고 말하는 사람이 있고, 무엇을 원하지 않는다고 말하는 사람이 있을 것이다.

이 정보는 무엇을 의미하는가? 그야말로 모든 것을 말해준다. 세일즈맨이라면 두 가지 방식으로 제품에 대한 영업을 할 수 있다. 판매하려는 상품으로 무엇을 할 수 있는지에 중점을 둘 수 있고, 무엇을 할 수 없는지를 강조할 수 있다. 자동차를 판다고 가정할 때, 차가 날렵하게 잘 빠지고 매력적일 뿐만 아니라 속도도 빠르다는 점을 강조하여 상대의 마음을 사로잡을 수 있다. 아니면 연비가 좋아서 유지 비용이 많이 들지 않고 충돌 사고가 발생해도 안전하다는 점을 강조할 수도 있다. 우리의 판매 전략은 고객의 전략에 전적으로 의존할 수밖에 없다. 고객에게 잘못된 근본적 사고방식을 사용하려고 한다면 차라리 그냥 집에 있는 것이 나을 수도 있다. 물건을 사라고 아무리 설득해도 그 고객은 어떻게든 빠져나갈 그럴듯한 이유를 찾을 것이다.

자동차는 같은 길을 앞으로 갈 수 있지만 뒤로도 갈 수 있다. 그것은 오로지 운전자의 선택에 달려 있다. 개인적인 측면도 마찬가지다. 자녀가 공부에 더 많은 시간을 할애하기를 원한다고 가정해보자. 우리는 자녀에게 "좋은 대학에 가려면 공부를 더 많이 해야 해."라고 말할 수 있다. 아니면 "프레드를 봐라. 공부를 열심히 하지 않았기 때문에 학교에서 쫓겨났잖니. 결국 주유소에서 기름이나 넣으며 평생을 살게 될 거야. 그게 네가 원하는 삶이

니?"라고 말할 수도 있다. 이 전략은 얼마나 효과가 있을까? 아이의 성향에 달려 있다. 아이가 주로 싫어하는 것을 회피하는 것에 동기가 부여된다면 효과가 있을 것이다. 하지만 좋아하는 것을 향해 움직이는 성향을 갖고 있다면 어떨까? 아이가 자신의 흥미를 끌거나 매력적이라고 생각하는 것을 향해 움직이면서 동기가 생긴다면 또 어떻게 될까? 만약 그렇다면 아이는 행동을 바꾸지 않을 것이다. 얼굴이 빨갛게 달아오를 때까지 열을 내면서 잔소리를 해도 소용없다. 번지수가 다르기 때문이다. 아무리 일러주어도 알아듣지 못할 것이다. 본인뿐만 아니라 아이도 시간을 낭비하는 것이다. 사실, 즐거움을 추구하는 사람에게 고통에서 멀어지는 식으로 이야기하면 화를 낸다. 그런 성향의 아이에게는 "이렇게 하면 네가 원하는 대학은 어디든 갈 수 있어."라고 동기를 부여해야 한다.

근본적 사고방식 2: 외적 준거틀과 내적 준거틀에 관한 것

사람들에게 언제 일을 성취했다고 생각하는지 물어보라. 어떤 사람은 외부에서 증거를 찾는다. 직장 상사가 등을 두드려주며 일을 잘했다고 말할 때라고 한다. 또 어떤 사람은 급여가 인상되거나 큰 상을 받거나 동료에게 부러움을 받으며 박수를 받았을 때라고도 말한다. 이런 식으로 외부에서 인정받을 때 성공했다고 느낀다. 이것을 외적 준거틀External Frame of Reference이라고 한다.

내부에서 증거를 찾는 사람들도 있다. 그들은 어떤 일을 잘했을 때 "그냥 마음속 느낌으로 안다."라고 말한다. 내적인 판단 기준이 있는 사람은 세상의 모든 상을 다 받아도 자신이 특별하다고 느끼지 않는 이상 인정하지 않는다. 반대로 상사나 동료들의 반응이 좋지 않더라도 자신이 잘했다고 느낄 때 만족감을 느낀다. 다른 사람의 본능보다 자신의 본능이 우선한다. 이

것을 내적 준거틀Internal Frame of Reference이라고 한다.

누군가를 세미나에 참석하도록 설득한다고 가정해보자. 우리는 "이 세미나에 참석하는 게 좋아. 정말 좋은 세미나야. 나도 참석했는데 대단했어. 내 친구들도 갔는데, 다들 좋아했어. 멋진 시간이었다고 말하면서 며칠 동안 그 세미나 얘기만 했지. 세미나 덕분에 자신들의 인생이 더 좋게 바뀌었다고 했어."라고 말할 수 있다. 상대가 외적 준거틀을 가졌다면 설득될 가능성이 있다. 주변 사람들이 어떤 것이 사실이라고 말하면 일반적으로 그도 그것이 사실이라고 생각하게 될 것이다.

반면, 내적 준거틀을 가지고 있는 사람의 경우는 어떨까? 다른 사람들이 말한 것을 그에게 말하면 설득하는 데 어려움을 겪을 것이다. 그에게 다른 사람의 말은 아무 의미가 없기 때문이다. 전혀 고려의 대상이 아니다. 그가 알고 있는 것에 호소해야 설득할 수 있다. "작년에 갔던 세미나 기억나? 몇 년 동안 경험한 것 중 가장 통찰력이 있다고 나에게 말했잖아? 그것과 비슷한 세미나가 있는데, 직접 가보면 멋진 경험을 할 수 있을 거야."라고 말하면 어떨까? 효과적 있을까? 당연히 효과가 있을 것이다. 그 사람의 언어로 이야기했기 때문이다.

이러한 모든 근본적 사고방식은 상황과 압박감과 관련이 있다는 것을 알아야 한다. 어떤 일을 10년 또는 15년 동안 한결같이 해왔다면 아마도 강력한 내적 준거틀을 가지고 있을 것이다. 반면, 어떤 일에 새내기라면 무엇이 옳든 그르든 강한 내적 준거틀이 없을 것이다. 이 말의 의미는 시간이 지남에 따라 선호도와 패턴이 생겨난다는 것이다. 그러나 오른손잡이일지라도 왼손이 유용한 상황에서는 왼손을 사용할 수 있다. 근본적 사고방식도 마찬가지다. 우리에게는 어떤 한 가지 방법만 있는 것이 아니다. 근본적 사고방식은 다양하게 활용할 수 있으며 얼마든지 바꿀 수도 있다.

리더들은 어떤 준거틀을 가지고 있을까? 진정으로 유능한 리더는 강력한 내적 준거틀을 가지고 있어야 한다. 어떤 행동을 취하기 전에 사람들에게 어떻게 생각하는지 물어보는 데 너무 많은 시간을 허비하면 진정한 리더가 될 수 없다. 근본적 사고방식에도 이상적인 균형이 필요하다. 한 가지 극단적인 것에만 반응을 하는 사람은 거의 없다. 진정으로 유능한 리더는 외부에서도 효과적으로 정보를 받아들일 수 있어야 한다. 그렇지 않으면 그의 리더십은 과대망상증이 된다.

최근에 진행한 공개 세미나가 끝났을 때였다. 참석자 중 한 사람이 친구 세 명과 함께 내게 와서 단호한 어투로 "나는 안 믿어요."라고 말했다. 언뜻 봤을 때 그가 내적 준거틀에 따르고 있다는 것을 분명히 알 수 있었다. (외적 준거틀에 따르는 사람들은 무엇을 해야 하고, 그것을 어떻게 해야 하는지에 대해서만 말한다.) 또한 친구들과의 대화 내용을 들어보니, 확실히 싫은 것은 피하려는 회피지향적 인물이었다. 그래서 나는 그에게 이렇게 말했다. "저는 선생님께 어떤 것을 하라고 설득할 수 없습니다. 선생님을 설득할 수 있는 사람은 오직 선생님 자신뿐입니다." 이 말에 그는 어떻게 대꾸해야 할지 모르는 것 같았다. 그는 내가 세미나를 옹호하는 말을 하면 거기에 반박하려고 한 것처럼 보였다. 내적으로 생각할 때 내가 한 말이 사실이기 때문에 이 말에 동의하지 않을 수 없었다. 그러자 나는 "이 과정에 참석하지 않으면 누가 손해볼 것인지를 아는 사람은 선생님뿐입니다."라고 말했다. 평소 같으면 이 말이 끔찍하게 들렸을 것이다. 그러나 나는 그의 언어로 말했고, 결과적으로 효과가 있었다. 내 강좌에 참석하지 않으면 손해가 될 것이라고 말하지 않았다. 만약 그렇게 말했다면 절대 참석하지 않았을 것이다. 그 대신 나는 "선생님만이 참석하지 않으면 손해를 볼 것(회피형)인지를 아는 유일한 사람(내적 준거틀)입니다."라고 말했다. 그는 "예, 맞습니다."라고 말하고는 접수처로 가서 수강 신청을 했다. 내가 근본적 사고방식을 배우기 전이었다면 이 과정을 수강한 다른 사람들(외적 준거틀)과 이야기하게 하여 그를 설득하고, 그가 얻을 수 있는 모든 이점(추구형)을 이야기했을 것이다. 그러나 그것은 그가 아닌 내가 좋아하는 방법일 뿐이다.

근본적 사고방식 3: 사물을 자기 기준으로 판단하는지, 아니면 타인의 기준으로 판단하는지에 관한 것

인간의 상호작용에 대해, 어떤 사람은 개인에게 어떤 의미가 있는지 생각하고 또 어떤 사람은 자신은 물론 다른 사람에게 어떤 의미가 있는지 생각한다. 물론 사람은 어느 한쪽 극단에 빠지지는 않는다. 자기중심적으로만 생각하면 자기만 아는 이기적인 사람이 될 것이다. 다른 사람들 중심으로만 생각한다면 순교자가 될 것이다.

여러분이 회사의 직원 채용 담당자라면, 입사 지원자가 이 척도를 기준으로 어느 쪽에 속하는지 알고 싶지 않을까? 얼마 전 한 유명 항공사는 고객 불만 중 95퍼센트가 5퍼센트의 직원들 때문이라는 사실을 발견했다. 이 5퍼센트의 직원들은 극도로 자기중심적인 사람들이었다. 이들은 고객보다 자신을 더 중요하게 생각했다. 그들은 형편없는 직원일까? 맞을 수도 있고 아닐 수도 있다. 그들은 똑똑한 데다 열심히 일했으며 하는 일이 적성에 맞았는지는 몰라도, 그들의 업무 성적은 좋지 않았다. 좋은 직원이지만 적합하지 않은 업무에 배치되었을지 모른다.

항공사는 어떻게 했을까? 그 직원들을 타인중심적인 직원으로 교체했다. 그 후 회사는 입사 면접 때 지원자를 두 그룹으로 분류하여 항공사 지원 동기를 물어보았다. 대부분이 면접관 앞에서 말한 답변으로 평가받을 것이라고 생각했다. 하지만 실제로는 어떤 지원자가 답변할 때 다른 지원자들이 답변자에게 보이는 행동 반응으로 각 지원자의 자질이 평가되도록 설계된 자리였다. 즉, 답변자에게는 고객의 역할이 부과된 셈이었다. 결국 답변하는 사람에게 가장 많이 관심을 기울이면서 가장 많은 시선을 보내고, 어느 답변자에게나 미소 짓거나 응원하는 태도를 보인 지원자가 가장 높은 점수를 받았다. 반면, 다른 지원자가 답변하는 동안 답변자에게는 거의 관심을 두지 않고 자신의 답변만 생각하거나 혼자만의 세계에 빠져 있는 사람은 자기중심적 성향으로 분류되어 우선 채용 대상에서 제외되었다. 이처럼 채용 방식을 전환함으로써 회사에 대한 고객 불만이 80퍼센트 이상 감소했다. 이런 사례야말로 근본적 사고방식이 비즈니스 세계에서 얼마나 중요한지를 보여준다. 사람들이 어떤 것에 동기가 부여되는지 모른다면 어떻게 그 사람을 평가할 수 있겠는가? 필요한 기술, 학습 능력 및 내적 성향을 고려하면 어떤 업무에 누가 적임자인지 알 수 있지 않을까? 아주 똑똑하고 능력 있는 사람도 맡은 일이 자신의 성향과 맞지 않아 능력을 최대한 발휘하지 못하고 좌절하면서 인생을 낭비하는 경우가 허다하다. 어떤 상황에서는 마이너스인 것이 다른 상황에서는 플러스가 될 수도 있다.

항공사처럼 서비스업계에는 분명히 타인중심적인 사람이 필요하다. 그러나 회계 업무 관련 회사에는 자기중심적인 사람이 필요할 것이다. 간혹 지적으로는 문제가 없지만 정서적인 문제로 힘들어하는 사람이 있다. 예컨대 의사가 자기중심적인 사람이라면 진찰 측면에서는 자신의 임무를 훌륭히 해낼 수 있다. 하지만 환자를 돌보는 측면에서는 그렇지 못하기 때문에 유능한 의사라고 할 수 없다. 사실, 그런 사람은 환자를 치료하기보다는 연구직에 종사하는 편이 더 나을 것이다. 회사에서 사람을 적재적소에 배치하는 것은 매우 중요하다. 그러나 구직자가 정보를 처리하는 방식을 제대로 평가할 수 있다면 이 문제는 해결될 수 있다.

여기서 주목할 점은 모든 근본적 사고방식이 동일한 과정을 거쳐 형성되지 않는다는 것이다. 어떤 것을 회피하는 것보다 그것을 향해 가는 것이 더 나을까? 아마 그럴 것이다. 모든 사람이 자기중심적이 아닌 타인중심적이라면 세상은 더 나아질까? 아마 그럴지도 모른다. 그러나 우리는 우리가 바라는 방식이 아니라 있는 그대로의 삶에 대처해야 한다. 나는 아이들이 회피지향적이 아닌 추구지향적 인간이 되기 바란다. 아이들과 효과적으로 소통하고 싶다면 우리의 생각에 초점을 맞추지 말고 아이들에게 맞는 방식으로 대화해야 한다. 중요한 것은 가능한 한 주의 깊게 관찰하는 것이다. 아이들이 무엇을 말하는지 세심하게 들으면서, 어떤 종류의 비유를 사용하는지, 생리체계가 무엇을 말하는지, 언제 집중하고 언제 지루해지는지를 알아야 한다. 사람들은 누구나 일관되게 지속적으로 근본적 사고방식을 드러낸다. 그 사람의 성향이 무엇인지, 현재 어떤 것에 관심이 있는지 알기 위해 집중적인 연구가 필요한 것은 아니다. 자기중심적인 사람인지 타인중심적인 사람인지 알고 싶으면 그가 타인에게 얼마나 많은 관심을 기울이는지 살펴보라. 사람들을 향해 몸을 기울이고 그들이 말하는 것에 관심이 있는 듯한 표정을 짓는가, 아니면 등을 돌리고 지루해하며 아무런 반응을 보이지 않는가? 모든 사람은 때때로 자기중심적이 되는데, 그렇게 하는 것이 중요할 때도 있다. 중요한 것은 우리가 지속적으로 어떤 방식으로 행동하는지와 그것이 우리가 원하는 결과를 얻는 데 도움을 줄 수 있는지 여부다.

근본적 사고방식 4: 유사점을 찾는 일치자 Matchers**와 상이점을 찾는 불일치자** Mismatchers**에 관한 것**

간단한 실험을 하나 해보자. 다음 도형들을 보고 서로 어떤 연관성이 있는지 말해보라.

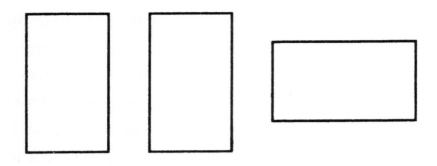

세 도형의 관계에 대해 설명해보라고 하면 여러 가지 답이 나올 수 있다. 우선, 모두 직사각형이라고 말할 수 있다. 또한 모두 네 면이 있다는 대답이 나올 수 있다. 두 개는 수직이고 하나는 수평이거나 두 개는 서 있고 한 개는 누워 있다 등의 답변이 나올 수 있다. 하나의 도형이 다른 두 도형과 정확히 같지 않다고 말할 수도 있으며, 하나의 도형이 나머지 두 개와 다르다고 말할 수도 있다.

물론 더 많은 설명이 나올 수도 있다. 이유가 뭘까? 사람들이 완전히 다른 접근 방식을 취하기 때문이다. 일치자와 불일치자도 역시 마찬가지다. 이 근본적 사고방식은 습득하거나 이해하려는 정보를 어떻게 해결해야 할지를 결정한다. 어떤 사람들은 유사점을 찾으면서 세상에 반응한다. 사물을 보고 공통점이 무엇인지 찾는다. 그들은 일치자다. 그래서 이들이 앞의 도형을 보면 "그래, 모두 직사각형이야."라고 말할 것이다. 다른 유형의 일치자는 예외가 있는 동일성을 찾기도 한다. 그는 도형들을 보고 "모두 직사각형인데, 하나는 누워 있고 다른 두 개는 서 있다."라고 말할 수 있다.

상이점을 찾는 사람들은 불일치자다. 여기에도 두 가지 유형이 있다. 한 유형은 세상을 보고 사물이 어떻게 다른지 본다. 도형이 서로 완전히 다르며 서로 관련성이 없다고 말할 수 있다. 전혀 유사한 점이 없다는 것이다. 다른 유형의 불일치자는 예외를 포함하여 차이점을 찾는다. 앞에서 언급한 예외가 있는 동일성을 찾는 일치자와 반대라고 생각하면 된다. 이 유형은 먼저 상이점을 본 다음 유사점을 추가한다. 어떤 사람이 일치자인지 불일치자인지 판단하려면, 일련의 사물이나 상황 사이의 관계에 대해 질문하고, 먼저 유사점에 초점을 맞추는지 아니면 차이점에 초점을 맞추는지 유심히 살펴보라. 유사점을 찾는 사람과 상이점을 찾는 사람이 함께 있으면 어떤 일이 생길지 상상해보자. 한 사람은 "다 똑같아."라고 말하는데, 다른 사람은 "아니야, 전혀 다르다고!"라고 말할 것이다. 일치자의 이론적 근거는 도형들이 모두 직사각형이라는 것이다. 반면, 불일치자의 근거는 선의 두께가 정확히 동일하지 않거나 세 도형의 각도가 정확히 같지는 않다는 것이다. 누가 맞을까? 물론 둘 다 맞다. 인식하는 방식에 차이가 있을 뿐이다. 여기서 주목할 점은 불일치자는 항상 상이점을 찾기 때문에 사람들과 라포를 형성할 때 자주 어려움을 겪는다. 그렇지만 다른 불일치형의 사람들과는 아주 수월하게 라포를 형성할 수 있다.

이런 특성을 이해하는 것이 왜 중요할까? 내 경우를 예로 들어보겠다. 나에게는 사업 파트너가 다섯 명 있는데, 한 명을 제외하고 모두 일치형이다. 아주 좋은 조합이다. 성향이 비슷하기 때문에 서로 죽이 잘 맞는다. 같은 방식으로 생각하고 같은 것을 보기 때문에 회의를 할 때는 놀라운 시너지 효과가 생긴다. 함께 이야기하면서 아이디어를 제시하고 함께 맞춰본다. 서로 같은 것을 보고 생각을 모아서 통찰력을 구축하기 때문에 점점 더 흥미가 생긴다.

우리의 불일치자가 개입할 때까지는 말이다. 그는 사물을 보는 방식이 우리와는 확실히 다르다. 우리는 사물이 서로 어울리는 방식을 보는 반면,

그는 반대로 본다. 우리가 열정적으로 이야기하면서 앞으로 나아가면, 불쑥 끼어들어 일이 잘 풀리지 않을 것이라고 말한다. 그러고는 한가로이 기대 앉아 우리가 관심을 기울이는 것에는 별 관심이 없는 듯한 자세를 취하고, 우리가 보고 싶지 않은 유형의 문제들만 바라본다. 이때 우리는 정신적 오존층으로 날아오르고 싶어진다. 하지만 그는 원점으로 돌아가서 "오, 그래? 그럼, 이건 어때? 저건 또 어때?"라고 말한다.

그렇다면 그는 성가신 존재인가? 맞다. 아니면 소중한 파트너인가? 그것도 맞다. 우리가 해야 할 일은 계획을 수립하는 과정에서 그를 적절하게 활용하는 것이다. 우리은 그가 세부적인 문제를 지적하면서 우리의 브레인스토밍을 망치는 것은 원치 않는다. 함께 기획하면서 얻는 시너지는 그의 성가심보다 더 값진 것이다. 하지만 속도를 좀 늦추고 무엇이 빠져 있는지를 알아내고 일치되지 않는 부분을 찾아내어, 어떻게 메우고 일치시킬 수 있는지를 알아낼 사람이 반드시 필요하다. 이것이 그가 해야 하는 역할이며, 간혹 그가 하는 일이 우리를 위기에서 구해주기도 한다.

불일치자는 비교적 많지 않다. 통계 자료에 따르면, 설문조사 대상의 약 35퍼센트가 불일치자라고 한다. (불일치자라면 설문조사가 정확하지 않다고 의심할 것이다.) 그러나 일치자인 우리가 보지 못하는 것을 볼 수 있기 때문에 매우 가치가 있다. 일반적으로 불일치자는 시적 영감의 소유자가 아니다. 그래서 기분이 좋을 때도 불일치한 것을 찾아내고 즐겁지 않은 방법을 찾아낸다. 그러나 그들의 비판적이고 분석적인 감각은 모든 비즈니스에서 매우 중요하다. 엄청난 제작비를 쏟아부었지만 흥행에 실패한 영화 〈천국의 문 Heaven's Gate〉을 생각해보라. 영화 제작의 배후 사정을 들여다본다면 내적 준거틀의 소유자와 창의적인 사람들이 오로지 목표를 향해 가면서 피해야 할 것은 보지 못했다는 사실을 알 수 있다. "잠깐만요. 이건 어때요?"라고 말하면서, 창의적인 사람들의 내부 준거틀을 적절하게 지적할 수 있는 상이점을 찾는 사람이 절대적으로 필요했던 것이다.

일치형과 불일치형은 다양한 측면에서 매우 중요하다. 음식의 영양 측면에도 적용된다. 극도의 일치자는 항상 같은 음식을 원한다. 한 가지 음식만 먹으면 영양 섭취 측면에서 문제가 될 수 있다. 그들은 사과나 자두를 좋아하지 않을 수 있다. 숙성도, 질감, 맛, 보관 시간 등 다양한 변수가 있기 때문이다. 그 대신 그들은 변함이 없기 때문에 몸에 좋지 않은 음식을 많이 먹을 수도 있다. 형편없는 음식일지 모르지만, 그것이 일치자의 변함없는 영혼을 따뜻하게 해준다.

항상 같은 작업을 반복하는 일을 하는 직원을 고용할 때 불일치형을 선택할 것인가? 당연히 아닐 것이다. 일치형의 사람을 원할 것이다. 우리가 필요로 하는 한, 그는 자신의 일에 매우 만족해할 것이다. 그러나 상당한 유연성이나 지속적인 변화가 필요한 일을 할 사람을 구한다면 어떻게 하겠는가? 분명히 아니다. 이처럼 성향의 차이를 알면 적합한 직업을 찾는 데 매우 도움이 된다.

한 축구선수에 대해 생각해보자. 몇 년 전 그는 킥의 정확도가 좋은 선수로, 시즌을 시작할 때 이미 어느 정도 인정을 받고 있었다. 하지만 불일치자인 그는 자신의 공 차는 방식을 바꿔야 한다는 압박감으로 슬럼프에 빠졌다. 그러자 각각 다른 경기장의 골대 뒤에 있는 여러 유형의 관중들에 집중해보라는 충고를 들었다. 그래서 그는 관중들이 얼마나 다른지에 초점을 맞춤으로써 정말 중요할 때 자신이 해왔던 방식으로 계속 공을 찰 수 있었다. 반면, 별로 중요하지 않은 사소한 것에는 자신의 방식을 온전히 유지할 수 있었다.

일치자와 불일치자에게 동일한 설득 기법을 사용할 수 있을까? 그들에게 같은 유형의 일을 맡기면 좋을까? 유형이 다른 아이를 같은 방식으로 대하겠는가? 당연히 아니다. 그렇다고 이들의 성향이 절대 바뀌지 않는다는 말은 아니다. 인간은 파블로프의 개Pavlov`s dog(조건반사를 설명하는 대표적 실험-옮긴이)가 아니다. 자신의 전략을 어느 정도 수정할 수 있다. 하지만 어떻게 해야 바꿀 수 있는지는 그 사람의 언어로 메시지를 전할 때 가능하다. 평생 불일치자로 살아온 사람이 한순간에 일치자로로 바뀌기는 쉽지 않다. 엄청난 노력과 인내가 필요하다. 하지만 우리는 최대한 힘들지 않게 할 수 있도록 도움을 줄 수 있다. 이것이 우리가 다른 성향의 사람들과 함께 살아갈 수 있는 비결이다. 반면 일치자는 모든 것을 일반화하는 경향이 있으므로, 좀 더 많은 차이점을 찾는 것이 유익하다. 이번 주와 지난주의 차이점 또는는 (로스앤젤레스와 뉴욕은 거의 비슷하다고 말하는 대신) 방문한 도시들의 차이점을 찾아보면 도움이 될 것이다. 다른 점에도 관심을 기울여보라. 이것 역시 삶에서 즐거움의 일부가 될 수 있다.

일치자와 불일치자가 조화를 이루며 살 수 있을까? 물론이다. 서로가 상대를 이해한다면 가능하다. 그렇게 되면 차이가 생길 때 상대가 나쁘거나 틀린 것이 아니라 사물을 다른 방식으로 인식하는 것이라는 사실을 깨닫게 될 것이다. 라포를 형성하려고 완전히 똑같아질 필요는 없다. 사물을 인식하는 방식이 다르다는 것을 인정하고, 어떻게 서로를 존중하고 감사할 수 있는지를 배우면 된다.

근본적 사고방식 5: 누군가를 설득하는 방법과 관련된 것

설득하는 전략에는 두 가지가 있다. 먼저 상대를 설득하는 데 필요한 감각적 구성 요소가 무엇인지 알아낸 다음, 얼마나 많은 자극을 줘야 설득할 수 있는지를 알아야 한다. 누군가에게 확신을 주는 근본적 사고방식이 무엇인지 알기 위해서는 다음과 같은 질문을 해야 한다.

"어떤 사람이 일을 잘하는지 아닌지 어떻게 알 수 있는가?
a) 그가 일하는 것을 보거나 관찰해야 하나?
b) 그가 얼마나 잘하는지 들어봐야 하나?
c) 그와 함께 일을 해봐야 하나?
d) 그의 능력을 읽을 수 있어야 하나?"

여기에 대한 해답은 여러 개가 될 수 있다. 그 사람이 일을 잘하는 것을 보고 다른 사람들이 그가 잘한다고 말하면 그가 잘하는 사람이라고 생각할 수 있다. 다음 질문은 "어떤 사람이 일을 잘한다고 확신하려면 그가 몇 번이나 그 사실을 입증해야 하는가?"이다. 다음과 같은 대답이 나올 수 있다. a) 즉시(예를 들어, 자신이 일을 잘한다는 것을 입증한다면), b) 여러 번(두 번 이상), c) 일정 기간(즉, 몇 주 동안, 한 달 또는 일 년), d) 지속적으로. d에서는 자신이 잘하고 있다는 것을 수시로 입증해야 한다.

한 조직의 리더라면 핵심 직원들과 함께할 수 있는 가장 중요한 일은 신뢰 구축과 라포 형성이다. 직원들을 아낀다는 것을 직원들이 알게 한다면, 직원들은 회사를 위해 더욱 열심히 일할 것이다. 반면, 그들이 리더를 믿지 못하면 회사나 리더를 위해 최선을 다하지 않을 것이다. 신뢰를 구축하는 방법은 사람들의 다양한 요구에 주의를 기울이는 것이다. 어떤 사람은 일단 관계를 형성하면 계속 유지한다. 리더가 공정하게 행동하고 직원들을 아낀다는 것을 직원들이 안다면, 리더가 배반하지 않는 한 지속될 수 있는 끈끈한 관계가 형성될 수 있다.

하지만 모든 사람에게 적용되는 것은 아니다. 어떤 사람에게는 친절한 어투, 인정한다는 메시지, 공개적인 지지 표시를 하거나 중요한 업무를 맡기는 등의 조치가 필요하다. 이들은 충성심이 있고 능력이 뛰어날 수 있지만, 다른 사람들보다 더 많이 인정받고 싶어 한다. 직장에서 자신과 상사 사이에 끈끈한 유대 관계가 계속 유지되고 있다는 더 많은 증거를 필요로 한다. 이와 마찬가지로, 유능한 판매원은 고객에게 물건을 단 한 번만 판매해도 누가 단골손님이 될 수 있는지 안다. 어떤 사람은 상품을 두세 번만 보고도 구매를 결정할 수 있지만, 재구매할 때도 구매를 결정하는 데 6개월이 넘게 걸리는 사람도 있다. 물론 판매원에게는 '우수고객'이 있다. 우수고객 중에서도 몇 년 동안 같은 제품을 사용해도 판매원을 만날 때마다 그 제품에 대해 꼬치꼬치 물어본다. 고객에게 매번 알려주어야 한다. 개인적인 관계에서는 더 심하게 적용된다. 어떤 사람은 사랑을 한 번만 증명해주어도 사랑이 영원할 것이라고 생각한다. 하지만 다른 사람에게는 매일 입증해야 한다. 이처럼 근본적 사고방식을 이해하게 되면 상대를 효과적으로 설득하려면 무엇이 필요한지를 미리 알 수 있다. 그렇게 되면 매번 입증해야 하는 경우에도 짜증이 나지 않는다. 상대가 그런 행동을 할 것이라고 예상할 수 있기 때문이다.

근본적 사고방식 6: 필요성과 가능성에 관한 것

사람들에게 왜 오늘 회사에 일하러 갔는지 또는 왜 자동차나 집을 구입했는지를 물어보라. 어떤 사람은 자신이 원해서가 아니라 주로 필요하기 때문에 동기를 부여받는다고 말한다. 그는 필요 때문에 행동을 취하는 사람이다. 무한한 경험을 원하지 않는다. 현재 있는 것, 눈앞에 보이는 일만 하면서 삶을 살아간다. 새 직장, 새 집, 새 차, 심지어 새로운 배우자가 필요할 때도 현재 가능한 범위 내에서 수용한다.

반면, 가능성을 찾으면 동기가 부여되는 사람도 있다. 그는 해야 할 일보다는 하고 싶은 일에 동기를 부여받는다. 선택, 경험, 가능성, 행동 계획을 추구한다. 필요로 동기를 부여받는 사람은 알려진 것과 확보된 것에 관심이 있는 반면, 가능성에 동기를 부여받는 사람은 알려지지 않은 것에 많은 관심을 보인다. 발전할 수 있는 것, 즉 어떤 기회가 발전 가능성이 있는지 알고 싶어 한다.

"당신이 사장이라면 어떤 사람을 고용하겠는가?" 가능성에 동기를 부여받는 사람이라고 답하는 사람이 있을 것이다. 하지만 풍부한 잠재력이 있을 때 삶은 더욱 풍요로워질 수 있다. 우리 대부분은 본능적으로 (심지어 필요로 동기를 부여받은 많은 사람도) 새롭고 무한한 가능성이 열려 있는 것을 좋아하는 경향이 있다.

사실, 모든 것이 이것으로 설명되지 않는다. 꼼꼼함, 확고함, 지속성이 필요한 일도 있다. 여러분이 자동차 공장의 품질관리 검사원이라고 가정해보자. 가능성에 대한 감각도 필요하다. 그러나 이 일에 가장 요구되는 자질은 필요에 대한 의식이다. 정확히 무엇이 필요한지, 임무를 완수하려면 무엇을 확인해야 하는지 알아야 한다. 가능성에 동기가 부여되는 사람은 그런 일을 지루해할 것이고, 필요로 동기가 부여되는 사람은 그 일에 완벽하게 적응했다고 느낄 것이다.

필요로 동기가 부여되는 사람에게는 다른 장점이 있다. 영속성이 덕목이 되는 일에 유리하다. 그런 일을 할 사람을 채용할 때는 함께 오랫동안 일할 수 있는 사람이 제격이다. 반면, 가능성에 동기를 부여받는 사람은 언제나 새로운 기회, 새로운 사업, 새로운 도전을 찾는다. 더 많은 가능성을 제공하는 것으로 보이는 새로운 일을 찾으면 현재의 자리에서 떠날 가능성이 높다. 하지만 필요로 동기가 부여되는 다소 터벅터벅 걷는 영혼의 소유자는 그렇지 않다. 필요로 직업을 갖는다. 일하는 것이 삶의 필수품이기 때문에 자신의 일을 고수한다. 꿈꾸는 듯한 눈을 하고 허세를 부리며 위험을 무릅쓰고 가능성을 믿는 사람이 필요한 일도 많이 있다. 회사가 완전히 새로운 분야로 사업을 다각화하려고 한다면, 모든 가능성에 적응할 수 있는 사람을 고용하고 싶을 것이다. 하지만 견고성, 일관성 및 지속성을 중시하는 다른 일도 많다. 그러한 일에는 필요로 동기가 부여되는 사람이 적합하다. 자신의 근본적 사고방식이 무엇인지 아는 것은 매우 중요하다. 그래야 일자리를 찾을 때 자신의 요구에 가장 잘 맞는 직업을 선택할 수 있다.

자녀에게 동기를 부여하는 데에도 같은 원칙을 적용할 수 있다. 교육의 장점과 좋은 대학에 가야 한다는 점을 강조하려고 한다고 가정해보자. 자녀가 필요로 동기가 부여되는 유형이라면 좋은 교육이 필요한 이유를 알려주어야 한다. 학위가 절대적으로 필요한 직업을 아이에게 말해주어야 한다. 또는 좋은 엔지니어가 되기 위해 수학의 기초가 필요한 이유나 좋은 교사가 되기 위해 언어 능력이 필요한 이유를 설명해주어야 한다. 반면, 자녀가 가능성으로 움직인다면 다른 접근 방식을 취해야 한다. 아이는 반드시 해야 할 일에는 싫증을 내기 때문에 좋은 교육을 받은 사람들에게 열려 있는 무한한 가능성을 강조해야 할 것이다. 아이에게 학습 자체가 가능성을 위한 가장 큰 방법임을 보여주어야 한다. 탐험할 새로운 길, 광활하게 펼쳐진 새로운 차원의 세계, 발견해야 할 새로운 것들의 이미지를 아이의 머릿속에 넣어주라. 결과는 같겠지만, 자녀를 인도하는 방식은 이처럼 크게 다를 수 있다.

근본적 사고방식 7: 개인의 일하는 방식에 관한 것

누구나 일할 때 자신만의 전략이 있다. 어떤 사람은 독자적으로 일하지 않으면 행복감을 느끼지 못한다. 다른 사람과 함께 일하면 힘들어하고, 누군가에게 감독을 받으면 제대로 일하지 못한다. 자신이 직접 쇼를 진행하고 싶어 한다. 그러나 한 집단의 일원일 때 최고의 성과를 올리는 사람도 있다. 이때 사용하는 전략을 협력적 전략이라고 부른다. 그는 자신이 맡은 모든 작업에 책임을 공유하기를 원한다. 이 두 가지를 절충한 중간 전략을 취하는 사람도 있다. 그 사람은 업무를 혼자 책임지지만 다른 사람들과 함께 일하는 것을 좋아한다. 책임은 지지만 혼자 일하는 것은 아니다.

　직원이나 자녀 또는 관리자가 최대한의 능력을 발휘하게 하려면 그들의 전략을 알아야 한다. 즉, 효과적으로 일하는 방법을 파악해야 한다. 재능은 뛰어나지만 골치 아프게 하는 직원이 있을 수 있다. 그는 자기 방식대로 일을 해야 하는 사람이다. 이런 사람은 직원으로는 적합하지 않을 수 있다. 사업을 직접 운영해야 하는 부류의 사람으로, 그런 환경이 제공되지 않으면 자신이 직접 사업체를 운영할 것이다. 이와 같은 가치를 지닌 직원이 있다면 그의 재능을 극대화하고 최대한 자율성을 부여할 수 있는 방법을 모색해야 한다. 그를 억지로 팀의 일원으로 만든다면 그는 주변 사람을 미치게 만들 것이다. 하지만 그에게 가능한 한 많은 독립성을 부여한다면 매우 귀중한 존재임을 증명할 것이다. 기업가 정신의 새로운 개념이란 바로 이런 것이다.

　'피터의 법칙Peter Principle'이라고 들어봤을 것이다. 자신의 무능함이 드러날 때까지 승진한다는 원칙을 말한다. 이런 일이 발생하는 한 가지 이유는 대부분의 고용주가 직원의 업무 전략에 둔감하기 때문이다. 협력적인 환경에서 자신의 능력을 최대한 발휘하는 사람들이 있다. 그들은 많은 피드백과 상호 관계 속에서 발전한다. 그런 사람들에게 새로운 벤처 사업을 맡김으로써 지금까지의 업무에 대한 보상을 하겠는가? 최고의 재능을 활용하고 싶다면 그렇게 하지 않는 것이 좋다. 그렇다고 해서 이 사람들을 항상 같은 자리에 머물게 해야 한다는 의미는 아니다. 승진을 시키되, 자신의 재능을 최대한 발휘할 수 있는 새로운 근무 환경을 제공해야 한다.

이와 마찬가지로, 절충형인 사람들은 팀의 일원이 되기를 원하지만 자신의 일을 스스로 찾으려고 한다. 어떤 조직이든 세 가지 전략이 모두 필요한 업무들이 있다. 핵심은 사람들이 일을 가장 잘하는 방식을 파악한 다음 그들에게 맞는 일을 맡겨주는 것이다.

오늘 꼭 해야 할 실습이 있다. 이 글을 읽은 후 사람들의 근본적 사고방식을 파악하는 것이다. 일단 사람들에게 다음과 같이 물어본다. 인간관계, 집이나 자동차, 직업에서 어떤 것을 원하는가? 자기 분야에서 성공했는지 어떻게 알 수 있을까? 이번 달에 한 일과 지난달에 한 일 사이에는 어떤 관계가 있는가? 어떤 것이 사실이라고 확신하려면 얼마나 많이 입증해야 하는가? 어떤 업무를 했을 때 가장 좋았으며, 그것이 중요한 이유는 무엇인가?

질문을 할 때 상대가 주의 깊게 듣고 있는가? 우리의 답변에 관심이 있는가, 아니면 다른 것에 집중하고 있는가? 이것들은 우리가 논의한 근본적 사고방식을 제대로 알아내기 위해 할 수 있는 몇 가지 질문에 불과하다. 필요한 정보를 얻지 못하면 얻을 때까지 질문을 바꿔가면서 계속 물어보라.

의사소통할 때 생기는 문제를 생각해보자. 상대의 근본적 사고방식을 파악하면 문제 해결에 도움이 된다는 사실을 알게 될 것이다. 살면서 좌절감을 느낄 때, 예컨대 사랑받고 있지만 사랑받지 못한다고 느낄 때, 힘들어하는데 상사가 잘못된 방식으로 격려할 때, 누군가에게 도움을 주려고 하는데 아무 반응이 없을 때를 생각해보자. 이럴 때 해야 할 일은 그 사람의 근본적 사고방식을 파악하는 것이다. 예를 들어, 우리는 사랑하는 사람과의 관계에서 단 한 번만 사랑이 입증되면 된다고 생각하는데, 상대는 계속해서 확인하기를 바란다. 또는 업무가 얼마나 유사한지를 보여주는 보고서를 작성했는데, 상사는 업무가 어떻게 다른지에만 관심이 있다. 그런가 하면 누군가에게 피해야 할 것에 대해 경고하려고 하는데, 그는 자신이 추구하려는 것에 대해서만 관심이 쏠려 있다.

잘못된 방식으로 말하면 전달되는 메시지가 잘못된다. 그렇게 되면, 직원을 대하는 회사 리더뿐만 아니라 자녀를 대하는 부모에게도 큰 문제가 된다. 과거에 우리는 다른 사람들이 사용하는 기본 전략을 인식하고 조정하는 민감함을 키우지 못했다. 그래서 다른 사람에게 메시지를 제대로 전달하지 못해도 내용을 바꿀 생각을 하지 않았다. 하지만 이제 우리는 의사소통을 하려는 사람의 근본적 사고방식에 맞게 방식을 변경할 수 있도록 유연성을 계발해야 한다.

여러 가지 근본적 사고방식을 함께 사용하면 아주 효과적으로 의사소통을 할 수 있다. 한때 나와 파트너가 함께 일한 사람이 있는데, 그와 업무적으로 자주 견해 차이가 있었다. 우리는 함께 만나서 모두를 만족시킬 결과를 만들고 싶다는 긍정적인 틀을 세우고 회의를 시작했다. 그는 곧바로 "나는 그런 것에는 관심이 없습니다. 돈이 있으니, 이 돈으로 해결할 생각입니다. 이젠 이 일에 신경 쓰고 싶지 않아요. 더 이상 변호사가 내게 전화해서 귀찮게 하는 일이 없으면 좋겠습니다."라고 말했다. 그렇게 그는 회피하는 것으로 시작했다. 나는 "우리와 다른 사람들이 모두 더 나은 삶을 경험할 수 있도록 돕기 위해 최선을 다하고 있으며, 그렇기 때문에 이 일이 잘되기를 바라는 겁니다. 함께 노력하면 충분히 가능할 것이라고 생각합니다."라고 말했다. 그러자 그는 "우리 모두가 다른 사람을 돕는 일에 전념하는 것은 아니죠. 나는 당신에 대해서는 신경 쓰지 않습니다. 지금 저의 관심사는 즐거운 마음으로 여기를 떠나는 것입니다."라고 말했다. 회의에 거의 진전이 없고 지지부진해진 것을 보니, 그는 자기중심적이며 내적 준거틀을 가진 불일치형 인간이라는 것이 명백해졌다. 그리고 어떤 것을 직접 보고, 듣고, 계속해서 강화시켜주지 않으면 믿지 않는 사람이었다.

그의 근본적 사고방식은 우리와 맞지 않았기 때문에 완벽한 의사소통을 위한 청사진이 없었다. 특히 나와는 모든 면에서 상반된 태도를 취했다. 우리는 거의 두 시간 동안 머리를 맞대고 이야기했지만 아무 진전이 없었다. 거의 포기할 지경에 이르렀을 때 마침내 머릿속에 좋은 생각이 떠올랐고 나는 머릿속에서 기어를 변속했다. "당신이 머릿속에 어떤 생각을 품고 있겠지만 지금은 내가 그것을 갖고 있습니다."라고 말하고, 주먹을 불끈 쥐어 보였다. 이렇게 함으로써 말로 표현할 수 없는 그의 내적 준거틀을 외면화하여 통제하려고 했다. 그런 다음 이렇게 말했다. "나는 지금 결정했으니, 당신에게 1분을 주겠소. 결정을 내리지 않으면 손해를 보게 될 것입니다. 나는 손해 볼 일이 없지만 당신은 나와 다를 것입니다." 이 말이 그에게 회피할 기회를 제공했다.

나는 계속 밀고 나갔다. "당신[자기중심형]은 해결책이 있다고 믿지 않기[회피형] 때문에 큰 손해를 보게 될 것입니다."라고 말했다. 그는 상이점을 찾는 불일치자였기 때문에, 해결책이 있을 것이라고 반대로 생각하기 시작했다. 나는 계속해서 밀어붙였다. "잘 생각해야 할 겁니다. 자신이 오늘 내린 결정의 결과로 인해 매일 대가를 치를 준비가 되어 있는지 생각해보기 바랍니다[내적 준거틀]. 왜냐하면 나는 계속해서 사람들에게 당신이 여기서 어떻게 행동하고 무엇을 했는지에 대해 말하고 다닐 테니까요. 결정을 내릴 수 있는 시간은 1분입니다. 이 문제를 해결하지 않으면 모든 것을 잃게 될 겁니다. 영원히 말입니다. 나를 좀 보세요. 내가 지금까지 한결같지 않은지 보란 말입니다."

20초도 채 되지 않아 그는 벌떡 일어나더니 이렇게 말했다. "여러분, 나는 항상 함께 일하기를 원했습니다. 우리가 문제를 해결할 수 있다는 것을 알고 있습니다." 마지못해서 하는 말이 아니었다. 그는 절친한 친구를 대하듯 일어서서 열정적으로 말했다. "나는 우리가 함께 대화를 나눌 수 있는지 알고 싶었습니다." 그는 왜 그렇게 긍정적인 태도를 보이게 되었을까? 그에게 동기를 부여하려고 나의 방식이 아닌 그의 근본적 사고방식을 사용했기 때문이다. 좀 창피한 말이지만, 사람마다 각각 다른 근본적 사고방식과 패턴을 알기 전까지 나는 나와 반대로 행동하는 사람을 만날 때면 좌절감을 느끼곤 했었다.

지금까지 우리가 이야기한 근본적 사고방식의 분류 원칙은 중요하면서도 강력하다. 그러나 꼭 기억해야 할 것은 우리가 알고 있는 근본적 사고방식은 우리의 민감성, 인식 및 상상력으로 제한된다는 사실이다. 어떤 일에서든 성공의 열쇠는 새로운 차별화를 만들 수 있는 능력이다. 근본적 사고방식은 사람들을 대하는 방법을 결정할 때 구분할 수 있도록 하는 도구를 제공한다. 근본적 사고방식이 여기에만 있는 것이 아니다. 가능성을 추구하는 사람이 되어 항상 지속적으로 주변 사람들을 판단하고 조정하라. 그들이 세상을 인식하는 특정 패턴을 주목하고 다른 사람들도 유사한 패턴을 가지고 있는지 분석하라. 이 접근 방식을 통해 우리는 모든 유형의 사람들과 효과적으로 소통하는 방법을 알 수 있도록 하는 '인간 식별법'을 계발할 수 있을 것이다.

예를 들어 어떤 사람들은 주로 감정에 따라 판단하고, 또 어떤 사람들은 논리적인 사고로 판단한다. 이들을 같은 방식으로 설득하겠는가? 당연히 아닐 것이다. 특정 사실과 수치에만 근거하여 결정을 하는 사람들이 있다. 그들은 먼저 세부적인 것들이 제대로 작동하는지 알고 싶어 한다. 나중에 더 큰 그림에 대해 생각할 것이다. 또 다른 사람들은 전체적인 개념이나 아이디어로 확신을 한다. 그들은 전체적인 것에 반응한다. 먼저 큰 그림을 보고 싶어 한다. 그 그림이 마음에 들면 세부적인 것을 생각할 것이다. 어떤 사람들은 시작부터 흥분한다. 그들은 새로운 아이디어가 떠오를 때 가장 흥미를 느끼지만 얼마 지나지 않아 흥미를 잃고 다른 것으로 넘어가는 경향이 있다. 반면에 어떤 사람들은 다 끝마칠 때까지 그 일에 매달린다. 책을 읽든 직장에서 일을 하든, 무엇을 하든 간에 끝장을 보려고 한다. 그런가 하면, 음식으로 분류하는 사람들도 있다. 맞다. 그들이 행동하거나 생각하는 거의 모든 것은 음식의 관점으로 표시된다. 예를 들어, 그들에게 길을 물어보면 이렇게 말할 것이다. "이 길을 쭉 따라가면 버거킹이 보이는데요. 거기서 좌회전을 하면 맥도날드가 나와요. 곧바로 우회전하면 켄터키 프라이드치킨이 있고 그다음 골목에서 좌회전하면 당신이 찾는 초콜릿 색 건물이 나옵니다." 그리고 그들이 갔던 영화관에 대해 물어보면, 곧바로 구내매점이 얼마나 형편없었는지 말하기 시작한다. 또한 결혼식이 어땠냐고 물어보면 결혼식 피로연 음식에 대해 이야기할 것이다. 한편, 사람을 기준으로 판단하는 사람이라면 주로 영화 속 사람들이나 결혼식에 참석한 사람들 이야기를 할 것이다. 또한 사건을 위주로 판단하는 사람은 영화에서 일어난 일이나 결혼식장에서 어떤 일이 일어났는지 또는 사진을 찍을 때 벌어진 일을 이야기한다.

근본적 사고방식의 또 다른 장점은 균형에 대한 모델을 제공한다는 것이다. 우리는 근본적 사고방식을 사용할 때 여러 가지 전략에 따른다. 어떤 근본적 사고방식은 생각을 어느 한쪽으로 치우치게 만든다. 또 어떤 근본적 사고방식은 다른 쪽으로 치우치게 한다. 모든 전략은 고정되어 있지 않고 유동적이다. 우리에게 활력을 주는 내적 상태로 들어가는 결정을 할 수 있는 것처럼, 우리는 방해가 되지 않는 도움을 줄 수 있는 근본적 사고방식을 선택할 수 있다. 근본적 사고방식이 하는 역할은 우리의 뇌에서 지워야 할 것을 말해주는 것이다. 예를 들어, 추구형의 사람이라면 회피해야 할 것을 지워버릴 수 있다. 반면, 회피형의 사람이라면 추구할 수 있는 것들을 지운다. 우리의 근본적 사고방식을 바꾸기 위해 할 일은 무엇을 지워야 할지를 인식하는 것이다. 그리고 그것들에 지속적으로 관심을 기울여야 한다.

자신을 자신의 행동과 혼동하거나 상대를 상대의 행동과 혼동하는 오류를 범하지 말라. 우리는 "나는 마이클을 알아. 그는 이러한 유형의 사람이지."라는 식으로 말한다. 하지만 우리는 마이클을 잘 모른다. 그의 행동으로 알 수 있을 뿐이다. 우리의 행동이 우리가 아닌 것처럼, 그의 행동도 그가 아니다. 가령 그가 모든 것에서 회피하는 경향이 있는 사람이라면, 그것은 그의 행동 패턴일 뿐이다. 우리도 마찬가지다. 행동 패턴이 마음에 들지 않으면 바꾸지 못할 이유가 없다. 우리에게는 그럴 만한 힘이 있다. 유일한 문제는 자신이 알고 있는 것을 사용해야 하는 타당한 이유가 있는지 여부다.

근본적 사고방식을 변경하는 방법은 두 가지가 있다. 한 가지는 중대한 감정적 사건SEEs: Significant Emotional Events을 이용하는 것이다. 만약 부모가 어떤 것을 계속 회피해서 결과적으로 잠재력을 제대로 발휘하지 못하는 것을 보고 자란 아이는 앞으로 나아가거나 회피하는 방식에 영향을 받을 수 있다. 우리는 필요에 따라 판단하는 사고방식을 가지고 있는데, 회사가 역동적인 가능성을 가진 사람을 찾고 있어서 원하는 자리에 갈 기회를 놓쳤다면 충격을 받아 접근 방식을 바꿀 수도 있다. 한편, 우리가 추구형의 사람인데 전망이 좋아 보이는 사업에 투자를 했다가 사기를 당했다면, 다음에 제안을 받을 때는 접근하는 방식이 달라질 수 있다.

다른 한 가지는 의식적으로 그렇게 하기로 결정하는 것이다. 우리는 대부분 어떤 근본적 사고방식을 사용하고 있는지 전혀 생각하지 않는다. 변화를 향한 첫 번째 단계는 이를 제대로 인식하는 것이다. 현재 하고 있는 일을 정확히 알면 새로운 선택과 변화의 기회를 얻을 수 있다. 예를 들어, 자신이 어떤 것에서 회피하려는 성향이 강하다는 사실을 알고 있다고 가정해보자. 어떤 생각이 들겠는가? 물론, 피하고 싶은 것들이 있다. 뜨거운 다리미 바닥에 손을 대면 가능한 한 빨리 떼고 싶을 것이다. 하지만 정말 추구하고 싶은 것이 있지 않은가? 무언가를 향해 움직이기 위해 의식적으로 노력한다면, 그것이야말로 우리가 통제할 수 있는 한 가지 방법이 아닐까? 대부분의 훌륭한 리더들과 위대한 사람들이 쌓은 업적은 어떤 일을 회피하기보다 추구한 결과가 아닌가? 우리는 조금 더 팔을 앞으로 뻗을 수 있다. 재미있는 일을 생각하면서 적극적으로 추구할 수 있다.

더 높은 차원에서 근본적 사고방식을 생각해볼 수도 있다. 국가에도 근본적 사고방식이 있을까? 국가도 행동을 한다. 그렇지 않은가? 대부분의 경우에 국가의 집단적인 행동은 지도자의 근본적 사고방식에 따라 일정한 패턴을 형성한다. 미국은 주로 추구형 문화를 가지고 있다. 그럼 이란과 같은 나라는 내적 준거형일까, 아니면 외적 준거형일까? 미국의 경우, 이전 대선을 생각해보라. 월터 먼데일의 기본적인 사고방식은 어떤 것이었을까? 많은 사람들이 그를 회피형 인간으로 인식했다. 그는 파멸과 암울함을 이야기하면서 당시 레이건 후보가 왜 진실을 말하지 않았는지를 묻고 나서 세금을 인상할 것이라고 말했다. "적어도 나는 지금 세금을 인상하지 않으면 확실히 재난이 닥칠 것이라고 말하고 싶습니다."라고 강조했다. 그가 옳다거나 틀렸다고 말하는 것이 아니다. 그의 사고 패턴에 주목해보자. 먼데일은 어두운 문제를 불러일으키는 것으로 인식된 반면, 로널드 레이건은 긍정적인 말 이외에는 하지 않았다. 먼데일의 말이 틀렸다는 것이 아니다.

그는 국가가 직면한 중대한 문제를 제기한 것이다. 그러나 정치는 대부분 감정적 차원에서 이루어지기 때문에 레이건의 근본적 사고방식이 국가 문제에 더 효과적이고 적합하게 보였을 것이다.

이 책의 다른 부분과 마찬가지로 근본적 사고방식은 두 가지 관점에서 활용되어야 한다. 첫째, 다른 사람과의 의사소통 방법을 조정하고 안내하는 도구로 사용되어야 한다. 누군가의 생리체계가 그에 대한 수많은 정보를 알려주는 것처럼, 근본적 사고방식 또한 무엇이 그에게 동기를 부여하고, 무엇이 그를 두렵게 만드는지를 말해준다. 둘째, 개인적인 변화를 위한 도구로 사용하는 것이다. 잊지 마라. 우리가 행동 자체는 아니다. 자신에게 불리하게 작용하는 행동 패턴을 실행하는 경향이 있다면 반드시 그 행동 패턴을 바꿔야 한다. 근본적 사고방식은 개인의 조정과 변화를 위한 가장 유용한 도구를 제공한다. 그리고 가장 유용한 의사소통 도구에 열쇠를 제공한다.

다음 장에서 또 다른 귀중한 의사소통 도구를 살펴보기로 한다.

15장

저항을 이겨내고 문제를 해결하는 방법

"흐르는 강물에서는 가만히 서 있을 수 있지만,
인간 세상에서는 그럴 수 없다."
일본 속담

앞에서 우리는 모델링하는 법, 바람직한 결과를 낳는 인간 행동의 결정적인 패턴을 도출하는 법, 우리의 삶을 통제하기 위해 행동을 통제하는 법을 배웠다. 기본적인 생각은 행동을 선택할 때 반드시 시행착오를 겪을 필요는 없다는 것이다. 뇌를 가장 효과적으로 작동시키는 방법을 안다면 우리가 뇌의 진정한 주인이 될 수 있다.

우리는 다른 사람을 대할 때 어느 정도 시행착오를 겪는다. 자기 자신을 제어하는 것만으로는 다른 사람의 행동을 신속하고 확실하게 효율적으로 통제할 수 없다. 그러나 시행착오를 신속하게 해결하면 가능하다. 상대와 라포를 형성하고, 그의 근본적 사고방식을 이해하고, 그에게 맞는 언어로 대할 때 비로소 가능하다. 이번 장에서는 저항을 이겨내고 문제를 해결하는 방법을 배움으로써 인간의 상호작용에서 나타나는 시행착오를 신속하게 처리하는 방법을 알아볼 것이다.

이 책 전반부의 주제는 '모델링'이다. 탁월한 모델링은 단기간에 원하는 성과를 이루는 데 매우 중요하다. 후반부의 핵심 키워드는 바로 효율적인 의사소통가들의 공통점인 '유연성'이다. 그들은 사람을 관찰하는 방법을 알고 나면 원하는 것을 얻을 때까지 언어적이든 비언어적이든 자신의 행동을 계속 변경한다. 의사소통을 잘하는 유일한 방법은 겸손함과 변화하려는 마음가짐이다. 의지의 힘만으로는 타인과 소통할 수 없다. 다른 사람에게 우리의 관점을 이해하라고 강요할 수는 없다. 자원이 풍부한 상태에서 집중적으로 유연성을 유지했을 때 제대로 소통할 수 있다.

유연성은 저절로 생기는 것이 아니다. 대부분의 사람들이 아무 생각 없이 반복적으로 같은 패턴을 따른다. 소수만이 어떤 것에 대해 옳다는 확신이 있을 때 반복적으로 노력하면 원하는 결과를 얻을 수 있다고 생각한다. 여기에는 자아와 관성이 결합되어 작용한다. 이전에 행한 일을 그대로 행하기는 아주 쉽다. 그러나 하기 쉬운 일은 잘못되는 경우가 많다. 이번 장에서는 방향을 전환하는 방법, 기존의 패턴을 깨고 의사소통의 방향을 바꾸는 방법, 혼란 속에서 이익을 얻는 방법을 배울 것이다. 신비주의 시인 윌리엄 블레이크는 "자신의 생각을 절대 바꾸지 않는 사람은 고인 물과 같아서 마음속에서 파충류를 키우는 것과 같다."라고 말했다. 의사소통 패턴을 절대 바꾸지 않는 사람은 자신이 언제나 위험한 늪 속에 있다는 것을 깨닫게 될 것이다.

앞에서 우리는 어떤 시스템에서든 많은 옵션과 유연성을 갖춘 장치일수록 큰 효과를 발휘한다고 배웠다. 사람도 마찬가지다. 인생에서 성공의 열쇠는 문제를 해결하기 위해 가능한 한 많은 길을 가보고 많은 문을 열어보는 등 다양한 접근 방식을 시도해보는 것이다. 하나의 프로그램만 실행하고 하나의 전략만 사용하는 것은 1단 기어만으로 자동차를 운전하는 것과 같다.

전에 한 지인이 호텔 직원에게 체크아웃 시간이 지났는데 몇 시간 동안만 더 객실에 있게 해달라고 부탁하는 것을 본 적이 있다. 남편이 스키 사고로 다쳐서 교통편이 마련될 때까지 쉴 수 있게 해달라는 것이었다. 하지만 호텔 직원은 불가능한 이유를 정중하고 집요하게 설명했다. 그녀는 차분하게 설명을 들은 다음 훨씬 더 설득력 있게 반론을 제시했다.

여성 특유의 매력적인 설득 방법에서 논리적이고 이성적인 방법에 이르기까지 가능한 모든 방법을 동원했다. 조금도 거만하거나 외압을 가하지 않고 원하는 결과를 추구했다. 마침내 호텔 직원은 그녀에게 씁쓸한 미소를 지으며 "부인께서 이기셨습니다."라고 말했다. 그녀는 원하는 것을 어떻게 얻었을까? 그녀에게는 끊임없이 새로운 행동과 전략을 시도할 정도의 유연성이 있었기 때문에 직원은 더 이상 거절할 수 없었다.

우리는 대부분 논쟁을 말로 싸우는 것과 비슷하다고 생각한다. 그래서 원하는 것을 얻을 때까지 계속해서 자신의 주장을 밀어붙인다. 훨씬 더 우아하고 효과적인 사례는 합기도와 태극권과 같은 동양 무술에서 찾을 수 있다. 이 무술들의 목표는 힘을 이겨내는 것이 아니라 조정하고 방향을 바꾸는 것이다. 힘을 힘으로 해결하는 것이 아니라, 나를 향해 오는 힘에 자신을 맞추고 새로운 방향으로 유도하는 것이다. 이것이 바로 내 지인이 한 일이며, 의사소통의 달인이 사용하는 방법이다.

저항 같은 것은 없다. 잘못된 때에 잘못된 방향으로 가려는 유연성 없는 의사소통가만 있을 뿐이다. 합기도 사범과 같은 뛰어난 의사소통가는 상대의 견해에 반대하지 않으며 자원이 풍부하고 유연한 사람들이다. 저항감이 생기는 것을 감지하고 나면, 상대와의 합의점을 찾고 나서 자신을 그 합의점과 일치시킨 다음 그가 원하는 방향으로 의사소통을 한다.

"훌륭한 무사는 무용을 보이지 않는다.
훌륭한 전사는 성내지 않는다.
훌륭한 승자는 대적하지 않는다.

훌륭한 고용인은 스스로를 낮춘다.
이를 일러 겨루지 않는 덕이라 한다.
이를 일러 다른 사람을 운용하는 능력이라 한다.
노자, 《도덕경》

특정 단어와 표현이 반감을 주거나 문제를 야기할 수 있다는 사실을 알아야 한다. 훌륭한 지도자나 의사소통가는 이 사실을 잘 알기 때문에 사용하는 말과 그 말이 미치는 영향에 세심한 주의를 기울인다. 벤저민 프랭클린은 자서전에서 상대에게 자신의 의견을 전달하면서도 상대와의 관계를 유지하기 위한 전략을 다음과 같이 설명했다.

"나는 논쟁이 될 만한 이야기를 할 때는 겸손한 태도를 취하는 습관이 있어서, '확실히' '의심할 여지 없이'와 같은 단어나 결정적인 느낌의 표현은 절대 사용하지 않는다. 차라리 어떤 것이 어떻게 될 것이라고 생각한다거나 느낀다고 말한다. 이를테면 '그것은 나에게 이렇게 보입니다.' 또는 '이러저러한 이유로 그렇게 생각해서는 안 된다고 봅니다.' 아니면 '그렇게 될 것이라고 생각합니다.' 또는 '제가 착각하지 않은 이상 그것은 이럴 것입니다.'와 같이 표현한다. 이러한 습관은 다른 사람에게 내 생각을 알릴 때, 내가 원하는 방향으로 사람들을 설득할 때, 어떤 일을 홍보할 때, 엄청난 도움이 되었다."

프랭클린은 부정적인 반응을 불러일으키는 표현을 삼가서 상대가 그의 제안에 반감을 갖지 않도록 설득하는 방법을 알고 있었다. 다른 단어도 있다. 우리가 자주 쓰는 세 글자 단어인 '그러나'의 예를 들어보자. 무심코 별생각 없이 자주 사용하면 엄청나게 파괴적인 단어가 될 수 있다. 누군가 "그건 사실입니다. 그러나…"라고 말하면 무슨 뜻일까? 그것이 사실이 아니거나 적절하지 않다는 말이다. '그러나'라는 단어는 앞에 말한 모든 것을 부정한다. 예를 들어, 누군가가 "당신의 의견에 동의합니다. 그러나…"라고 말하면 상대의 기분이 어떨까? '그러나'를 '그리고'라는 단어로 간단히 바꾸면 어떻게 될까? "그건 사실이에요. 그리고 여기에 또 다른 사실이 있어요." 또는 "흥미로운 생각이군요. 그리고 그것을 또 다른 방법으로 생각할 수 있어요." 두 가지 경우에 모두 동의하면서 시작한다. 저항감을 유발하지 않고 다른 방향을 제시하는 것이다.

반대하는 사람은 없다. 오로지 유연성 없는 의사소통가만 있을 뿐이다. 자동적으로 저항감을 유발하는 단어와 문구가 있는 것처럼, 사람들을 참여시키고 열린 상태로 유지하는 의사소통 방법도 있다.

예를 들어, 어떤 식으로든 정직성을 훼손하지 않고 상대의 의견에 반대하지 않으면서도 어떤 문제에 대해 느낀 것을 정확하게 표현할 수 있는 의사소통 도구가 있다면 어떨까? 아주 강력한 도구가 될 것이다. 그 도구는 바로 '동의 기법Agreement Frame'이다. 여기에 사용되는 표현은 대화하는 상대를 존중하고, 그와 관계를 유지하며, 진실하다고 느끼는 것을 상대와 공유하지만, 상대의 의견에 절대 반대하지 않는다. 반감이 없으면 갈등도 없다.

다음의 세 가지 표현은 어떤 방식의 의사소통에서도 사용 가능하다.

"감사합니다. 그리고…"
"존중합니다. 그리고…"
"동의합니다. 그리고…"

위의 세 문장은 의미가 각각 다르다. '하지만'이나 '그러나'와 같은 말로 상대를 무시하거나 폄하하기보다는 그의 세계에 들어가 상대의 의사를 인정하고 라포를 형성하는 말이다. 두 사람을 결속하는 틀을 만들어준다. 그리고 저항을 불러일으키지 않고 새로운 방향으로 갈 수 있는 문을 열어준다.

한 가지 예를 들어본다. 누군가 어떤 일에 대해 "당신은 완전히 틀렸어요."라고 당신에게 말했다고 치자. 이때 곧바로 "아니요, 난 틀리지 않았어요."라고 말한다면 라포를 형성할 수 있겠는가? 당연히 아니다. 반발을 불러일으키고 갈등만 야기될 것이다. 그 대신 "저는 이 문제에 대해 당신의 생각을 전적으로 존중합니다. 그리고 만약 당신이 제 입장에서 하는 말을 듣는다면 아마 다르게 느낄 수 있을 것이라고 생각합니다."라고 말해보라. 상대의 생각에 항상 동의할 필요는 없다. 언제든지 어떤 것에 대한 누군가의 느낌에 대해 감사하고, 존중하고, 동의할 수 있다. 우리가 상대와 같은 생리체계에 있거나 같은 인식을 한다면 같은 생각을 할 수 있기 때문에 상대의 감정을 이해할 수 있다.

상대의 의도를 알 수도 있다. 예를 들어, 어떤 문제에 반대의 입장에 있는 두 사람은 서로의 관점을 인정하지 않기 때문에 상대의 말을 듣지 않는 경우가 많다. 그러나 동의 기법을 사용하면 상대의 말을 주의 깊게 듣게 되어, 결과적으로 다른 사람을 인정하는 새로운 방법을 발견할 수 있다. 이번에는 누군가와 핵 문제에 대해 토론하고 있다고 가정하자. 상대는 핵무기 증강을 지지하지만 나는 핵 동결을 지지한다. 두 사람은 서로 경쟁자라고 볼 수 있지만, 가족과 자신을 위한 더 많은 안전과 평화로운 세상을 추구하는 공통된 생각을 가질 수 있다. 만약 상대가 "이 핵 문제를 해결하는 유일한 방법은 러시아를 핵무기로 공격하는 것입니다."라고 말한다면, 그와 말다툼하려고 하지 말고 그의 세계에 들어가 "우리의 아이들을 보호하려는 당신의 의지와 열망에 정말 감사합니다. 그리고 러시아에 핵폭탄 공격을 하는 것보다 더 효과적인 방법이 있을 것이라고 생각합니다."라고 말할 수 있다. 이런 식으로 소통하면 상대는 존중받는다고 느낄 것이다. 자신의 생각이 전달되었다고 생각하기 때문에 싸우려고 하지 않는다. 이견을 드러내지 않으면서 동시에 새로운 가능성이 제기된 것이다. 이 공식은 누구에게나 적용할 수 있다. 상대가 뭐라고 말하든 우리는 감사하고, 존중하고, 동의할 부분을 찾아낼 수 있다. 우리는 싸우려는 의사가 없기 때문에 상대도 우리와 싸울 수 없는 것이다.

> "자신의 견해를 지나치게 고집하는 사람은
> 자신에게 동의하는 사람이 거의 없다는 것을 알게 될 것이다."
> 노자, 《도덕경》

나는 세미나 참석자들에게 간단한 실습을 시키는데, 대부분이 이것이 오랫동안 기억에 남는다고 말한다. 일단, 두 사람에게 어떤 주제를 주고 서로 반대 입장을 취하게 한다. 그리고 절대로 '그러나'라는 단어는 사용하지 않고, 상대의 견해를 폄하하지 않으면서 토론을 하도록 한다. 말로 하는 합기도와 비슷하다. 사람들은 이 토론을 자유로운 경험이라고 느낀다. 그들은 다른 사람의 관점을 파괴하는 것이 아니라 이해하기 때문에 더 많은 것을 배울 수 있다. 그들은 호전적인 자세를 취하거나 화를 내지 않고도 논쟁할 수 있었다. 새로운 특이점을 찾고 합의에 도달할 수 있었다.

주변 사람과도 똑같이 시도해보라. 서로 반대 입장을 취할 수 있는 주제를 선택하고 위에서 설명한 대로 논쟁을 벌인다. 공통점을 찾고 원하는 방향으로 이끌어가는 일종의 게임이다. 자신의 신념을 버리라는 의미가 아니다. 여러분이 지식만 있고 의지가 없는 사람이 되는 것을 원치 않는다. 격렬하게 밀어붙이는 것보다 부드럽게 주도적으로 방향을 바꾸면 훨씬 효과적으로 원하는 결과를 얻을 수 있다는 사실을 알게 될 것이다. 그리고 열린 자세를 취함으로써 더 풍부하고 균형 잡힌 관점을 개발할 수 있다. 우리는 흔히 토론을 승패의 게임이라고 생각한다. 나는 옳고 상대는 틀렸다고 생각한다. 한쪽은 진실을 독점하고 다른 쪽은 완전히 어둠 속에 갇힌다. 나는 몇 번이고 동의 기법을 찾음으로써 원하는 곳에 훨씬 더 빨리 도달한다. 시도해볼 만한 가치가 있는 또 다른 실습이 있는데, 자신이 믿지 않는 것에 대해 논쟁하는 것이다. 그렇게 하다보면 새로운 관점을 제시하게 되어 스스로 놀라게 될 것이다.

최고의 판매원과 최고의 의사소통가는 상대가 원하지 않는 일을 하도록 설득하는 것이 얼마나 어려운지 알고 있다. 반면, 상대가 하고 싶은 일을 하게 하기는 아주 쉽다. 이들은 동의 기법을 사용하여 갈등을 겪지 않고 자연스럽게 상대가 하고 싶은 마음이 들게 한다. 효과적인 의사소통의 핵심은 상대가 내가 원하는 것을 하게 하는 것이 아니라 그가 원하는 것을 하도록 만드는 것이다. 저항을 극복하기는 매우 어렵다. 동의와 라포 형성을 통해 피하는 편이 훨씬 쉽다. 이것이 저항을 도움으로 바꾸는 한 가지 방법이다.

문제를 해결하는 한 가지 방법은 문제를 재정의하는 것이다. 즉, 동의하지 않는 것이 아니라 동의할 수 있는 방법을 찾는 것이다. 또 다른 방법은 상대의 패턴을 깨는 것이다. 정신적으로 더러운 개숫물을 재활용하는 곳에서 꼼짝 못하는 상태에 있는 것과 같은 경험을 해봤을 것이다. 이는 마치 긁힌 홈에 꽂힌 레코드처럼 같은 후렴구를 반복하는 것이다. 이를 해결하는 방법은 턴테이블의 바늘을 살짝 들어서 다른 쪽으로 옮겨놓는 것이다. 막혀 있는 내적 상태에서 벗어나게 하는 것도 마찬가지다. 지겹고 오래된 후렴구를 반복하지 말고 새로 시작해야 한다.

캘리포니아에 있는 집에서 심리치료 과정을 진행할 때 생긴 일을 생각하면 항상 기분이 좋다. 우리 집은 바다가 내려다보이는 아름다운 곳에 있고, 주변 환경 덕분에 방문하는 사람들은 내적으로 긍정적인 상태가 된다. 나는 집 위의 작은 탑에서 즐거운 마음으로 그들을 바라본다. 그들이 우리 집으로 차를 몰고 와서 차에서 내리고, 들뜬 표정으로 주변을 둘러보며 현관으로 가는 것을 볼 수 있다. 주변을 둘러보면서 활기차고 긍정적인 내적 상태가 되는 것이 분명하다.

그럼 무슨 일이 벌어질까? 사람들은 위층으로 올라오고, 우리와 잠시 대화를 나눈다. 모든 것이 즐겁고 긍정적이다. 그리고 나는 이렇게 말한다. "여러분, 무슨 일로 여기 오셨나요?" 이 질문에 사람들은 곧바로 어깨가 축 늘어지고, 안면 근육이 처지고, 호흡이 가빠지는 것을 볼 수 있다. 슬픔에 빠진 어조로 각자의 사연을 이야기하면서 '불안한' 내적 상태로 바뀌어진 것이다.

이러한 패턴에 대처하는 가장 좋은 방법은 그 패턴이 얼마나 쉽게 깨지는지 보여주는 것이다. 이때 내가 하는 일은 대부분 거의 화가 난 듯이 언짢아하면서 아주 강한 어조로 "여기 좀 보세요. 우린 아직 시작도 안 했어요!"라고 말하는 것이다. 그러면 어떤 일이 일어날까? 사람들은 즉시 "아, 죄송해요."라고 말하고, 똑바로 고쳐 앉고, 평소의 호흡과 자세, 표정으로 돌아간다. 원래의 상태로 돌아가는 것이다. 메시지가 크고 명확하게 전달된다. 그들은 이미 좋은 내적 상태로 가는 방법을 알고 있다. 또한 어떻게 하면 나쁜 내적 상태에 빠지는지에 대해서도 알고 있다. 그들은 자신의 행동을 즉시 바꾸기 위해 생리체계와 내적 표상을 바꿈으로써 내적 상태를 변화시킬 수 있는 도구를 갖고 있다. 얼마나 빨리 내적 상태를 바꿀 수 있을까? 순식간이다.

나는 상대를 혼란스럽게 하는 것이 패턴을 차단하는 가장 좋은 방법 중 하나라는 것을 알게 되었다. 사람들은 달리 어떻게 해야 할지를 모르기 때문에 패턴에 빠지는 것이다. 자신을 괴롭히는 것이 무엇인지를 알게 될 것이라고 생각하기 때문에 풀이 죽고 우울해진다. 이것은 주의를 끌고 자원을 사용하면서 그들의 내적 상태를 바꾸는 최선의 방법이다. 그들 나름대로 최상의 방법으로, 문제를 중심에 두고 내적 상태를 바꾸는 것이다.

만약 우리 주위에 그런 사람이 있다면 어떻게 대응할 것일까? 그렇다, 그가 원하는 대로 할 수 있다. 마주 앉아서 민감하고 고뇌에 찬 이야기를 함께 나눌 수 있다. 이렇게 하면 일시적으로 그의 기분을 좋게 만들 수 있지만 안 좋은 패턴을 강화할 수도 있다. 그가 계속해서 우울한 상태로 있으면 남들에게서 큰 관심을 받을 것이라고 말해주는 것과 마찬가지다. 만약 다른 식으로 행동한다면? 간지럼을 태우거나 개가 짖듯이 소리를 지른다면 어떻게 될까? 그는 어떻게 반응해야 할지 몰라 당황할 것이다. 그리고 이런 혼란이나 웃음 속에서 그의 경험을 인식하는 방식에 대한 새로운 패턴이 나타날 것이다.

분명히 우리는 대화할 상대나 친구가 필요할 때가 있다. 슬픔과 고통의 이야기를 경청해줄 사람이 필요하다. 하지만 내가 말하려고 하는 것은 그렇게 하면 현재의 패턴이나 내적 상태, 파괴적인 행동이 반복된다는 것이다. 이 패턴이 강화될수록 더 큰 피해를 입을 수 있다. 진짜 목적은 사람들에게 기존의 패턴과 행동을 바꿀 수 있다는 사실을 알려주는 것이다. 자신을 나무 위에 걸려 있는 공이라고 생각하고 다른 누군가가 공을 내려줄 때까지 기다린다면 그에 맞게 행동하게 된다. 하지만 자신이 통제권을 갖고 있고 스스로 패턴을 바꿀 수 있다고 믿는다면 그렇게 될 것이다.

하지만 어려운 점은 우리가 사는 사회에서는 그렇게 하지 못한다는 것이다. 우리의 행동과 내적 상태를 통제하지 못하고, 감정도 조절하지 못한다. 우리 역시 생각이나 행동이 어린 시절 트라우마나 격렬한 감정과 같은 것에 좌우된다는 치료 모델을 채택해왔다. 그러나 여기서 배우고자 하는 것은 어떤 패턴이든 즉시 중단시키고 바꿀 수 있다는 것이다.

　리처드 밴들러와 존 그라인더가 개인 심리치료를 할 때, 그들은 '패턴 중단'의 대가로 알려져 있었다. 밴들러는 정신병원을 방문해 자신이 예수그리스도라고 주장하는 사람을 치료한 이야기를 들려주었다. 어느 날 이 남자를 만나서 "당신은 예수님이신가요?"라고 물었다. 그러자 "그래, 아들아."라고 남자가 대답했다. 그 말을 듣고 밴들러는 "잠시 후에 돌아오겠습니다."라고 말했다. 이 행동이 그 남자를 약간 혼란스럽게 만들었다. 3~4분 정도 후에 밴들러는 줄자를 들고 왔다. 남자에게 팔을 벌리라고 하고 팔 길이를 잰 다음, 머리부터 발끝까지의 키를 쟀다. 그리고 치료실을 나갔다. 그러자 예수라고 주장하는 사람은 조금 걱정이 되는 것 같았다. 시간이 좀 흐른 후 밴들러는 망치, 대못, 긴 판자를 가지고 돌아왔다. 그리고 십자가 모양을 만들기 시작했다. 그러자 남자가 물었다. "지금 뭐 하고 있느냐?" 밴들러는 십자가 틀에 마지막 못을 박으면서 남자에게 다시 물었다. "당신이 예수입니까?" 그러자 이번에도 그 사람은 "그렇다, 내 아들아."라고 말했다. 밴들러는 "그럼 내가 여기 왜 와 있는지 알겠군요."라고 말했다. 그러자 남자는 갑자기 자신이 누구인지를 떠올렸다. 자신이 오랫동안 가지고 있던 패턴이 자신에게 좋지 않다고 생각하게 되었다. "나는 예수가 아닙니다. 예수가 아니라고요!" 남자가 외치기 시작했고, 소동은 그렇게 마무리되었다.

　더 바람직한 패턴 중단의 사례는 몇 년 전에 시작된 금연 캠페인이다. 나는 사랑하는 사람이 담배에 손을 댈 때마다 대신 그/그녀에게 키스를 하라고 제안했다. 우선 이것은 담배에 손을 뻗는 자동 패턴을 방해한다. 동시에 오래된 경험에서 배운 패턴에 의문을 들게 하여 새로운 경험을 만들어준다.

　패턴 중단은 직장에서도 유용하다. 한 관리자가 공장 직원들의 업무 방식을 개선하기 위해 이 방법을 사용했다. 공장에 처음 부임했을 때 직원들은 각자의 방식대로 제품을 만들고 있었다. 하지만 생산 라인을 점검한 그는 기존의 방식을 따르는 대신 제조 방식을 변경하여 누구나 같은 방식으로 제조할 수 있는 공동 방식을 도입했다. 하지만 이 방식은 제대로 시행되지 않았다. 그러자 그는 작업 현장에 와서 공장에서 생산되는 모든 제품을 자신들이 직접 사용할 수 있도록 만들라고 분명히 말했다. 그리고 품질 검사를 하기 위해 언제든 올 수 있다고 말했다. 이 소식은 순식간에 퍼졌고, 직원들은 개인 각자의 패턴을 중단하고, 자신들이 하고 있는 작업 방식을 재점검했다. 라포 형성의 달인인 그 관리자는 직원들의 자존심에 호소했기 때문에 반감을 사지 않고 직원들을 성공적으로 변화시킬 수 있었다.

패턴 중단은 정치에서 특히 유용하게 사용할 수 있다. 루이지애나에서 일어난 일이 좋은 사례다. 주의회 의원인 케빈 라일리는 루이지애나에 있는 대학들을 위한 예산을 더 많이 확보하고자 입법 회기 동안 계속 로비를 했다. 하지만 모든 노력이 헛되었다. 예산이 추가로 책정되지 않은 것이다. 그가 화가 나서 쿵쿵거리며 주청사 밖을 나오자, 한 기자가 그의 생각을 물었다. 그는 루이지애나가 '바나나 공화국'(정치·경제적으로 뒤떨어진 나라-옮긴이)에 불과하다고 공개적으로 비난했다. 그러고 나서 "우리가 해야 할 일은 파산을 선언하고, 연방에서 탈퇴하고, 외국에 차관을 신청하는 것입니다. 루이지애나는 문맹률과 미혼모 등에서는 선두를 달리고 있지만 교육에서는 꼴찌입니다."라고 말했다.

그의 발언은 정치적 발언 수준을 훨씬 뛰어넘었기 때문에 처음에는 엄청난 비난을 받았다. 그러나 그는 곧 영웅이 되었다. 한 번의 열변으로 교육 예산에 대한 주정부 사람들의 사고를 바꿨기 때문이다. 정치 활동을 하면서 열심히 노력한 것보다 더 큰 성과를 올린 것이다.

일상생활에서도 패턴 중단을 사용할 수 있다. 누구나 인생에 대한 논쟁을 벌인 적이 있을 것이다. 논쟁을 하게 된 본래의 이유는 이미 한참 전에 잊어버리고, 점점 더 많이 화를 내면서 상대를 이기려는 욕심으로 자신의 주장이 맞다고 열을 올린 기억이 있을 것이다. 이와 같은 논쟁은 인간관계를 파괴할 수 있는 강력한 원인이다. 논쟁이 끝나면 '어떻게 이 상황까지 왔지?' 하고 후회할지도 모른다. 그러나 논쟁하는 동안에는 그런 생각을 전혀 하지 못한다. 최근에 논쟁을 벌였던 상황을 생각해보라. 어떤 패턴 중단을 사용했나? 자, 이제 잠시 멈추고 다섯 가지 패턴 중단 방법을 만들어보고, 언제 사용하면 좋을지 생각해보자.

> "비상식적인 대우를 받아도 현명하게 대처하라."
> 노자, 《도덕경》

시계의 알람을 설정하듯, 미리 패턴 중단을 설정하여 통제 불능이 되기 전에 논쟁을 중단하면 어떨까? 나는 유머가 패턴 중단을 위한 최고의 방법 중 하나라는 것을 알았다. 웃고 있으면 화를 내기가 어렵기 때문이다. 나와 아내 베키가 자주 사용하는 방법이 있다. "그럴 땐 정말 싫어."라는 말을 기반으로 한 〈새터데이 나이트 라이브SNL〉라는 코미디 프로그램을 활용한다. 아주 재미있는 프로그램이다. 배우들은 자신이 했던 끔찍한 행동, 예를 들어 사포로 입술을 문지르고 나서 알코올을 붓거나 당근 까기 도구로 코털을 깎고, 콧구멍에 끈적끈적한 박하 성분 기침약 넣기와 같은 것에 대해 서로 이야기한다. 그러고 나서 "그래, 무슨 말인지 알아. 그럴 땐 난 정말 싫어."라고 말한다.

그래서 베키와 나는 두 사람 중 누구든지 논쟁이 격해진다는 생각이 들면, "그럴 땐 정말 싫어."라고 말하면 상대는 거기서 멈추기로 약속했다. 이렇게 하면 서로를 웃게 만드는 무언가를 생각하게 함으로써 우리가 부정적인 내적 상태에서 깨어 나오게 한다. 또한 그렇게 하는 것은 싫어한다는 것을 상기시켜준다. 사랑하는 사람과 악의적인 논쟁을 벌이는 것은 입술에 사포를 문지른 다음 알코올을 붓는 것 못지않게 어리석은 짓이다.

> "인간 능력의 한계를 넓히는 행위,
> 즉 인간이 할 수 없다고 생각한 것을 할 수 있음을
> 보여주는 행위는 모두 가치가 있다."
> 벤 존슨Ben Jonson

이번 장에서 다룰 두 가지 주요 개념이 있는데, 둘 다 우리가 지금껏 알고 있는 것들과는 완전히 다르다. 첫 번째 개념은 힘이 아닌 협의로 더 잘 설득할 수 있다는 것이다. 우리는 경쟁 사회에 살고 있어서, 마치 모든 상호작용이 둘 다 있어야만 하는 것처럼 승자와 패자를 명확하게 구분해야 한다고 생각한다. 예전에 등장한 "바꿀 바에는 차라리 싸우겠다I'd rather fight than switch."라는 담배 광고 문구를 기억하는가? 광고 속 모델들은 무슨 일이 있어도 자신의 신념을 지키겠다는 징표로 검게 멍이 든 눈을 자랑스럽게 뽐낸다.

그러나 의사소통에 대해 내가 아는 지식을 모두 동원해도 경쟁 방식의 광고에는 한계가 있다고 할 수밖에 없다. 나는 앞에서 라포 형성의 마법과 그것이 개인의 능력을 발휘하는 것에 대해 이야기했다. 누군가를 경쟁자 또는 정복해야 할 대상으로 본다면 정반대의 잘못된 틀에서 시작하는 것이다. 내가 아는 한 원활한 의사소통을 위해서는 충돌이 아닌 합의를 기반으로 쌓아가야 하며, 저항이 아닌 통합으로 나아가야 한다. 말은 쉽다고 생각할 수도 있겠지만, 의식적이고 일관된 인식으로 의사소통 패턴을 변경할 수 있다.

두 번째 개념은 우리의 행동 패턴이 뇌에 지워지지 않도록 각인되어 있지는 않다는 점이다. 자신을 계속 속박한다고 해서 어떤 정신 질환으로 고통 받는 것이 아니다. 그저 끔찍한 패턴을 계속 반복할 뿐이다. 우리의 행동 패턴은 다른 사람들과 관계를 맺는 방식이거나 그냥 우리가 그렇게 생각하는 방식일지 모른다. 해결책은 그냥 그 패턴을 중단하고 하던 일을 멈추고, 새로운 것을 시도하는 것이다. 우리는 기억조차 희미한 개인의 트라우마에 매달려 있는 로봇이 아니다. 좋아하지 않는 일을 하고 있다면 이를 인식하고 바꾸면 된다. 성경에서는 무엇이라고 말하는가? "우리는 한순간에 바뀔 것이다. 눈 깜짝할 사이에." 우리가 원하면 원하는 대로 될 것이다.

두 가지 개념 모두 공통된 기반은 유연성이라는 개념이다. 퍼즐을 맞추는 데 문제가 있는데, 같은 해결책을 되풀이해서 시도하면 원하는 결과를 얻지 못할 것이다. 새로운 것으로 바꾸고, 그것에 적응하고, 실험해보고, 다시 새로운 것을 시도할 수 있을 정도의 유연성이 있어야 문제를 해결할 수 있다. 유연해질수록 그만큼 더 많은 선택권을 가질 수 있고, 더 많은 문을 열 수 있으며, 더 큰 성공을 거둘 것이다.

다음 장에서는 개인의 유연성을 위한 또 다른 중요한 도구를 알아본다.

16장
재구성: 관점의 힘

"삶은 고정되어 있는 것이 아니다.
생각을 바꾸지 않는 사람은
정신병원에 있는 무능력자들과 묘지에 묻힌 자들뿐이다."

에버렛 덕슨Everett Dirksen

발걸음 소리에 대해 생각해보라. 만약 내가 여러분에게 "발걸음 소리는 어떤 의미가 있나요?"라고 물으면, 아마도 "별 의미가 없어요."라고 대답할 것이다. 그럴까? 좀 더 생각해보자. 번화한 거리를 걷다보면 발걸음 소리가 너무 많아서 잘 들리지 않는다. 그런 상황에서는 별 의미가 없다. 하지만 밤 늦게 집에 혼자 있는데 아래층에서 발소리가 들리면? 그리고 잠시 후, 그 소리가 나를 향해 다가온다는 생각이 든다면? 이때 발소리는 의미가 있을까? 확실히 그렇다. 그와 같은 신호(발소리)는 과거에 비슷한 상황에서 어떤 경험을 했는지에 따라 여러 가지를 의미할 수 있다. 과거의 경험이 그 신호에 대한 의미를 제공할 수 있으며, 우리를 편안하게 할 수도 불안하게 할 수도 있다. 예를 들어, 어떤 사람은 배우자가 일찍 귀가하는 소리로 생각할 수 있다. 하지만 이전에 도둑을 맞은 적이 있는 사람은 침입자의 발소리라고 생각할 수 있다. 따라서 삶의 모든 경험의 의미는 그것을 둘러싸고 있는 의미부여 체계에 따라 달라진다. 우리가 해석의 틀이나 상황을 바꾼다면 그 의미가 순식간에 바뀐다. 개인적인 변화를 위한 가장 효과적인 도구 중 하나는 모든 경험에 가장 적합한 체계를 적용하는 방법을 아는 것이다. 이 과정을 '재구성Reframing'이라고 한다.

위의 그림을 보고 설명해보라. 무엇이 보이는가?

많은 것을 볼 수 있다. 모자의 옆면, 괴물과 아래쪽을 가리키는 화살표 같은 모양이 보일 수 있다. 지금 눈에 보이는 것을 묘사해보라. 'FLY'라는 단어도 보이는가? 이 예시는 범퍼 스티커나 어떤 판촉물에 사용되었기 때문에 금방 알아차릴 수도 있다. 이 그림에서 처음부터 'FLY'라는 단어를 알아보았다면, 그것은 이전의 준거틀Frame of Reference이 작동했기 때문이다. 하지만 이 단어가 보이지 않는다면, 이유가 뭘까? 지금도 안 보이는가? 아직도 FLY가 안 보인다면 그것은 아마도 습관적인 지각 방식이 흰 종이에 검은색 글자가 있을 것이라고 기대하도록 유도했기 때문일 것이다. 따라서 이 방식으로 해석하는 한 'FLY'라는 단어는 보지 못할 것이다. 이때는 글자를 흰색으로 썼는데, 알아보기 위해서는 인식을 재구성할 수 있어야 한다. 우리의 인생도 마찬가지다. 삶을 정확히 우리가 원하는 대로 만들 수 있는 기회가 도처에 많이 있다. 습관화된 인식 패턴에서 벗어날 수만 있다면 아무리 힘든 어려움이 닥쳐도 기회로 만들 수 있다.

거듭 말하지만, 세상에 본질적인 의미를 갖고 있는 것은 없다. 우리가 어떤 것에 대해 어떻게 느끼고 세상에서 무엇을 하는지는 우리의 인식에 따라 달라진다. 어떤 신호도 우리가 인식하는 방식이나 상황에서만 의미가 있다. 불행이라는 것은 하나의 관점일 뿐이다. 우리의 두통은 아스피린 판매원에게는 좋은 것일 수도 있다. 인간은 자신이 경험한 것에 특정한 의미를 부여하는 경향이 있다. '이런 일'이 일어났는데, 우리는 '저런 일'이 일어났다고 말할 수도 한다. 실제로 어떤 경험을 해석하는 방법은 수없이 많다. 우리는 과거에 인식한 것을 기준으로 해석하는 경향이 있다. 이러한 습관적인 인식 패턴을 변경함으로써 많은 경우에 더 나은 선택을 할 수 있다. 인식은 창의적이라는 점을 기억하는 것이 중요하다. 즉, 우리가 어떤 것을 부담스럽다고 인식하면 그 메시지가 뇌에 전달된다. 그리고 뇌는 그것을 현실로 만드는 내적 상태를 연출한다. 같은 상황을 다른 관점에서 바라볼 수 있도록 의미부여의 틀을 바꿀 수 있다면 삶에서 반응하는 방식을 바꿀 수 있다. 어떤 것에 대한 내적 표상이나 인식을 바꿀 수 있으며, 그 순간 우리의 내적 상태와 행동도 바뀌게 된다. 이것이 재구성의 본질이다.

우리는 세상을 있는 그대로 보지 않는다. 사물이 어떻게 존재하는지가 여러 관점에서 해석될 수 있기 때문이다. 우리의 현재 상태, 과거의 경험 그리고 우리의 '지도'가 영역을 정의한다.

예를 들어 그림 A를 보라. 무엇이 보이는가? 늙고 추한 여자가 보일 것이다. 이번에는 그림 B를 보라. A와 마찬가지로 털 코트에 턱을 파묻은 못생기고 늙은 여자의 모습이다. 이 여자가 어떤 사람인지 다시 생각해보라. 이번에는 여자를 유심히 보고 어떤 상태인지 살펴보라. 그녀는 행복해 보이는가 아니면 슬퍼 보이는가? 무슨 생각을 하고 있는 것 같은가? 그런데 이 늙은 여자의 그림에는 한 가지 흥미로운 점이 있다. 이 그림을 그린 화가가 자신의 예쁜 어린 딸의 모습을 그렸다고 주장한다는 것이다. 준거틀을 바

그림 A

그림 B

꾸면 아름다운 젊은 여자를 볼 수 있다. 몇 가지 도움을 줄 수 있다. 늙은 여자의 코는 젊은 여자의 얼굴에서 턱과 턱선이 된다. 그리고 이 늙은 여자의 왼쪽 눈은 젊은 여자의 왼쪽 귀가 된다. 그리고 입은 젊은 여자의 목에 두르는 목걸이가 된다. 아직도 이 모습이 보이지 않으면 도움이 될 만한 그림을 보여주겠다. 그림 C를 한 번 보라.

의문점은 우리는 왜 그림 B에서 아름다운 소녀가 아닌 늙고 추한 여자를 보았는가이다. 정답은 무엇일까? 늙은 여자를 볼 수 있도록 미리 조건화했기 때문이다. 나는 세미나를 할 때 그룹을 둘로 나누고, 한 그룹에는 그림 A를 보여주고 다른 그룹에는 그림 C를 보여준다. 그러고 나서 모두에게 그림 B를 보여준다. 두 그룹이 서로 이야기하기 시작하면서 누가 누구인지에 대한 논쟁을 벌인다. 맞다. A를 먼저 본 사람은 젊은 여자를 보기가 어려우며, C를 먼저 본 사람은 그 반대다.

과거 경험이 세상에서 실제로 일어나고 있는 일을 보는 능력을 좌우한다는 사실을 아는 것이 중요하다. 어떤 상황을 보거나 경험할 수 있는 방법은

그림 C

여러 가지가 있다. 콘서트 예매권을 사서 입구에서 웃돈을 받고 파는 사람은 남을 이용해서 돈을 버는 비열한 인간으로 보일 수 있지만 티켓을 구하지 못하거나 줄 서 있기를 싫어하는 사람에게는 가치를 더해주는 사람으로 보일 수도 있다. 인생에서 성공의 열쇠는 자신과 다른 사람을 위해 훨씬 더 나은 결과를 만들어내는 데 도움이 되는 방식으로 자신의 경험을 지속적으로 내적 표상하는 것이다.

> "작은 것을 있는 그대로 볼 줄 알고,
> 유약한 것을 그 힘 그대로 받아들이고,
> 어두운 것을 그 빛으로 삼으면 만사가 잘 풀릴 것이다.
> 이것을 자연스러운 행동이라고 한다."
> 노자, 《도덕경》

가장 간단한 형태의 재구성은 경험을 인식할 때 사용되는 준거틀을 변경하여 부정적인 진술을 긍정적인 진술로 바꾸는 것이다. 재구성 방법, 즉 무언가에 대한 인식을 바꾸는 방법은 두 가지가 있는데, 바로 상황 재구성 Context Reframing 과 내용 재구성 Content Reframing 이다. 두 가지 다 내적 고통이나 갈등을 해결함으로써 내적 표상을 바꾸고, 따라서 한층 더 자원이 풍부한 상태에 있게 된다.

상황 재구성은 어떤 상황에서는 기분이 나쁘거나 화가 나는 등 원하지 않은 경험이지만, 다른 상황에서는 똑같은 경험이 즐겁고 좋은 감정으로 적용될 수 있다는 것을 보여준다. 동요나 동화에는 상황 재구성의 사례들이 무수히 많다. 친구들은 루돌프 사슴의 코가 못생겼다고 놀렸지만 실제로 루돌프의 코에는 큰 장점이 있었다. 눈이 내리는 밤에 길을 밝혀주어 루돌프가 썰매를 끌게 해주었다. 미운 오리 새끼는 다른 오리와 너무 다르게 생겨서 큰 고통을 겪었지만, 미운 오리의 다른 점은 다 자랐을 때 백조의 아름다움으로 바뀌었다. 상황 재구성은 비즈니스에서도 크게 중요하다. 불일치형 파트너는 처음에는 눈에 걸리는 존재지만 브레인스토밍 과정을 거친 후에 그가 잠재적인 문제를 미리 지적하는 능력이 있다는 것을 알려줌으로써 훌륭한 자산이 될 수 있다.

위대한 혁신은 행동과 문제를 다른 상황에서 잠재적 자원으로 재구성하는 방법을 아는 사람들이 이루어낸다. 예를 들어, 석유는 한때 농사를 지을 수 있는 땅의 가치를 파괴하는 존재로 간주되었다. 그러나 오늘날 그 가치는 어떤가? 몇 년 전만 해도 제제소는 작업 중에 나오는 다량의 톱밥을 처리하는 데 어려움을 겪었다. 누군가가 그 톱밥 폐기물을 가져다가 다른 용도로 사용했다. 그는 톱밥을 접착제와 라이터 기름을 섞어 압축함으로써, 압착 목재Presto Logs라는 것을 발명한 것이다. 이 공장에서 '가치 없는' 톱밥을 모두 가져가기로 계약한 후, 그는 2년 만에 수백만 달러 규모의 사업으로 발전시켰으며, 이 주된 자원을 구입하는 데는 돈 한 푼 쓰지 않았다! 이런 사람이 진정한 기업가다. 자원에 새로운 부를 창출할 수 있는 활력을 부여하는 사람이다. 다시 말하면 재구성의 달인이다.

내용 재구성은 정확히 똑같은 상황에서 내용이 의미하는 것만 바꾸는 것

"샐러드 열 개요."

저작권 © 1985.Artemas Cole의 허가를 받아 재인쇄되었다. 원래 〈New Woman〉에 나온다.

이다. 예를 들어, 아이가 멈추지 않고 계속 말을 한다고 가정해보자. 도무지 입을 다물지 않는다. 내용의 의미를 재구성하면 아이가 말을 많이 하는 것으로 보아 아주 똑똑한 아이가 틀림없다고 말할 수 있다. 또한 전쟁에서 적군의 강력한 공격을 받고 물러설 때 "우리는 후퇴하는 것이 아니라 다른 방향으로 진격하는 것이다."라는 말로 내용을 재구성한 유명한 장군의 일화가 있다. 가까이 지내던 사람이 죽으면 누구나 슬퍼한다. 왜일까? 상실감 때문일 것이다. 그러나 어떤 사람들은 기뻐한다. 왜 그럴까? 죽음으로 고인이 시공을 초월해 그들과 항상 함께 있는 것이라고 생각하기 때문이다. 우주의 어떤 것도 파괴되지 않는다고 생각하며, 사물이 단지 형태를 바꿀 뿐이라고 의미를 재구성하기 때문이다. 어떤 이들은 죽음을 더 높은 수준의 존재로 가는 관문으로 여기기 때문에 기뻐하기도 한다.

또 다른 유형의 내용 재구성은 어떤 상황을 보고, 듣고, 내적 표상하는 방식을 실제로 변경하는 것이다. 누군가가 던진 말 때문에 화가 났다면, 그가 한 부정적인 말을 내가 가장 좋아하는 가수의 목소리 톤으로 바꿈으로써 미소 지을 수 있다. 또는 그 사람이 우리가 가장 좋아하는 색으로 둘러싸인 곳에 있다면 같은 경험을 할 수 있다. 처음부터 그가 한 말을 바꿔버릴 수도 있다. 그 말을 마음속으로 되뇌면서 그가 우리에게 사과하는 것을 들을 수도 있다. 아니면 우리가 그보다 훨씬 높은 위치에서 말하는 상황을 그려볼 수 있다. 동일한 자극을 재구성하면 뇌로 전달되는 의미가 바뀌고 따라서 이와 관련된 내적 상태와 행동이 변경된다. 이 책은 재구성으로 가득 차 있다. "성공을 위한 신념 일곱 가지"는 전체가 재구성에 관한 내용이다.

얼마 전 일간신문 〈볼티모어 선Baltimore Sun〉에 한 소년에 관한 매우 감동적인 기사가 실렸는데, 〈리더스 다이제스트Reader's Digest〉가 '비범한 예지력을 가진 소년'이라는 제목으로 다시 게재했다. 캘빈 스탠리라는 어린 소년에 관한 이야기였다. 캘빈은 앞을 못 보지만 자전거를 타고, 야구도 할 줄 알고, 학교도 혼자 가는 등 못 하는 것이 거의 없었다.

같은 상황에 있는 많은 사람들이 삶을 포기하거나 슬픔 속에 살아가는데, 어린 캘빈은 어떻게 이 모든 것을 할 수 있었을까? 이 기사를 읽고, 나는 캘빈의 어머니가 분명 재구성의 대가라고 생각했다. 그녀는 캘빈이 가진 모든 경험, 즉 다른 사람들이 '한계'로 분류한 경험을 장점으로 생각하게 했다. 캘빈의 경험이 마음속에서 장점으로 내적 표상되었기 때문에 캘빈은 자신의 장점을 경험하는 것이다. 캘빈의 어머니가 아들에게 해준 이야기를 몇 가지 보자.

캘빈의 어머니는 아들이 왜 눈이 멀었는지 물어보았던 때를 이렇게 기억했다. "캘빈이 시각장애인으로 태어났지만 그것은 누구의 잘못도 아니라고 설명했어요." 그때 캘빈이 "그런데 왜 나예요?"라고 묻더군요. "나도 그 이유는 모른단다. 하지만 엄마는 하느님께서 너를 위한 특별한 계획이 있었던 것이라 생각해."라고 대답했어요. 그리고 아들을 앉힌 다음 이렇게 말했어요. "캘빈, 너는 보고 있단다. 다른 사람은 보기 위해 눈을 사용하지만 너는 손을 사용하고 있잖니. 그리고 네가 할 수 없는 일은 없다는 것을 잊지 마라."

어느 날 캘빈은 엄마의 얼굴을 보지 못한다는 사실을 알고 너무 슬퍼했다고 한다. 그러나 스탠리 부인은 아들에게 어떤 말을 해야 할지 알고 있었다고 했다. "캘빈, 너는 엄마를 볼 수 있단다. 네 손으로 엄마 얼굴을 볼 수 있어. 그리고 내 목소리를 들으면서 볼 수도 있어. 너는 눈으로 보는 다른 사람들보다 엄마에 대해 더 많은 것을 이야기할 수 있어."라고 말했다. 캘빈은 엄마가 곁에 있다는 신뢰와 믿음 그리고 흔들리지 않는 자신감으로 살아왔다. 그는 나중에 프로그래머가 되어 시각장애인을 위한 프로그램을 만드는 꿈을 갖고 있다.

이 세상에는 캘빈 같은 사람들이 무수히 많다. 그래서 스탠리 부인만큼 효과적으로 재구성할 수 있는 사람이 더 많이 필요하다. 최근에 나는 운 좋게도 재구성의 또 다른 대가를 만났다. 바로 제리 코피Jerry Coffey 중령이다. 그는 베트남 전쟁 때 포로수용소에서 7년 동안 독방에 감금되어 있으면서 제정신을 유지하기 위해 재구성 방식을 사용했다. 이 말을 듣고 나면 처음에 약간 멈칫하는 반응을 보일 수 있다. 그러나 자신에게 내적 표상을 하지 않는다면 세상에는 좋은 것도 나쁜 것도 없다. 제리는 자신이 처한 상황을 자신에게 가장 좋은 기회, 강인함을 유지하기 위한 도전 그리고 그 어느 때보다 자신에 대해 더 많이 배울 수 있는 기회라고 내적 표상하기로 결심했다. 하느님과 더 가까워질 수 있는 기회였다. 자신을 잘 지킨다면 정말로 자랑스러울 것이라고 생각했다. 그런 식으로 구조화함으로써 자신에게 일어나는 모든 일을 개인의 발전을 위한 경험의 일부라고 생각하면서 완벽하게 긍정적인 사람으로 변모했다. 그는 억만금을 주어도 그 경험과 바꿀 수 없다고 말했다.

작년에 저지른 중대한 실수를 하나 생각해보라. 갑자기 우울해질 수 있다. 그러나 실수는 성공을 이루기 위한 경험의 일부일 수 있다. 그렇게 생각하고 돌이켜보면, 다른 때보다 그때의 실수에서 더 많은 것을 배웠다는 사실을 알게 될 것이다.

우리는 잘못한 행동에 초점을 맞출 수 있고, 배운 것에 초점을 맞추고 경험을 재구성할 수도 있다. 모든 경험에는 여러 가지 의미가 있다. 그 의미는 어떤 것에 초점을 맞추는가에 따라 결정된다. 성공의 열쇠는 어떤 경험이든 자신에게 불리한 것이 아닌 유리한 것으로 바꿀 수 있는 가장 유용한 구조를 찾아내는 것이다.

의미를 바꿀 수 없는 경험이 있을까? 우리의 행동 중에서 절대로 바뀌지 않는 것이 있을까? 우리는 행동 자체인가 아니면 행동의 주체인가? 내가 이 책에서 계속 강조하는 것은 나 자신이 주인이라는 것이다. 내 뇌는 내가 지배한다. 내가 내 삶의 결과를 만든다. 재구성은 어떤 경험이든 그 경험에 대한 생각을 바꿀 수 있는 가장 강력한 방법이다. 우리는 이미 경험에 대한 틀을 짜놓았다. 하지만 상황이 변해감에 따라 우리는 그 틀을 변경할 수 있다.

잠시 멈추고 다음 상황을 재구성해보자.

1. 내 상사는 항상 나에게 소리를 지른다.

2. 나는 작년보다 소득세를 500만 원 더 내야 한다.

3. 올해 크리스마스 선물을 살 돈이 한 푼도 없다.

4. 큰 성공을 앞두고 매번 스스로 망친다.

다음과 같이 상황을 재구성할 수 있다.

1a. 내 상사가 느끼는 것을 진심으로 말할 만큼 나한테 신경을 써주는 것은 좋은 일이다. 그는 그냥 나를 해고할 수도 있었는데 말이다.

2a. 정말 잘된 일이다. 작년보다 올해 더 많은 수입을 올렸으니까.

3a. 평범한 선물을 사는 대신 사람들이 결코 잊지 못할 독창적인 선물을 직접 만들어야겠다. 사람들에게 내 정성이 깃든 선물을 줄 수 있을 것이다.

4a. 과거의 실패에 어떤 패턴이 있었는지 알고 있다니 대단하다. 이제 원인을 찾아내서 영원히 바꿔버리겠다!

의미의 재구성은 나 자신과의 소통뿐 아니라 타인과 소통하는 법을 배울 때도 매우 중요하다. 개인적인 차원에서 보면, 어떤 일에 의미를 부여하는 방식이다. 더 넓은 차원에서 보면 사용 가능한 가장 효과적인 의사소통 도구 중 하나다. 물건을 판매하는 상황을 가정할 때 고객을 설득하는 방식을 생각해볼 수 있다. 틀을 짜는 사람, 구역의 범위를 정하는 사람이 가장 영향력이 크다. 광고에서 정치에 이르기까지 대부분의 큰 성공을 생각해보면, 성공은 노련한 재구성의 결과다. 즉, 사람들의 인식을 변화시켜 무언가에 대해 새로운 내적 표상을 만들어 사람들을 다르게 느끼거나 행동하게 만드는 것이다. 내 친구 중에 매장 수입의 167배를 받고 건강식당 체인점을 제너럴 밀스에 매각한 사람이 있다. 업계에서 거의 전례가 없는 일이다. 어떻게 가능했을까? 내 친구는 제너럴 밀스가 5년 동안 이 식당에서 벌어들이는 금액으로 가치를 결정하게 만들었다. 게다가 시간도 친구의 편이었다. 매각이 지연되어도 별 상관이 없었기 때문이다. 그러나 제너럴 밀스는 회사의 목표를 달성하기 위해 그 회사가 당장 필요했기 때문에 그의 제안을 받아들였다. 모든 설득은 인식을 바꾸는 것이다.

대부분의 재구성은 우리가 하는 것이 아니라 우리를 위해 이루어지는 것이다. 다른 누군가가 우리를 위해 구조를 바꾸고 우리는 그것에 반응한다. 광고라는 것은 결국 대중의 인식을 구성하고, 그것을 재구성하는 유일한 목적을 가진 거대한 산업 아닌가? 여러분은 정말로 특정 브랜드의 맥주나 담배에 특별히 남성적이거나 섹시한 무언가가 있다고 생각하는가? 원주민에게 버지니아 슬림 담배를 주었을 때 그들은 "와, 섹시하다!"라고 말하지 않을 것이다. 그러나 기업들이 의미를 부여하고 소비자는 거기에 반응하는 것이다. 우리가 잘 반응하고 있다고 생각하지 않는다면, 그들은 새로운 의미를 부여하고 잘 작동하는지 확인할 것이다.

재구성을 가장 잘 활용한 사례 중 하나가 펩시콜라 광고다. 코카콜라가 콜라 시장의 선두 주자라는 것은 누구나 아는 사실이다. 코카콜라의 역사와 전통, 시장에서의 입지는 도전을 받은 적이 없었다. 펩시가 코카콜라를 이기기 위해 할 수 있는 것은 아무것도 없었다. 도전을 위해 "우리는 코카콜라보다 더 전통이 깊습니다."라고 말할 수도 없었다. 사람들이 믿지 않을 것이기 때문이다.

그 대신 펩시는 생각을 완전히 전환하고 사람들이 가지고 있던 인식을 재구성했다. 펩시 세대에 대해 이야기하고 '펩시 챌린지Pepsi Challenge'를 공표하면서 약점을 강점으로 바꿨다. 펩시는 "물론입니다. 다른 회사가 최고였지만 오늘을 보십시오. 어제의 제품을 원하십니까, 아니면 오늘의 새로운 제품을 원하십니까?"라고 광고했다. 코카콜라의 전통적인 지배력을 약점으로 재구성하고, 그것이 미래가 아니라 과거의 산물임을 강조했다. 그리고 전통적인 펩시의 2인자 위치를 강점으로 재구성했다.

결과는 어땠을까? 마침내 코카콜라는 펩시에 맞대응할 수밖에 없게 되었다. 그리고 다소 모순적인 '뉴' 코카콜라를 출시했다. 이 상품을 '전통적인' 코카콜라와 함께 내놓았는데, 결국 성공하지 못했다. 아무튼 이 과정은 이미지 재구성의 전형적인 사례다. 단순히 누구의 의미부여가 사람들의 뇌에 기억될 것인가의 문제다. 치아를 썩게 만드는 탄산 설탕 음료에 어떤 사회적 콘텐츠가 내재되어 있는 것은 아니다. 펩시콜라의 맛과 코카콜라의 맛 중 어떤 것이 본질적으로 더 현대적이라고는 말할 수 없다. 그러나 펩시는 의미를 재구성하고 용어를 정의함으로써 마케팅에서 역사상 가장 큰 성공을 거두었다.

윌리엄 웨스트모어랜드 장군이 CBS를 상대로 제기한 1억 2천만 달러의 명예훼손 소송을 종결시킨 주요 요인도 재구성이었다. 법정에 출두한 웨스트모어랜드는 소송에서 상당한 대중적 호응을 얻은 것처럼 보였다. 한 TV 가이드의 커버스토리는 이 분쟁을 '중상모략의 해부학'이라고 묘사했다. CBS는 상황의 심각성을 깨닫고 결국 홍보 전문가인 존 스캔런을 고용했다. 그의 임무는 웨스트모어랜드의 관점에 대한 대중의 지지를 반전시키고, 〈60분〉이라는 프로그램의 보도 기법에 사람들의 관심이 집중되는 것을 차단하는 것이었다. 그는 CBS의 바람대로 대중이 웨스트모어랜드의 혐의에 초점을 맞추게 했다. 마침내 웨스트모어랜드는 CBS가 간단히 사과하는 조건으로 소송을 취하했고, CBS는 스캔런의 재구성 기법에 큰 감사를 표했다.

이번에는 정치를 생각해보자. 마케팅 전문가와 컨설턴트가 프로세스의 일부로 자리 잡으면서 프레임 설정을 위한 의미부여 싸움이 미국 정치에서 상당히 중요한 부분이 되었다. 때로는 이것이 전부인 것처럼 보이기도 했다. 레이건과 먼데일의 토론이 끝난 후, 기자들은 전달되는 말 한마디 한마디에 최고의 의견, 최고의 프레임을 설정하려는 양 진영에 둘러싸였다. 그 이유는 무엇일까? 중요한 것은 내용이 아니라 재구성이었기 때문이다.

레이건은 두 번째 대선 토론에서 정말 멋지게 재구성을 성공시켰다. 첫 번째 토론에서 그의 나이 문제가 처음으로 제기되었다. 물론 그것도 일종의 의미 재구성이었다. 사람들은 이미 그가 몇 살인지 알고 있었다, 그렇지 않은가? 그러나 토론에서 비틀거리는 모습과 이에 대한 언론 보도는 그의 나이를 단순한 사실에서 잠재적인 위험 요소로 재구성했다. 두 번째 토론에서 먼데일은 다시 레이건의 나이를 문제 삼는 듯한 발언을 했다. 사람들은 레이건의 반박을 기다렸다. 그는 매우 안타깝다는 어조로 말했다. "이번 선거에서 나이는 중요한 문제가 아니라고 생각합니다. 저는 상대의 젊음과 경험 부족을 문제 삼을 생각이 전혀 없습니다." 한 문장으로 나이 문제가 선거에서 더 이상 주요 변수가 되지 않도록 확실하게 재구성했다.

우리는 대부분 자신과 소통할 때보다 다른 사람과 소통할 때 재구성하기가 더 쉽다고 생각한다. 누군가에게 중고차를 팔려고 할 때, 우리는 자동차의 좋은 점을 부각시키고 나쁜 점을 굳이 강조하지 말아야 한다고 생각한다. 나의 잠재적 구매자가 다른 생각을 하고 있다면 그 사람의 인식을 바꾸는 것이 가장 먼저 해야 할 일이다. 그러나 자신과의 의사소통 방식을 어떻게 구성해야 할지를 생각하는 데 많은 시간을 보내는 사람은 거의 없다. 만약 우리에게 어떤 일이 생기면, 우리는 그 일에 대한 내적 표상을 만든다. 그리고 그 상태로 살아가야 한다고 생각한다. 정말 어리석지 않은가? 차에 시동을 걸고 출발하고 나서, 목적지에 대해 생각하는 것과 같다.

우리는 고객에게 상품을 팔 때처럼, 목적과 방향 및 설득력을 가지고 자신과 소통하는 방법을 배울 필요가 있다. 자신에게 맞는 방식으로 경험을 재구성하고 의미를 부여해야 한다. 단순히 의식적으로 신중하게 생각하는 것도 한 가지 방법이다.

우리 주변에는 사랑에 실패한 뒤 위축되어 있는 사람들이 많다. 그들은 실연으로 인해 마음의 상처를 입었기 때문에 앞으로는 연애를 하지 않겠다고 마음먹는다. 사실 연애를 할 때 두 사람에게는 고통스러운 날보다 즐거운 날이 훨씬 많았을 것이다. 그래서 단념하기가 힘든 것이다. 하지만 좋은 기억을 지우고 안 좋은 기억에 집중하면 자신의 경험을 최악의 틀에 넣게 된다. 생각을 전환해서 즐거운 것, 이익이 되는 것, 발전적인 것을 볼 필요가 있다. 그러면 부정적인 생각에서 벗어나 긍정적인 생각을 하게 되어 더 좋은 관계를 만들 수 있는 힘을 갖게 된다.

이번에는 인생에서 우리를 힘들게 한 상황을 세 가지만 떠올려보자. 각각의 상황을 얼마나 많은 다른 방식으로 볼 수 있을까? 이 상황들을 몇 가지로 재구성할 수 있을까? 그리고 다른 방향에서 바라볼 때 무엇을 배울 수 있을까? 이렇게 하면 우리는 어떻게 다르게 행동할까?

"그렇게 하기가 쉽지 않아요. 때로는 너무 우울해서 그렇게 할 수가 없어요."라는 말이 벌써 들리는 것 같다. 그렇다면 우울하다는 것은 도대체 무슨 의미인가? 앞의 6장에서 연계와 분리에 대해 논의한 것을 기억할 것이다. 자신을 재구성할 수 있는 전제 조건은 우울한 경험에서 분리되어 그 경험을 다른 사람의 것처럼 새로운 관점에서 볼 수 있는 능력이다. 그러고 나면 내적 표상과 생리체계를 변경할 수 있다. 이제 우리는 자원이 없는 상태에 있더라도 그 상태를 어떻게 변경할 수 있는지를 알 수 있게 되었다. 아무 쓸모 없는 틀에 매어 있으면 그 틀을 바꾸면 된다.

재구성하는 한 가지 방법은 경험이나 행동의 의미를 바꾸는 것이다. 어떤 사람이 내가 싫어하는 행동을 하고 있는데, 그 행동에는 어떤 특별한 의미가 있다고 생각하는 상황을 상상해보자. 내가 아는 어떤 부부가 있는데, 남편이 요리하기를 특히 좋아한다. 그는 자신의 요리를 칭찬해주기를 바란다. 하지만 그의 아내는 식사 중에는 조용한 것을 좋아한다. 남편은 이것이 큰 불만이다. 만약 아내가 남편이 만든 요리를 즐기고 있다면 맛있다고 이야기해야 한다. 그녀가 말을 하지 않는다면 만족하지 않는다는 것을 의미할 수도 있다. 아내의 행동으로 남편의 인식을 재구성하려면 어떻게 해야 할까?

그에게 중요한 것은 칭찬이라는 점을 명심하라. 의미를 재구성한다는 것은 그동안 그가 중요하게 생각한 것을 바꾸고, 이전에는 전혀 고려한 적 없는 사고방식을 택하는 것이다. 아내는 음식을 너무 맛있게 먹느라 남편에게 말할 시간이 없었다고 말할 수도 있다. 맛있게 먹으면 그만이지 무슨 말이 더 필요하겠는가?

또 다른 것은 남편이 직접 그 행동의 의미를 재구성하도록 하는 것이다. 이렇게 물어볼 수 있다. "당신은 맛있게 식사를 하고 나서도 아무 말도 하지 않은 적이 많지요? 그때는 왜 그렇게 했죠?" 아내의 행동은 그가 만든 틀 안에서 볼 때는 그를 괴롭히는 것이다. 이와 같은 재구성을 하기 위해서는 약간의 유연성만 있으면 된다.

두 번째 유형의 재구성은 자신의 행동을 좋아하지 않는 것과 관련이 있다. 이 경우에 대부분 안 좋은 소리를 듣기 싫어하거나 그런 행동이 별로 좋은 결과를 얻지 못할 것이라고 생각한다. 이것을 재구성하는 방법은 그 행동을 하면 좋은 일이 생길 것이라고 생각하거나 유용하게 되는 상황이나 환경을 상상하는 것이다.

여러분이 판매원이라고 가정하면, 팔려는 제품의 정보를 상세하게 알기 위해 많은 노력을 기울일 것이다. 그러나 매장에서 고객에게 너무 많은 정보를 제공하고 설득하려고 하면, 고객은 부담을 느껴 빨리 구매 결정을 내리지 않을 수도 있다. 같은 행동도 상황에 따라 효력이 다르게 나타나기 때문에, 어떤 상황에서 최대의 효력을 발휘할 수 있는지를 아는 것이 중요하다. 광고 카피 문구를 작성할 때는 어떤가? 또는 제품 자체에 대해 기술할 때는? 많은 정보를 알고 그 정보에 즉시 접근할 수 있으면 시험공부를 하거나 자녀의 숙제를 도울 때 매우 유용하다. 문제는 행동 자체가 아니라 무엇을 위해 행동하느냐이다. 우리의 삶에서 그런 사례를 충분히 생각해볼 수 있다. 모든 인간 행동은 특정한 상황에서 유용할 때가 많다. 우물쭈물하거나 머뭇거리는 것은 아무 쓸모가 없다. 화를 내거나 슬퍼하는 것은 다른 날로 미루는 것이 좋지 않을까? 아예 화를 내지 않고 슬퍼하지도 않을 수 있다면 더 좋겠지만 말이다.

자신을 괴롭히는 이미지와 경험을 재구성하기 위해서는 연습이 필요하다. 예를 들어, 자신을 괴롭히는 사람이나 사건을 생각해보라. 직장에서 짜증 나는 하루를 보내고 집에 돌아오면, 퇴근하는 순간 상사가 떠맡긴 터무니없는 프로젝트만 떠오를 것이다. 우리는 직장에서의 스트레스와 좌절감을 그대로 집으로 가져간다. 아이들과 함께 TV를 보고 있어도 짜증이 나고, 머릿속에는 온통 그 '멍청한' 상사와 한심한 프로젝트만 남아 있을 뿐이다.

하지만 우리는 그 이상한 프로젝트가 주말을 망쳐버리지 않고 기분이 나아지는 방식으로 경험을 재구성하는 법을 습득할 수 있다. 프로젝트에서 자신을 분리하는 것부터 시작하라. 상사의 이미지를 만든 다음 손에 꼭 쥔다. 큰 코에 우스꽝스러운 안경을 씌우고 콧수염을 붙인다. 그런 다음 그가 만화 영화에서처럼 우스꽝스럽게 고함치는 모습을 보라. 그 상사를 다정하게 껴안고 싶은 사람처럼 느껴보라. 그가 이 프로젝트에 당신의 도움이 필요하다고 말하는 것을 들어보라. "나 좀 도와주겠나?" 이미지를 이렇게 만들고 나면 그의 힘든 상황을 이해하게 되고, 다른 사람과 같은 일을 했던 때를 기억할 수 있다. 어쩌면 우리도 다른 사람을 그와 똑같은 방식으로 대했을지 모른다. 이 상황이 우리의 주말을 망칠 만큼 큰일인지, 아니면 우리를 괴롭히는 다른 이유가 있는지 (편한 상태에서) 자신에게 물어보라.

문제가 있는데 사실이 아니라고 부정하라는 말이 아니다. 만약 계속 부정한다면 아마 새로운 직업을 찾아야 하거나 지금 일하는 직장에서 더 나은 의사소통이 필요할 것이다. 하지만 이런 상황이라면 가족들까지 힘들게 하면서 우유부단하게 부정적인 유령에 끌려다니지 말고 문제에 당당하게 맞설 필요가 있다. 이 과정을 반복해서 효과적으로 수행하면 다음에 상사는 안경을 쓰고 코가 큰 사람으로 보일 수 있다. 그러면 그 역시 우리에게 말할 때 다르게 느낄 수 있다. 그럼으로써 그에게 새로운 피드백을 주고, 두 사람이 과거에 만들어놓은 반응 역학 밖에서 상호작용하게 될 것이다.

나는 사람들이 큰 문제라고 생각하는 것에 이와 같이 재구성하는 방식을 약간씩 적용했었다. 대부분의 복잡한 상황에서는 원하는 것에 도달하기 위해 일련의 작은 재조정을 점진적이지만 철저하게 수행해야 한다.

넓은 범위에서 볼 때, 재조정은 거의 모든 것에 대한 부정적인 느낌을 제거하는 데 사용될 수 있다. 가장 효과적인 기법 중 하나는 영화관에 앉아 있는 자신의 모습을 상상하는 것이다. 자신을 괴롭히는 경험을 영화의 장면처럼 떠올려보라. 먼저 만화처럼 빠른 속도로 돌려본다. 자신을 괴롭히는 경험에 서커스 음악과 증기 오르간 소리를 곁들여 스크린에 올릴 수도 있다. 그런 다음 거꾸로 재생하여 이미지가 아주 이상하게 보이도록 한다. 자신을 괴롭히는 경험을 이런 방식으로 바꿔보라. 부정적인 기운이 사라진다는 것을 곧 알게 될 것이다.

　같은 방법으로 공포증을 없앨 수 있지만, 이때는 훨씬 더 활기차게 해야한다. 그 방법을 살펴보자. 공포증은 대부분 깊은 운동감각 수준에 뿌리를두고 있으므로, 효과적으로 재구성하려면 공포증과의 거리를 더 멀게 해야한다. 공포증 반응은 아주 강해서 공포의 대상을 생각하는 것만으로도 반응이 나타날 수 있다. 공포증을 해결하는 사람들은 계속해서 내적 표상에서 자신을 분리시키는데, 이것을 '이중 분리Double Disassociation'라고 한다. 예를 들어, 어떤 것에 공포심이 있다면 다음과 같이 시도해보라. 의욕이 넘치고 용기가 충만했을 때로 돌아간다. 그 상태에서 강하고 자신감 있는 감정을 느껴보라. 이제 찬란하고 단단한 보호막으로 보호받는 자신을 바라보라. 보호 장치가 갖춰졌으면 내가 좋아하는 상상의 영화관으로 간다. 화면이 잘 보이는 편안한 좌석에 앉는다. 그다음 자신의 몸에서 빠져나와 뒤쪽위에 있는 영사실로 들어간다. 아래를 내려다보면 객석에 앉아 빈 화면을쳐다보고 있는 자신의 모습이 보일 것이다.

　그런 다음, 공포를 느꼈거나 정말로 자신을 괴롭혔던 끔찍한 사건을 흑백 정지 화면으로 옮겨놓는다. 우리는 객석에 앉아서 자신을 내려다보고스크린에서 일어나는 일을 관찰한다. 그 상태에서 흑백 이미지를 매우 빠른 속도로 뒤로 돌려보면 우리를 괴롭히는 것이 싸구려 가정용 비디오나오래된 슬랩스틱 코미디처럼 나타날 것이다. 객석에서 화면 속 나를 보면서 재미있어 하는 자신의 모습에 주목하라.

　이제 다음 단계로 가본다. 자원이 매우 풍부한 상태로 영사실에서 나와객석에 앉아 있는 자신의 몸으로 들어간 다음, 일어나서 스크린 앞으로 걸어간다. 아주 당당하고 자신감 있는 상태에서 행동해야 한다. 그리고 이전의 자아에게 스크린 속에 있는 동안 줄곧 지켜보았다고 말하고, 경험을 변화시키는 데 도움이 될 수 있는 두세 가지 방법이 있으니 의미나 내용을 변화시키는 재조정 방법으로 그 사건을 다르게 받아들여 영원히 바꿀 수 있도록 도와줄 것이라고 말하라. 이 재조정은 미숙한 자아가 현재의 문제를 더 성숙하게 처리하는 데 도움이 되는 방식이 될 것이다. 이제 우리는 더 이상 고통과 두려움을 느끼지 않는다. 지금이 젊었을 때보다 더 자원이 풍부하며, 오래전의 경험은 단지 지나간 과거에 불과하다.

이전의 미숙한 자아가 해결할 수 없었던 일을 잘 처리할 수 있도록 도와준 다음, 자리로 돌아와서 바뀐 영화 장면을 지켜보라. 머릿속으로는 같은 장면을 재생하지만, 이전의 자아가 자신만만하게 같은 상황을 처리하는 것을 볼 수 있을 것이다. 이번에는 화면으로 다시 돌아가서 예전의 트라우마나 두려움에서 벗어난 자신을 축하하고 안아주어야 한다. 이제 젊은 자신을 우리 안에 넣으면 자신이 그 어느 때보다 지략이 풍부해졌으며, 이것이 우리 삶의 중요한 부분이라는 것을 느끼게 된다. 우리가 가진 다른 공포증도 같은 방식으로 하면 해결될 수 있다. 다른 사람들에게도 이와 같은 방식을 적용하도록 해보라.

이것은 믿을 수 없을 정도로 강력한 경험이 될 수 있다. 나는 이 방법을 사용하여 단 몇 분 만에 평생 끔찍한 공포증에 시달려온 사람들을 두려움에서 해방시킬 수 있었다. 어떻게 그렇게 할 수 있었을까? 공포 상태에 들어가려면 특정한 내적 표상이 필요하다. 이 내적 표상을 변경하면, 공포증이 있는 사람이 자신의 경험을 생각할 때 생성되는 내적 상태가 바뀌게 되는 것이다.

어떤 사람들은 이전에 접해보지 못한 정신적인 훈련과 상상력을 맛보게 될 수도 있다. 내가 제공하는 몇 가지 정신적 전략이 처음에는 어색하게 느껴질 수도 있다. 그러나 우리의 뇌는 이러한 방식으로 작동할 수 있으며, 이 전략을 충실히 이행하면 점점 익숙해지는 것을 느끼게 될 것이다.

재구성할 때 꼭 기억해야 하는 것은 어떤 상황에서든 인간의 모든 행동에는 목적이 있다는 것이다. 폐에 발암 물질을 집어넣으려고 담배를 피우는 사람은 없다. 특정한 사회적 상황에서 편안함을 느끼거나 긴장을 풀기 위해 피우는 것이다. 그 행동이 자신에게 이득이 된다고 생각하기 때문에 선택한 것이다. 따라서 어떤 때는 문제가 되는 행동이 충족시키는 근본적인 욕구에 직면하지 않고 행동을 재구성하는 것이 불가능하다는 것을 알 수 있다. 이 문제는 담배를 끊으려고 전기 충격 요법을 시도할 때도 자주 발생한다. 아마도 그들은 늘 불안감을 느끼거나 과식하는 것과 같은 나쁜 습관에 빠질 수도 있다. 이런 접근 방식이 나쁘다고 말하는 것이 아니다. 단순히 우리가 그 필요성을 더 세련된 방법으로 채울 수 있도록 행동의 무의식적인 의도를 알아내는 것이 유용하다고 말하는 것이다.

인간의 모든 행동은 욕구를 충족하기 위해 여러 가지 방법을 적용한다. 이는 행동이 욕구를 채우도록 고안되었기 때문이다. 사람들이 담배를 싫어하게 만드는 것은 문제가 되지 않는다. 하지만 흡연의 부작용과 같은 부정적인 욕구를 대신할 행동의 선택지를 만들어야 한다. 흡연을 할 때 편안해지고 어떤 일에 집중이 잘 된다면, 이와 동일한 욕구를 충족시킬 정도의 더 우아한 행동이 필요하다.

리처드 밴들러와 존 그라인더는 과거의 행동이 제공한 중요한 이점을 그대로 유지하면서 바람직하지 않은 행동을 바람직한 행동으로 바꿀 수 있는 재구성 과정을 다음의 6단계로 고안했다.

1. 바꾸고자 하는 패턴이나 행동을 확인한다.

2. 그 행동을 유발하는 무의식적인 자아와 소통한다.

내면으로 들어가 질문을 한다. 질문에 대한 응답으로 생기는 신체적 감각, 시각적 이미지 또는 청각적 신호의 변화를 감지하고, 보고하기 위해 주의를 기울이고, 수동적인 자세를 유지한다. 질문은 이렇게 한다. "행동 X를 유발하는 나의 자아야, 의식적으로 나와 대화해주겠니?"

이제 나의 일부를 자아 X라고 부르기로 한 다음, X가 대화하겠다고 하면 신호를 강하게 보내고, 그렇지 않으면 신호를 약하게 보내라고 요구한다. 이 반응을 테스트해보고 두 반응의 차이를 구분한다.

3. 행동에서 의도를 분리한다.

승낙했다면 나의 일부인 자아 X에게 고마움을 전한다. 이제 행동 X를 유발하여 나를 위해 무엇을 하려고 했는지 알려줄 수 있느냐고 묻는다. 이 질문을 할 때 다시 한 번 '예' 또는 '아니오' 응답을 감지할 수 있도록 주의를 기울인다. 이 행동이 과거에 나에게 어떤 이점을 제공했는지 주목하고, 그동안 그런 행동을 유지해준 내 자아 X에게 감사를 표한다.

4. 의도를 충족시키기 위해 새로운 대안적인 행동을 생각해낸다.

이제 내면으로 들어가서 나의 가장 창의적인 부분과 접촉하여, 우리가 소통해온 부분의 의도를 만족시키기 위해 행동 X만큼 좋거나 더 나은 대안적인 행동 세 가지를 만들라고 요청한다. 나의 창의적인 부분이 세 가지 새로운 행동을 만들었을 때 '예'라는 신호를 보내도록 한다. 그리고 이제 창의적인 부분에 세 가지 새로운 행동이 무엇인지 알려줄 수 있는지 물어본다.

5. 자아 X가 새로운 선택을 수락하고, 필요한 경우 선택에 대한 책임을 지도록 한다.

세 가지 새로운 행동이 최소한 행동 X만큼 효과적인지 자아 X에 물어
본다.

이제 의도를 이행해야 하는 적절한 상황에서 그 새로운 행동을 생성하는
데 책임을 다할 것인지 여부를 자아 X에 물어본다.

6. 생태학적 점검을 한다.

이제 내면으로 들어가 방금 합의한 것에 반대하는 자아가 있는지, 또는
모든 자아가 나를 지지하는지 여부를 물어본다. 그런 다음 미래로 가서 과
거의 행동을 유발했을 상황을 머리에 그려보고, 새로운 대안 중 하나를 사
용하면서 그렇게 해도 여전히 원하는 것을 얻을 수 있는지 확인한다. 바람
직하지 않은 행동을 유발했을 미래의 다른 상황에 들어가 새로운 다른 대
안 중 하나를 사용하는 경험을 해보라. 다른 자아들이 이 새로운 대안에 반
대하는 신호를 보내면 처음으로 돌아가서 어떤 자아가 반대했는지, 그 자
아가 어떤 이득을 제공했는지 분명히 확인해야 한다. 그리고 반대하는 자
아가 자아 X와 협력하여 우리에게 항상 주었던 이점을 유지하면서, 이와
동시에 새로운 대안도 제공하도록 한다.

자신의 내적 자아들과 소통한다는 점이 좀 이상하게 들릴 수도 있다. 하
지만 이 방식은 기초적인 최면 패턴으로 에릭슨과 밴들러, 그라인더 박사
와 같은 사람들도 이것이 유용하다는 것을 입증했다.

예를 들어, 자주 과식하는 사람은 '휘익Swish' 기법을 써서 새로운 종류의
행동을 유발하거나 바꾸고 싶은 다른 것으로 과식 행위를 대체할 수 있다.
이전에 과식하는 것이 어떤 이점이 있었는지 무의식에게 물어볼 수도 있
다. 아마 외롭다고 느꼈을 때 내적 상태를 바꾸기 위해 음식을 사용했다는

사실을 알게 될 것이다. 아니면 안정감과 편안함을 주는 데 도움이 되었을 수도 있다. 다음으로 할 일은 자신에게 소속감과 동료애 또는 안전과 휴식을 제공하는 세 가지 새로운 방법을 찾는 것이다. 어쩌면 헬스클럽에 등록하여 많은 사람들을 사귀면서 편안함을 느낄 수 있을 뿐만 아니라, 몸이 날씬해져서 안정감과 자신감을 얻을 수도 있을 것이다. 또한 명상을 통해 온 우주와 일치된 느낌이 들게 할 수도 있고, 그렇게 연결된 상태는 과식했을 때보다 더 안전하고 편안하게 느껴질 수 있다.

이와 같은 대안을 생각했다면 그 대안이 적절한지, 즉 내 안의 모든 자아가 미래에 이러한 새로운 선택을 사용하는 데 기꺼이 협조할 것인지 확인한다. 내적으로 일치되었다는 느낌이 들면, 이제 그 선택은 원하는 것을 얻는 데 도움이 되는 행동으로 이어질 것이다. 그렇게 되면 과식할 필요가 없다. 그런 다음, 미래에 새롭게 나타나는 결과에 주목하면서 이런 새로운 선택을 효과적으로 사용하는 것을 정신 속에서 경험하라. 이러한 새로운 선택을 찾아낸 무의식에 감사하고 새로운 행동을 즐겨라. 심지어 이전의 원치 않던 행동보다 무의식적인 요구를 더 잘 지원하는 것이 무엇인지 발견하면, 우리가 사용한 행동을 원하는 새로운 행동으로 대체하는 휘익 기법을 사용할 수도 있다. 여러분은 스스로에게 새로운 선택권을 부여한 것이다.

부정적으로 보이는 거의 모든 경험을 긍정적으로 재구성할 수 있다. 우리는 "언젠가 이 이야기를 하며 웃을 날이 올 거야."라고 자주 말한다. 그럼 지금 돌아보고 웃으면 안 되는 건가? 모두 관점의 문제일 뿐이다.

다른 사람의 내적 표상도 휘익 기법이나 그 밖의 다른 기법들로 재프로그래밍할 수 있다. 그러나 새로 찾아낸 대안보다 이전 행동이 더 큰 이익이 된다면 이전 행동으로 다시 돌아갈 수도 있다. 예를 들어 발에 원인 모를 마비 증세가 있는 여성을 치료할 때, 그녀의 생각과 생리체계에서 원하는 것을 알

재구성의 6단계

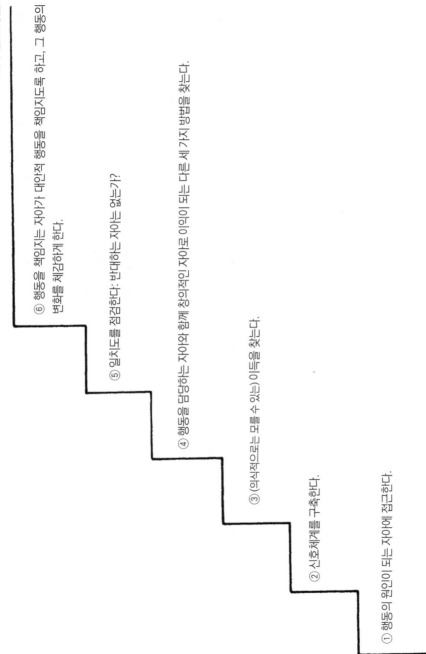

⑥ 행동을 책임지는 차이가 대안적 행동을 책임지도록 하고, 그 행동이 변화를 체감하게 한다.

⑤ 일치도를 점검한다: 반대하는 차이는 없는가?

④ 행동을 담당하는 차이와 함께 창의적인 차이로 이익이 되는 다른 세 가지 방법을 찾는다.

③ (의식적으로는 모를 수 있는) 이득을 찾는다.

② 신호체계를 구축한다.

① 행동이 원인이 되는 차이에 접근한다.

아낸 다음 그녀가 더 이상 마비를 일으키지 않도록 몸에 신호를 보내는 방법을 알게 된다면, 이것으로 그녀의 문제는 깨끗이 해결된다. 그러나 남편이 설거지를 하고, 그녀에게 더 많은 관심을 기울이고, 발을 마사지해주는 등 발이 마비되었을 때 누렸던 2차적인 혜택을 더 이상 받지 못하면, 집에 돌아갔을 때 다른 문제가 생길 수 있다. 처음 몇 주 또는 몇 달 동안 남편은 그녀가 더 이상 문제가 없다는 사실에 기뻐할 것이다. 그러나 시간이 지나면서 아내에게 더 이상 문제가 없기 때문에 남편은 아내가 설거지를 다시 시작하기를 바랄 뿐만 아니라 아내에게 발 마사지도 해주지 않고 크게 관심을 기울이지도 않게 된다. 그러면 희한하게도 그녀의 마비 증세가 다시 생긴다. 당연히 그녀가 의도적으로 그러는 것이 아니다. 그녀의 무의식적인 마음에는 이전의 행동이 그녀가 원하는 것을 더 잘 얻도록 작용했기 때문에 발이 다시 마비된 것이다.

이런 경우, 그 여성은 남편이 해준 것과 같은 수준의 느낌을 받을 수 있는 다른 행동을 찾아야 한다. 과거의 행동에서 얻은 이득보다 새로운 행동에서 더 많은 이득을 얻어야 한다. 예전에 내가 교육과정을 진행할 때였다. 8년 동안 실명한 상태로 살아온 한 여성이 있었는데, 어느 날 보니 정상적으로 능숙하게 행동하고 중심도 잘 잡는 것 같았다. 나중에 알고 보니 그녀는 시각장애인이 아니었다. 하지만 앞이 안 보이는 사람처럼 살았다. 도대체 왜 그랬을까? 그녀는 일찍이 사고를 당해서 시력이 나빠졌다고 한다. 그러자 주변 사람들은 그녀가 이제껏 느껴보지 못한 많은 사랑과 관심을 베풀었다. 그녀 역시 사람들이 자신을 시각장애인이라고 생각할 때는 평범한 일상적인 행동을 하는 것만으로도 크게 인정을 받는다는 사실을 알았다. 사람들이 그녀를 특별하게 대하자 계속 시각장애인처럼 행동했으며, 자신이 실명했다고 스스로 확신하기도 했다. 그녀는 사람들이 사려 깊고 사랑

ZIGGY, 저작권자, 1985. 유니버설 프레스 신디케이트 허가 하에 재인쇄되었다.

스러운 방식으로 자신을 대하도록 하는 더 강력한 방법을 찾지 못했다. 심지어 낯선 사람조차도 그녀를 특별하게 대했다. 그녀의 행동은 더 좋은 방법 또는 현재의 행동보다 더 많은 이득이 되는 대안을 찾을 경우에만 바뀔 수 있다.

지금까지 우리는 부정적인 인식을 긍정적인 인식으로 재구성하는 방법을 집중적으로 알아보았다. 그러나 재구성을 일종의 치료법이나 나쁜 상황을 좋은 방향으로 바꾸기 위한 방법이라고 생각하지 않기 바란다. 실제로 재구성은 잠재력과 가능성에 대한 은유 그 이상도 이하도 아니다. 우리 인생에서는 거의 모든 것이 더 나은 것으로 재구성될 수 있다.

이때 고려해야 할 가장 중요한 것은 가능성이다. 우리는 자주 고정관념에 갇힌다. 우리가 원하는 결과를 얻을 수도 있지만 의외의 결과를 얻을 수도 있다. 그렇기 때문에 다음과 같은 연습을 해보기를 권한다. 지금 하고 있는 일 중에서 잘 진행되고 있다고 생각하는 것 다섯 가지만 적어보라. 원만한 인간관계도 좋고, 직장에서 일어나는 일도 좋다. 자녀 문제나 경제적인 문제도 상관없다.

이제 좀 더 나은 상황을 떠올려보자. 몇 분 정도 생각해보라. 자신의 삶이 획기적으로 개선될 수 있는 방법을 발견하면 아마 스스로도 놀랄 것이다. 가능성을 재구성하는 일은 누구나 할 수 있다. 중요한 것은 가능성에 주의를 기울이는 정신적 유연성과 행동을 취할 수 있는 개인적인 능력이다.

마지막으로, 이 책의 모든 부분에 적용할 수 있는 아이디어를 한 가지 더 말하고자 한다. 재구성은 더 큰 결과를 얻기 위해 정신적 도구 상자에서 꺼낼 수 있는 또 다른 효과적인 기술이다. 더 넓은 의미에서 가설을 탐색하고 자신이 일을 잘 해낼 수 있는 유용한 상황을 찾는 과정인 것이다.

위대한 지도자나 훌륭한 의사소통가는 재구성 기술의 대가들이다. 이들은 일어나는 모든 일을 가능성의 모델로 삼아 사람들에게 동기와 권한을 부여하는 방법을 알고 있다.

IBM의 창업자 토머스 왓슨의 유명한 일화가 있다. 한번은 그의 직원 한 명이 회사에 천만 달러의 손해를 입히는 엄청난 실수를 저질렀다. 왓슨의 사무실로 불려간 직원은 "회장님, 제가 책임지고 사표를 쓰겠습니다."라고 말했다. 그러자 왓슨은 그를 바라보며 말했다. "지금 농담하는가? 우리는 자네를 교육하는 데 천만 달러나 썼네."

일어나는 모든 일에는 소중한 교훈이 있다. 최고의 리더는 문제가 생기면 거기서 교훈을 얻고 나중에 힘을 실어줄 수 있는 틀을 만든다. 이것은 정치, 사업, 교육, 가정생활 등 여러 방면에 적용된다.

우리는 어떤 사람이 부정적 재구성자인지를 알고 있다. 부정적 재구성자들은 아무리 밝은 희망이 있더라도 오로지 어두운 구름만 볼 뿐이다. 그러나 어떤 무능한 태도와 비생산적인 행동도 효과적으로 재구성할 수 있다. 마음에 들지 않는 것이 있는가? 그럼 바꿔라. 자신에게 도움이 되지 않는 방식으로 행동하고 있는가? 그럼 다르게 행동하라. 효과적인 행동을 만드는 것뿐만 아니라 필요할 때 확실하게 그 행동을 활용할 수 있는 방법이 있다. 다음 장에서는 원하는 순간에 그 행동을 촉발할 수 있는 방법을 알아볼 것이다.

17장
성공 비법: 자극고정

> "현재 있는 자리에서 현재 가진 것으로
> 할 수 있는 일에 최선을 다하라."
> 시어도어 루스벨트Theodore Roosevelt

국기를 볼 때마다 가슴이 뭉클해지는 사람들이 있다. 나도 마찬가지다. 이성적으로 생각해보면 이해가 안 되는 특이한 반응이다. 사실 국기라는 깃발은 알록달록하게 무늬가 새겨진 천 조각일 뿐이다. 본질적으로 마법 같은 것이 숨겨져 있을 리가 없다. 그러나 이 해석은 핵심을 놓치고 있다. 깃발 자체는 천 조각에 불과하지만, 동시에 그 국가의 미덕과 특성을 나타낸다. 따라서 사람은 자국의 국기를 볼 때 강력하고 가슴을 울리는 '상징'을 보는 것이다.

우리 주위에 있는 수많은 사물과 마찬가지로 국기는 일종의 감각 자극제 Anchor로, 특정한 내적 상태와 연결되어 있다. 자극제는 단어나 구절, 어떤 접촉이나 물체일 수 있다. 우리가 보고, 듣고, 느끼고, 맛보고, 냄새 맡는 것일 수도 있다. 이 자극제는 강력한 내적 상태에 즉시 접근할 수 있기 때문에 엄청난 힘을 발휘한다. 그래서 우리가 국기를 볼 때 그런 느낌을 받는 것이다. 우리의 감정이 국기의 특정 색상과 천의 디자인과 연결되어 있기 때문에, 국기를 보면 국가를 생각하는 느낌이 즉시 발산되어 강한 내적 상태와 기분을 느끼게 된다.

우리가 사는 세상은 자극제로 가득 차 있다. 심오한 것들도 있지만, 사소한 것들도 있다. 내가 만약 "윈스턴 담배는…"이라고 말하면, 여러분은 자동으로 "진정한 담배 맛이 난다."라고 말할 가능성이 높다(윈스턴 담배가 출시될 때 "윈스턴은 진정한 담배 맛이 납니다."라는 광고 문구가 사용되었음-옮긴이). '릴리프Relief(완화)'의 철자가 어떻게 되는지 물으면 대부분의 사람들은 R-O-L-A-I-D-S(롤레이드, 위통 완화제의 미국 브랜드-옮긴이)라고 쓴다. 담배 맛이 고약하다는 것은 누구나 안다. 그리고 대부분 릴리프의 철자가 R-E-L-I-E-F라는 것도 알고 있다. 그러나 광고는 아주 효과적이어서 우리가 그렇게 생각하지 않아도 우리의 반응을 고정시킨다. 항상 같은 유형의 반응을 하게 한다. 우리는 사람을 만나면 그들과 연관된 감정에 따라 즉시 좋은 상태 또는 나쁜 상태로 돌입한다. 어떤 노래를 듣고 순간적으로 내적 상태를 바꾸는 것과 같은 이치다. 이 모든 반응이 강력한 자극제가 반응을 고정한 결과다.

PART 2의 마지막 장인 17장에서는 자극고정Anchoring을 설명하려고 한다. 자극고정은 어떤 경험에 영속성을 부여하는 방법이다. 우리는 의식적으로 생각하지 않고도 순간적으로 내적 표상이나 생리체계를 바꿈으로써 새로운 결과를 만들어낼 수 있다. 하지만 자극고정을 사용하면 어떤 상황에서든 원하는 상태를 자동으로 생성하는 일관된 촉발 장치를 만들 수 있다. 무언가를 충분히 효과적으로 고정하면 우리가 원하는 내적 상태를 유지할 수 있다. 지금까지 우리는 이 책에서 가치 있는 많은 교훈과 기법을 배웠다. 그중에서도 자극고정이야말로 우리의 강력한 무의식적 반응을 뇌에 구조적으로 전달하여 항상 마음대로 사용할 수 있게 하는 가장 효과적인 기법이다. 이번 장 첫머리의 인용문을 보라. 우리는 우리가 현재 가진 것으로 최선을 다한다. 사용할 수 있는 자원을 최대한 활용하려고 노력한다. 자극고정은 확실하게 최상의 잠재능력에 접근할 수 있게 하는 방법이다. 우리에게 필요한 것을 언제라도 가져올 수 있다.

우리는 늘 자극고정을 한다. 모든 자극고정은 어떤 자극이 생각, 아이디어, 감정 또는 내적 상태와 연결된 것이다. 이반 파블로프 박사의 연구를 기억하는가? 그는 배고픈 개에게 고기를 보여주고 냄새만 맡게 하고 먹지는 못 하게 했다. 이 고기는 개의 배고픔에 강력한 자극제가 되었다. 곧 개들은 침을 심하게 흘리기 시작했다. 이때 파블로프는 계속해서 특정한 톤으로 종을 울렸다. 얼마 지나지 않아 박사는 더 이상 고기가 필요 없게 되었다. 종만 울리면 개들은 마치 고기가 눈앞에 있는 것처럼 침을 흘렸다. 그가 종소리, 굶주림, 타액 분비를 신경학적으로 연결했기 때문이다. 그때부터 그가 종을 울리기만 하면 개들은 말 그대로 침을 흘리게 되었다.

인간 역시 자극과 반응의 세계에 살고 있다. 인간 행동의 대부분이 무의식적으로 프로그래밍된 반응으로 구성되어 있다. 예를 들어, 사람들은 스트레스를 받으면 곧바로 담배나 술을 찾든가 심하면 약물을 흡입하려고 한다. 하지만 우리는 왜 그런 행동을 하게 되는지에 대해 별로 많이 생각하지 않는다. 파블로프의 개와 같은 원리로 행동하는 것이다. 사실, 우리는 자신의 행동을 바꾸고 싶어도 그 행동이 무의식적이기 때문에 통제할 수 없다고 생각한다. 핵심은 자극이 우리에게 도움이 되지 않는 경우, 그 자극을 제거하고 원하는 내적 상태로 자동 전환하는 새로운 자극과 반응으로 대체할 수 있도록 행동 과정을 인식하는 것이다.

그렇다면 자극제는 어떻게 생겨날까? 사람이 어떤 강렬한 내적 상태에 있으면 몸과 마음이 서로 연결되고, 그 상태의 정점에서 동시에 특정한 자극이 지속적으로 주어지면 자극과 내적 상태는 신경학적으로 연결된다. 그런 다음 자극이 있을 때마다 자동으로 강렬한 내적 상태가 된다. 그래서 우

짤랑짤랑

고양이
사료

"여보, 고양이 좀 불러줘요."

리가 애국가를 부르면 몸에 어떤 감정이 생겨서 국기를 바라보게 되는 것이다. 국가에 대한 충성의 맹세를 할 때도 국기를 바라본다. 그렇게 되면 국기를 보는 것만으로도 이러한 느낌이 자동으로 생겨나는 것이다.

그러나 모든 자극제에 긍정적인 연관성만 있는 것은 아니다. 어떤 자극제는 불쾌감을 주거나 아주 나쁜 것일 수 있다. 고속도로에서 속도위반 딱지를 받으면 그 지점을 통과할 때마다 순간적으로 기분이 가라앉는 느낌이 생길 수 있다. 또한 백미러에서 비상등이 깜박이는 것을 볼 때 기분이 어떤가? 금방 자동적으로 내적 상태가 바뀌지 않는가?

자극제의 효과에 영향을 미치는 것은 본래 내적 상태의 강도다. 때때로 배우자나 상사와 다투는 것과 같은 극도로 불쾌한 경험을 하고 나면 그 사람 얼굴만 쳐다봐도 화가 난다. 그렇게 되면 부부 관계나 직장 내에서의 모든 즐거움은 사라지고 만다. 이번 장에서는 이와 같은 부정적인 자극제를 긍정적인 자극제로 바꾸는 방법을 알아볼 것이다. 이 방법을 알면 긍정적인 자극제를 상기시킬 필요가 없다. 저절로 바뀌게 되니 말이다.

많은 자극제가 우리에게 즐거움을 준다. 우리는 좋아하는 비틀즈 노래를 들으면 여름을 신나게 즐겼던 때를 연상한다. 앞으로도 그 노래들을 들을 때마다 그때를 떠올릴 것이다. 연인과 데이트를 하면서 애플파이와 초콜릿 아이스크림을 먹은 경험이 있다면, 이 두 가지는 그 순간부터 가장 좋아하는 디저트가 될 것이다. 파블로프의 개들이 한 것처럼, 더 이상 그 기억들을 소환하지 않아도 특정한 방식으로 조건 반사적으로 자극고정을 경험한다.

대부분의 자극은 우리도 모르게 무작위로 고정된다. 우리는 TV, 유튜브 및 일상생활에서 무수히 많은 메시지의 폭격을 받는다. 그중 자극제가 되는 것이 있고 그렇지 않은 것도 있다. 거의 모든 것이 우연히 결정된다. 좋은 것이든 나쁜 것이든 강력한 내적 상태에 있을 때 특정한 자극을 받게 되면 고정될 가능성이 높다. 지속적인 자극은 자극고정을 강력하게 연결해주는 도구다. 광고 문구와 같이 어떤 말을 자주 들으면, 그것이 신경체계에 고정될 가능성이 높다. 다행인 점은 자극고정 프로세스를 제어하는 방법을 배우면 긍정적인 자극제는 선택하고 부정적인 자극제는 날려버릴 수 있다는 것이다.

역사적으로 훌륭한 지도자들은 주변의 문화적 자극제를 활용하는 방법을 알고 있었다. 정치인이 '국기로 자신의 몸을 감쌌다면', 강력한 자극제의 마법을 이용하는 것이다. 자신을 국기와 관련된 모든 긍정적인 감정과 연결시키려는 의도다. 그는 최고의 내적 상태에서 애국심과 교감이라는 건전한 관계 형성을 할 수 있다. 7월 4일 미국의 독립기념일 행사를 볼 때 어떤 느낌이 드는가? 자존감이 강하고 야심 있는 정치인들이 매년 이 행사에 빠지지 않고 모습을 드러내는 것은 놀라운 일이 아니다. 최악의 경우에 자극고정은 집단적 추악함을 보여주어 섬뜩하게 만들 수도 있다. 히틀러는 자극고정의 천재였다. 사람들의 마음과 감정의 특정 상태를 나치 문양, 무릎을 굽히지 않는 군인들, 대규모 집회와 연결했다. 사람들을 강렬한 내적 상태에 두고, 계속해서 손을 올리며 '하일 히틀러Heil Hitler'라는 구호를 외치는 것 같은 구체적이고 독특한 자극을 가했다. 사람들은 이 동작을 하면서 그와 연결된 내적 상태를 느끼게 되었다. 그는 이것을 도구로 사용하여 사람들의 내적 상태와 한 국가의 행위를 조작했다.

16장 '재구성'에서, 우리는 동일한 자극도 주변에 놓인 틀에 따라 다른 의미를 가질 수 있다고 배웠다. 자극고정은 긍정적인 방식과 부정적인 방식 모두 가능하다. 히틀러는 당원들의 긍정적이고 강력하고 자랑스러운 감정을 나치의 상징과 연결했다. 또한 이 감정을 적에 대한 공포심과 연결시켰다. 나치 문양이 나치의 돌격대원들과 유대인 공동체 구성원에게 같은 의미였을까? 당연히 아니다. 그러나 유대인 공동체는 이 역사적 경험을 가지고 국가를 건설했으며, 불가능해 보이는 상황에서 국가를 보호하는 데 도움이 되는 강력한 긍정적 자극제로 만들었다. '절대 다시는Never Again'이라는 청각적 자극제는 유대인들에게 주권을 보호하기 위해서라면 무슨 일이든 하겠다는 결의에 찬 내적 상태를 만든다.

많은 정치 분석가들은 지미 카터가 미국 대통령 직위의 권위를 실추시켰다고 한다. 임기 초반에 카터 대통령은 가장 큰 자극제인 미국 대통령 의전곡 '대통령 찬가Hail to the Chief'의 연주를 허식이라고 하면서 중단시켰다. 의도는 좋았다. 하지만 전술적 관점에서 볼 때 바람직하지 않은 처사였다. 지도자가 강력한 지지를 받기 위해서는 강력한 자극제를 사용하는 것이 대단히 효과적이기 때문이다. 로널드 레이건 대통령만큼 자주 국기로 자신의 몸을 감싼 대통령은 없을 것이다. 그를 지지하든 지지하지 않든 정치적 상징을 적절히 사용하는 그의 기술(또는 참모들의 기술)에 감탄하지 않을 수 없다.

자극고정은 심오한 감정과 경험에만 국한되지 않는다. 코미디언도 자극고정의 대가들이다. 유명 코미디언들은 특유의 목소리나 어조, 몸짓을 사용하여 웃음을 유발하는 방법을 알고 있다. 사람들을 웃기기 위해 무언가를 하면서, 사람들이 특정한 강렬한 상태에 몰입되어 있을 때 특유의 미소나 표정 또는 독특한 목소리 톤과 같은 것으로 구체적이고 독특한 자극을 준다. 사람들의 웃음이 그의 표현과 연결될 때까지 계속해서 시도한다. 연결이 되면 곧바로 그가 그 표정을 지을 때마다 사람들은 웃음을 참지 못하게 된다. 리처드 프라이어(미국의 스탠드업 코미디언 겸 배우-옮긴이)는 이 방면의 대가다. 자니 카슨(미국의 배우이자 코미디언 겸 작가로, 심야 토크쇼 진행자로 유명함-옮긴이) 역시 많은 청중을 대상으로 하는 자극고정의 달인이었다. 우스꽝스러운 미소를 짓기만 하면, 그의 말이 끝나기도 전에 청중은 웃기 시작한다. 전에도 수없이 많이 경험했기 때문에 그가 무슨 말을 할지 아는 것이다. 로드니 데인저필드(미국의 스탠드업 코미디언 겸 배우-옮긴이)가 "내 아내를 데려가세요."라고 말하면 어떤 반응이 일어날까? 사실 말 자체는 전혀 우습지 않다. 그러나 이 문장에는 그가 고정시킨 자극이 있기 때문에 사람들이 이 말을 들으면 웃게 되는 것이다.

이번에는 내가 자극제를 최대한 활용한 예를 들어보겠다. 존 그라인더와 나는 다양한 분야에서 효율성을 극대화하기 위한 방안으로, 미 육군과 협상을 통해 일련의 새로운 훈련 모델을 만든 적이 있다. 담당 장군은 실무 장교들과 시간, 경비, 장소 등에 대해 합의할 자리를 주선했다. 우리는 탁자가 말발굽 모양으로 배치된 큰 회의실에서 장교들을 만났다. 탁자 맨 상석에는 장군을 위한 의자가 있었다. 장군이 없더라도 그 의자는 방에서 가장 강력한 자극제임이 분명했다. 모든 장교들이 최고의 존경심으로 대하는 자리였으며, 장군의 의심할 바 없는 결정과 명령이 내려지는 곳이었다. 존과 나는 장군의 의자 뒤로 가서 의자를 만지고 의자에 앉아보기까지 했다. 우리는 장군과 그에 대한 상징물에 대한 반응이 우리에게 어느 정도 옮겨질 때까지 이 행동을 계속했다. 원하는 금액을 제시할 때가 되자, 나는 장군의 의자 옆에 서서 최대한 단호하고 위엄 있는 목소리와 자세로 우리가 원하는 금액을 말했다. 이전에는 금액에 대해 이견이 있었지만, 이번에는 아무도 이의를 제기하지 않았다. 우리는 장군의 의자를 자극제로 이용했기 때문에 시간을 허비하지 않고 공정한 가격에 협상할 수 있었다. 합의는 마치 내가 명령하는 것처럼 순조롭게 마무리되었다. 대부분의 높은 수준의 협상에는 효과적인 자극고정 프로세스를 이용한다.

자극고정은 많은 프로 운동선수들이 사용하는 도구이기도 하다. 물론 선수들은 자극고정이라는 말을 사용하지 않고, 심지어 의식하지 못하지만 자극고정의 원리를 적용한다. 농구에서 클러치 플레이어Clutch Player(접전인 상황에서 승부를 결정지을 슛을 넣는 선수-옮긴이)로 알려진 선수들은 사활을 건 상황에서 최고의 능력이 촉발되거나 자극고정이 된다. 자원이 풍부해지고 효과적인 상태가 되어 최고의 결과를 만들어내는 것이다. 선수들은 자신이 원하는 상태가 되기 위한 훈련을 하기도 한다. 테니스 선수들은 일정한 리듬을 주어가며 공을 튕기거나 서브를 넣기 전에 최상의 컨디션을 유지하기 위해 특정한 호흡 패턴을 사용한다.

나는 1984년 올림픽 수영 1,500미터 자유형 금메달리스트인 마이클 오브라이언에게 자극고정과 재구성 기법을 사용했다. 그의 부정적인 믿음을 재구성했다. 그에게 예전에 시합에서 상대 선수들을 이겼을 때 들었던 음악을 되새기라고 말했다. 그리고 그때 최상의 컨디션을 출발 신호 총소리에 고정시키고, 수영하면서 내려다보이는 검은 선에도 고정시켰다. 그는 최상의 내적 상태에서 자신이 원하는 결과를 얻을 수 있었다.

이제는 자신이나 다른 사람을 위해 어떻게 의식적으로 자극제를 만들 수 있는지 좀 더 구체적으로 알아보자. 기본적으로 두 가지 단계가 있다. 우선, 자신이나 자극고정을 하려는 사람을 특정 내적 상태에 있도록 해야 한다. 그런 다음, 그 사람의 내적 상태가 최고에 이를 수 있도록 계속해서 구체적으로 자극을 가한다. 예를 들어, 어떤 사람이 웃고 있다면 몸 전체가 특정한 내적 상태에 있는 것이다. 적당한 힘으로 그의 귀를 쥐고 특정 소리를 몇 번 지른다. 시간이 지난 후 귀를 꽉 쥐고 같은 소리로 자극을 주면 그는 웃는 상태로 다시 돌아갈 것이다.

누군가에게 자신감 자극제를 주입하는 또 다른 방법은 그에게 그가 원하는 내적 상태를 기억하도록 한 다음 그때로 돌아가서 당시의 느낌을 체감하게 하는 것이다. 이렇게 하면 표정, 자세, 호흡과 같은 생리체계가 바뀌기 시작한다. 이 내적 상태가 절정에 가까워지면 빠르게 구체적이고 독특한 자극을 여러 번 가한다.

이와 같은 자극고정 방식을 사용하면 자신감 있는 내적 상태에 더 빨리 도달할 수 있다. 예를 들어, 누군가가 자신감을 느낄 때 그가 어떻게 서 있는지를 알아낸 다음 그 자세가 될 때 자극을 준다. 완전히 자신감을 가지게 될 때는 어떻게 호흡하는지 알려달라고 하고, 그와 같이 호흡할 때 또다시 자극을 준다. 목소리 톤도 완전히 자신감이 있을 때 어떤지 물어보고, 같은 톤으로 말할 때 똑같은 자극을 준다. (예를 들면, 어깨의 같은 부위에 압박을 가한다.)

자극고정의 핵심 요소 네 가지

내적 상태의 강도

타이밍(경험의 정점)

자극의 독특성

자극 복제

일단 자극이 고정되었다고 생각되면 시험해봐야 한다. 먼저 어떤 사람을 새로운 내적 상태 또는 평온한 내적 상태에 있게 한다. 이를 수행하는 가장 쉬운 방법은 생리체계를 바꾸거나 완전히 다른 것을 생각하게 하는 것이다. 그런 다음 자극제를 시험하기 위해 적절한 자극을 주고 관찰한다. 그의 생리체계가 이전과 같은가? 그렇다면 이 자극제는 효과가 있다. 그렇지 않다면 성공적인 자극고정의 네 가지 핵심 요소 중 하나를 놓친 것이다.

1. 효과적으로 자극고정을 하기 위해서는 자극을 줄 때 상대가 완전히 몰두하고 몸과 마음이 일치된 상태여야 한다.

나는 이것을 강렬한 상태라고 부른다. 자극은 강도가 강할수록 고정하기 쉽고 오래 지속된다. 만약 다른 것을 생각하는 상태에서 자극고정을 하게 되면 자극이 다른 신호에 연결되어 강력하지 않게 된다. 또한 앞에서 언급한 대로 사람이 무언가를 느꼈던 그때를 지켜보고 그에게 자극을 고정시키면, 나중에 자극을 가할 때 몸과 마음으로 직접 경험하는 것이 아니라 당시의 이미지를 보는 것으로 연결될 것이다.

2. 경험이 정점에 도달했을 때 자극을 주어야 한다.

자극고정을 너무 빨리 또는 너무 늦게 하면 강도가 완전치 않을 수 있다. 상대의 내적 상태가 언제 정점에 이르는지 언제 약해지는지 유심히 지켜보면, 경험이 정점에 도달한 때를 알 수 있다. 아니면 상대에게 정점에 도달했을 때 알려달라고 요청해서 고유의 자극을 가할 수 있는 결정적인 순간을 포착할 수 있다.

3. 독특한 자극을 선택해야 한다.

자극제가 뇌에 분명하고 틀림없는 신호를 보내는 것이 가장 중요하다. 상대가 강렬하고 고유한 내적 상태에 있는데 그 상태를 일반적이고 흔한 자극과 연결시키려고 한다면, 독특함이 없기 때문에 뇌가 특정한 신호를 받기 어렵다. 그러면 효과적인 자극이 되지 못한다. 악수를 예로 들면, 악수는 늘 하는 것이기 때문에 아무리 독특한 방식(특이한 압력, 장소 등)으로 해도 큰 효과가 없다. 최고의 자극제는 시각, 청각, 운동감각 등의 여러 내적 표상체계를 동시에 작동시켜 뇌가 특정 의미와 더 쉽게 연관시킬 수 있도록 고유한 자극을 형성하는 것이다. 따라서 상대에게 특정한 접촉과 특정한 목소리 톤으로 자극고정을 하는 것이 일반적인 접촉을 통해 하는 것보다 훨씬 효과적이다.

4. 자극제가 작동하려면 정확하게 복제해야 한다.

상대를 특정한 내적 상태에 있게 하고 나중에 정확한 위치를 찾아서 강렬한 강도로 압력을 가해야 하는데, 그렇지 않으면 별 효과가 없다.

이 핵심 요소 네 가지를 따라 자극고정을 하면 효과가 있다. 내가 숯불건기를 하는 목적은 사람들에게 가장 자원이 풍부하고 긍정적인 에너지를 가진 자극제를 만드는 방법을 가르치기 위해서다. 나는 사람들이 강력한 에너지를 불러일으킬 때마다 주먹을 쥐게 함으로써 '조건화Conditioning' 과정을 거치게 한다. 세미나가 끝날 즈음, 사람들은 주먹을 쥐면 즉시 내부에서 강력한 에너지가 솟아오르는 것을 느끼게 된다.

이제 간단한 자극고정 실습을 해보자. 일어서서, 완전히 자신감에 넘쳐 하고 싶은 것은 무엇이든 할 수 있다는 확신이 있었을 때를 생각해보라. 자신을 그때와 같은 생리체계에 두라. 그런 다음 자신감이 넘쳤을 때처럼 서보라. 정점에 이르렀을 때 주먹을 쥐고, 강하고 확실한 어조로 "좋아!"라고 외친다. 완전히 자신만만했을 때처럼 호흡하라. 다시 똑같이 주먹을 쥐고 같은 목소리 톤으로 "좋아!"라고 말하라. 이제 완전한 자신감과 통제력을 가진 사람의 어조로 말하라. 그러면서 똑같이 주먹을 쥐고 같은 식으로 "좋아!"라고 말한다.

자신감이 충만했던 때가 기억나지 않는다면, 그런 경험을 하면 어떨지 상상해보라. 완전히 자신 있게 자신을 통제하는 법을 아는 사람과 같은 생리체계를 만들라. 그리고 완전한 자신감을 느꼈을 때처럼 호흡하라. 이 책에 있는 다른 모든 실습과 마찬가지로 직접 꼭 실습해보기 바란다. 책을 읽은 것만으로는 별로 도움이 되지 않는다. 직접 시도해볼 때 놀라운 경험을 할 수 있다.

완전히 자신감이 충만한 상태로 서서 주먹을 쥐고 힘찬 목소리로 "좋아!"라고 외쳐라. 무엇이든 할 수 있다는 자신감과 당신이 가진 놀라운 신체적·정신적 자원을 인식하고 밀려오는 엄청난 힘을 느껴보라. 이 과정을 5~6회 반복하면 점점 더 강해지는 느낌이 들 것이다. 신경체계에서 내적 상태와 주먹을 쥐는 행동을 연결시키면서 "좋아!"라고 말하라. 그런 다음

자극고정 방법

1. 진정으로 원하는 구체적인 목표를 확인하고, 자신 또는 다른 사람을 위해 그 목표를 달성하는 데 도움이 될 만한 구체적인 내적 상태를 명확하게 만든다.
2. 기준이 될 만한 경험을 조정한다.
3. 언어 및 비언어적 의사소통 패턴을 사용하여 자신이 원하는 상태로 유도한다.
4. 예민한 감각을 사용하여 언제 그 내적 상태의 정점에 있는지를 결정하고 정확한 때에 자극을 가한다.
5. 다음과 같이 함으로써 자극고정이 제대로 되었는지 시험한다.
   a. 생리체계를 변경하여 내적 상태에서 빠져나온다.
   b. 자극을 주어 바라던 상태가 되었는지 확인한다.

다시 원래의 내적 상태와 생리체계로 돌아간다. 이제 자극고정을 위해 처음에 했던 것처럼 주먹을 쥐고 "좋아!"라고 말해보라. 어떤 느낌이 드는지 주목하라. 며칠 동안 되풀이해서 시도하라. 자신을 가장 자신감 있고 강력한 내적 상태로 만들고 그 느낌의 정점에서 자신만의 방식으로 주먹을 쥐어보라.

얼마 지나지 않아, 주먹을 쥐는 것만으로도 그 내적 상태를 마음대로 불러낼 수 있게 될 것이다. 한두 번으로는 안 될 수 있지만 그다지 오래 걸리지는 않을 것이다. 내적 상태가 아주 강렬하고 자극이 충분히 독특하다면 한두 번의 반복만으로도 자신에게 자극을 고정시킬 수 있다.

일단 이런 식으로 자극고정을 하고 나면 나중에 힘든 상황에 처했을 때

이 방법을 사용할 수 있다. 주먹을 쥐는 순간 우리는 완전히 자원이 풍부하다는 것을 느끼게 된다. 자극고정은 순간적으로 신경체계를 정렬시키기 때문에 그런 힘을 갖게 되는 것이다. 기존의 긍정적 사고법에서는 일단 멈추고 생각하라고 말한다. 강력한 생리체계에 들어가기 위해서는 시간과 의식적인 노력이 필요하다. 하지만 자극고정은 순식간에 작동하여, 우리 안에 있는 최고로 강력한 자원들을 불러낼 수 있다.

동일한 자극제를 '쌓아올리듯' 반복하면 최고의 효과를 얻을 수 있다. 자원이 풍부한 경험이 누적될 때도 강력한 효과가 발휘될 수 있다. 예를 들어, 나는 합기도 사범과 같은 생리체계와 자세를 취함으로써 아주 강력하고 흔들림 없는 상태에 들어갈 수 있다. 그 상태에서 수백 번의 숯불걷기를 했고, 스카이다이빙을 했으며, 그 밖에도 많은 것에 도전하고 극복했다. 각각의 상황에서 가장 자원이 풍부해졌을 때, 나는 경험의 정점에서 독특한 주먹 쥐기를 했다. 그래서 이제 같은 식으로 주먹을 쥐면 모든 강력한 감정과 신체가 동시에 나의 신경계를 자극한다. 이때 어떤 묘약으로도 느끼지 못한 엄청나게 좋은 느낌을 받을 수 있다. 스카이다이빙, 하와이 야간 다이빙, 거대한 피라미드에서 잠자기, 돌고래와 함께 수영하기, 숯불걷기, 한계 돌파하기, 스포츠대회 우승 등을 한꺼번에 경험하는 것과 같다. 그래서 더 자주 내적 상태에 들어가서 새롭고, 강력하고, 긍정적인 경험을 추가할수록 더 많은 힘과 성공이 거기에 고정된다. 이것이 바로 성공 순환의 또 다른 예다. 성공은 성공을 낳는다. 힘과 자원은 더 많은 힘과 자원을 낳는다.

한 가지 도전 과제를 제시하겠다. 내적 상태가 긍정적인 세 명의 사람에게 자극고정을 해보라. 그리고 이들에게 활력이 넘쳤던 때를 기억하라고 말한다. 그것을 완전히 다시 경험하게 하고 같은 상태에서 그 기억을 여러 차례 자극고정을 한다. 그런 다음 대화를 나누고 주의가 산만해질 때 자극제를 시험해본다. 좀 전과 같은 활력이 넘치는 상태로 돌아가는가? 그렇지 않으면 앞에서 말한 네 가지 핵심 요소를 확인하고 다시 자극고정을 시도하라.

자극제가 원하는 내적 상태를 불러오지 못하면, 그건 네 가지 요소 중 하나를 빠뜨렸기 때문이다. 특정 상태에 완전히 연결되어 있지 않거나 정점이 지난 내적 상태에 자극고정을 했을 수 있다. 아니면 자극이 충분히 독특하지 않았거나 자극이 고정된 경험을 다시 불러올 때 자극을 완벽하게 복제하지 않았을 수도 있다. 이 모든 경우에 자극고정이 제대로 수행되고 있는지 확인하고, 다시 자극을 고정할 때 작동하는 자극제를 생성할 때까지 접근 방식을 적절하게 변경할 수 있는 예민한 감각이 필요하다.

한 가지 더 실습해보자. 쉽게 도달할 수 있다고 생각하는 내적 상태나 감정을 3~5개 선택한 다음, 쉽게 접근할 수 있도록 신체의 특정 부위에 자극고정을 한다. 어떤 결정을 내릴 때마다 어려움을 느끼는데, 이를 바꾸고 싶다고 가정한다. 손가락 마디를 사용하여 빠르고 효과적으로 쉽게 결정을 내릴 수 있는 내적 상태를 만들 수 있다. 지금까지 살면서 아주 결단력이 뛰어났던 때를 생각하고, 그 상황에 들어가서 그때와 똑같이 느껴라. 과거에 큰 결단을 내린 자신의 상황을 다시 경험하라. 그 경험이 정점에 이르렀을 때 결단력 있게 손가락 마디를 꾹 누르면서 마음속으로 '좋아'라고 외친다. 이제 또 다른 상황을 생각해보고, 느낌이 정점에 달했을 때 손가락 마디에 같은 압력을 주고 같은 소리로 자극고정을 한다. 일련의 강력한 자극제를 쌓으려면 이 작업을 5~6회 반복한다. 이제 결정해야 할 것을 생각해보라. 알아야 할 모든 것에 대해 생각한다. 그런 다음 손가락 마디를 자극하면 빠르고 쉽게 결정을 내릴 수 있다. 필요하다면 다른 손가락을 사용하여 편안한 느낌을 고정할 수도 있다. 나는 창조적인 감정을 한 손가락에 자극고정

상태 변화를 조정(식별)하는 방법

다음의 변화에 주목하라.

호흡
위치

멈춤

속도

크기

눈 움직임

아랫입술 크기

자세

근육긴장도

동공 확장

피부색 / 반응

목소리
속성

속도

음색

톤

크기

을 했다. 꽉 막힌 상태에서 창의력을 발휘하는 순간, 나 자신을 바꿀 수 있다. 충분히 시간을 두고 다섯 가지 내적 상태를 선택하고 몸에 자극고정을 하라. 그러면 자신의 신경체계를 정확하고 신속하게 통제할 수 있는 즐거움을 누릴 수 있다. 지금 당장 시도해보라.

자극고정은 자극이 고정된 사람이 자신에게 무슨 일이 일어났는지 잘 모를 때 가장 효과적이다. 지미 카터는 자신의 회고록《신념 지키기Keeping Faith》에서 자극고정의 특출한 사례를 보여준다. 소련과의 군비 감축 협상 도중 레오니트 브레즈네프 공산당 서기장이 카터의 어깨에 손을 얹고 유창한 영어로 "지미, 우리가 이 협상에 성공하지 못하면 신이 우리를 용서하지 않을 거요."라고 말해서 그를 놀라게 했다. 몇 년 후 카터 대통령은 TV 인터뷰에서 브레즈네프를 '평화를 수호하는 사람'이라고 표현했다. 카터는 실제로 자신의 어깨를 만지며 "지금도 그의 손이 내 어깨 위에 있다고 느껴집니다."라고 말했다. 브레즈네프가 완벽한 영어로 신에 대해 말함으로써 그를 놀라게 했기 때문에 그 경험을 매우 생생하게 기억하고 있는 것이다. 신앙심이 깊은 카터는 분명 브레즈네프의 말에도 강렬한 느낌을 받았지만, 가장 중요한 순간은 브레즈네프가 그의 어깨에 손을 올렸을 때였다. 카터 대통령이 느낀 감정과 사안의 중대성이 그 경험을 평생 잊지 못하도록 만들어준 것이다.

자극고정은 두려움을 극복하고 행동방식을 바꾸는 데 크게 효과적일 수 있다. 얼마 전 세미나에서 자극고정을 한 사례를 하나 들어본다. 여자든 남자든 이성을 상대하는 데 힘들어하는 사람이 있으면 앞으로 나오라고 말하자, 다소 소심해 보이는 한 청년이 나왔다. 내가 그에게 낯선 여자에게 말을 걸거나 데이트 신청을 하는 것을 어떻게 생각하는지 물어보자, 순간적으로 그의 신체 반응이 바뀌는 것을 알 수 있었다. 자세가 흐트러지고 시선이 아래를 향했으며 목소리도 떨렸다. "저는 그런 건 정말 못해요."라고 말했다. 나는 아무 말도 할 필요가 없었다. 그의 생리체계가 이미 모든 것을 말해주었기 때문이다. 나는 그에게 자신감이 넘치고 자부심이 느껴지고 성공할 거라는 확신에 차 있을 때를 떠올려보라고 함으로써 그의 내적 상태를 흔들었다. 그는 고개를 끄덕였고, 나는 그때의 내적 상태로 유도했다. 그리고 그때처럼 자신 있게 서고, 숨을 쉬게 하고, 그 내적 상태에 있을 때 누군가가 그에게 했던 말을 떠올리라고 했다. 그의 경험이 정점에 이르렀을 때 나는 그의 어깨에 손을 올렸다.

그런 다음 똑같은 경험을 여러 차례 반복하게 했다. 매번 청년이 똑같은 것을 느끼고, 듣고 있다고 확신했다. 경험의 정점에 도달했을 때마다 자극 고정을 반복했다. 성공적인 자극고정은 정확한 반복에 달려 있기 때문에 나 역시 매번 조심스럽게 같은 방식으로 그를 만지고 정확히 같은 내적 상태로 이끌었다.

그때 그에게 성공적으로 자극이 고정되었다고 느꼈다. 그다음 시험해보기로 했다. 나는 그의 내적 상태를 원래로 되돌리고 그가 여자를 어떻게 생각하는지 다시 물었다. 곧바로 그는 이전의 우울한 생리체계로 되돌아가기 시작했다. 어깨가 처지고 호흡하기가 힘들어 보였다. 그러나 좀 전에 자극을 가했던 어깨를 만지자 그의 몸은 자동적으로 자원이 풍부한 생리체계로 바뀌기 시작했다. 자극고정을 했을 때 사람의 내적 상태가 절망이나 공포에서 자신감으로 얼마나 빨리 바뀔 수 있는지를 보면 놀라지 않을 수 없다.

자극고정이 끝나면 누군가가 자신의 어깨(또는 자극고정이 된 모든 부분)에 손을 대기만 해도 그는 원하는 내적 상태를 불러올 수 있다. 하지만 여기서 한 단계 더 나아갈 수 있다. 이 긍정적인 내적 상태를 자원이 부족한 느낌을 불러올 때 사용한 바로 그 자극으로 전환할 수 있다. 그렇게 되면 그런 부정적인 내적 상태를 불러내는 자극이 그 후부터는 자원이 충만한 느낌이 들게 되는 내적 상태와 연결된다. 여기에 그 방법이 있다. 나는 그 청년에게 참석자 중에서 평소에는 접근하는 것을 꿈도 꾸지 못할 매력적인 여자를 선택하도록 요청했다. 잠시 머뭇거리는 것을 보고, 나는 그의 어깨에 손을 올렸다. 그 순간 그는 몸짓과 태도가 바뀌면서 한 매력적인 여자를 선택했다. 나는 그녀를 따로 불러서 지금 이 남자가 데이트 신청을 할 텐데 완전히 무시하라고 말했다.

내가 그 청년의 어깨를 만지자 그는 자원이 풍부한 생리체계 상태가 되었다. 눈을 위로 치켜뜨고 충분히 숨을 내쉰 다음 어깨를 뒤로 젖혔다. 그는 그녀에게 다가가 "저, 안녕하세요?"라고 말했다.

그녀는 "날 좀 내버려둬요!"라고 쏘아붙였다. 하지만 그는 당황하지 않았다. 이전에는 여자를 처다보는 것만으로도 생리체계가 뒤얽혔지만 지금은 그저 미소만 지을 뿐이었다. 나는 계속 그의 어깨를 잡고 있었고, 그는 계속해서 여자에게 접근했다. 그녀가 더 심한 말을 해도 그의 자신감은 변함없었다. 내가 그의 어깨에서 손을 뗀 후에도 그는 계속해서 자신감을 유지했다. 이제 아름다운 여자를 보거나 심지어 거절을 당해도 자원이 풍부한 내적 상태에 있게 되는 새로운 신경체계의 연결고리가 생긴 것이다. 급기야 여자는 "제발 그만 좀 귀찮게 할래요?"라고 말했다. 그러자 그는 진지한 목소리로 "내가 에너지가 넘치는 사람인지 보고도 모르세요?"라고 말했다. 이 말에 그 자리에 있던 사람들이 모두 웃음을 터뜨렸다.

이제 그 청년은 혼자서도 아주 강렬한 내적 상태에 있게 되었다. 그를 소심하게 만든 자극은 이전에 머뭇거리게 한 아름다운 여자 자체 또는 그 여자의 거절이었다. 간단히 말하면, 나는 다른 자극제를 가져다가 그에게 고정시켰다. 여자에게 거절당해도 강렬한 내적 상태를 유지하게 함으로써 그의 뇌는 자신감을 느낀 내적 상태를 차분하고 자신감 있게 여자의 거절과 연결하기 시작했다. 여자가 아무리 거절해도 그는 더 편안한 상태에서 자신만만하고 차분해졌다. 이렇게 순간적으로 일어난 변화가 정말 놀라울 따름이다.

당연히 "글쎄요, 세미나에서는 그런 굉장한 일이 생길 수 있겠죠. 그런데 현실에서도 그렇게 될까요?"라고 의문 섞인 질문을 할 수도 있지만, 자극과 반응의 고리가 제대로 설정되었다면 어디서든 그 결과는 같다. 실제로 그 청년에게 교육 기간 동안 저녁때 다른 사람을 만나보라고 했는데, 결과는 놀라웠다. 두려움이 사라졌기 때문에 예전에는 접근조차 하지 못한 사람들과 관계를 발전시키기 시작했다. 하지만 곰곰이 생각해보면 그다지 놀라운 일이 아니다. 우리는 어렸을 때 거절에 대응하는 방법을 배우지 못한 것뿐이다. 세상에는 본받을 만한 모델이 많다. 이제야 비로소 직접 새로운 신경반응 체계를 선택하게 된 것뿐이다. 2년 전 진행한 세미나 참석자 중에서도 여자를 무척 두려워하는 한 남자가 있었다. 지금 그는 가수로 활동하고 있다. 수많은 여성 팬이 그를 따라다니고 그 역시 이 생활에 만족하고 있다. 나는 '정신 혁명Mind Revolution'이라는 세미나에서 이 상황을 약간씩 변형하여 활용하고 있는데, 사람들이 변화하는 모습에 자주 놀란다. 간혹 이 자극고정 기법을 약간 수정하여 공포증 치료에 사용하기도 한다.

> "늘 해오던 대로만 하면 늘 얻었던 것만 얻게 될 것이다."
> 작자 미상

자극고정은 우리 주변에서 흔히 나타나는데, 자극고정이 어떤 것인지 제대로 인식하는 것이 중요하다. 언제 나타나는지를 알아야 우리가 원하는 대로 사용할 수 있고 바꿀 수도 있다. 자극고정을 인식하지 못하면 이유 없이 오락가락하는 것 같은 내적 상태를 이해하지 못할 수 있다. 흔하게 접할 수 있는 예를 들어본다. 어떤 사람의 가족 중 한 명이 사망했다고 가정해보자. 그는 아주 깊은 슬픔에 빠져 있다. 장례식에 많은 사람들이 찾아와 그의 왼팔 윗부분을 만지며 애도를 표한다. 많은 사람들이 같은 방식으로 그의 팔을 만지고 그가 계속 우울한 상태에 빠져 있다면, 접촉이 많은 팔 부위에 자극이 고정되었다고 할 수 있다. 장례식이 끝나고 몇 달이 지나도 누군가가 그의 팔에 같은 종류의 자극을 주면 완전히 다른 상황에서도 같은 슬픔을 유발할 수 있다. 그러나 그는 자신에게 왜 그런 감정이 생기는지 모른다.

이 경우와 같이, 이유도 모른 채 갑자기 우울해지는 경험을 해본 적이 있지 않은가? 분명히 있을 것이다. 더 이상 이 세상에 없는 사랑하던 사람과 연결된 노래가 배경음악처럼 잔잔하게 흘러서 눈치채지 못했을 수도 있다. 아니면 누군가가 우리를 바라보았던 어떤 표정이었을 수도 있다. 자극제는 우리가 의식하지 못한 채 작동한다는 사실을 잊지 마라.

이번에는 부정적인 자극제를 다루는 기법을 몇 가지 알아보자. 한 가지는 반대되는 자극제를 동시에 자극하는 것이다. 장례식에서 촉발되어 고정된 슬픈 감정을 다시 이야기해보자. 자극이 왼팔 윗부분에 고정되어 있을 때 여기에 대처하는 방법은 오른팔의 같은 위치에 반대되는 느낌, 이를테면 가장 강력하고 자원이 풍부한 느낌을 고정하는 것이다. 두 자극제를 동시에 불러오면 놀라운 일이 생긴다. 뇌는 신경체계에서 이 두 가지를 연결한다. 그런 다음 하나가 자극되면 언제든지 두 가지 반응 중 하나를 선택하게 된다. 이 경우, 뇌는 거의 대부분 더 긍정적인 반응을 선택한다. 그럼으로써 우리는 긍정적인 내적 상태 아니면 중립 상태(두 자극제가 서로 상쇄된 상태)로 들어가게 된다.

친밀한 관계를 오래 지속되게 하려면 자극고정이 꼭 필요하다. 예를 들어, 나는 아내 베키와 함께 세계 곳곳을 여행하면서 그 지역 사람들과 이런 생각들을 공유한다. 우리는 지속적으로 아주 강한 긍정적 상태에서 최고의 경험을 하고 서로를 바라보거나 접촉한다. 그 결과, 우리 관계는 긍정적인 자극제로 가득 차게 되었다. 서로의 얼굴을 볼 때마다 아주 강력하고 사랑스럽고 행복한 경험이 살아난다. 대조적으로 두 사람의 관계가 서로 견딜 수 없는 상황에 이르게 되는 이유는 부정적인 자극제가 너무 많기 때문이다. 부부 관계에서 서로에 대해 긍정적인 경험보다 부정적인 경험을 더 많이 하는 시기가 있다. 그런 상태에서는 서로 얼굴을 맞대고만 있어도 부정적인 감정이 상대에게 주입된다. 때로는 서로를 쳐다보기만 해도 떨어져 있고 싶어진다. 이런 상황은 특히 부부가 많이 싸우고, 화가 난 상태에서 서로에게 상처를 주거나 화를 돋우는 말을 할 때 발생한다. (이때 패턴 중단을 사용하는 것을 잊지 마라!) 이러한 강렬한 내적 상태가 상대의 얼굴과 연결되면, 이들은 각각 다른 사람, 즉 아마도 새로운 누군가 긍정적인 경험만을 나타내는 사람과 함께 있고 싶어질 것이다.

어느 날 늦은 저녁에 베키와 내가 호텔에 투숙할 때 일어난 일이다. 호텔 문 앞에는 안내 직원도 주차 직원도 없었다. 나는 프런트에 있는 직원에게 발레파킹을 요청하고, 호텔 방까지 가방을 가져다달라고 했다. 직원은 알겠다고 말했고, 우리는 방에 들어가 쉬고 있었다. 그러나 한 시간이 지나도 가방을 가져오지 않아 프런트에 전화를 걸었다. 결론부터 말하면, 우리가 가진 모든 것, 즉 신용카드, 여권, 고액의 자기앞수표를 몽땅 도난당했다. 2주간의 여행을 하기 위한 짐이었다. 그때 내가 어떤 내적 상태였는지는 짐작할 수 있을 것이다. 나는 화가 나고 속이 상한 상태에서 계속 베키를 바라보았고 베키도 화가 많이 나 있었다. 15분 정도 지난 뒤, 나는 화를 내봤자 바뀌는 것은 아무것도 없다는 사실을 깨달았다. 모든 일에는 이유가 있으며 여기에는 분명히 어떤 교훈이 있을 것이라고 생각했다. 그래서 내적 상태를 바꾸었고, 다시 기분이 좋아졌다. 하지만 10분 정도 지난 후에 베키를 쳐다보자, 그 일과 관련해서 아무것도 하지 않은 것에 화가 나기 시작했다. 아내가 전혀 매력적으로 보이지 않았다. 이때 나는 잠시 멈추고 스스로에게 물었다. 지금 내가 뭘 하고 있는 거지? 나는 우리 물건을 잃은 것의 모든 부정적인 감정을 베키와 연관 지었다는 것을 깨달았다. 아내는 이 일과 아무런 관계가 없었지만 그녀를 보는 것만으로도 끔찍하다는 생각이 들었다. 나중에 내가 경험한 것을 아내에게 이야기하자 그녀도 나와 비슷한 감정을 느꼈다고 말했다. 그래서 우리는 어떻게 했을까? 우리에게 고정되어 있는 자극제를 해체했다. 그리고 각자 신나고 긍정적인 일을 하기 시작했다. 그러자 10분도 안 되어 서로의 얼굴을 바라볼 때 둘 다 좋은 내적 상태가 되어 있었다.

세계적으로 저명한 결혼 및 가정 상담가인 버지니아 사티어는 상담을 할 때 언제나 자극고정을 활용했다. 결과는 아주 좋았다. 밴들러와 그라인더는 그녀를 모델링하면서 그녀가 사용한 기법과 전통적인 가정상담 기법의 차이에 주목했다. 부부가 상담을 받으러 왔을 때, 대부분의 치료사는 이들의 근본적인 문제가 억압된 감정과 분노에 있다고 생각한다. 그래서 그들이 서로에 대해 정확히 어떻게 느끼는지 말하도록 하는 것이 도움이 될 것이라고 믿는다. 하지만 부부가 왜 화가 났는지를 말하기 시작할 때 어떤 일이 일어날지 상상할 수 있을 것이다. 심리치료사가 분노의 메시지를 강하고 생생하게 전달하도록 권할수록 서로의 얼굴만 봐도 더욱 강한 부정적인 자극제만 만들게 될 뿐이다.

부정적인 감정을 오랫동안 품고 있었다면 감정을 표출하는 것만으로도 확실히 도움이 될 수 있다. 그리고 성공적인 결혼생활을 위해서는 부부간에 진실을 말하는 것이 필요하다고 생각한다. 하지만 이 과정에서 생기는 부정적인 자극제의 영향에 대해서는 의문이 생긴다. 진심으로 의도하지 않은 말로 시작되는 언쟁을 해본 적이 있을 것이다. 하지만 말을 많이 할수록 상황은 더 심각해질 뿐이다. 이런 상황에서 배우자가 어떻게 나의 '진짜' 감정을 알 수 있겠는가? 사랑하는 사람에게 자신의 감정을 전달하기 전에 자신을 부정적인 상태로 만드는 문제부터 해결해야 한다. 버지니아 사티어는 서로에게 소리를 지르는 것 대신 처음 사랑에 빠졌을 때처럼 서로를 바라보게 한다. 그리고 그때처럼 상대에게 말하라고 요구한다. 치료 과정 내내 긍정적인 자극제를 쌓아서 상대의 얼굴을 쳐다보면서 아주 좋은 느낌을 받게 한다. 이 상태에서는 상대의 감정을 해치지 않고 명확한 의사소통을 통해 문제를 해결할 수 있다. 실은 두 사람은 서로를 매우 배려하고 세심하게 대함으로써 새로운 방식, 즉 미래의 문제를 해결할 수 있는 새로운 패턴을 설정한 것이다.

이제 부정적인 자극제를 처리하기 위한 또 다른 강력한 도구에 대해 이야기해보자. 우선 긍정적이고 강력한 자원이 될 수 있는 자극제를 만든다. 부정적인 것보다 긍정적인 것부터 시작하는 것이 가장 좋다. 그렇게 하면, 다루기 힘들 정도로 부정적이 될 때 그 상태에서 빠르고 쉽게 벗어날 수 있는 도구를 갖게 된다.

지금까지 살면서 겪은 가장 강력하고 긍정적인 경험을 하나 떠올려보라. 그 경험과 느낌을 오른손에 올려놓는다. 이렇게 상상하고 오른손 위에 있는 것을 느껴보라. 지금까지 가장 강한 자부심을 느꼈을 때를 생각해보라. 그 경험과 느낌도 오른손에 놓는다. 이번에는 강렬하고 긍정적으로 사랑하는 느낌이 들었던 때를 생각하고, 그것도 오른손에 올려놓고 어떻게 느껴지는지 경험해보라. 미친 듯이 웃거나 웃음이 멈추지 않은 적이 있을 것이다. 그 경험도 오른손에 올려놓고, 모든 사랑스럽고 자원이 풍부한 상태에서 긍정적이고 강력한 감정이 어떻게 느껴지는지 살펴보라. 이제 이 강력한 감정들이 합쳐져서 오른손에서 어떤 색이 만들어지는지 유심히 보고 가장 먼저 떠오르는 색깔을 적어라. 그리고 합쳐진 감정들이 어떤 모양을 만드는지 잘 살펴보라. 만약 소리를 부여한다면 어떤 소리가 나겠는가? 오른손에 있는 느낌들의 질감은 어떨까? 그 모두를 합쳐서 하나의 강력한 긍정적인 말로 표현한다면 뭐라고 하겠는가? 이 모든 느낌을 즐기고 오른손을 꽉 쥐고 그대로 있어라.

이번에는 왼손을 펴고 그 안에 부정적으로 만들고, 좌절하게 하고, 우울하게 하고, 화나게 한 경험과 나를 괴롭혔거나 현재 괴롭히고 있는 경험을 올려놓는다. 그것을 내부에서 느낄 필요가 없다. 이것들과 분리되어야 한다. 그 경험은 왼손 위에 있을 뿐이다. 이제 그것의 하위감각 양식을 느껴보라. 이 부정적인 상황은 왼손에서 어떤 색을 띠고 있나? 색깔이 보이지 않거나 곧바로 느낌이 들지 않는다면, 마치 본 것처럼 행동하라. 색깔이 있다면 과연 어떤 색일까? 다른 하위감각 양식도 실행한다. 어떤 모양인가? 가벼운가 아니면 무거운가? 질감은 어떤가? 어떤 소리를 내는가? 한 문장으로 표현한다면 뭐라고 말하겠는가? 어떤 소리가 나는가? 음색은 어떤가?

이제 우리는 '자극제 해체Collapsing Anchors'라는 작업을 수행할 것이다. 자연스러운 방식으로 어렵지 않게 할 수 있다. 한 가지 접근 방법은 긍정적인 오른손에 있는 것에 색상을 부여한 후, 액체라고 생각하고 아주 빠르게 왼손에 붓는다. 우스운 소리를 내며 즐겁게 하라. 왼손에 있는 부정적인 자극제가 오른손에 있는 긍정적인 경험의 색깔로 바뀔 때까지 행한다.

다음으로 왼손이 내는 소리를 오른손에 떨어뜨린다. 그 소리가 오른손에서 어떤 영향을 미치는지 주목하라. 이제 오른손의 감각을 왼손에 붓고, 왼손에 들어가는 순간 어떻게 되는지 살펴보라. 두 손을 맞대고 양손의 느낌이 균형을 이룰 때까지 잠시 그대로 있어라. 이제 오른손과 왼손의 색이 같아져야 한다. 양손의 느낌도 같아져야 한다.

이 과정을 마치고 왼손의 경험이 어떻게 느껴지는지 확인해보라. 우리를 괴롭히던 모든 힘이 빠져나갔을 가능성이 크다. 만약 그렇지 않다면 다시 시도한다. 다른 하위감각 양식과 함께 더 활발하게 노는 느낌으로 수행한다. 한두 번만 더 하면 거의 모든 사람이 강력한 부정적인 자극제라고 생각한 것의 힘을 완전히 없앨 수 있다. 이때가 되면 기분이 좋아지거나 적어도 경험에 중립적인 느낌이 들어야 한다.

누군가에게 화가 났을 때 그 사람에 대한 감정을 바꾸고 싶다면 이와 같은 과정을 시도해볼 수 있다. 정말 좋아하는 사람의 얼굴을 오른손에, 정말 싫어하는 사람의 얼굴을 왼손에 놓았다고 상상한다. 먼저 싫어하는 사람을 보면서 시작하라. 그런 다음 좋아하는 사람, 싫어하는 사람 또 좋아하는 사람을 반복해서 본다. 이 과정을 점점 더 빠르게 진행하다보면 누가 좋아하는 사람이고 누가 싫어하는 사람인지 구분할 수 없게 된다. 그런 다음 두 손을 맞대고 심호흡을 하면서 잠시 기다려라. 그리고 좋아하지 않는 사람을 생각해보라. 그를 좋아하게 되거나 적어도 그에 대한 나쁜 감정이 사라질 것이다. 이 과정의 장점은 순식간에 이루어진다는 것이다. 그리고 거의 모든 것에 대한 느낌을 바꿀 수 있다! 최근에 나는 세미나에서 그룹을 나누어 이 실습을 3분 과정으로 진행했다. 한 여성은 자신이 정말 좋아하는 사람을 오른손에, 왼손에는 거의 10년 동안 서로 말도 하지 않은 아버지의 얼굴을 놓았다. 이 과정을 통해 그녀는 아버지에 대한 부정적인 감정을 사라지게 할 수 있었다. 그날 밤 아버지한테 전화를 걸어 새벽 4시까지 이야기를 나눴고, 두 사람은 부녀 관계를 새롭게 이어갈 수 있게 되었다.

아이들에게 자극고정을 할 때는 우리의 행동이 얼마나 큰 영향을 미치는지를 아는 것이 중요하다. 한 가지 예를 들면, 내 아들 조슈아는 어느 날 학교에서 낯선 사람이 차를 태워준다고 하면 거절하라는 내용의 교육을 받았다. 아주 중요하고 꼭 필요한 교육이었다. 아들이 그런 교육을 받는 것을 감사하게 생각했다. 그러나 내용 전달 방식에 문제가 있는 것 같았다. 이 과정에서 교사들이 여러 가지 슬라이드를 보여주었는데, 교통안전연구소의 성인 교육용 자료였는지 소름 끼치는 장면이 많았다. 실종된 아이들의 포스터와 심지어 도랑에 유기된 아이들의 시신을 건져올리는 모습도 있었다. 그리고 선생님들은 낯선 사람의 차에 타면 이렇게 된다고 아이들한테 이야기했다. 분명히 이것은 동기를 부여하기 위한 주된 회피 전략이었다.

　하지만 그 결과는, 적어도 내 아들에게는 상당히 파괴적이었고, 다른 아이들도 크게 다르지 않았을 것이라고 생각된다. 아이들에게 공포심을 심어준 것과 다를 바 없었다. 조슈아는 집으로 걸어오는 길과 크고 선명한 피투성이 장면을 연결시켰다. 그날 죠수아는 집에 걸어오기를 거부했고, 그래서 차에 태워 집으로 데려와야 했다. 그 후 조슈아는 2~3일 동안 밤에 악몽을 꾸며 잠을 설쳤고, 학교에 누나와 함께 걸어가는 것도 싫다고 했다. 다행히 나는 무엇이 인간의 행동을 만들고 영향을 미치는지에 대한 원리를 알고 있었다. 비록 출장 중이었지만, 상황을 듣고 나서 전화로 아들의 자극제를 해체하고 공포증을 치료했다. 다음 날 조슈아는 자신만만하고 씩씩하게 자원이 넘친 상태로 혼자 학교에 갔다. 사리 분별을 못하는 아이가 아니었다. 무엇을 피해야 하며, 어떻게 행동해야 자신에게 도움이 되는지를 알고 있었다. 이제는 두려움 속에서 살지 않고 자신이 원하는 방식으로 삶을 살 수 있는 힘이 생겼다.

　학교에서는 분명히 좋은 의도로 그 슬라이드를 보여주었을 것이다. 하지만 의도가 아무리 좋아도 자극고정의 영향을 이해하지 못하면 그것으로 생기는 폐해를 막지 못한다. 우리는 사람들, 특히 아이들에게 미치는 영향에 각별히 주의를 기울여야 한다.

마지막으로 한 가지 실습을 더 해보자. 강력하고 자원이 풍부한 내적 상태로 만들고 가장 활력이 넘치게 할 때의 색깔을 선택하라. 가장 강력하고 자원이 풍부한 상태와 연관될 때의 자세, 소리, 감정을 그대로 느껴보라. 그런 다음 이전에 느꼈던 것보다 더 행복하고 안정적이고 강해진 느낌이 들었을 때 어떤 말을 하고 싶은지 생각하라. 그다음으로 불쾌한 경험, 부정적 자극제인 사람, 자신이 두려워하는 것을 생각해본다. 마음속으로 부정적인 경험 주위를 긍정적인 경험으로 감싸게 하라. 부정적인 느낌을 긍정적인 것 안에 넣을 수 있다는 확신이 있어야 한다. 그리고 이 자극제를 해체할 수 있을 정도의 강력한 힘으로 활력이 넘쳤을 때 선택한 색깔을 부정적인 자극제 전체에 쏟아부어라. 자원이 풍부했을 때의 감정을 느끼고 그 소리를 들어보라. 마지막으로 가장 자원이 풍부한 상태에서 하고 싶은 말을 해보라. 부정적인 자극제가 자신이 가장 좋아하는 색깔의 안개 속에서 녹는 것을 보면서, 자신의 힘을 강화할 수 있는 말을 해보라. 지금 그 부정적인 상황이 어떻게 생각되는가? 이전에 그 자극제가 자신을 그렇게 많이 괴롭혔다는 것을 상상하기 힘들 것이다. 이것을 세 가지 경험을 가지고 해본 후에 다른 사람과도 함께 시도해보기 바란다.

이 책을 그냥 읽기만 한다면, 지금까지 내가 한 이야기가 좀 이상하고 어리석어 보일 수 있다. 하지만 실제로 해보면 놀라운 힘을 경험할 수 있을 것이다. 이것이 성공을 위한 핵심 요소다. 성공하기 위해서는 자신과 다른 사람 안에 긍정적인 요인을 자리 잡게 하는 동시에 부정적이거나 자원이 부족한 상태로 만드는 요인을 자신의 주위에서 제거하는 힘이 필요하다. 이 힘을 키우기 위한 한 가지 방법은, 긍정적이든 부정적이든 자신의 인생에서 중요한 자극제의 목록을 작성하는 것이다. 그것이 시각적, 청각적 또는 운동감각적 자극 중 어떤 것 때문에 유발되는지 확인해보라. 자극제가 무엇인지 알게 되면 부정적인 요소를 제거하고 긍정적인 요소를 최대한 이용할 수 있게 된다.

긍정적인 내적 상태를 자신뿐만 아니라 다른 사람에게도 효과적으로 고정하는 방법을 배우고 나서 할 수 있는 좋은 일을 생각해보라. 동료들과 이야기하면서 동기를 부여하고, 즐거운 마음을 가지게 하고, 미래에도 그 내적 상태를 만들어낼 수 있는 특정한 접촉이나 표정, 목소리 톤으로 자극고정을 한다고 생각해보라. 이러한 긍정적인 내적 상태를 여러 차례 고정함으로써 언제든지 그런 종류의 강렬한 동기를 불러올 수 있게 될 것이다. 그렇게 되면 더 큰 보상으로 연결되어, 회사는 많은 이익을 내고 사람들 모두가 이전보다 훨씬 더 행복해질 것이다. 우리를 괴롭혔던 것들을 가져다가 충분히 위대하거나 자원이 풍부하다고 느끼게 하는 자원으로 바꿀 수 있는 능력이 있다면 얼마나 좋겠는가. 우리 모두에게는 그럴 만한 충분한 능력이 있다.

자극고정뿐만 아니라 지금까지 배운 모든 기법에 대해 마지막으로 말하고 싶은 것이 한 가지 더 있다. 이 기법들은 서로 연관되기 때문에 어떤 한 가지를 익혀도 상호 간에 놀라운 시너지 효과를 얻을 수 있다. 잔잔한 호수에 돌을 던지면 잔물결이 퍼져나가는 것처럼 이 기법 중 하나라도 효과적으로 실행할 수 있다면 다른 기법들도 점점 더 많은 성공을 거둘 수 있다. 이 기법들이 얼마나 강력한지 분명히 알고 있어야 한다. 나의 바람은 여러분이 인생을 살면서 이 기법들을 오늘만이 아니라 앞으로도 계속 활용하는 것이다. 내가 합기도 자세로 쌓은 자극제를 사용할 때마다 더 강력해지듯,

여러분도 배운 기술을 익히고 또 사용하면 개인적인 힘을 더욱더 키워 나갈 수 있다.

인간의 경험에는 삶에서 하거나 하지 않는 모든 것에 대해 우리가 느끼는 방식에 영향을 끼치는 필터가 있다. 이 필터들은 자극고정과 이 책에서 논의한 다른 모든 것에 영향을 미친다고 생각한다.

리더십: 탁월성을 향한 도전

Ledership:
The Challenge of
Excellence

18장
가치체계:
성공을 위한 궁극적인 판단 기준

"음악가는 음악을 만들어야 하고,
화가는 그림을 그려야 하며,
시인은 글을 써야 한다.
진정한 평화를 누리고 싶다면 말이다."
에이브러햄 매슬로Abraham Maslow

공장의 기계든, 컴퓨터든, 사람이든, 모든 복잡한 시스템은 내적으로 일치해야 한다. 내부의 각 부분들은 함께 작동해야 한다. 최적의 수준으로 작동하기 위해서는 각 부분이 서로를 지원해주어야 한다. 기계의 부품이 서로 다른 방향으로 움직인다면 균형이 깨져서 결국에는 고장이 나고 말 것이다.

인간도 다르지 않다. 우리는 가장 효과적인 행동을 하는 법을 배울 수 있지만, 그 행동들이 우리 내면의 필요와 욕구를 해소해주지 못하고 우리가 중요하다고 생각하는 것을 침해한다면 내적 갈등을 겪게 된다. 일치되지 않은 내적 상태에서는 절대 큰 성공을 이룰 수 없다. 어떤 사람이 한 가지를 얻었지만 막연하게 다른 것을 원한다면, 그는 완전한 행복도 완전한 성취도 이룬 것이 아니다. 목표를 달성했지만 그 과정에서 옳고 그름에 대한 자신의 신념을 어겼다면 혼란이 생긴다. 진정으로 변화하고, 성장하고, 번창

410

하기 위해서는 우리 자신과 타인에 대한 규칙, 성공과 실패를 측정하고 판단하는 기준을 알아야 한다. 그렇지 않으면 어떤 것을 가져도 무의미하다고 느낄 수 있다. 이것은 궁극적으로 가장 중요한 '가치'라는 요소다.

가치란 무엇인가? 간단히 말하면, 자신에게 가장 중요한 것에 대한 개인적인 신념이다. 옳고 그름, 좋고 나쁨에 대한 우리의 신념체계다. 이 장의 도입부에서 미국의 심리학자 에이브러햄 매슬로는 예술가를 예로 들어 말했지만, 그의 말은 누구에게나 적용된다. 우리는 근본적으로 우리가 정한 가치를 추구한다. 그렇지 않으면 완전한 성취감을 느끼지 못한다. 내적 일치의 느낌 또는 개인의 일체감과 통합된 느낌은 우리가 현재 행동으로 가치를 실현하고 있다고 느끼는 데에서 비롯된다. 또한 어떤 것을 회피해야 하는지도 결정한다. 더 나아가 우리 삶의 방식을 전체적으로 지배한다. 가치는 컴퓨터의 실행 프로그램과 흡사하다. 원하는 프로그램은 얼마든지 설치가 가능하지만, 컴퓨터가 그 프로그램을 허용할지 여부는 모두 공장에서 미리 입력한 실행 프로그램의 수준에 달려 있다. 가치는 인간의 뇌에서 판단을 내리는 실행 프로그램과 같다.

어떤 옷을 입고 어떤 차를 타는지부터 어디에 살고 (결혼할 경우) 누구와 결혼하여 자녀를 어떻게 키우는지에 이르기까지, 의욕을 갖게 하는 것부터 어떤 직업을 선택할지에 이르기까지, 우리의 가치가 영향을 미치는 범위는 끝이 없다. 가치는 주어진 삶의 상황에서 우리의 반응을 결정하는 기준이다. 우리의 행동과 다른 사람의 행동을 이해하고 예측하는 궁극의 열쇠이자 내면의 마법을 불러내는 마스터키다.

그렇다면 옳고 그름, 좋고 싫음 그리고 무엇을 해야 하고 무엇을 하지 말아야 하는지에 대한 강력한 지침은 어디에서 나올까? 가치는 구체적이고 매우 감정적이며 여러 가지와 연결된 신념이기 때문에, 4장에서 논의한 신념과 가치의 뿌리는 같다고 할 수 있다. 태어나고 살아온 환경도 중요한 역할을 한다. 특히 전통적인 가정에서는 아버지뿐만 아니라 어머니가 대부분의 내재된 가치를 프로그래밍하는 데 가장 큰 역할을 한다. 부모는 우리가 행동하고, 말하고, 믿는 것 중에 어떤 것을 하고 하지 말아야 할지에 대한 가치 형성에 큰 도움을 준다. 어렸을 때 부모의 가치를 받아들이면 우리는 "너는 참 착한 아이구나."라는 말로 보상을 받는다. 하지만 가치를 받아들이지 않으면 "넌 나쁜 아이야."라는 말을 듣고 힘든 상황에 빠지게 된다. 일부 가정에서는 자식이 부모의 가치관을 계속 거부하면 벌을 주기도 한다.

사실, 우리의 가치는 이 처벌-보상 방식으로 프로그래밍되었다. 나이가 점점 들어가면서 또래 친구들이 또 다른 가치의 원천이 된다. 밖에서 다른 아이들을 처음 만나면 그 아이들과 나의 가치관이 다르다는 것을 알게 된다. 그런 경우, 자신의 가치를 다른 친구들과 융합하거나 바꾸게 된다. 그렇게 하지 않으면 아이들에게 맞거나 따돌림을 당할 수 있기 때문이다. 일생 동안 계속해서 새로운 동료 집단을 만들면서 새로운 가치를 받아들이거나 혼합하며, 나의 가치를 다른 사람에게 권하기도 한다. 또한 살면서 영웅이나 반영웅도 만난다. 그리고 우리는 그들이 한 일에 존경심을 갖기 때문에 본받으려고 노력한다. 많은 청소년이 처음에는 자기가 좋아하는 음악을 연주하는 영웅들이 마약에 가치를 두는 것처럼 보였기 때문에 마약에 빠졌다. 다행스럽게도 오늘날에는 이러한 영웅들 중 많은 사람들이 공인으로서 대중의 가치관을 형성하는 데 책임과 의무가 있다는 것을 깨닫고, 마약을 하지 않고 반대한다는 입장을 분명히 밝히고 있다.

많은 예술가들도 세상의 긍정적인 변화를 지지한다는 것을 확실히 보여주고 있다. 이는 대중의 바람직한 가치관 형성에 도움을 준다. 기아로 죽어가는 사람들을 위한 기금 조성에 미디어의 힘이 얼마나 중요한지를 인식한

밥 겔도프(아일랜드 출신 가수로 아프리카 기아 난민 자선공연을 기획했음-옮긴이)는 라이브 에이드Live Aid와 밴드 에이드Band Aid를 결성하여 다른 영향력 있는 스타들의 가치를 활용했다. 유명 스타들이 사람들을 돕는 모습을 보여주면서, 대중에게 타인에 대한 베풂과 연민의 가치를 강화시켰다. 삶에서 이 가치를 중요하게 여기지 않던 많은 사람들은 브루스 스프링스틴, 마이클 잭슨, 케니 로저스, 밥 딜런, 스티비 원더, 다이애나 로스, 라이오넬 리치 등과 같은 영웅들이 직접 말하는 것을 보고 행동을 바꿨다. 그들은 음악과 영상을 통해 사람들이 죽어가고 있고, 우리가 뭔가를 해야 한다고 강조했다. 시대의 조류를 형성하는 방법은 다음 장에서 자세히 살펴볼 것이다. 여기서는 미디어가 가치와 행동을 지배하고 창출하는 힘을 갖고 있다는 사실을 인식하면 된다.

가치 형성은 친구 관계나 사회적 영웅에만 국한되지 않는다. 상벌 시스템이 적용되는 직장에서도 일어난다. 누군가를 위해 일하고 회사에서 승진하려면 그들의 가치를 어느 정도 수용해야 한다. 상사의 가치관을 받아들이지 않으면 승진이 불가능할 수도 있다. 그리고 처음부터 회사의 가치체계와 함께하지 않으면 회사 생활이 힘들어질 것이다. 학교 시스템에서도 교사들은 지속적으로 학생들에게 자신의 가치체계를 표현하고 있으며, 상벌체계를 이용하여 학생들이 무의식적으로 받아들이게 한다.

목표나 자아상이 바뀌면 가치관도 함께 바뀐다. 회사에서 일인자가 되겠다는 목표를 세운 사람은 그 목표를 달성했을 때 더 많은 돈을 벌게 될 것이고, 남들과 다른 것을 기대하게 될 것이다. 또한 앞으로 얼마나 열심히 일할 것인지에 대한 가치관도 바뀔 수 있다. 좋은 자동차가 어떤 것인지에 대한 기준도 크게 달라질 것이다. 함께 시간을 보내는 사람들도 '새로운' 자아상에 맞게 달라질 수 있다. 술을 좋아하는 동료들과 맥주를 마시러 가는 대신,

사무실 확장을 계획하고 있는 다른 세 사람과 탄산음료를 홀짝거리고 있을 수도 있다.

어떤 차를 타고, 어디로 가고, 어떤 친구를 사귀고, 어떤 일을 하는지 등 모든 것에 개인의 정체성이 반영된다. 여기에는 산업심리학자 로버트 맥머레이 박사가 '역자아 상징Inverted Ego Symbols'이라고 부르는 것이 포함될 수 있는데, 이것 역시 가치관의 일부다. 예를 들어, 어떤 사람이 값싼 자동차를 타고 다닌다고 해서 그가 자존감이 약하다든가, 자동차의 연비를 가장 중요하게 생각한다고 단정 지을 수는 없다. 그는 어울리지 않는 상징을 채택함으로써 자신이 인도주의적인 인간임을 보여주고 싶었는지도 모른다. 고소득층의 고등교육을 받은 과학자나 기업가 중에는 저렴하고 낡은 소형차를 운전함으로써, 자신이 다른 사람들과 얼마나 다른지 증명하고 싶어 하는 사람도 있다. 판잣집에 사는 억만장자는 공간을 낭비하지 않는 것을 중시하거나 자신의 고유한 가치를 타인에게 과시하고 싶어 할 수도 있다.

그래서 나는 우리의 가치관이 무엇인지 아는 것이 정말 중요하다고 생각한다. 많은 사람들의 문제는 대부분의 가치가 무의식적으로 형성된다는 것이다. 사람들은 어떤 일을 해야 하는 이유를 모르는 경우가 있다. 그냥 해야 한다고 느낄 뿐이다. 자신과 전혀 다른 가치관을 가진 사람을 매우 불편해하고 못 미더워한다. 사람들이 삶에서 겪는 갈등의 대부분은 상충되는 가치관에서 비롯된다. 개인뿐만 아니라 국가 간에도 마찬가지다. 거의 모든 전쟁은 서로 다른 가치체계 때문에 일어난다. 한 국가가 다른 국가에 정복되면 무슨 일이 생기는가? 정복자들은 문화를 자신의 가치체계로 바꾸기 시작한다.

나라마다 개인마다 가치체계가 서로 다르며, 중요도에 따라 우선순위가 다르게 매겨진다. 우리 대부분은 그 어느 것보다 우선시되는 가치를 가지고 있다. 예를 들어, 어떤 사람에게는 정직함이 최고의 가치다. 또 어떤 사람에게는 우정이 가장 중요한 가치다. 이 사람은 정직을 중요한 가치라고 생각하지만 친구를 보호하기 위해 거짓말을 할 수도 있다. 어떻게 그럴 수 있을까? 이 상황에서 우정이 정직보다 가치 계층에서 더 높은 데 있기 때문이다. 우리는 사업에서의 성공뿐만 아니라 화목한 가정생활에 높은 개인적 가치를 둘 수 있다. 그래서 어느 날 저녁 가족과 함께 식사하기로 약속했는데 사업상 일이 생기면 갈등이 생긴다. 최종 선택은 어떤 것에 더 높은 가치를 부여하느냐에 달려 있다. 가정생활이 아닌 사업에 더 많은 시간을 소비하는 것이 나쁘다거나 그 반대라고 말하는 것이 아니라 진정한 가치가 무엇인지 찾으라는 것이다. 그러면 살면서 처음으로 자신이 특정한 일을 하는 이유나 다른 사람들이 그 일을 하는 이유를 이해하게 될 것이다. 가치체계는 사람들이 어떻게 행동할지를 예측할 수 있는 가장 중요한 도구다.

상대를 효과적으로 대하려면 그에게 가장 중요한 가치가 무엇인지, 즉 어떤 가치를 최우선으로 생각하는지 알아야 한다. 가치의 상대적 중요성을 이해하지 못하는 사람은 다른 사람의 기본적인 행동이나 그 동기를 이해하는 데 큰 어려움을 겪을 수 있다. 하지만 일단 알고 나면 상대가 특정 상황에 어떻게 반응할지 예측할 수 있다. 또한 자신의 가치체계의 우선순위를 알면 갈등을 유발하는 모든 관계나 내적 표상을 해결할 수 있다.

기본적인 가치를 지키지 않으면 진정으로 성공할 수 없다. 때로는 갈등을 빚는 기존의 가치들을 어떻게 중재하느냐가 성공을 좌우한다. 많은 연봉을 받는 사람이 '돈이 악의 근원이다'를 주된 가치라고 여긴다면, 그는 일에 집중하기가 쉽지 않을 것이다. 중요한 것은 어떤 가치가 더 높은 순위에 있는가이다. 최고의 가치가 가족이라면, 그는 자신의 모든 시간을 일에 집중할 수 없다. 이 경우에 내적 갈등과 그 갈등의 원인이 되는 불일치의 느낌을 해소해야 한다. 재구성과 의도 찾기Finding the Intent로 이 문제를 대부분 해결할 수 있다. 10억 달러를 가진 사람도 내면에서 가치들이 갈등을 빚는다면 결코 행복할 수 없다. 이와 같은 사례는 주변에서 쉽게 찾아볼 수 있다. 부와 권력을 가져도 피폐한 삶을 살 수 있는 반면, 경제적으로는 힘들어도 삶이 자신의 가치와 부합한다면 성취감을 느낄 것이다.

어떤 가치가 옳고 어떤 가치가 그른지에 대한 문제가 아니다. 나는 나의 가치를 남에게 강요하고 싶지 않다. 하지만 자신의 가치체계가 무엇인지 아는 것은 매우 중요하다. 그렇게 되면 가장 높은 차원에서 자신을 통제하고 동기를 부여할 뿐만 아니라 스스로를 도울 수 있다. 우리는 직장이든 일상에서든, 어떤 상황에서도 진정으로 원하는 최고의 가치를 가지고 있다. 그것은 자유일 수 있고, 사랑일 수도 있으며, 즐거움이나 안정감일 수도 있다. "나는 모두 원해요."라고 말하는 사람도 있을 것이다. 사실 대부분이 그렇다. 그러나 우리는 여기에 상대적으로 가치를 부여한다. 어떤 사람이 가장 원하는 가치는 우정이다. 두 번째 사람은 사랑, 세 번째 사람은 정직한 대화, 네 번째 사람은 안정감을 원한다. 대부분의 사람은 자신의 가치체계나 가치의 계층 구조를 인식하지 못한다. 사랑, 도전, 황홀감 등을 원하지만 막연하게 느낄 뿐이며, 이것들을 어떻게 조화를 이루게 해야 할지는 생각하지 않는다. 이것들을 구별하는 것이 절대적으로 중요하다. 우리의 궁극적인 욕구가 충족될지 여부를 결정하기 때문이다. 상대의 욕구가 무엇인지 모르면 그 욕구를 채워줄 수 없으며, 그건 상대도 마찬가지다. 우리 내부에서 상호작용하는 가치의 계층 구조를 이해하지 못하면 가치가 상충되는 문제를 해결할 수 없다. 가치의 계층 구조를 이해하는 첫 번째 열쇠는 그것을 이끌어내는 것이다.

그러면 우리 자신이나 다른 사람의 가치 계층 구조를 어떻게 찾아낼 수 있을까? 먼저 찾고자 하는 가치 주변에 어떤 틀을 배치해야 한다. 구체적인 상황에서 가치를 이끌어내는 것이다. 가치들은 구획화되어 있다. 우리는 대체로 일, 관계 또는 가족에 대해 서로 다른 가치를 가지고 있다. 그래서 상대의 가치체계를 알아보려면 "대인관계에서 가장 중요한 것은 무엇인가요?"라고 물어봐야 한다. 상대는 "나를 지지해주는 느낌이에요."라고 대답할 수 있다. 그다음 "이 느낌에서 중요한 것은 무엇인가요?"라고 물을 수 있다. 그는 "누군가가 나를 사랑한다는 것을 보여주는 것이죠."라고 대답할 수 있다. 계속해서 "누군가가 당신을 사랑한다면 가장 중요한 것은 무엇인가요?"라고 물을 수 있다. "기쁨이요. 나에게 기쁨을 줍니다."라고 대답할 수 있다. 이렇게 계속해서 "가장 중요한 것이 무엇인가요?"라고 질문하면서 가치체계의 목록을 작성할 수 있다.

가치체계의 계층 구조를 명확하게 이해하려면 목록에 있는 단어들을 가져와 비교하면 된다. 누군가에게 "어떤 것이 당신에게 더 중요한가요? 기쁜 감정, 아니면 지지받는 느낌?"이라고 물었을 때 만약 "기쁜 감정요."라고 대답한다면, 이것이 지지받는 느낌보다 분명히 가치 계층에서 더 높은 곳에 있는 것이다. 다음으로 "기쁨을 느끼는 것과 사랑받는 것 중 당신에게 더 중요한 것이 무엇인가요?"라고 물어볼 수 있다. "기쁨을 느끼는 것이에요."라는 대답은 이 세 가지 가치 중 기쁨이 가장 중요한 가치다. 그런 다음 "사랑받고 있는 느낌과 지지받는 느낌 중 어느 것이 더 중요한가요?"라고 물었을 때, "글쎄요, 둘 다 중요해요."라고 대답할 수 있다. 그러면 "알겠습니다. 하지만 당신을 사랑하는 것과 당신을 지지하는 것 중 어느 것이 더 중요한가요?"라고 다시 묻는다. 그는 "그래도 나를 사랑해주는 것이 더 중요하겠죠."라고 말할 수 있다. 이제 기쁨 다음으로 두 번째로 높은 가치는 사랑이고, 세 번째가 지지받는 것이라는 사실을 알게 되었다. 이런 방식으로 우리는 사람에게 가장 중요한 것이 무엇인지, 다른 가치는 상대적으로 어느 정도 중요한지를 알 수 있다. 상대적 가중치를 이해함으로써 가치의 우선순위를 정할 수 있다. 위의 예에서 그 사람은 지지를 받지 못한다고 느끼더라도 두 사람의 관계에는 좋은 느낌을 가질 수 있다. 그러나 사랑보다 지지를 더 우선시하는 사람도 있다. (사실은, 놀랍게도 많은 사람이 그렇다.) 그는 상대가 자신을 지지하지 않으면 사랑하지 않는다고 믿는다. 그리고 지지를 받지 못한다고 느끼면 자신이 사랑받고 있다는 느낌만으로는 충분하지 않다고 생각한다.

사람들은 특정한 가치관이 서로 맞지 않으면 관계를 더 이상 유지하지 않는다. 예를 들어, 어떤 사람에게는 가치 목록에서 지지가 1순위인데 지지를 받지 못한다고 느끼면 그 관계를 끝낼 수 있다. 지지를 3위나 4위, 또는 5위에 두고, 사랑을 1위로 여기는 사람은 자신이 사랑받고 있다고 느끼는 한 무슨 일이 있어도 관계를 유지할 것이다.

친밀한 관계에서 생각해볼 것들이 여러 가지가 있는데, 아래에 몇 가지 중요한 것을 정리해보았다.

———— 사랑
———— 황홀감
———— 상호소통
———— 존중
———— 즐거움
———— 성장
———— 지지
———— 도전

———— 창의성

———— 아름다움

———— 매력

———— 영적 통합

———— 자유

———— 정직

물론 이것이 중요한 가치의 전부는 아니다. 여기에 수록한 것보다 더 중요한 가치가 많이 있을 것이다. 생각나는 것이 있으면 지금 적어두라.

이제, 이 가치들의 중요도에 따라 순위를 매겨본다. 숫자 1이 가장 중요하고 14가 가장 덜 중요하다.

순위를 매기기가 어려운가? 가치 계층을 체계적으로 수립하지 않으면, 수록한 가치가 많을수록 순위를 정하기가 번거롭고 혼란스러울 수 있다.* 그러면 가치를 서로 비교해서 어떤 것이 더 중요한지 결정하기로 하자. 위 목록의 맨 위 두 개를 가지고 시작한다. 사랑과 황홀감 중 어느 것이 더 중요한가? 답이 사랑이라면, 사랑은 상호소통보다 더 중요한가? 목록의 가치를 하나하나 빠짐없이 살펴보고, 처음 시작한 가치보다 더 중요한 것이 있는지 확인한다. 더 중요한 가치가 없으면 그 가치가 계층 구조에서 가장 높은 것이다. 이제 목록의 다음 단어로 이동한다. 황홀감과 상호소통 중 어느 것이 더 중요한가? 답이 황홀감이라면 목록 아래로 계속 내려가면서 다음 단어들과 비교한다. 언제든지 다른 선택이 시작 선택(이 경우 황홀감)보다 선

*   메타 프로그램과 가치 계층을 발견하는 컴퓨터 프로그램은 로빈스 연구소Robbins Research에서 제공한다.

호되는 경우 그 가치와 비교를 시작하라.

예를 들어, 상호소통이 황홀감보다 더 중요하다면 "상호소통과 존중 중 어느 것이 더 중요한가요?"라고 질문하면서 계속 진행한다. 그래도 상호소통이 더 중요한 것이라면 "상호소통과 즐거움 중에서 어떤 것이 더 중요한가요?"라고 묻는다. 상호소통보다 더 중요하게 여겨지는 가치가 없다면 이것이 두 번째로 높은 가치다. 만약 다른 가치가 더 중요하다고 생각되면 남아 있는 가치를 비교하면서 목록을 완성한다.

가령, 상호소통을 목록의 다른 가치들과 비교하고 마지막 가치인 정직에 이르렀을 때, 정직이 상호소통보다 더 중요한 것으로 판명되면, 정직을 창의성과 비교할 필요가 없다. 왜냐하면 창의성은 상호소통보다 중요하지 않았기 때문이다. 따라서 정직이 상호소통보다 더 중요하기 때문에, 창의성이나 상호소통 아래에 있는 목록의 다른 가치보다 정직이 더 중요하다는 것을 알 수 있다. 가치의 계층 구조를 완성하려면 이 과정을 목록 끝까지 반복한다.

직접 시도해보면 알겠지만 가치의 순위를 정하는 것은 쉬운 과정이 아니다. 매우 미묘한 차이로 쉽게 결정하지 못할 수 있다. 판단이 쉽지 않으면 판단의 기준을 더 구체적으로 만든다. "황홀감과 성장 중 어느 것이 더 중요한가요?"라고 물으면, 어떤 사람은 "글쎄요, 내가 성장하고 있다면 황홀하다고 느낄 수 있겠죠."라고 대답할 수 있다. 그런 다음 "황홀감이 당신에게 어떤 의미죠? 그리고 성장이란 어떤 의미인가요?"라고 구체적으로 묻는다. 이때 "황홀감은 개인적인 기쁨을 의미하고, 성장은 역경을 극복하는 것을 의미하죠."라면 대답하면, "개인적으로 기쁨을 느끼는 것과 역경을 극복하는 것 중 어느 것이 더 중요한가요?"라고 질문할 수 있다. 이렇게 하면 결정이 더 쉬워진다.

그래도 명확하게 구분되지 않으면, 만약 그 가치가 없으면 어떤 일이 생길지 묻는다. 예를 들면, "황홀감을 느낄 수는 없지만 성장할 수 있다면 성장을 선택하겠는가, 아니면 더 이상 성장할 수 없지만 황홀할 수 있다면 황홀감을 택하겠는가?"라고 묻는다. 이 질문은 일반적으로 어떤 가치가 더 중요한지 구분하는 데 필요한 정보를 제공한다.

자신의 가치체계를 알아내는 것은 이 책에서 하는 실습 중 가장 가치가 있는 일이라고 할 수 있다. 지금 자신의 인간관계에서 가장 원하는 것이 무엇인지 생각해보라. 현재 사귀는 사람이 있다면 함께 실습해보라. 상대가 어떤 것을 가장 필요로 하는지 새롭게 인식하게 될 것이다. 예를 들어 매력, 기쁨, 흥분, 존중과 같이 상호관계에서 자신에게 가장 중요한 가치의 목록을 만들어라. 이 목록을 확장하려면 "존중에서 중요한 것은 무엇일까?"라고 물을 수 있다. 그러면 상대는 "존중은 인간관계에서 가장 중요하지."라고 말할 수 있는데, 이미 가장 중요한 가치를 찾은 것이다. 또는 "나는 존중받고 있다고 느낄 때 다른 사람과 하나가 된 느낌이 들어."라고 말할 수 있다. 그렇게 되면 '일체감'이라는 또 다른 가치를 찾은 것이다. "일체감에서 중요한 것은 무엇일까?"라고도 질문할 수 있다. 이때 상대는 "내가 다른 사람과 일체감을 느끼면 그 사람에게 사랑받는 느낌이 들지."라고 말할 수 있다. 이번에 또 "사랑에 대해 중요한 것이 무엇일까?"라고 물어볼 수 있다. 이런 식으로 상호관계에서 중요한 가치를 찾아내어 만족할 때까지 단어 목록을 계속 만들어가라. 이제 위에서 설명한 기법을 사용하여 가치체계의 순위를 매긴다. 자신에게 맞는 명확한 계층 구조가 될 때까지 각각의 가치를 체계적으로 비교하라.

개인적인 인간관계에 대한 가치체계를 완성한 후, 직장 업무 환경에 대해서도 동일한 방식으로 수행해보라. 업무 상황을 떠올리고 "직장에서 나에게 중요한 것은 무엇일까?"라고 자신에게 질문하라. 창의성이라고 말할 수 있다. 다음으로 할 질문은 "창의성에서 중요한 것은 무엇인가?"이다. 이 질문에 "창의적일 때 성장하는 느낌이 든다."라고 대답할 수 있다. "그렇다면, 성장에 중요한 것은?" 이런 식으로 계속 진행하라. 만약 자녀가 있다면 이와 같은 방식을 사용할 것을 적극 권장한다. 자녀에게 진정으로 동기를 부여할 수 있는 가치를 발견하면 더욱더 효과적이고 독특한 양육 도구를 갖게 된다.

무엇을 발견했는가? 자신이 찾은 가치 목록에 대해 어떻게 생각하는가? 자신이 예상한 대로인가? 그렇지 않다면, 옳다고 느껴질 때까지 계속 더 비교해보라. 많은 사람들이 자신의 최고 가치를 발견하고 놀란다. 하지만 자신의 가치체계를 의식적으로 인식함으로써 자신들이 하는 일을 왜 하는지를 이해하게 된다. 개인적인 관계에서나 직장에서 나의 가치체계가 무엇인지 알았으므로, 우리는 이제 자신에게 가장 중요한 것이 무엇인지 표현할 수 있다. 그리고 그것을 알게 됨으로써 달성하기 위해 온 힘을 쏟게 될 것이다.

가치체계의 우선순위를 정하는 것만으로는 충분치 않다. 나중에 더 살펴보겠지만, 사람들은 가치를 이야기할 때 같은 단어라도 전혀 다른 의미로 사용한다. 이제 우리는 자신의 가치체계의 계층 구조를 알았으므로, 다음은 가치가 의미하는 것을 질문할 차례다.

상호관계에서 주된 가치가 사랑이라면 "사랑받고 있다는 느낌이 들게 하는 것은 무엇인가?" 또는 "사랑하게 만드는 것은 무엇인가?" 아니면 "사랑받지 못하고 있다는 것을 어떻게 아는가?"라고도 물어볼 수 있다. 최소한 계층 구조의 처음 4개 항목에 대해 가능한 한 정확하게 이 작업을 수행해야 한다. '사랑'이라는 단어는 아마도 수십 가지를 의미할 수 있으며, 그것이 무엇인지 발견하는 것은 매우 중요하다. 쉬운 과정은 아니지만 신중하게 수행하면 자신에 대해 더 많이 알게 될 뿐만 아니라 자신이 진정으로 원하는 것이 무엇인지, 자신의 욕구가 충족되고 있는지 여부를 알기 위해 어떤 증거가 있어야 하는지를 더 잘 알게 될 것이다.

물론 모든 사람의 가치체계를 전부 알아낼 수는 없다. 얼마나 정확하고 구체적인 것이 필요한지는 전적으로 결과에 달려 있다. 배우자나 자녀와 영원히 지속되는 관계를 유지하려면 그 사람의 뇌가 어떻게 작동하는지에 대해 가능한 모든 것을 알고 싶을 것이다. 운동선수에게 동기를 부여하는 코치거나 잠재 고객을 찾는 사업가라면 계속해서 상대의 가치를 알고 싶어할 것이다. 자세하지 않아도 대략적이라도 찾으려고 할 것이다. 아버지와 아들 사이처럼 친밀한 사이든, 같은 사무실에서 일하는 판매 사원들처럼 가벼운 사이든 상관없이, 따로 말을 하지 않아도 모든 관계에는 일종의 계약 관계가 형성되어 있다. 양측은 서로 무언가를 기대하고 있다. 우리는 적어도 무의식적으로 자신의 가치체계에 따라 다른 사람의 행동과 말을 판단한다. 자신의 가치체계를 명확하게 이해하고 합의를 이루어, 자신의 행동이 상대와 나 자신에게 어떤 영향을 미치고, 우리의 진정한 욕구가 무엇인지 미리 알 수 있다.

일상적인 대화에서도 이와 같은 우선적인 가치를 찾아낼 수 있다. 간단하지만 매우 효과적인 방법 중 하나는 상대가 하는 말을 주의 깊게 듣는 것이다. 사람들은 계층 구조의 최상위에 있는 말을 반복해서 사용하는 경향이 있다. 남녀는 함께 이야기를 나누면서 황홀한 경험을 공유할 수 있다. 남자는 그것이 자신의 창의력을 얼마나 자극했는지 말하면서 열광할지 모른다. 여자도 똑같이 열광할 수 있지만, 함께 느끼는 감정이 얼마나 강렬했는지 말할 것이다. 두 사람은 자신이 가장 높게 평가하는 가치와 동기를 부여하거나 흥미를 유발하기 위해 무엇이 필요한지에 대해 중요한 단서를 제공하고 있는 것이다.

가치체계를 알아내는 것은 개인의 삶과 비즈니스에서 모두 중요하다. 누구나 직장에서 찾는 궁극적인 가치가 있다. 그 가치에 기반하여 현재의 직업을 가지게 되었으므로 가치가 충족되지 않거나 회사의 가치와 맞지 않으면 회사를 떠날 것이다. 그 가치가 누군가에게는 돈일 수 있다. 급여를 충분히 받는다면 그는 회사에 계속 있게 될 것이다. 그러나 다른 많은 사람들은 다를 수 있다. 가치가 창의성일 수도 있고, 도전일 수도 있으며, 가족 의식일 수도 있다.

회사의 관리자는 직원의 최고의 가치를 아는 것이 중요하다. 그 가치를 찾아내기 위해 가장 먼저 해야 할 질문은 "회사에서 일할 때 가장 원하는 것은 무엇인가요?"이다. 직원이 "창의적인 환경이요."라고 대답한다고 가정해보자. 이번에는 "그것 다음으로 필요한 것은 뭔가요?"라고 질문하면서 중요한 것에 대한 목록을 작성한다. 그런 다음 이 모든 것이 충족되었다고 하더라도 혹시 회사를 떠나게 만드는 것이 무엇인지 질문할 수 있다. 직원이 '신뢰 부족'이라고 말한다면, 그와 관련된 질문을 계속 이어간다. "신뢰가 부족해도 무엇이 있으면 계속 회사에 근무할 수 있나요?" 어떤 사람은 신뢰가 부족한 조직에는 절대 몸담고 싶지 않다고 말할 수 있다. 그렇다면 신뢰가 이 사람의 궁극적인 가치, 즉 회사에 계속 있어야 하는 이유다. 다른 누군가는 회사에서 승진할 기회가 있다면 신뢰가 없어도 계속 남을 것이라고 말할 수 있다. 그 사람이 행복을 유지하는 데 필요한 것을 찾을 때까지 계속 질문과 답변, 그 답변과 관련된 질문을 이어가면 그가 직장을 떠나게 만드는 것이 무엇인지 미리 알 수 있다. 사람들이 사용하는 가치 관련 단어는 아주 강력한 자극제라 할 수 있다. 강한 감정적 연관성이 있다. 더 효과적으로 하려면 "신뢰가 있는지 어떻게 알 수 있죠?" 또는 "신뢰가 없다는 것을 어떻게 알 수 있죠?"라고 질문함으로써 더욱 명확하게 한다. 우리의 신뢰 개념이 그 사람의 것과 어떻게 다른지를 판단하기 위해 확인 절차를 거치는 것이 아주 중요하다. 그는 자신의 결정에 의문을 제기하지 않을 때 신뢰가 있다고 생각할 수 있다. 명확한 설명 없이 직무가 바뀔 때 신뢰가 없다고 생각할 수도 있다. 관리자가 이와 같은 가치를 이해하고 주어진 상황에서 직원에 대해 미리 예측할 수 있다는 것은 매우 중요하다.

자신의 가치판단 기준에 맞춰 자기야말로 좋은 동기부여자라고 착각하는 경영자가 있다. 자신이 직원에게 돈을 지불하기 때문에 그 대가로 직원이 어떤 일을 하기를 기대하는 사람이다. 물론 완전히 틀린 말은 아니다. 그러나 사람들의 가치체계는 서로 다르다. 어떤 사람은 자신이 좋아하는 사람들과 함께 일하는 것을 가장 중요하게 여긴다. 그래서 사람들이 다른 곳으로 이동하면 그 사람은 일에 대한 흥미를 잃을 것이다. 창의성과 즐거움을 중시하는 사람도 있고, 그 밖에 다른 것을 중요하게 생각하는 사람도 있다. 회사를 잘 운영하기 위해서는 직원들의 최고 가치와 이를 실현하는 방법을 알아야 한다. 그렇지 않으면 직원이 떠나거나, 적어도 일을 활기차게 하지 못하고 자신의 능력을 제대로 발휘하지 못할 것이다.

직원들의 가치체계를 알려면 당연히 더 많은 세심함과 시간 투자가 필요하다. 그래도 함께 일하는 사람들을 소중하게 여긴다면 그럴 만한 가치가 충분히 있다. 가치에는 엄청난 감정의 힘이 있다는 사실을 기억하라. 자신의 가치관에 따라 관리하고 자신의 관점에서 볼 때 공정하다고 생각한다면, 아마도 많은 시간을 섭섭함과 배신감을 느끼며 보낼 것이다. 하지만 가치관의 격차를 해소할 수 있다면, 단순한 직원이 아닌 동료, 친구, 가족을 갖게 되어 더 즐겁게 지낼 수 있을 것이다. 살면서 다른 사람과 같은 가치관을 갖는 것이 꼭 필요한 것은 아니다. 그러나 다른 사람들과 자신을 연계하고, 그들의 가치가 무엇인지 깨닫고, 그들을 도와주고 함께 일하는 것은 꼭 필요하다.

가치는 우리가 가진 가장 강력한 동기부여 도구다. 나쁜 습관을 바꾸려고 할 때, 성공적인 변화를 높은 가치와 연결한다면 매우 빠르게 바뀔 수 있다. 나는 자부심과 존중을 최고의 가치로 생각하는 한 여자를 알고 있다. 담배를 피우는 그녀는 세상에서 가장 존경하는 다섯 사람에게 편지를 썼다. 다시는 담배를 피우지 않겠다고 다짐하고, 자신의 건강과 다른 사람들에 대한 존경심이 담배를 피우는 유혹보다 더 강하다는 내용이었다. 그녀는 편지를 보낸 후 담배를 끊었다. 많은 유혹이 있었지만 자존심이 절대 허락하지 않았다. 담배를 피우는 즐거움보다 더 중요한 것이 그녀의 가치관이었다. 현재는 담배를 피우지 않고 건강하게 잘 지낸다. 이렇듯 가치를 제대로 활용하면 우리의 행동을 변화시키는 데 그 어느 것보다도 큰 힘을 발휘한다.

얼마 전 쿼터백이 세 명 있는 한 대학교의 미식축구팀에서 일할 때였다. 쿼터백 세 사람은 서로 상반된 다른 가치체계를 가지고 있었다. 나는 세 명에게 각각 미식축구를 할 때 무엇이 중요한지, 그것이 자신에게 무엇을 가져다주는지 물어봄으로써 그들의 가치관을 알아보고자 했다. 한 학생은 미식축구가 자신의 가족을 자랑스럽게 만들고, 하나님과 구세주 예수 그리스도를 영화롭게 하는 방편이라고 말했다. 두 번째 학생은 미식축구는 힘의 표출이기 때문에 중요하며, 한계를 뛰어넘어 상대를 이기고 압도하는 것이 그에게 궁극적인 가치라고 말했다. 세 번째 학생은 미식축구에서 특별한 가치를 전혀 찾지 못하는 빈민가에 사는 선수였다. "미식축구를 할 때 무엇이 중요하죠?"라고 물었을 때 그는 잘 모른다고 말했다. 대체로 가난과 어려운 가정생활 같은 것들에서 벗어나려고 하는 것처럼 보였고, 미식축구가 그에게 어떤 의미인지에 대해서는 명확하게 느끼는 것이 없었다.

여러분도 이 세 사람에게 분명히 다른 방식으로 동기를 부여할 것이다. 예수와 그의 가족을 자랑스럽게 만든다고 말한 첫 번째 사람에게 상대를 깨부수고 짓밟는 것의 중요성을 강조하면서 동기를 부여한다면, 그는 경기에서 폭력적이거나 부정적이지 않은 긍정적인 가치관이 있기 때문에 아마 내적 갈등을 일으킬 것이다. 두 번째 사람에게 하나님을 영화롭게 하고 그의 가족을 자랑스럽게 만드는 것에 대해 열렬히 이야기한다고 하더라도, 그것이 미식축구를 하는 주된 이유가 아니기 때문에 동기부여가 되지 않을 것이다.

나중에 알고 보니 세 번째 선수의 재능이 가장 뛰어났다. 하지만 그는 자신의 재능을 다른 두 명보다 덜 활용하고 있었다. 명확한 가치관이 없었기 때문에 코치들은 그에게 동기를 부여하는 데 어려움을 겪었다. 이 경우 코치들은 그가 가지고 있는 어떤 가치를 다른 맥락, 즉 자부심과 같은 맥락에서 찾아내어 그것을 미식축구의 맥락으로 옮겨야 했다. 최소한 팀을 응원하는 것으로 동기부여가 됐고, 앞으로 몸이 회복되면 코치들이 동기부여를 할 수 있는 방법이 생겼다.

가치체계는 이 책에서 이야기한 어떤 것보다도 복잡하고 예민한 방식으로 작동한다. 우리가 단어를 사용할 때는 지도를 사용하고 있다는 것을 잊지 마라. 하지만 그 지도는 실제 영역이 아니다. 내가 누군가에게 배가 고프다거나 차에 타고 싶다고 말할 때, 그는 그 상황을 자신의 지도 위에 펼쳐놓는다. 배고프다는 것은 많은 음식을 먹을 준비가 되어 있거나 간단한 간식을 원한다는 것을 의미할 수 있다. 자동차라고 말할 때는 실제로 포드 자동차나 리무진이 될 수 있다. 하지만 지도는 꽤 가깝게 느껴질 수 있다. 상대의 복합적인 말이 내게 아주 가깝게 느껴지면 대화하는 데 큰 어려움이 없는 것이다. 가치야말로 우리에게 어느 것보다 미묘한 지도를 제공한다. 그래서 나의 가치가 무엇인지 말할 때, 상대는 자신의 지도를 기준으로 판독한다. 상대의 지도, 즉 상대의 복잡한 가치체계는 나의 것과 크게 다를 수 있다. 하지만 나와 여러분이 자유가 우리의 최고의 가치라고 말한다면, 같은 것을 원하기 때문에 우리 사이에 라포가 형성되고 합의가 이루어질 것이다. 우리는 같은 방향으로 동기를 부여받는다. 그러나 그렇게 간단한 문제가 아니다. 나에게 자유란 내가 원하는 것을, 내가 원할 때, 내가 원하는 곳에서, 내가 원하는 사람과, 내가 원하는 만큼 할 수 있는 것을 의미한다. 반면, 여러분이 생각하는 자유는 누군가가 늘 자신을 돌봐주고, 쾌적하고 체계적인 환경에서 살면서, 혼란스러움에서 벗어나는 것을 의미할 수 있다. 또는 자유가 특정 정치체제를 유지하는 데 필요한 일종의 규율이라고 생각하는 사람도 있을 것이다.

> "목숨을 바칠 만한 일을 찾지 못한 사람은
> 이 세상을 살기에 적합하지 않은 사람이다."
> 마틴 루터 킹Martin Luther King, Jr.

이처럼 가치는 가장 우선시되는 것이기 때문에 엄청난 감정적 부담이 있다. 사람들을 결속시키고자 할 때, 그들의 최고 가치를 연결하는 것보다 더 좋은 방법은 없다. 그렇기 때문에 조국을 위해 싸우는 헌신적인 군대가 용병으로 이루어진 부대를 물리칠 수 있는 것이다. 반대로, 사람들을 갈라놓고 싶을 때 가치 차이를 이용하여 갈등을 빚게 하는 것보다 더 좋은 방법은 없다. 중요한 것은 애국심이든, 가족애든, 모두 우리의 가치가 반영되어 있다는 사실이다. 따라서 정확한 가치체계를 구성함으로써 이전에는 경험하지 못한 것, 즉 다른 사람이 필요로 하는 것과 그가 반응할 수 있는 가장 유용한 지도를 갖게 되는 것이다.

우리는 주로 남녀 관계에서 가치체계의 폭발적인 힘과 가치의 미묘한 차이를 볼 수 있다. 사랑에 실패한 사람은 배신감을 느낄 수 있다. "그 사람은 나를 사랑한다고 했어요. 하지만 진실이 아니었어요."라고 여자는 말한다. 어떤 사람에게 사랑은 영원히 지속되는 약속일 수 있다. 또 다른 사람에게는 짧지만 강렬한 결합일 수 있다. 그 남자는 비열한 사람일 수 있고, 사랑에 다른 복합적인 의미를 두는 사람일 수도 있다.

따라서 가능한 한 정확한 지도를 작성하고 상대의 지도가 실제로 어떤지 판단하는 것이 절대적으로 중요하다. 상대가 사용하는 단어뿐만 아니라 그 의미도 제대로 알아야 한다. 상대의 가치체계가 복합적으로 어떻게 구성되어 있는지 정확히 파악하기 위해서는 최대한 융통성과 인내심을 가지고 상대에게 질문해야 한다.

가치에 대한 생각이 너무 자주 바뀌기 때문에, 가치체계가 같다고 공언하는 두 사람에게 공통점이 없을 수 있고, 가치체계가 완전히 다르다고 말하는 사람들이 실제로는 같은 가치를 가지고 있을 수 있다. 어떤 사람에게 재미라는 것은 마약을 하고, 파티에서 밤새도록 지내고, 새벽까지 춤추는 것을 의미할 수 있다. 또 다른 사람에게 재미는 산을 오르거나 급류 타기와 같은 새롭고 흥미롭고 도전적인 것을 의미할 수 있다. 이 사람들의 가치체계에서 공통점은 '재미'라는 같은 단어를 사용하는 것뿐이다. 세 번째 사람은 자신의 최고 가치는 도전이라고 말할 수 있다. 그에게 도전은 산을 오르고 급류 타기를 하는 것을 의미할 수도 있다. 또한 재미에 대해 물어보면 시시한 것으로 생각하고 별 의미를 두지 않을 수 있다. 그러나 그는 두 번째 사람이 '재미'라는 말로 표현한 것과 정확히 같은 것을 '도전'으로 의미할 수 있다.

공통된 가치는 최상의 라포를 형성하는 데 기본이 된다. 두 사람이 완전히 연결된 가치체계를 가지고 있다면 이들의 관계는 영원히 지속될 수 있다. 하지만 가치체계가 완전히 다르면 지속적이고 조화로운 관계를 맺을 기회를 얻기 힘들다. 이처럼 극단적인 범주로 분류되는 관계는 거의 없다. 결과적으로 우리는 두 가지 작업을 모두 수행해야 한다. 먼저, 공통된 가치를 찾아서 서로 다른 가치를 연결하는 데 사용할 수 있다. (레이건과 고르바초프가 정상회담에서 시도한 방법으로, 생존과 같은 양국의 관계를 지탱할 공통된 가치를 유지해주었다.) 둘째, 상대의 가장 중요한 가치를 최대한 인정하고 성취하려고 노력하라. 이것은 사업이든, 개인이든, 가족이든, 강력하고 변함없는 관계 형성의 기초가 된다.

가치체계는 일치 또는 불일치의 원인이 될 수 있기 때문에 사람들에게 동기를 부여할 수도 있고 그렇지 않을 수도 있는 가장 중요한 요소다. 상대의 가치체계를 알면 최종의 열쇠를 갖게 되는 것이다. 그렇지 않으면 강력한 행동으로 지속되지 않거나 원하는 결과를 얻지 못할 수 있다. 나의 가치관이 상대의 가치관과 충돌한다면, 마치 회로 차단기처럼 상대의 가치관을 차단할 것이다. 가치관은 중심 법원과 같다. 어떤 행동이 작동하고 어떤 행동이 작동하지 않는지, 어떤 것이 원하는 결과를 낳고 어떤 것이 부조화를 낳는지를 판단한다.

사람들이 가치의 의미를 서로 다르게 생각하는 것처럼, 자신의 가치가 실현되고 있는지 판단하는 방법도 다르다.

개인적인 차원에서 가치의 입증 절차를 도출하는 것은 자신의 목표를 설정하는 데 매우 가치 있는 일이다. 그런 의미에서 한 가지 실습을 해보자. 자신에게 가장 중요한 가치 다섯 가지를 생각하고, 그 가치들을 입증하는 절차를 생각해보라. 자신의 가치가 충족되었는지 충족되고 있는지를 알기 위해 어떻게 해야 할까? 종이 위에 그 답을 적어라. 그리고 입증 절차가 자신에게 도움이 되는지 아니면 해가 되는지 판단하라.

우리는 입증 절차를 조정하고 변경할 수도 있다. 우리가 생각하는 것들은 단지 정신적 구성물일 뿐, 그 이상도 이하도 아니다. 그것들은 우리에게 방해가 되어서는 안 되고 도움이 되어야 한다.

가치는 바뀐다. 급격하게 바뀌기도 하지만 대개는 의식하지 못하는 사이에 서서히 바뀐다. 하지만 많은 사람들이 자기파괴적이거나 효용 가치가 없는 낡은 입증 절차를 가지고 있다. 고등학교 시절에는 낭만적인 매력을 느끼고 싶어 할 수 있다. 하지만 성인이 되면 더 정교한 전략을 개발하려고 한다. 개인적인 매력을 중요하게 생각하지만 자신의 외모가 로버트 레드퍼드나 쉐릴 티그스와 비슷해야 매력적이라고 생각한다면 쉽게 좌절감을 느낄 것이다. 사람들은 어떤 성과나 최상의 가치를 상징하는 것에 쉽게 사로잡힌다. 그러나 그 가치에 도달하면 대부분 그것이 전혀 의미가 없다는 것을 알게 된다. 자신의 가치가 바뀌어도 입증 절차가 남아 있어서 입증하는데 인생을 허비하는 것이다. 사람들은 때때로 어떤 가치와도 전혀 관계없는 입증 절차를 거친다. 자신이 원하는 것이 무엇인지는 알지만 그 이유는 모른다. 그래서 원하는 것을 얻었을 때 마치 신기루와 같이 주변의 공동체 의식이 무의식적으로 주입되었을 뿐, 그가 진정으로 원한 것은 아니라는 것이 밝혀질 수 있다. 가치와 행동 사이의 부조화는 영화 〈시민 케인Citizen Kane〉에서 〈위대한 개츠비The Great Gatsby〉에 이르기까지 문학과 영화의 중요한 단골 주제다. 우리는 현재 자신의 가치관과 그것이 어떻게 변화하고 있는지 느끼는 감각을 지속적으로 유지해야 한다. 따라서 11장에서 작성한 결과와 목표를 정기적으로 재평가해야 할 필요가 있고, 자신에게 가장 동기를 부여하는 가치가 무엇인지 주기적으로 점검해야 한다.

입증 절차를 점검하는 또 다른 방법은 합리적인 시간 내에 목표에 도달할 수 있는지 확인하는 것이다. 이제 막 사회생활을 시작하는 두 명의 고등학교 졸업생을 예로 들어보자. 한 사람에게 성공이란 안정적인 가정, 연봉 4만 달러의 일자리, 10만 달러의 집, 신체적 건강을 의미할 수 있다. 또 다른 사람에게는 훌륭한 가정 꾸리기, 연봉 24만 달러, 200만 달러의 집, 철인 3종 경기 선수와 같은 체력, 많은 친구, 프로 축구팀 후원, 운전기사가 딸린 롤스로이스를 의미할 수 있다. 큰 목표를 세우는 것이 결과적으로 자신에게 도움이 된다면 괜찮다. 나 역시 큰 목표를 세우고, 여기에 적합한 내적 표상을 만들고 목표를 이룰 수 있는 행동을 취했다.

그러나 목표와 가치가 변하듯이 입증 절차도 변한다. 사람들은 중간 목표를 찾으면 더욱 활기를 띠게 된다. 중간 목표는 자신이 성공의 길로 가고 있는지 그리고 꿈을 이룰 수 있는지에 대한 피드백을 제공한다. 어떤 사람은 철인 3종 경기 선수의 체력, 200만 달러짜리 집, 프로 축구팀 후원, 롤스로이스라는 목표에 완전히 동기를 부여받을 수도 있다. 하지만 먼저 10킬로미터 달리기를 효과적으로 실행하거나, 지속적으로 운동하거나, 식습관을 바꾸거나, 아름다운 10만 달러 집에 살거나, 가족과 화목하게 지내거나, 사랑하는 사람이나 가족과 좋은 관계를 유지하는 것을 중간 목표로 삼을 수도 있다. 이 성과를 이루어낸 후 새로운 목표를 설정할 수 있다. 아직 더 큰 비전에 도달할 수 있지만 중간 목표를 달성한 후에 더 큰 만족감을 얻을 수 있다.

입증 절차의 또 다른 측면은 구체적이라는 것이다. 사랑에 가치를 둔다면 입증 절차는 매력적이고 사랑스러운 상대와 좋은 관계를 유지하는 것이라고 말할 수 있다. 이것은 추구할 가치가 있는 합리적인 결과다. 어떤 사람은 자신이 가장 원하는 외모와 성격 특성을 그려볼 수 있다. 그것도 괜찮다. 또 다른 사람은 수십만 달러를 벌고, 자기 소유의 맨해튼 5번가의 아파트에서, 모델 같은 멋있는 상대와 열정적인 사랑을 하는 것을 입증 절차로 삼을 수 있다. 그러면 물리적인 하위감각 양식만이 그를 만족시킬 것이다. 목표가 있는 것은 문제가 없지만 너무 구체적인 그림에 가치를 연결하면 좌절할 가능성이 크다. 오히려 자신을 만족시킬 수 있는 사람, 사물, 경험 중 99퍼센트가 배제되기 때문이다. 그렇다고 해서 인생에서 그런 결과를 이룰 수 없다는 의미는 아니다. 그러나 입증 절차에 더 많은 융통성을 부여할수록 진정한 바람이나 가치를 더 쉽게 충족시킬 수 있다.

여기에는 유연성이라는 공통점이 있다. 어떤 상황에서든 가장 유연하고 선택 가능성이 많은 시스템이 가장 효과적이다. 가치가 우리에게 가장 중요하다고 생각하는 것이 절대적으로 중요하지만, 우리는 우리가 선택한 입증 절차로 가치의 우선순위를 매긴다. 우리는 틀림없이 좌절할 것처럼 보이는 지도를 선택하기도 한다. 많은 사람들이 그렇게 한다. 성공은 정확히 이런 것이고, 좋은 관계는 정확히 저런 것이라고 말하기 때문이다. 그러나 유연성이 없으면 좌절이라는 길로 가게 된다.

사람들이 갈등을 겪어야 하는 고통스러운 문제들은 대부분 가치와 관련이 있다. 때때로 자유와 사랑 같은 두 가지 다른 가치는 우리를 서로 반대 방향으로 끌어당긴다. 자유는 언제든지 원하는 것을 무엇이든 할 수 있는 것을 의미할 수 있다. 사랑은 한 사람에 대한 헌신을 의미할 수 있다. 이때 대부분 갈등을 겪는다. 이 갈등이 유쾌할 리 없다. 그러나 최고의 가치가 무엇인지 알아내어 이를 지원하는 행동을 선택하면 된다. 그렇게 하지 않으면 삶에서 가장 중요하다고 믿는 것을 추구하지 못했기 때문에 나중에 정신적으로 큰 대가를 치르게 될 것이다. 가치의 계층 구조에서 상위에 있는 가치와 관련된 행동은 하위에 있는 가치와 연계된 행동에 우선한다.

가치가 서로 반대 방향으로 강력하게 끌어당기는 것처럼 당혹스러운 일도 없다. 이것은 엄청난 불일치를 야기한다. 이 불일치가 오래 지속되면 관계가 파괴된다. 예를 들어, 자유를 행사하는 것이 다른 것을 망치는 방향으로 작용할 수 있다. 반대로 자유를 향한 욕구를 억누름으로써 다른 사람과의 관계에서 좌절하거나 파괴적이 될 수 있다. 아니면 우리 대부분이 가치를 제대로 이해하고 판단하지 못하기 때문에 좌절감과 불안감을 경험하는지도 모른다. 그렇게 되면 이러한 부정적인 감정으로 모든 삶의 경험을 받아들여서 나중에는 불안감을 느끼게 된다. 그리고 이때 생기는 불안감을 해소하기 위해 과식이나 흡연과 같은 행위를 하게 된다.

가치가 어떻게 작동하는지 이해하지 못한다면 제대로 된 타협을 하기가 어렵다. 하지만 가치의 작동 방식을 이해하면 관계나 자유에 대한 감각이 침해당하지 않는다. 입증 절차를 바꾸면 된다. 고등학생 때는 자유란 워렌 비티의 방종한 성생활을 모방하는 것이라고 생각했을 수 있다. 그러나 아마도 사랑하는 사람과의 관계는 술집에서 만나는 어떤 사람과도 잠자리를 가질 수 있는 능력보다 훨씬 더 진정한 자유를 누리는 편안함, 자원, 기쁨을 제공할 것이다. 이것이 본질적으로 내적 일치를 만드는 방식으로 경험을 재구성하는 과정이다.

때로는 내적 불일치가 가치 자체에서 오는 것이 아니라 다른 가치를 입증하는 과정에서 생기기도 한다. 성공과 영적인 것은 부조화를 일으킬 필요가 없다. 큰 성공을 거두면서도 계속해서 풍요로운 영적 삶을 누릴 수 있다. 그러나 성공을 위한 입증 절차가 대저택을 갖는 것이고, 영적 성숙을 위한 입증 절차가 금욕적인 삶을 사는 것이라면, 어떻게 해야 할까? 입증 절차를 재정의하거나 인식을 재구성해야 한다. 그렇지 않으면 내적 갈등에서 헤어나지 못할 수 있다. 기억하겠지만 W. 미첼은 신념체계를 사용하여 제한적인 상황에서도 풍요롭고 행복한 삶을 유지할 수 있었다. 어떤 두 가지 요소 사이에 절대적인 관계란 없다. 즉, 그가 불구가 되었다는 것이 불행을 의미하지 않는다. 돈이 많다고 영적으로 미성숙하다는 의미도 아니다. 또한 금욕적인 삶을 산다고 해서 반드시 숭고한 삶을 산다고도 할 수 없다.

NLP는 경험 구조를 변경하여 내적 일치를 이루는 도구를 제공한다. 전에 흔치 않은 문제가 있는 사람과 일한 적이 있다. 그에게는 사랑하는 한 여자가 있었다. 하지만 성적 매력에 높은 가치를 두었기 때문에 다른 여자들과 성적 관계를 가질 수 있다고 생각했다. 그런데 매력적인 여자에게 성적 신호가 느껴지면 사랑하는 여자와의 관계에 대한 가치 때문에 죄책감을 느끼기 시작했다.

성적으로 매력적인 여자를 만났을 때 매력에 대한 그의 내부 구조는 이런 식으로 작동했다. 매력적인 여자를 보면(Ve) 자신에게 이렇게 말한다(Aid). "정말 멋진 여자야. 이 여자는 나를 원하고 있어." 그리고 따라가려는 느낌이나 욕구(Ki)가 생기고, 때로는 욕망이 현실이 되어 행동(Ke)을 취하기도 한다. 하지만 그 욕망과 그에 따른 낭만적인 모험이 그 진정한 욕구인 강력한 일대일 관계에 대한 그의 가치관과 심각한 갈등을 초래한다.

나는 그에게 Ve-Aid-Ki-Ke라는 그의 전략에 새로운 전략을 한 가지 추가할 것을 권했다. 그가 여자(Ve)를 보고 "이 여자는 정말 아름다워. 그녀는 나를 원해."라고 말한 뒤(Aid), "나는 함께 살고 있는 여자를 사랑해."라는 또 다른 청각적인 내부 대화를 추가하도록 했다. 그런 다음 사랑하는 연인이 그에게 미소를 지으며 그윽한 눈빛으로 그를 바라보고 있는 모습을 상상하게 했다(Vi). 그에게 새로운 전략을 반복함으로써 내부에 고정시켰다.

마음이 끌리는 여자를 보고 자신에게 "이 여자 정말 멋지군. 나를 원하고 있어."라는 말한 뒤, 곧바로 새로운 내부의 청각적 언어로, 즉 애정 어린 어조로 "하지만 나는 함께 사는 여자를 사랑하고 싶어."라고 말하라고 했다. 그리고 연인이 그를 향해 사랑스럽게 미소 짓는 모습을 그려보라고 했다. 나는 매력적인 여자가 지나갈 때마다 그가 즉시 이 새로운 패턴을 적용할 수 있도록 하기 위해, '휘익' 기법을 반복해서 실행함으로써 이 전략을 각인시켰다.

그는 이 전략을 사용하여 큰 갈등을 해소했다. 그의 과거 전략은 그를 동시에 다른 두 방향으로 끌어당겼기 때문에 연인과의 관계에서 큰 정신적 부담이 되었다. 성적 충동을 단순히 억누르기만 했다면 그는 좌절에서 헤어나오지 못했을 것이다. 하지만 새로운 전략은 그가 필요로 하는 성적 매력에 긍정적인 감정을 갖게 하면서 동시에 사랑하는 사람과의 관계를 약화시키는 갈등을 제거했다. 이제 그는 매력적인 여자를 볼수록 함께 있는 연인을 더 사랑하고 싶은 느낌을 갖게 되었다.

가치관을 활용하는 가장 좋은 방법은 우리 자신과 다른 사람들에게 동기를 부여하고 이해하기 위해 가치와 근본적 사고방식을 통합하는 것이다. 가치는 가장 높은 차원의 필터다. 근본적 사고방식은 인식과 행동의 대부분을 안내하는 효과적인 패턴이다. 이 두 가지를 함께 사용하는 방법을 안다면 가장 정확한 동기부여 패턴을 개발할 수 있다.

예전에 너무 책임감이 없어서 부모를 힘들게 하는 어떤 청년에게 도움을 준 적이 있다. 그의 문제는 결과를 전혀 생각하지 않고 순간에만 만족하며 산다는 것이었다. 밤을 새울 일이 생겨 집에 들어오지 않았다고 해서 그가 무책임하게 굴려는 뜻은 아니었다. 그는 자기 행동의 결과(회피해야 할 것)보다는 당장 눈앞에 있는 것(추구하는 것)에 반응했다.

나는 함께 이야기를 나누면서 그의 근본적 사고방식을 이끌어내며 그가 사물 중심으로 움직이고, 필요에 따라 행동한다는 것을 알았다. 그런 다음 그의 가치체계를 도출하기 시작했다. 그가 추구하는 최고의 가치는 안전, 행복, 신뢰였다. 이 세 가지가 그가 삶에서 가장 중요하게 여기는 것들이었다.

그래서 미러링과 매칭을 통해 그와 라포를 형성했다. 그런 다음 그와 내적으로 일치된 상태가 되어, 그의 행동이 자신의 최고 가치를 어떻게 위태롭게 하는지를 설명했다. 그를 상담할 때 부모는 몹시 화가 난 상태였다. 허락을 받는 것은 고사하고, 아무 연락도 없이 이틀이나 외박 하고 집에 돌아왔기 때문이다. 나는 부모의 인내심이 한계에 도달했으며, 그의 행동이 그동안 가족이 베푼 안전, 행복, 신뢰를 약화시킨다고 지적했다. 계속 그런 식으로 행동한다면 안전도, 행복도 없고, 신뢰할 수도 없는 곳에 혼자 남게 될 것이라고 말했다. 그곳은 감옥이 될 수 있고, 보호관찰소가 될 수도 있다. 그가 가족과 함께 살 수 있을 정도의 책임감이 없으면, 부모는 그를 책임질 수 있는 곳으로 보내야 할 것이다.

그래서 나는 그의 가치관과 대치되는 것, 즉 회피하고 싶은 것을 알려주었다. (대부분의 사람들, 심지어 즐거움 추구형의 사람도 핵심 가치를 잃는 것은 피하려고 한다.) 다음으로 그가 추구해야 할 만한 대안을 제시했다. 부모에게서 그에게 중요한 안전, 행복, 신뢰와 같은 가치를 계속 받으려면 다음과 같은 구체적인 입증 절차를 완수해서 자신의 능력을 입증해야 한다고 말했다. 매일 밤 10시까지는 집에 돌아올 것, 일주일 안에 일자리를 구할 것, 집에서 매일 해야 할 일을 다 할 것 등이다. 나는 2개월 후에 그의 진행 상황을 점검할 것이라고 말했다. 이 약속을 제대로 지키면 부모의 신뢰 수준이 높아질 것이고, 그의 개인적인 행복과 안전에 부모의 지원도 더 많아질 것이라고 말했다. 그리고 지금부터 잘 되기 위해서는 이것이 반드시 선행되어야 한다는 점을 분명히 밝혔다. 약속을 한 번 어기면 학습 경험으로 간주될 수 있지만, 두 번째는 경고를 주고, 세 번 어기면 그때는 끝이라고 말했다.

나는 그가 소중히 여기는 것들을 유지하고, 그 즐거움을 증대시키기 위해 곧바로 행할 수 있는 것을 제시했다. 과거에는 부모와의 관계를 제대로 지탱해줄 수 있는 올바른 길을 가지 않았다. 이러한 변화가 전적으로 필요하다는 점을 분명히 말하고, 따라야 할 구체적인 입증 절차를 알려주었다. 얼마 전에 소식을 들었을 때 그는 계속 모범적인 생활을 잘하고 있다고 한다. 나는 그의 가치와 근본적 사고방식을 융화시켜 최고의 동기부여 도구를 제공했다. 그가 필요로 하는 안전, 행복, 신뢰를 스스로 창조할 수 있는 방법을 그에게 제시한 것이다.

> "타인을 아는 자는 지혜로울지 모르지만
> 자신을 아는 자가 더 지혜롭다.
> 타인을 지배하는 자는 강할 수 있지만
> 자신을 지배하는 자야말로 진정으로 강한 사람이다."
> 노자, 《도덕경》

이제 가치관이 얼마나 폭발적인 힘을 가지는지, 변화를 위한 도구로서 얼마나 유용한지 잘 알 수 있을 것이다. 과거에 우리의 가치체계는 거의 전적으로 잠재의식 수준에서 작동했다. 이제 우리는 긍정적인 변화를 위해 가치체계를 이해하고 조작할 수 있는 능력을 갖추게 되었다. 원자가 무엇인지 몰랐을 때는 원자의 엄청난 힘을 활용하지 못했다. 이와 마찬가지로 가치체계에 대해 배움으로써 엄청난 효과를 기대할 수 있다. 가치를 의식적으로 사용함으로써 예전에는 이루어낼 수 없었던 결과를 만들어낼 수도 있다. 이제 우리는 그 존재조차 몰랐던 버튼을 마음대로 조작할 수 있게 되었다. 가치관은 모든 것에 영향을 미치는 신념체계라는 것을 꼭 기억하라.

갈등을 해소하든, 힘을 북돋우는 가치를 강화하든, 가치체계의 변화로 인생 전반에 중대한 변화를 가져올 수 있다.

과거에는 우리가 잘 알지 못해서 가치관의 갈등에 대해 불안감을 느꼈지만, 이제는 우리 내부에서 또는 우리와 타인 사이에 일어나는 일을 이해하고 새로운 결과를 다양한 방법으로 만들어낼 수 있다. 최대한 효과적으로 경험을 재구성할 수 있다. 이 책에서 줄곧 해온 것처럼 하위감각 양식을 조절하여 입증 절차를 변경할 수도 있다. 가치관이 충돌할 때 실질적인 충돌은 주로 입증하는 절차 중에 발생한다. 우리는 갈등을 인식하지 못하도록 화면을 줄이고 소리를 낮출 수 있다. 경우에 따라 가치 자체를 바꿀 수도 있다. 어떤 가치를 계층 구조에서 더 높은 위치로 올리고 싶으면, 그 가치의 하위감각 양식을 변경하여 최상위에 있는 가치의 하위감각 양식처럼 만든다. 대부분의 경우 하위감각 양식을 바꾸는 것이 훨씬 쉽고 효과적일 뿐만 아니라 강력한 방법이다. 이런 식으로 뇌 속에서 가치를 표현하는 방식을 변경하여 가치의 우선순위를 변경할 수 있다.

예전에 한 남자에게 도움을 준 적이 있는데, 그의 최고 가치는 '효용성'이었다. 사랑은 그의 가치 사다리에서 아홉 번째에 있었다. 쉽게 짐작할 수 있듯이, 이런 유형의 가치체계를 가졌기 때문에 그는 사람들과 라포를 제대로 형성하지 못했다. 그가 자신의 가장 중요한 가치인 효용성을 큰 그림으로 나타내고 오른쪽으로 아주 밝게 이동시켰으며, 그와 관련된 특정 어조로 내적 표상을 하고 있다는 것을 알게 되었다. 이것을 그에게 훨씬 낮은 가치인 사랑(다른 위치에서 있으면서 더 낮고, 더 어둡고, 더 흐리고, 초점이 잘 안 맞는 흑백의 훨씬 작은 그림)과 비교했다. 그리고 내가 한 일은 낮은 순위인 사랑의 하위감각 양식을 최고 순위인 효용성의 하위감각 양식과 똑같게 만드는 것이었다. 상단에 있는 효용성의 하위감각 양식도 하단에 있는 사랑의 하위감각 양식과 똑같이 만들었다. 그런 다음 휘익 기법을 사용하여 서로 바꿔치기를 하게 했다. 이렇게 함으로써 그는 자신의 가치관에 대해 느끼는 방식을 바꿨다. 가치체계의 계층 구조를 변경한 것이다. 그 결과, 사랑이 그의 최고 가치가 되었다. 이것은 그가 세상을 인식하는 방식, 그에게 가장 중요한 것, 그가 일관되게 만들어내는 행동의 유형을 근본적으로 바꾸었다.

누군가의 가치체계를 바꿨을 때 그 효과는 즉각적으로 나타나지 않을 수 있지만, 엄청난 파급 효과가 있다. 일반적으로 가치의 계층 구조를 바꾸기 전에 입증 절차를 찾아서, 그가 자신의 가치를 달성하고 있는지에 대한 인식을 바꾸는 것부터 시작하는 것이 가장 바람직하다.

나는 이렇게 하는 것이 인간관계 형성에서 매우 가치 있는 일이라고 생각한다. 어떤 사람의 가치체계에서 1순위가 성적 매력, 2순위가 정직한 의사소통, 3순위가 창의성, 4순위가 존중이라고 가정하자. 이와 같은 관계에서 만족감을 느끼는 데는 두 가지 접근 방식이 있다. 하나는 1순위 가치를 존중으로, 4순위를 성적 매력으로 바꾸는 것이다. 이렇게 하면 연인에게는 더 이상 매력을 느끼지 못할 수 있지만, 상대를 존중하는 것이 가장 중요하다고 생각하게 된다. 그녀에게 존경심을 느끼는 한, 그는 자신의 가장 큰 욕구가 충족되고 있다고 생각할 것이다. 한편, 더 간단하고 덜 급진적인 접근 방식은 매력적인 사람을 찾기 위한 입증 절차를 결정해주는 것이다. 자신의 가치를 충족하기 위해 그가 무엇을 보고, 듣고, 느끼는지를 관찰한다. 그런 다음 매력 전략을 바꾸거나 그 가치를 실현하는 데 필요한 것을 연인과 함께 찾게 해주면 된다.

우리에게는 대부분 상충되는 가치들이 있다. 세상에서 크게 성공을 거두기를 바라면서도 해변에서 휴식을 취하고 싶어 한다. 가족과 함께 시간을 보내고 싶으면서도 직장에서 성공하기를 바란다. 안전을 원하면서도 열정을 원하기도 한다. 어느 정도의 가치 충돌이 불가피하다. 그러나 이로 인해 삶에 특정한 풍요로움과 조화로움이 생긴다. 문제는 근본적인 가치가 우리를 서로 다른 방향으로 끌어당길 때 발생한다. 이 장을 읽고 나서 가치의 계층 구조와 입증 절차를 살펴보고 어디에서 충돌이 일어나는지 확인하라. 그것을 명확하게 확인하는 것이 문제 해결의 시작이다.

가치는 개인뿐 아니라 사회에서도 어느 것 못지않게 중요하다. 지난 20년 동안 미국의 역사는 가치의 중요성과 가변성 측면에서 고통스러운 학습 과정이었다. 60년대의 격변이 가치가 충돌하는 대격변의 실례가 아니면 무엇이겠는가? 갑자기 거대하고 목소리가 큰 일부 계층이 사회 전체의 가치와 근본적으로 충돌하는 가치를 주장하기 시작했다. 애국심, 가족, 결혼, 직장 윤리 등 미국에서 가장 소중히 여기는 많은 가치가 갑자기 의심받게 된 것이다. 그 결과, 사회적 부조화와 혼돈의 시기가 도래했다.

그때와 지금은 두 가지 측면에서 큰 차이가 있다. 한 가지는 60년대 아이들은 대부분 자신의 가치를 표현하는 새롭고 더 긍정적인 방법을 알았다는 것이다. 60년대에 사람들에게 자유는 마약이나 장발을 의미한다고 생각했을지 모른다. 그러나 80년대에는 사업체를 소유하고 자신의 삶을 통제하는 것이 자유를 누리는 가장 효과적인 방법이라고 생각할 수 있다. 또 다른 한 가지는 우리의 가치관이 바뀌었다는 것이다. 지난 25년 동안의 가치 변화를 생각해보면 어떤 가치가 다른 가치보다 우선한 경우를 찾기 힘들다. 그 대신 여러 가치들이 함께 발전한 것을 알 수 있다. 어떤 면에서 보면, 애국심이나 가족생활과 같은 전통적인 가치로 되돌아갔다. 우리는 60~80년대의 가치 중에서 많은 것을 채택했다. 예전보다 더 관대해졌으며, 여성과 성 소수자의 권리, 생산적이고 만족스러운 일의 본질에 대해 다른 가치관을 갖게 되었다.

이렇게 발전하는 과정에서 우리는 모두에게 도움이 되는 교훈을 얻는다. 가치도 변하고 사람도 변한다. 변화하지 않는 사람은 숨을 쉬지 않는 사람뿐이다. 중요한 것은 그 흐름을 인식하고 그것에 따라 함께 움직이는 것이다. 하나의 결과에 집착하다가 더 이상 자신의 가치에 맞지 않는다는 것을 알게 되는 많은 사람들을 기억하라. 많은 사람들이 서로 다른 시기에 그와 같은 상황에 처한다. 이를 피하는 방법은 정신을 똑바로 차리고, 자신의 가치관을 인식하고, 그것에 대한 입증 절차를 확고히 하는 것이다.

사람들은 대부분 어느 정도의 내적 부조화를 안고 살아간다. 이것은 인간이라는 존재의 모호한 부분이다. 과거에 사회가 변화의 흐름을 경험했듯이 사람들도 마찬가지였다. 그러나 어떤 일이 일어날지 알았다면 상황에 더 잘 대처하고 최대한 바꾸려고 노력했을 것이다. 부조화를 느끼지 못하거나 잘 이해하지 못하면 부적절한 행동을 하게 된다. 자신도 이해하지 못하는 좌절감에 빠져 담배를 피우거나 술을 마시고 비정상적인 행동을 하게 된다. 따라서 가치 충돌을 해소하는 첫 번째 단계는 내적 부조화를 이해하는 것이다. 최고의 성공 공식은 다른 모든 것뿐만 아니라 가치관에도 적용된다. 자신이 원하는 것이 무엇인지, 즉 최고 가치와 가치의 계층 구조를 알아야 한다. 자신이 무엇을 추구하는지를 알기 위해서는 민감성을 계발할 필요가 있다. 그리고 변화에 대한 유연성을 계발해야 한다. 현재 행동이 자신의 가치체계와 맞지 않으면 갈등을 해결하기 위해 행동을 변화시킬 필요가 있다.

마지막으로 고려해야 할 것이 있다. 인간은 항상 모델링을 한다는 사실이다. 우리의 자녀, 직원, 사업 파트너는 각자의 방식으로 우리를 모델링한다. 효과적인 롤 모델이 되기 위해서는 강력한 가치와 일치된 행동만큼 중요한 것이 없다. 행동을 모델링하는 것이 중요하지만, 가치관은 그 어떤 것보다 더 중요하다. 우리의 삶이 불행과 혼란으로 가득 차 있다면, 우리를 모델링하려는 사람들은 우리를 혼란스러운 불행과 연결시킬 것이다. 반면에 우리의 삶이 흥분과 기쁨의 확신에 차 있으면, 우리는 헌신과 기쁨을 연결하는 일치된 모델을 제공할 것이다.

여러분의 인생에서 가장 큰 영향을 끼친 사람들을 생각해보라. 이들이 제공한 것은 변화이며, 그것이야말로 효과적이고 내적으로 일치된 모델이다. 이 사람들은 가치와 행동의 생생하고 값진 성공에 롤 모델을 제공했다. 역사적으로 성경과 같은 종교 서적에서 말하는, 동기를 부여하는 가장 큰 힘은 바로 가치에 관한 것이다. 이 책에서 들려주는 삶에 관한 이야기와 행동은 가치에 위대한 힘을 부여함으로써 세상 모든 사람들의 인생을 값지게 만드는 것이라 할 수 있다.

상대의 가치관을 찾아내는 간단한 방법은 그 사람에게 가장 중요한 것이 무엇인지 알아내는 것이다. 가치관을 알면, 상대의 욕구뿐만 아니라 자신의 욕구도 효과적으로 알 수 있다. 다음 장에서는 성공하려는 사람들이 이 책에서 이야기한 모든 것을 활용해보고 적용하기 위해, 성공한 사람들이 경험한 부와 행복을 여는 열쇠 다섯 가지를 살펴볼 것이다.

19장

부와 행복을 여는 열쇠 다섯 가지

> "인간은 환경의 피조물이 아니다.
> 환경이 인간의 창조물이다."
> 벤저민 디즈레일리Benjamin Disraeli

우리는 이제 우리의 삶을 완전하게 책임질 수 있는 자원을 갖게 되었다. 효과적인 내적 표상으로 스스로 성공과 권력으로 이끄는 활력을 얻을 수 있는 내적 상태를 만들 수 있는 능력도 갖추게 되었다. 그러나 이 능력이 있는 것과 이 능력을 제대로 사용하는 것은 다른 문제다. 우리는 스스로를 자원이 없는 상태에 빠뜨린 경험이 무수히 많다. 길에는 굴곡이 있고 강에는 급류가 있다. 이것들이 끊임없이 우리가 하려는 일을 방해한다. 이번 장에서 위험이 어디에 있는지, 이를 극복하기 위해서는 무엇을 알아야 하는지를 여러분에게 알려주고자 한다.

나는 이것을 부와 행복을 위한 열쇠라고 부른다. 현재 가지고 있는 모든 능력을 제대로 사용하고, 최고가 되기 위해서는 이 열쇠들을 잘 알아야 한다. 성공하고 싶다면 이른 시일 내에 이 열쇠들을 파악하라. 만약 열쇠들을 지속적으로 잘 다룰 수 있다면 인생에서 최고의 성공을 거둘 것이다.

얼마 전 보스턴에 있을 때였다. 어느 날 저녁에 세미나를 마치고 한밤중에 코플리 광장Copley Square을 산책하고 있었다. 현대적인 고층 빌딩에서 미국의 역사만큼 오래된 건물까지 건축물들을 살펴보고 있었는데, 한 남자가 앞뒤로 비틀거리며 나에게 다가왔다. 몇 주 동안 길거리에서 먹고 자고 한 노숙자 같았다. 술 냄새가 진동했고 몇 달 동안 면도를 하지 않은 것처럼 보였다.

나는 그가 내게 다가와서 돈을 구걸할 것이라고 생각했다. 생각대로 된다고 했던가? 그가 다가와서 물었다. "선생님, 2달러만 빌려주세요." 나는 먼저 그의 요구에 응할지 자신에게 물었다. 그런 다음 그가 고통 받는 것을 원하지 않는다고 스스로에게 말했다. 어쨌든 2달러라는 돈은 그에게 별로 도움이 될 것이라고 생각하지 않았다. 그래서 내가 할 수 있는 최소한의 일은 그에게 교훈을 주는 것이라고 생각했다. "2달러요? 그게 원하는 전부예요?"라고 묻자, 그는 "예, 2달러요."라고 말했다. 그래서 나는 지갑에서 2달러짜리 한 장을 꺼내며 이렇게 말했다. "인생은 당신이 원하는 만큼 당신에게 줄 겁니다." 남자는 멍한 표정을 짓더니 비틀거리며 가버렸다.

그의 뒷모습을 바라보면서, 나는 성공한 사람과 실패한 사람의 차이에 대해 생각했다. 그리고 그와 나의 차이점이 무엇인지 생각해보았다. 어떻게 해서 나는 내가 원하는 것은 무엇이든, 내가 원할 때, 내가 원하는 곳에서, 내가 원하는 사람과, 내가 원하는 만큼 할 수 있는 여유를 갖게 되었나? 60세 정도 되어 보이는 그 남자는 길거리에서 구걸을 하며 살고 있는데 말이다. 하느님이 내려와서, "로빈스, 잘했어. 너는 네가 꿈꾸는 대로 살 수 있게 될 것이다."라고 말했나? 아니다. 그렇지 않았다. 그럼 누군가가 나에게 풍부한 자원이나 혜택을 주었나? 그렇다고 생각하지 않는다. 그 사람처럼 술을 많이 마시거나 길에서 잠을 자지는 않았지만, 한때 나는 거의 그와 같은 상황에 처한 적도 있었다.

그와의 차이 중 하나가 내가 그에게 해준 말이라고 생각한다. 인생은 우리가 원하는 만큼 우리에게 보상해준다. 2달러만 달라고 하면 그것만 받게 된다. 하지만 큰 기쁨과 성공을 원하면 그대로 얻을 것이다. 지금까지 배운 것을 활용해 자신의 내적 상태와 행동을 통제할 수 있고 무엇이든 바꿀 수 있다는 확신을 얻게 될 것이다. 그 후 몇 달 동안 많은 노숙자들을 만나면서 어떻게 해서 여기서 그런 삶을 살게 되었는지 물어보았다. 나는 우리가 비슷한 어려움을 겪고 있다는 공통점을 발견하기 시작했다. 차이점은 우리가 그 어려움을 처리하는 방법이었다.

> **"무슨 말을 하든 원하는 만큼 될 것이다."**
> 그리스 격언

성공으로 가는 이정표로 사용할 수 있는 다섯 가지를 알아보려고 한다. 이해하기 힘들거나 심오한 것이 아니다. 그러나 절대적으로 중요하다. 제대로 터득하면 우리가 하는 일에 한계가 없게 된다. 하지만 활용하지 않으면 이미 한계를 정해놓은 것과 마찬가지가 될 것이다. 확신에 찬 말과 긍정적인 사고가 출발점이다. 통제되지 않은 긍정은 망상의 시작이지만, 통제된 긍정은 기적을 만들어낸다.

열쇠 1: 좌절을 극복하는 법을 알아야 한다.

원하는 것을 이루고 싶으면 할 수 있는 모든 것을 하라. 들을 수 있는 것을 모두 듣고, 볼 수 있는 것을 모두 보고, 좌절을 극복하는 법을 배워야 한다. 좌절은 언제나 있으며 우리의 꿈을 짓밟아버린다. 긍정적인 태도를 부정적인 태도로, 힘을 실어주는 상태를 절름발이 상태로 바꿔놓는다. 부정적인 태도가 주는 최악의 상황은 극기심을 사라지게 하는 것이다. 극기심이 사라지면 우리가 바라는 결과도 사라진다.

따라서 장기적으로 성공하기 위해서는 좌절을 극복하는 법을 배워야 한다. 한 가지 알려줄 것이 있다. 성공의 열쇠는 엄청난 좌절이라는 것이다. 거의 모든 위대한 성공을 보면 그 과정에 엄청난 좌절이 있었다는 것을 알 수 있다. 그렇지 않다고 말하는 사람은 성공에 대해 아무것도 모르는 사람이다. 세상에는 두 부류의 사람이 있다. 좌절을 극복한 사람과 그랬으면 좋았을 것이라고 말하는 사람이다.

프레더릭 스미스라는 인물이 창립한 페더럴 익스프레스Federal Express (FedEx)라는 운송업체가 있다. 스미스는 좌절 속에서 시작했지만 수백만 달러 규모의 사업을 구축했다. 회사를 창립할 당시, 그는 전 재산을 투자해서 약 150개의 소포 배달을 목표로 했다. 하지만 실제로는 16개밖에 배달하지 못했다. 그나마 5개는 직원들이 자기 집으로 배송한 것이었다. 상황은 더 악화되었다. 회사에 수표를 충당할 자금이 없어서, 직원들은 정기적으로 급여로 받은 수표를 편의점에서 현금으로 바꿔야 했다. 비행기의 물건이 여러 차례 압류를 당하기도 했고, 하루를 벌어 하루를 버티는 경우가 다반사였다. 하지만 이 회사는 수십억 달러 규모의 기업이 되었다. 그렇게 될 수 있었던 것은 프레더릭 스미스가 계속되는 좌절을 극복했기 때문이다.

좌절을 극복하고 나면 좋은 결과가 뒤따른다. 파산했다면, 아마도 좌절을 제대로 극복하지 못했기 때문일 것이다. 혹시 "글쎄요, 나는 파산해서 좌절한 거라고요."라고 말할 수도 있다. 아니다, 그 반대다. 더 많은 좌절을 이겨냈다면 부자가 되었을 것이다. 경제적으로 안정된 사람과 그렇지 않은 사람의 가장 큰 차이는 좌절을 극복한 방법에 있다. 나는 가난이 큰 좌절을 가져오지 않는다고 말할 정도로 냉정한 사람이 아니다. 가난해지지 않는 방법은 성공할 때까지 더욱더 많은 좌절을 극복하는 것이다. 사람들은 "글쎄요, 돈이 있는 사람은 아무 문제가 없겠지요."라고 말한다. 하지만 돈을 많이 벌면 벌수록 더 많은 문제에 부딪히게 된다. 좌절을 어떻게 이겨내고 어떻게 새로운 전략과 대안을 제시하는지를 알아야 한다. 부자가 되는 것은 단순히 돈이 많이 있는지 없는지의 문제가 아니라는 점을 잊지 마라. 최상의 관계는 문제와 도전을 동시에 던져준다. 문제를 원하지 않는다면 아예 관계를 맺지 않으면 된다. 사업에서든, 인간관계에서든, 인생에서 큰 성공을 거두는 길에는 큰 좌절이라는 장애물이 있게 마련이다.

최적의 성과기법이 우리에게 주는 가장 큰 선물은 좌절감을 효과적으로 극복하는 방법을 가르쳐준다는 것이다. 이 기법은 우리를 좌절하게 만든 것을 가져와 신나게 만드는 것으로 변화시킨다. NLP 같은 도구는 단순히 긍정적인 사고방식이 아니다. 긍정적인 사고의 문제는 그것에 대해 생각해야 한다는 것이다. 그러나 나중에 마음먹고 하려고 달려들면 이미 늦어버리는 경우가 많다.

NLP는 우리에게 스트레스를 기회로 바꾸는 방법을 알려준다. 우리는 우울하게 만들었던 이미지를 시들게 하거나 사라지게 하고, 황홀감을 주는 이미지로 바꾸는 방법을 이미 알고 있다. 어렵지 않다. 이미 그 방법을 배웠기 때문이다.

여기에 스트레스를 통제하는 2단계 공식이 있다.
1단계: 사소한 문제에 신경 쓰지 마라.
2단계: 모든 일이 사소하다는 사실을 잊지 마라.

성공한 사람들은 성공이 좌절의 뒤편에 있다는 것을 알고 있다. 불행히도 많은 사람들이 뒤쪽 근처에는 가지도 않는다. 목표 달성에 실패한 사람들은 대부분 좌절감으로 멈춘다. 그들은 좌절을 인정함으로써, 자신의 목표를 달성하는 길에 스스로 장애물을 만든다. 그러나 이 좌절을 교훈이 되는 피드백으로 전환하면 장애물 따위는 존재하지 않는다. 그래서 나는 좌절을 극복한 경험이 없는 사람은 성공하기 힘들다고 생각한다.

열쇠 2: 거절에 대처하는 법을 알아야 한다.

세미나 참석자들에게 이것을 계속 이야기하면 사람들의 생리체계가 바뀌는 것을 느낄 수 있다. 인간의 말 중에서 '아니요'보다 상대의 마음을 아프게 하는 말이 있을까? 예를 들어, 한 영업팀에서 10만 달러의 실적을 올리는 사람이 있는가 하면, 2만 달러밖에 성과를 올리지 못하는 사람도 있다. 왜 이런 차이가 생기는 걸까? 핵심은 거절에 대처하는 법에 있다. 거절에 대한 두려움이 일을 진행하는 데 방해가 되지 않도록 하는 것이다. 거절당한 경험이 많은 사람이 최고의 판매원이 될 수 있다. 그들은 모든 '아니요'를 받아들이고, '예'로 넘어가는 자극제로 사용한다.

우리가 사는 사회에서 가장 큰 문제는 '아니요'라는 말을 잘 감당하지 못하는 것이다. 앞에서 내가 했던 "절대로 실패하지 않는다는 것을 안다면 어떻게 하겠는가?"라는 질문을 기억하는가? 지금 다시 생각해보라. 절대 실패하지 않는다면 우리의 행동이 바뀔까? 그렇게 되면 정말 우리가 하고 싶은 것을 할 수 있을까? 아니라면, 우리의 행동을 가로막는 것은 무엇일까? 바로 '아니요'라는 말 한마디다. 성공하려면 거절에 대처하는 법과 거절이 가진 힘을 없애는 방법을 배워야 한다.

예전에 한 높이뛰기 선수에게 도움을 준 적이 있다. 그는 올림픽 국가대표였지만 자신의 키 높이도 뛰어넘지 못했다. 점프하는 것을 보고 나는 그의 문제가 무엇인지 금방 알아차렸다. 높이뛰기 바에 걸린 이후로 온갖 감정적 동요를 겪기 시작한 것이다. 그는 사소한 실패를 큰 사건으로 만들었다. 나는 그를 큰 소리로 부른 다음, 함께 노력하면 이겨낼 수 있다고 말했다. 그는 모든 것을 실패로 저장해두었다. 실패에 대한 이미지를 강화하는 메시지를 뇌에 보내고 있었기 때문에, 뛸 때마다 실패의 이미지가 먼저 자리를 차지하고 있었던 것이다. 점프할 때마다 그의 뇌는 성공을 가져오는 자원이 풍부한 상태에 있는 것이 아니라 실패에 대한 두려움에 빠져 있었다.

나는 그가 다시 바에 걸리면 자신에게 "에잇 이런, 또 실패야!"라고 말하지 말고, "또 다른 방법으로 했네."라고 말하라고 강조했다. 그럴수록 자신을 자원이 풍부한 상태로 되돌려놓고 다시 시도해야 하는 것이다. 그 이후 세 번의 점프 만에 지난 2년 동안 했던 것보다 더 높은 기록을 보였다. 변화하는 데 많은 시간이 걸리지 않았다. 7피트와 6피트 4인치의 차이는 10퍼센트에 불과하다. 높이의 차이는 크지 않지만 기록에서는 큰 차이다. 이와 마찬가지로, 작은 변화가 삶의 질에 큰 변화를 가져올 수 있다.

'람보'라고 불리는 남자에 대해 들어본 적이 있는가? 실베스터 스탤론이 처음 영화 에이전트나 스튜디오를 찾아갔을 때 "와, 정말 체격이 좋군요. 우리 영화에 출연시켜 드릴게요."라고 했을까? 그렇지 않다. 그가 성공을 거둔 것은 거듭된 거절을 잘 이겨냈기 때문이다. 초반에 그는 1,000번 넘게 거절을 당했다. 뉴욕에 있는 에이전트를 모조리 찾아갔지만 번번이 거절당했다. 하지만 계속 밀어붙이고 노력한 끝에 마침내 〈록키Rocky〉라는 영화가 제작되었다. 그는 "아니요."라는 말을 1,000번 듣고 난 후에도 1,001번째 문을 두드린 것이다.

여러분은 얼마나 많은 '아니요'를 이겨낼 자신이 있는가? 매력적이라고 생각한 사람을 찾아가 이야기하고 싶지만 '아니요'라는 말을 듣고 싶지 않아서 포기한 적이 몇 번이나 있는가? 얼마나 많은 사람이 거절당하는 것이 두려워 직장을 구하지 않거나 영업 활동을 하지 않거나 오디션에 참가하지 않을까? 그것이 얼마나 미친 짓인지 생각해보라. 이 짧은 단어에 대한 두려움 때문에 스스로 얼마나 큰 제약을 두는지 생각해보라. 말 자체는 힘이 없다. 그것은 우리의 피부에 상처를 내거나 우리의 힘을 약화시킬 수 없다. 말의 진정한 힘은 우리가 자신에게 내적 표상하는 방식에 따라 다르게 나타난다. 자신을 제한하는 사고를 하게 되면 어떻게 되겠는가? 스스로 한계를 만들 뿐이다.

뇌를 작동하는 방법을 배우면 거절에 대처하는 방법을 배울 수 있다. '아니요'라는 말이 자신을 의욕적으로 만들 수 있도록 자극고정을 할 수 있다. 어떤 거절이라도 받아들이고, 그것을 기회로 만들 수 있다. 텔레마케팅에 종사하고 있다면, 단순히 전화 수화기를 드는 것으로 거절에 대한 두려움을 키우기보다는 황홀경에 빠지도록 자극고정을 할 수 있다. 성공은 거절의 뒤편에 있다는 사실을 명심하라.

거절 없이는 진정한 성공도 없다. 거절을 많이 받을수록 더 나아지고 더 많이 배우면서 원하는 결과에 더 가까워진다. 다음번에는 누군가가 감사를 표하며 우리를 안아줄 수도 있다. 이렇게 되면 생리체계가 바뀐 것이다. '아니요'를 안아주는 것으로 바꿔라. 거절에 잘 대처하게 되면 원하는 모든 것을 얻는 법을 알게 될 것이다.

열쇠 3: 경제적 압박에 대처하는 법을 배워야 한다.

우리에게는 수없이 많은 경제적 압박이 있다. 이것은 많은 사람들을 파괴한다. 탐욕, 시기, 속임수 또는 편집증을 야기하며, 우리에게서 감수성을 빼앗고 친구마저 앗아간다. 항상 그런 것은 아니겠지만 그럴 가능성이 높다는 말이다. 금전적인 문제에 대처하는 것은 돈을 얻는 방법과 주는 방법을 알고 저축하는 방법을 아는 것을 의미한다.

처음 돈을 벌기 시작했을 때, 나는 이 문제 때문에 곤란을 겪어야 했다. 친구들은 나와 절교하겠다고 하면서 "돈에 미쳤냐? 너무 심한 거 아냐?"라고 말했다. 그럴 때면 "난 돈에 미친 게 아냐. 그냥 돈을 좀 벌고 싶을 뿐이야. 도대체 뭐가 문제라는 거지?"라고 말했지만, 그들의 태도는 바뀌지 않았다. 나의 재정 상태가 달라졌기 때문인지 나를 다른 사람 취급했다. 몹시 화를 내는 친구도 있었다. 돈이 충분하지 않은 것이 경제적 압박인 것처럼, 이것 역시 경제적 압박이다. 아마도 우리는 매일 그 압박감을 느낄 것이다. 대부분의 사람들이 그렇다. 하지만 가진 것이 많든 적든 경제적 압박에 대처할 수 있어야 한다.

우리의 모든 행동은 우리의 철학, 즉 행동방식에 대한 내적 표상으로 좌우된다는 점을 잊지 마라. 이 행동이 우리에게 어떻게 행동해야 하는지에 대한 단서를 제공한다. 미국의 작가 조지 S. 클레이슨은 《바빌론 부자들의 돈 버는 지혜The Richest Man in Babylon》에서 경제적 압박에 대처하는 방법의 훌륭한 모델을 제공한다. 혹시 이 책을 본 적이 있는가? 알고 있는가? 아직 안 읽었다면 지금 구입해서 읽어보기 바란다. 이 책을 읽고 나면 당신도 부자가 될 수 있으며, 인생을 행복하고 즐겁게 살 수 있을 것이다. 이 책이 내게 준 가장 중요한 교훈은 내가 번 돈의 10퍼센트를 기부해야 한다는 것이다. 그런데 왜? 한 가지 이유는 받은 것을 돌려주어야 하기 때문이다. 또 다른 이유는 이것이 나와 내 주변 사람을 위해 가치를 창출해주기 때문이다. 무엇보다도 중요한 것은 세상과 우리의 잠재의식에게 우리는 충분히 많은 것들을 소유하고 있다고 말하는 것이다. 그리고 이것은 계속 키워갈 수 있는 매우 강력한 신념이다. 넘칠 정도로 충분하다는 것은, 우리가 원하는 것을 가질 수 있고 다른 사람들도 그럴 수 있다는 뜻이다. 그리고 우리가 이런 생각을 품고 있으면 생각대로 실현된다.

언제부터 수입의 10퍼센트를 나누어야 할까? 부자가 되고 유명해진 다음에? 아니다. 지금부터다. 왜냐하면 우리가 베푸는 것은 옥수수 씨와 같기 때문이다. 지금 옥수수 씨를 먹지 말고 투자해야 한다. 투자하는 가장 좋은 방법은 다른 사람들과 나눠서 그들이 가치를 생산할 수 있도록 하는 것이다. 나누는 방법을 찾기는 어렵지 않다. 우리 주변에는 도움을 원하는 사람들이 늘 있다. 이런 행위를 함으로써 우리는 자신이 무척 가치 있는 일을 한다고 생각하게 될 것이다. 다른 사람의 욕구를 알고 채우기 위해 노력할 때 우리는 자신을 다르게 느끼게 된다. 그리고 그런 감정이나 내적 상태에서 감사하는 마음을 갖고 인생을 살아갈 수 있다.

얼마 전, 운 좋게도 캘리포니아 글렌도라에 있는 모교를 방문할 기회가 있었다. 교사들을 위한 프로그램을 진행하게 되었는데, 내 삶에 영향을 끼친 교사들에게 감사의 마음을 전하고 싶었다. 학교에 도착했을 때, 내게 자신을 표현하는 방법을 알려준 스피치 프로그램이 예산 부족과 중요성에 대한 인식 부족으로 폐지되었다는 것을 알게 되었다. 그래서 나는 그 프로그램을 위한 자금을 지원했다. 내가 받은 것을 일부라도 돌려주기 위함이었다. 잘난 척하기 위해 한 일이 아니었다. 무언가를 빚졌을 때 그 빚을 갚는 것은 당연하지 않은가? 이것이 돈을 벌어야 하는 진짜 이유다. 사람은 누구나 갚아야 할 빚이 있다. 돈이 있어서 가장 좋은 점은 빚을 갚을 수 있기 때문이다.

내가 어렸을 때 부모님은 우리를 잘 키우기 위해 정말 열심히 일하셨다. 우리 집은 여러 가지 이유로 경제적으로 극도로 어려운 상황에 처해 있었다. 돈 한 푼 없이 추수감사절을 보낸 기억이 난다. 누군가가 우리 집에 통조림 한 상자와 칠면조 한 마리를 가져다줄 때까지 모든 것이 암울했다. 배달을 한 사람은 우리가 남에게 손을 벌리지 않는 사람들이라는 것을 알고, 그저 즐거운 추수감사절을 보내기 바라는 마음에서 이 선물을 보낸다는 말을 전했다. 나는 그날을 절대 잊지 않았다. 그래서 추수감사절마다 받은 대로 베푼다. 일주일 분량의 음식을 사서 도움이 필요한 가정에 배달한다. 나는 선물을 주는 사람이 아니고 음식을 배달하는 사람일 뿐이다. 항상 이런 메모를 남긴다. "이것은 당신에게 관심이 있는 사람이 보낸 것입니다. 언젠가 당신이 잘 살게 되면 도움이 필요한 다른 사람을 위해 이 호의를 되돌려 주시기 바랍니다."

이것은 연례 행사가 되었다. 경제적으로 어려운 상황에 처한 사람들에게 누군가가 관심을 기울이고 있다는 사실을 알려주는 것만으로 그들의 삶이 바뀔 수 있으며, 이것이 진정한 삶의 보람이라고 할 수 있다. 언젠가 나는 뉴욕의 빈민가에서 칠면조를 나눠주려고 했는데, 화물차는커녕 일반 승용차도 구할 수가 없었고 상점들은 모두 문을 닫은 상태였다. 함께 간 직원들이 "올해는 그냥 넘어가시죠."라고 말했지만, 나는 "아니요, 할 겁니다."라고 의지를 보였다. 그러자 다시 "어떻게 하실 건데요? 배달할 차도 없잖습니까?"라고 물었고, 나는 거리에는 화물차가 많으니 우리를 데려다줄 차량을 한 대 찾기만 하면 된다고 말했다. 뉴욕에서 추천할 만한 일은 아니지만 지나가는 차량을 세우기 시작했다. 뉴욕의 운전자들은 마치 수색 섬멸 작전을 수행하듯 바삐 운전하는데, 추수감사절도 예외가 아니었다.

그래서 나는 교통신호 때문에 정차한 자동차로 가서 창문을 두드리며, 우리를 빈민가로 데려다주면 100달러를 주겠다고 말했다. 그래도 안 먹히자 작전을 조금 바꿔서 도시의 '빈민가'에 사는 사람들에게 음식을 배달할 수 있도록 한 시간 반만 시간을 내어달라고 말했다. 이 방법은 조금 효과가 있었지만 거절당하기는 마찬가지였다.

나는 이미 칠면조를 대량으로 배달할 수 있을 만큼 길고 큰 밴을 타고 싶다고 결정했다. 아니나 다를까, 멋진 진홍색 밴이 세워져 있었는데 뒤쪽에

화물칸이 있어서 길이가 매우 길었다. 나는 "그래, 이거야."라고 소리쳤다. 직원 중 한 명이 길 건너편으로 달려가 차창을 두드린 다음 우리가 원하는 곳으로 데려다준다면 100달러를 주겠다고 제안했다. 그러자 운전자가 이렇게 말했다. "기꺼이 모셔다드리죠. 그런데 돈은 필요 없습니다." 열 번째 시도한 끝에 성공했다. 운전자는 손을 뻗어 모자를 집어 썼다. 모자에는 구세군이라고 쓰여 있었다. 자신을 존 론돈 정위Captain(구세군의 계급 중 하나-옮긴이) 대장이라고 소개한 그는 우리가 준비한 음식이 정말로 도움이 필요한 사람들에게 전달되는지 확인하고 싶어 했다.

그래서 할렘가로 가지 않고 뉴욕에서 가장 험악한 지역이라고 알려진 사우스 브롱크스로 갔다. 우리는 공터와 폐허가 된 건물을 지나 근처에 있는 식료품점에 가서 식품을 구입하고 불법 거주자, 도시 빈민, 노숙자 그리고 힘들게 살아가는 사람들에게 나눠주었다.

우리가 그 사람들의 삶을 얼마나 변화시켰는지는 알 수 없지만, 론돈 정위는 그곳 사람들의 생각을 많이 바꿨을 것이라고 말했다. 그들이 누군가에게 보살핌을 받고 있다고 생각할 것이라고 말했다. 우리가 타인을 배려하는 과정에서 얻는 것은 아무리 많은 돈으로도 살 수 없다. 아무리 거창한 재무 계획을 세워도, 수입의 10퍼센트를 기부하는 것보다 더 큰 일이 될 수 없다. 이것은 돈으로 할 수 있는 일과 돈으로 할 수 없는 일을 가르쳐주었다. 이것이 우리가 배울 수 있는 가장 가치 있는 두 가지 교훈이다. 나는 가난한 사람들을 돕는 가장 좋은 방법은 그들과 하나가 되는 것이라고 생각했었다. 하지만 그 반대일 수도 있다는 사실을 알았다. 가난한 사람들을 돕는 가장 좋은 방법은 다른 가능성의 모델이 되어 그들에게 또 다른 선택이 있다는 것을 알려주고 자력으로 풍부한 자원을 계발할 수 있도록 돕는 것이다.

수입의 10퍼센트를 기부하고, 다른 10퍼센트로 빚을 갚고, 또 다른 10퍼센트로 투자할 자본을 비축하라. 남은 70퍼센트로 살아가라. 우리는 자본주의 사회에 살고 있지만, 대부분의 사람들은 자본주의자가 아니다. 결과적으로, 원하는 생활방식대로 살고 있지 않다. 기회로 가득 찬 자본주의 사회에 살면서, 왜 우리는 선조들이 힘들게 구축한 시스템을 활용하지 못하는 것일까? 자신의 돈을 자본으로 이용하는 법을 배워라. 돈을 다 써버린다면, 절대 어떠한 자본도 축적하지 못한다. 필요한 자원을 갖지 못할 것이다. 당신의 연평균 수입이 2만 5천 달러라고 가정해보자. 그러나 평균 지출은 3만 달러다. 이 차이를 경제적 압박이라고 한다. 누구도 이 집단에 끼고 싶지 않을 것이다.

결론은 돈 역시 다른 모든 것과 크게 다르지 않다는 것이다. 돈은 우리에게 도움이 될 수 있지만 우리를 힘들게 할 수도 있다. 우리는 마음속에 있는 다른 것과 마찬가지로, 원하는 대로 품위 있게 사용할 줄 알아야 한다. 돈을 벌고, 저축하고, 베푸는 법을 배워라. 그렇게 할 수 있다면 경제적 압박에 대처하는 법도 알게 될 것이다. 그리고 돈이 다시는 우리를 불행하게 하거나 주위 사람들을 자원이 부족하게 만드는 부정적인 내적 상태에 빠지게 하지 않을 것이다.

지금까지 말한 이 세 가지 열쇠를 잘 습득하면 우리는 인생에서 엄청난 성공을 경험하게 될 것이다. 좌절, 거절, 경제적 압박을 감당할 수 있다면 할 수 있는 일에 제한이 없다. 티나 터너의 공연을 본 적이 있는가? 그녀는 세 가지 어려움을 한꺼번에 겪었지만 확실하게 이겨냈다. 스타가 되었지만, 결혼에 실패하고 돈까지 모두 잃고 나서 호텔 라운지와 싸구려 술집 무대에서 지옥 같은 8년의 세월을 보냈다. 그녀는 많은 사람들에게 전화를 했지만 응답하는 사람은 없었다. 물론 음반 제작을 권유하는 사람도 없었다. 그러나 그녀는 끈질기게 사람들에게 연락을 했고 '아니요'라는 거절의 말을 무시했으며, 계속 빚을 갚아나간 끝에 재정적 문제에서 벗어났다. 마침내 그녀는 연예계 정상의 자리로 돌아왔다.

열쇠 4: 안일함을 다루는 법을 배워야 한다.

우리는 무엇이든 할 수 있다. 그리고 바로 여기에 문제가 있다. 주변에서 어느 정도 성공했다가 멈춰버린 사람들, 운동선수나 유명 연예인을 볼 수 있다. 사람은 편안해지면 애초에 무엇이 자신을 거기에 있게 해주었는지를 잊어버린다.

> "최고로 성취했을 때조차도 아직 성취되지 않은 미래가 있다면
> 여전히 전체를 가지고 있지 않은 것이다."
>
> 노자, 《도덕경》

편안함은 가장 큰 재앙을 불러올 수 있는 신체적 감정이다. 사람이 지나치게 편안해지면 어떻게 될까? 성장을 멈추고, 일하기를 멈추고, 부가적인 창출도 멈춘다. 그래서 우리는 지나치게 편안해지기를 원하지 않는다. 정말로 편안해지면 더 이상 발전 가능성이 없다. 밥 딜런은 이런 말을 했다. "태어날 때는 바쁘지 않은 사람이 죽을 때는 바쁘다." 우리는 올라가거나 내려가거나, 둘 중 하나를 한다. 맥도날드의 창업자 레이 크록은 "누군가에게 성공을 하기 위한 조언 한마디를 해주신다면 어떤 말을 하시겠습니까?"라는 요청을 받은 적이 있다. 그는 이렇게 말했다. "이것만 기억하면 됩니다. 푸릇푸릇할 때는 성장하지만 무르익게 되면 썩는다는 사실입니다." 어떤 경험이든 성장의 기회로 삼을 수 있지만 그 경험이 쇠퇴의 시작이 될 수

도 있다. 이와 마찬가지로 우리는 은퇴를 더 풍요로운 삶의 시작으로 볼 수 있지만 단순히 일의 끝으로 볼 수도 있다. 성공을 더 큰 성공을 위한 발판으로 볼 수 있지만 안식처로 볼 수도 있다. 성공에 안주한다면 성공을 오래 유지하지 못할 것이다.

안일함은 남들과 비교할 때 생길 수도 있다. 나는 내가 아는 사람들보다 내가 잘하고 있기 때문에 성공했다고 생각했다. 이것은 많은 사람들이 흔히 저지르는 큰 실수다. 아마도 주변 사람들이 성공하지 못했다는 의미일 수 있다. 동료가 어떻게 하고 있는지에 견주어 자신을 평가하지 말고, 자신의 목표에 따라 스스로를 판단하라. 왜 그래야 할까? 그렇지 않으면 항상 자기가 하는 일을 정당화해줄 사람들을 찾게 되기 때문이다.

우리는 어렸을 때 이런 말을 자주 하지 않았나? "존도 하는데, 나는 왜 못하게 해요?" 그러면 아마 "글쎄, 존이 뭘 하든 너와 상관없잖아."라고 말씀하셨을 것이다. 어머니 말씀이 맞다. 존이나 메리, 존스가 뭘 하든 신경 쓰지 마라. 내가 무엇을 할 수 있는지에 신경 써라. 무엇을 만들고 무엇을 하고 싶은지에 집중하라. 다른 사람이 하는 일이 아니라 자신이 원하는 일을 하는 데 도움이 되는 일련의 역동적이고, 발전적이며, 실현 가능한 목표를 향해 나아가라. 내 주위를 살펴보면 항상 나보다 더 많이 가진 사람이 있을 것이다. 나보다 더 적게 가진 사람도 항상 있기 마련이다. 어느 것도 중요하지 않다. 우리는 우리의 목표로 자신을 판단해야 한다.

> "작은 일은 작은 마음에 영향을 미칠 뿐이다."
> 벤저민 디즈레일리Benjamin Disraeli

안일함에 대처하는 또 다른 방법이 있다. 커피포트 세미나를 멀리하라. 내가 무슨 말을 하는지 알 것이다. 이 '커피포트 세미나'를 갖는 것은 백해

무익하다. 여기서는 다른 사람들의 업무 습관, 성생활, 재정 상태 등이 화제가 된다. 우리 삶의 경험을 향상시키는 데 전혀 도움이 되지 않는다. 다른 사람들의 사생활에 주의를 집중하게 함으로써 우리의 뇌를 오염시키기 때문이다. 사람들은 이러한 '세미나'에 빠지기 쉬운데, 이는 자신의 삶에서 원하는 결과를 얻을 수 없기 때문에 생기는 지루함에서 벗어나기 위함이다.

'구르는 천둥Rolling Thunder'이라 불리는 인도의 현자는 "항상 좋은 뜻을 가지고 말하라."라고 했다. 우리가 하는 일은 우리에게 그대로 돌아온다는 의미다. 내가 하고 싶은 말은 삶의 쓰레기에서 자신을 멀리하라는 것이다. 사소한 일에 크게 신경 쓰지 마라. 그저 현실에 안주하고 평범한 사람이 되고 싶다면 누가 누구와 연애를 하는지 험담을 하는 데 시간을 보내라. 하지만 변화하고 싶다면 자신에게 도전하고, 자신을 시험하고, 자신의 삶을 특별하게 만들어라.

열쇠 5: 받기를 기대하는 것보다 항상 더 많이 주라.

실제로 이것은 진정한 행복을 보장하기 때문에 가장 중요한 열쇠다.

어느 날 밤, 회의를 끝내고 지친 몸으로 집에 돌아올 때였다. 거의 졸다시피 차를 운전했던 것으로 기억한다. 이때 과속 방지턱이 계속 정신을 들게 했다. 이렇게 정신이 반만 깨어 있는 상태에서 인생의 의미가 무엇인지 생각하려고 노력했다. 갑자기 머릿속에서 작은 목소리가 들렸다. "삶의 비결은 베푸는 것이다."

우리의 삶이 제대로 작동하게 만들고 싶다면 베푸는 방법을 아는 것부터 시작해야 한다. 대부분의 사람들은 받는 것 외에는 생각하지 않고 인생을 산다. 받는 것 자체가 문제가 되지는 않는다. 인생에서 문제는 사람들이 베푸는 것보다 먼저 받기를 원한다는 것이다. 어떤 부부가 나를 찾아온 적이 있다. 남편은 아내가 자기를 잘 대해주지 않는다고 했다. 그러자 아내는 남편이 다정하지 않기 때문이라고 말했다. 그래서 이 부부는 서로 상대가 먼저 행동하고, 먼저 애정에 대한 증거를 제시하기를 기다리고 있었다.

부부 관계가 이래서 되겠는가? 이러한 관계가 얼마나 오래 지속되겠는가? 모든 관계의 핵심은 자신이 먼저 주고, 지속해서 주어야 한다는 것이다. 멈춰 서서 받기를 기다리지 마라. 점수를 기록하기 시작하면 게임이 끝난 것이다. "내가 줬잖아, 이제 네 차례야."라고 말하면 게임은 더 이상 진행되지 않는다. 상대는 가버린다. 혹시 다른 행성에 가면 있을지 모르겠지만 지구상에 그런 계산법은 없다. 기꺼이 씨앗을 뿌리고 그 씨앗이 자라도록 영양분을 주어야 한다.

만약 우리가 땅에게 "과일 좀 주세요. 채소도 좀 주시겠어요?"라고 하면, 땅은 아마도 이렇게 대답할 것이다. "죄송한데요, 뭘 잘못 생각하고 계신 것 같아요. 처음 오셨나보군요. 여기서는 그런 방식이 통하지 않아요." 그리고 씨앗을 심는 것을 설명해줄 것이다. 먼저 땅을 일구고 비옥하게 한다. 그런 다음 씨앗을 뿌리고, 물을 주고, 거름도 주면서 잘 돌본다. 이것을 잘했을 때, 나중에 채소와 과실을 얻게 될 것이다. 땅에 요구할 수는 있지만 아무것도 바뀌지 않을 것이다. 땅에서 열매를 맺으려면 계속 씨를 뿌리고, 가꾸어야 한다. 인생도 마찬가지다.

우리는 많은 돈을 벌 수 있다. 자신의 왕국을 건설하고, 거대한 사업을 운영하거나 아주 큰 영역을 내 손안에 넣을 수 있다. 하지만 자신을 위해서만 한다면 진정으로 성공한 것이 아니다. 진정으로 힘을 가진 것도 아니다. 진정한 부를 소유한 것도 아니다. 혼자서 '성공의 산' 정상에 오르면 아마 뛰어내리고 싶어질 것이다.

우리가 성공에 대해 갖고 있는 가장 큰 환상은 무엇일까? 성공을 정복해야 할 산봉우리나 소유할 어떤 것이라고 생각한다. 아니면 달성해야 하는 정해진 성과라고 여길 수도 있다. 성공하고 싶다면, 원하는 성과를 이루고 싶다면, 성공을 하나의 과정으로 생각하라. 우리가 살아가는 방식으로, 마음속의 습관이나 삶을 살아가는 전략이라고 생각하라. 이것이 바로 내가 이번 장에서 말하고자 하는 것이다. 우리는 자신이 무엇을 가지고 있는지 알아야 하며, 가는 길에 어떤 위험이 있는지도 알아야 한다. 진정한 부와 행복을 누리기 위해서는 자신의 힘을 책임감 있고, 바람직하게 사용할 수 있어야 한다. 다섯 개의 열쇠를 제대로 다룰 수 있다면, 우리는 지금까지 배운 기술과 힘을 효과적으로 사용하여 놀라운 일을 해낼 수 있다.

이제 변화가 개인을 넘어 단체나 공동체, 더 나아가 국가와 같은 큰 차원에서 어떻게 작용하는지 살펴보기로 하자.

20장
새로운 트렌드 창조: 설득의 힘

"지구라는 우주선을 하나의 공동 운명체로 보지 않는 한,
우리는 이 우주선을 성공적으로 운행할 수 없다.
모두 살든지, 아니면 모두 죽을 것이다."
버크민스터 풀러Buckminster Fuller

지금까지 우리는 주로 개인의 변화, 즉 사람들이 어떻게 성장하고 활력을 얻는지 알아보았다. 그러나 분명한 점은 현대 사회에서는 엄청난 변화가 일어난다는 것이다. '지구촌'이라는 개념은 진부한 표현이 된 지 오래지만, 여전히 맞는 말이다. 역사적으로 볼 때, 지금처럼 대중을 지속적으로 설득하는 강력한 메커니즘이 힘을 발휘한 적은 없었다. 이 힘은 많은 사람들이 코카콜라를 마시고, 리바이스 청바지를 입고, 로큰롤 밴드의 음악을 듣는다는 것을 의미할 수 있다. 또한 세계 곳곳에서 일어나는 대중의 긍정적인 변화를 의미할 수도 있다. 이 변화는 설득하는 사람과 설득하는 이유에 따라 달라질 수 있다. 이번 장에서 우리는 대규모로 일어나는 변화를 알아보고, 이 변화는 어떻게 일어나는지 그리고 그 변화가 무엇을 의미하는지를 살펴볼 것이다. 그런 다음 어떻게 하면 설득력이 있는 사람이 될 수 있는지, 우리의 능력으로 무엇을 할 수 있는지 논의할 것이다.

오늘날 우리는 세상이 자극으로 넘쳐난다고 생각하지만, 이것이 현재와 과거를 구분해주는 척도는 아니다. 인디언은 숲속에 있는 어떤 광경과 소

462

리나 냄새를 끊임없이 접하는데, 이것은 삶과 죽음, 즉 먹는 것과 굶주리는 것의 차이를 알게 해주는 자극이다. 인디언의 세상에는 자극이 부족한 적이 없었다.

오늘날과 가장 큰 차이는 자극의 의도와 그 범위에 있다. 숲속의 인디언은 자극에 의도적인 의미를 부여하지 않았다. 이와는 대조적으로 지금 우리가 사는 세계는 의식적으로 무언가를 하도록 지시하는 자극으로 가득 차 있다. 그 자극은 갖고 싶은 자동차를 사야 하는 구실이나 특정 후보에게 투표하라는 지시일 수도 있다. 굶주린 아이들을 구하자는 호소일 수 있으며, 케이크와 쿠키를 더 많이 팔려는 판매 광고일 수도 있다. 무언가를 가지고 있다는 것을 기분 좋게 만들려는 시도일 수 있고, 무언가가 없는 것을 안타깝게 만들려는 메시지일 수도 있다. 그러나 현대 세계의 중요한 특징은 설득의 지속성이다. 무언가를 하도록 설득하는 방법과 수단, 기술을 가진 사람들은 주변에 가득하다. 그리고 그 설득은 전 세계적인 영향력을 갖고 있다. 우리에게 주입되는 어떤 이미지는 동시에 전 세계 사람들에게 영향을 미칠 수 있다.

담배를 피우는 습관을 생각해보자. 예전에는 담배가 건강에 해롭다는 것을 모르는 사람들의 무지 때문이라고 핑계를 댈 수 있었다. 그러나 오늘날에는 그 사실을 모르는 사람이 없다. 암에서 심장병에 이르기까지 많은 질병의 원인이 된다. 심지어 지역적으로 펼쳐지는 금연 운동이나 국민투표를 통해 표현된 강력한 대중 정서는 흡연자들이 뭔가 나쁜 일을 하고 있다고 느끼게 만든다. 이것 말고도 담배를 피우지 말아야 하는 이유는 많다. 그러나 담배업계는 계속해서 큰 흑자를 내고 있으며, 수많은 사람들이 계속해서 담배를 피우고 있다. 이유가 뭘까?

사람들은 담배를 어떻게 피우는지 배울 수 있지만 과연 그것이 흡연을 시작한 계기일까? 그들은 즐거움을 느끼기 위한 방편으로 담배를 피우게 된 것이다. 결코 자연스러운 반응이 아니다. 그들이 처음 담배를 피웠을 때 어땠을까? 거부감이 들었을 것이다. 목이 막혀 기침을 하고 메스꺼움을 느꼈을 것이다. 몸은 "이건 끔찍해. 저리 치워."라고 반응한다. 사람들은 대부분 자신의 몸이 뭔가 안 좋다고 말하면 귀를 기울인다. 그런데 사람들은 왜 계속 담배를 피울까? 왜 몸이 굴복하고 중독될 때까지 계속 담배를 피우는 걸까?

흡연이 가진 의미를 재구성하고, 그것을 내적 표상과 내적 상태에 자극 고정했기 때문이다. 설득 전문가들이 수백만 달러를 써가면서 대중에게 흡연은 바람직한 것이라고 선전하고 있다. 광고로, 교묘한 이미지와 소리를 사용하여, 사람들을 긍정적인 내적 상태에 빠지게 한다. 그런 다음, 그 내적 상태를 담배라는 상품과 연결한다. 엄청난 반복을 통해 흡연에 대한 생각은 다양한 바람직한 내적 상태와 연결된다. 작은 담뱃잎을 감싼 종잇조각에 내재된 가치나 사회적 내용은 없다. 그러나 사람들은 담배를 피우는 모습이 섹시하거나, 세련되거나, 어른스럽다고 설득당해온 것이다. 말보로 담배 광고 속 남자처럼 되고 싶은가? 그러면 담배를 피워라. 먼 길을 달려왔다는 걸 보여주고 싶은가? 담배를 피우면 된다. 그러지 않아도 우리는 먼 길을 왔다. 만약 담배를 피웠다면 아마도 폐암에 걸릴 가능성에 훨씬 더 가까워졌을 것이다.

얼마나 미친 짓인가? 폐에 발암 물질을 주입하는 것이 어떻게 바람직한 행위가 될 수 있겠는가? 그러나 광고주들은 내가 말한 그대로 대규모로 광고를 제작한다. 그들은 우리가 기분 좋게 수용할 만한 이미지를 만들고, 우리의 경험이 정점에 이르렀을 때 자신들이 원하는 메시지를 우리에게 자극 고정한다. 그런 다음 TV, 잡지 또는 많은 매체로, 자극제가 지속적으로 강화되고 자극되도록 반복한다.

왜 코카콜라는 빌 코스비를 광고에 등장시키고, 펩시콜라는 제품 판매를 위해 마이클 잭슨에게 많은 돈을 지불했을까? 정치인들은 왜 국기로 자신의 몸을 감싸는가? 밀러는 왜 미국식으로 맥주를 만들까? 사람들은 왜 햄버거, 야구, 애플파이, 쉐보레 자동차를 선호할까? 이 사람들과 상징들은 이미 우리 사회의 강력한 자극제이며, 광고주들은 유명인이나 상징에 대한 느낌을 자신들의 제품에 실어 전달하려고 한다. 이들을 이용하여 제품을 수용하게 만드는 것이다. 레이건은 대통령 후보 때 TV 캠페인 광고에서 왜 숲속의 곰이라는 불길한 상징을 부각시켰을까? 러시아를 상징하는 곰은 강력하고 부정적인 자극제였다. 레이건은 그것을 이용하여 자신의 강력한 리더십의 필요성을 이미지로 강화했다. 숲에 있는 곰을 보고 껴안아보고 싶은 느낌이 든 적이 있는가? 왜 이 광고는 사람들에게 그렇게 불길한 느낌을 주었을까? 설정 때문이다. 조명이나 어조, 사용된 음악이 적절한 분위기를 조성한 것이다.

효과적인 광고나 선거 캠페인을 분석해보면 이 책에서 말하고 있는 구조를 정확하게 따른다는 것을 알 수 있다. 먼저 광고업자들은 자신들이 원하는 대로 시각과 청각을 자극한다. 그런 다음 우리의 내적 상태에 제품이나 원하는 행동을 고정시킨다. 물론 신경체계가 그 내적 상태를 제품이나 바라는 행동과 효과적으로 연결될 때까지 계속해서 광고해야 한다. 좋은 광고라면 시각·청각·운동감각이라는 세 가지 주요 내적 표상체계를 이끌어내고, 그것에 영향을 미치는 소리와 이미지를 사용한다. TV는 이 세 가지를 최대한 활용하기 때문에 설득력 있는 매체다. 아름다운 화면을 보여주고, 마음을 끄는 노래나 듣기 좋은 소리도 들려준다. 그래서 감정에 호소하는 메시지를 효과적으로 전달할 수 있다. 코카콜라와 같은 청량음료, 밀러와 같은 맥주, 맥도날드와 같은 패스트푸드 업체의 성공적인 광고를 생각해보라. 또한 핸드폰 회사의 "손을 내밀어 그 사람을 만나보세요."라는 광고 문구를 생각해보라. 이들의 공통점은 강력한 시각-청각-운동감각의 조합으로 모두를 강력하게 끌어당긴다는 것이다.

물론 부정적인 이미지를 보여줌으로써 효과를 보는 광고도 있다. 가능한 한 극명하게 내적 상태를 깨버리는 것이다. 금연 광고를 생각해보라. 태아가 엄마 뱃속에서 담배를 피우는 이미지의 광고를 본 적이 있는가? 아니면 귀에서 나오는 담배 연기로 멍한 표정을 짓고 있는 브룩 실즈 광고는 어떤가? 이런 광고들은 패턴 깨기의 기능을 할 때, 즉 건강에 해로운 제품으로 연출하려고 한 매력적인 분위기를 깨버릴 때 아주 효과적이다.

우리가 사는 세상은 우리를 설득하려는 사람들로 가득하다. 누구든 설득하는 사람이 될 수 있고 설득당하는 사람이 될 수도 있다. 누군가를 지배할 수 있고 누군가에게 지배당할 수도 있다는 말이다. 이 책은 줄곧 설득에 관해 이야기하고 있다. 나는 여러분이 자신을 통제할 수 있는 힘을 키우고 타인을 설득할 수 있는 개인적인 능력을 개발할 수 있는 방법을 알려주고자 한다. 타인을 설득할 줄 아는 사람이 자녀의 모범이 될 수 있고 직장에서도 중요한 존재가 될 수 있다. 진정으로 힘이 있는 사람은 설득을 잘 하는 사람이다. 힘없는 사람은 지시받은 대로 어떤 이미지와 명령에 따라 행동할 뿐이다.

오늘날 힘은 소통하는 능력이자 설득하는 능력이다. 다리가 불편하면 다른 사람을 설득해서 누군가가 업고 가게 하면 된다. 돈이 없으면 누군가를 설득해서 돈을 빌릴 수 있다. 설득은 변화를 만들어내는 가장 궁극적인 기술이다. 설득력이 있는 사람은 외로움을 달래줄 친구나 연인을 어렵지 않게 찾을 수 있다. 제품을 팔려고 하면 그것을 살 사람도 쉽게 찾을 것이다.

세상을 바꿀 수 있는 아이디어나 제품이 있어도 설득할 수 있는 힘이 없으면 할 수 있는 것이 없다. 우리가 전달하고 싶은 것을 알리는 것이 인생이다. 그것이 우리가 개발해야 할 가장 중요한 기술이다.

이 기술이 얼마나 강력한지, NLP가 제공하는 이 기술들을 습득하면 얼마나 많은 일을 할 수 있는지 한 가지 예를 들겠다. 처음 12일간의 NLP 전문가 과정을 진행할 때였다. 나는 사람들이 배운 것을 실제로 활용할 수 있도록 실습 과정을 개설하기로 결정했다. 그래서 실습 과정 참가자들에게 밤 11시 30분에 한 자리에 모이라고 했다. 그리고 입고 있는 옷만 빼고 방열쇠, 현금, 신용카드, 지갑 등 모든 것을 우리에게 달라고 했다.

나는 참가자들에게 성공하기 위해서는 자신의 개인적인 힘과 설득력 외에는 아무것도 필요하지 않다는 것을 입증해보라고 했다. 나는 그들이 이미 사람들의 필요를 알아내서 그것을 채우는 기술을 가지고 있으며 돈, 지위, 자동차, 또는 우리가 원하는 방식으로 삶을 사는 데 필요하다고 생각하는 그 어떤 것도 필요치 않다고 말했다.

우리는 애리조나 케어프리에서 교육 중이었다. 첫 번째 도전 과제는 차로 약 한 시간 거리에 있는 피닉스로 가는 방법을 찾는 것이었다. 그런 다음 피닉스에 도착하여 머물 곳을 찾아 잘 먹고 지내는 것이었다. 나는 자신뿐만 아니라 다른 사람들 모두에게 효과적이고 힘을 실어주는 기술을 사용하라고 말했다.

결과는 놀라웠다. 참가자 대다수가 개인의 힘과 내적으로 일치된 힘만 사용하여 100달러에서 500달러까지 은행 대출을 받았다. 그들은 신분증도 없었고, 전에 한 번도 가본 적 없는 곳에 있었다는 점을 잊지 마라. 한 여자 참가자는 대형 백화점에 갔는데, 신분증이 없었는데도 곧바로 신용카드를 만들었다. 참가자 120명 중 약 80퍼센트가 일자리를 찾았고, 7명이 하루 만에 3개 이상의 일자리를 구했다. 한 참가자는 동물원에서 일하고 싶어 했는데, 동물원에 자원봉사 대기자가 6개월이나 밀려 있다고 했다. 그러나 그녀는 라포 기술을 멋지게 사용해 동물원에 들어가서 동물을 돌보는 일을 할 수 있었다. 그녀는 NLP 기술로 신경체계를 자극하여 아픈 앵무새를 치료하기도 했다. 깊은 감명을 받은 동물원 조련사는 동물에게 긍정적인 영향을 끼치기 위해 어떤 도구를 사용해야 하는지 도움을 줄 것을 요청하기까지 했다. 아이들을 사랑하고 많은 아이들과 이야기하고 싶어 했던 한 참가자는 무작정 학교에 가서 이렇게 말했다. "내가 오늘 아침에 강의하기로 되어 있는데, 언제 시작합니까?" 사람들이 "무슨 강의요?"라고 묻자, 그는 "오늘 강의가 예정되어 있잖아요. 전 멀리서 왔습니다. 한 시간 넘게는 못 기다려요. 빨리 시작해야 합니다."라고 말했다. 아무도 그가 누구인지 정확히 몰랐지만, 너무 당당하고 확신에 찬 태도를 취했기 때문에 강의를 진행하도록 결정했다. 교사들은 아이들을 참석시켰고, 그는 한 시간 반 동안 아이들에게 더 나은 삶을 만드는 방법을 이야기했다. 아이들과 교사들 모두가 만족스러워했다.

또 다른 참가자는 서점에 들어가 TV 전도사 테리 콜 휘태커의 책에 사인을 하기 시작했다. 사실 그녀는 책 표지에 있는 테리 콜 휘태커의 외모와 전혀 닮지 않았다. 낯선 여자가 책에 글을 쓰는 것을 보고 서점 매니저는 화가 났다. 하지만 그녀가 테리 콜의 걸음걸이와 표정을 따라 하자 다시 한 번 보더니 "아, 죄송합니다. 콜 휘태커 부인, 여기서 뵙게 되어 영광입니다."라고 말했다. 서점에서 다른 두 사람이 사인을 요청하고 책도 구입했다. 그날, 자원이 풍부한 많은 사람들이 자신의 공포증과 다른 정서적 문제들을 해결했다. 이 실습의 핵심은 자원이 풍부한 행동과 기술만 있으면, 일상적인 지원 시스템(예: 자동차, 돈, 명성, 인맥, 신용 등)이 없어도 자신의 길을 찾는 데 아무 문제가 없다는 것을 보여주었다는 것이다. 그리고 참가자 대부분이 자신의 인생에서 가장 강력하고 즐거운 하루를 보냈다. 좋은 친구들을 사귀었고 많은 사람들을 도와주었다.

1장에서 우리는 사람들이 힘을 어떻게 다르게 느끼는지 이야기했다. 어떤 사람들은 힘을 좋지 않은 것으로 느낀다. 힘이 다른 사람들을 부당하게 통제하는 데 사용된다고 생각하기 때문이다. 현대 사회에서 설득은 선택 사항이 아니다. 항상 존재하는 삶의 한 부분이다. 늘 설득하면서 사는 사람들도 있다. 최고의 힘과 기술을 사용하여 자신의 메시지가 전달되도록 하기 위해 수백만 달러를 소비한다. 우리는 설득을 하거나 설득당하고 있다. 우리 아이들의 행동의 차이는 여러분과 나, 아니면 마약 밀매자 중에 누가 더 설득력이 있느냐의 차이일 수도 있다. 인생을 통제하며 살고 싶다면, 자신이 아끼는 사람들에게 가장 품격 있고 효과적인 롤 모델이 되고 싶다면, 훌륭한 설득가가 되는 법을 제대로 배워야 한다. 만약 책임을 회피한다면, 그 빈자리를 채워줄 사람은 얼마든지 있으니 잘 생각하기 바란다.

이제 의사소통 기술이 우리에게 어떤 의미인지 알게 되었을 것이다. 지금부터는 이 기술이 우리 모두에게 어떤 의미인지 생각해볼 필요가 있다. 우리는 인류 역사상 가장 놀라운 시대에 살고 있다. 과거에 수십 년이 걸리던 변화가 이제 며칠밖에 걸리지 않고, 한 달 동안 항해해서 간 지역을 지금은 몇 시간 만에 갈 수 있다. 이러한 변화들은 대부분 좋은 것이다. 그 덕분에 우리는 그 어느 때보다 더 오래, 더 편안하게, 더 많은 자극과 자유를 누리며 살고 있다.

그러나 엄청나게 무서운 결과를 낳는 변화도 있다. 역사상 처음으로 우리는 끔찍한 폭발을 일으키거나 지구와 인간을 오염시키고 중독시켜 서서히 죽어가게 해서 지구 전체를 파괴할 수 있는 능력이 있는 것을 알고 있다.

더 깊이 생각하고 싶지 않은 주제지만 엄연한 사실이다. 이것은 우리가 원하는 방향이 아니지만 신, 인간의 지능, 순수한 무지, 또는 인간이 믿는 어떤 힘이나 힘의 조합이 만들어낸 것이다. 그래도 다행인 것은 이 끔찍한 문제를 해결할 수 있는 방법이 있다는 것이다. 나는 세상의 모든 문제에는 원인이 있다고 믿지만, 지금은 이해하지 못하는 훨씬 더 큰 근원도 있다고 생각한다. 우리가 신이라고 부를 수 있는 지성의 근원을 부정하는 것은 웹스터 사전이 인쇄소가 폭발하면서 생겨난 결과이며 모든 것이 완벽하고 균형 있게 결합되었다고 말하는 것과 같다.

어느 날 내가 세상의 '문제들'을 생각하기 시작했을 때였다. 나는 그 문제들 사이에 어떤 공통된 관계가 있다는 것을 발견하고 나서 매우 흥분했다. 인간의 모든 문제는 행동의 문제다! 지금 당장 정확화 모델을 사용해서 "모든 문제?"라고 물어보라. 자, 다시 말하겠다. 문제의 원인이 인간 행동이 아니라면 대개 행동에 대한 해결책이 있다. 예를 들어, 범죄 자체가 문제가 아니라 우리가 범죄라고 부르는 것을 만들어내는 사람들의 행동이 문제다.

우리는 대부분 어떤 행동을 할 때, 실제로는 그것이 일련의 과정인데도 불구하고 마치 사물인 것처럼 명사화한다. 인간의 문제를 사물인 것처럼 내적 표상을 하는 한, 우리는 그 문제를 우리가 통제할 수 없는 거대한 것으로 바꿈으로써 우리의 힘을 약화시킨다. 원자력이나 핵폐기물 그 자체는 문제가 아니다. 효과적으로 처리하지 않을 때 인간이 원자를 사용하는 방법이 문제가 된다. 국가 차원에서 이러한 도구가 에너지 개발 및 소비에 대한 가장 효과적이고 건강한 접근 방식이 아니라고 판단한다면 우리는 우리의 행동을 바꿀 수 있다. 핵전쟁 역시 그 자체는 문제가 아니다. 인간이 행동하는 방식이 전쟁을 일으킬 수도 있고 막을 수도 있다. 아프리카의 기근도 그 자체가 문제는 아니다. 인간의 행동이 문제다. 서로 상대의 땅을 파괴하는 것은 식량 공급 확대에 도움이 되지 않는다. 전 세계에서 운반된 식량이 서로 간 협력 문제로 항구에서 썩고 있다면 그것 역시 인간 행동의 문제다. 이와 대조적으로 이스라엘 사람들은 사막 한가운데서도 잘 해낸다.

따라서 일반화해서 생각하면, 인간 행동이 인간 문제의 근원이거나 새로운 인간 행동이 발생하는 대부분의 문제를 해결할 수 있다. 이 말에 동의한다면 인간의 행동은 그 사람의 내적 상태의 결과이며, 그러한 내적 상태에 있을 때는 어떻게 대응해야 하는지 이미 알고 있기 때문에 흥분하지 않을 수 없다.

또한 우리는 행동의 원인이 되는 내적 상태가 내부 표상의 결과라는 것을 알고 있다. 예를 들어, 사람들은 담배를 피우는 과정을 어떤 특정 상태와 연결했다는 것을 알고 있다. 매 순간 담배를 피우는 것이 아니라 담배를 피우고 싶은 내적 상태일 때만 담배를 피운다. 과식도 매번 하는 것이 아니다. 과식과 연관된 내적 상태에 있을 때만 과식을 한다. 이러한 연관성이나 연결된 반응을 효과적으로 바꿀 수만 있다면 사람들의 행동도 효과적으로 바꿀 수 있다.

우리는 지금 거의 전 세계에 메시지를 단시간에 전달할 수 있는 기술을 사용하고 있는 시대에 살고 있다. TV, 영화, 신문이나 잡지, 유튜브, 인터넷, SNS 같은 대중 매체가 바로 그 기술이다.

오늘 우리가 뉴욕과 로스앤젤레스에서 보는 영화를 내일 파리와 런던에서, 그다음 날에는 베이루트와 마나과에서, 또한 며칠 후에는 세계의 다른 지역에서도 볼 수 있다. 따라서 이러한 영화나 책, TV 쇼 등 여러 형태의 매체가 사람들의 내적 표상과 내적 상태를 더 좋게 바꾸면 세상도 더 좋아질 수 있다. 우리는 매체가 상품을 판매하고 문화를 전파하는 데 얼마나 효과적인지 알고 있다. 더 나은 세상을 변화시키는 데 얼마나 효과적일 수 있는지를 배우고 있는 것이다. 라이브 에이드 공연을 생각해보라. 이와 같은 공연이 소통 기술의 긍정적인 힘을 극명하게 보여주는 증거가 아니면 도대체 무엇이겠는가!

그러므로 우리에게는 엄청나게 많은 사람들의 내적 표상을 바꾸고, 그에 따라 그들의 내적 상태와 행동을 바꿀 수 있는 수단이 있다. 인간 행동의 원인에 대한 우리의 이해와 이러한 새로운 내적 표상을 대중에게 전달하는 현대의 최신 기술을 효과적으로 사용한다면, 우리는 세계의 미래를 바꿀 수도 있을 것이다.

다큐멘터리 영화 〈스케어드 스트레이트Scared Straight〉는 우리가 대중 매체 자원을 사용하여 어떻게 사람들의 내적 표상을 바꾸고 행동을 변화시키는지를 아주 잘 보여준다. 이 영화는 파괴적이고 비행적인 행동을 한 아이들을 실제 교도소로 데려가, 그곳의 생활 모습을 적나라하게 보여준다. 수감자 자원봉사자들은 범죄를 저지르는 것과 교도소에 수감되는 것이 실제로 어떤 의미인지를 아이들에게 말해준다. 이렇게 함으로써 아이들의 내적 표상 변화를 시도한다. 사전에 인터뷰를 진행할 때만 해도 대부분의 아이들은 태도가 거칠었고, 교도소에 가는 것이 별로 큰 문제가 아니라고 말했다. 그러나 많은 사람을 살해한 죄수가 감옥 생활이 실제로 어떤지에 대해 자세히 말하자 아이들의 내적 표상과 내적 상태가 효과적으로 바뀌기 시작했다. 그의 말이 아이들의 생리체계를 바꿀 정도로 강렬하게 느껴진 것이다. 〈스케어드 스트레이트〉는 한 번은 볼 가치가 있는 영화다. 이 영화의 후속작도 이러한 방식이 아이들의 행동을 변화시키는 데 매우 효과적이라는 것을 보여주었다. 그 후 TV는 수많은 성인과 아이들에게 동일한 경험을 전달할 수 있었고, 동시에 많은 사람들의 생각과 행동을 변화시킬 수 있었다.

모든 기본적인 내적 표상체계에서 사람들에게 호소하는 데 효과적인 표현을 만들 수 있고, 모든 근본적 사고방식에 호소하는 방식으로 사물을 체계화할 수만 있다면 엄청나게 많은 사람들의 행동을 바꿀 수 있다. 대중의 행동을 바꾸면 역사의 흐름도 바뀐다.

예를 들어, 1차 세계대전 때 미국 젊은이들에게 "전쟁에 나가 싸우는 것을 어떻게 생각하세요?"라고 질문했을 때 반응이 어땠을까? 아주 긍정적이었다. 이유가 뭘까? 전쟁을 대하는 젊은이들의 내적 표상은 '저 너머로 Over There'와 같은 노래와 어디서나 "조국은 당신을 원합니다 I want you"라고 말하는 엉클 샘 포스터에서 만들어졌기 때문이다. 1차 세계대전 때 젊은이들은 아마도 자신을 민주주의나 자유 국민의 수호자로 생각했을 것이다. 이와 같은 전쟁에 대한 외적 자극이 젊은이들로 하여금 전장에 나가서 싸우는 것을 긍정적으로 생각하게 만드는 내적 표상을 만든 것이다. 그래서 많은 젊은이들이 자원했다. 그와 반대로, 베트남 전쟁이 발발했을 때는 어땠을까? 젊은이들은 '저 너머로'로 가서 싸우는 것을 어떻게 느꼈을까? 이전과 많이 달랐다. 이유가 뭘까? '저녁 뉴스'라는 새로운 미디어 기술을 통해 매일 밤 엄청난 사람들에게 다양한 외부 자극을 전달했기 때문이다. 사람들은 내적 표상을 날마다 바꿨다. 전쟁을 과거와는 전혀 다른 것으로 생각하기 시작했다. '저 너머로'는 더 이상 없었다. 이제는 저녁 식사 때 거실로 생생하게 전달되어 전쟁의 참상을 자세히 알 수 있게 되었다. 전쟁에 참가하는 것은 대규모 퍼레이드도 아니고 민주주의를 수호하는 것도 아니었다. 오히려 머나먼 정글에서 내 자식이나 내 자식 또래의 이웃집 청년이 부상으로 신음하고 죽어가는 장면만 있을 뿐이었다. 점차 더 많은 사람들이 이 전쟁의 의미에 대해 새로운 내적 표상을 발전시켰고, 결과적으로 사람들의 행동이 바뀌었다. 전쟁이 나쁘거나 좋다고 말하는 것이 아니다. 단지 사람들의 내적 표상이 바뀌면서 그들의 행동도 바뀌었고, 대중 매체가 그 변화를 위한 매개체가 되었다는 점을 지적하는 것이다.

지금도 우리의 감정과 행동은 이전에는 느끼지 못한 방식으로 조금씩 변화하고 있다. 예를 들어, 외계인을 어떻게 생각하는가? 〈E.T.〉와 같은 영화를 생각해보라. 아니면 〈스타맨Starman〉〈코쿤Cocoon〉〈미지와의 조우Close Encounters of the Third Kind〉 같은 영화는 어떤가? 이 영화들이 나오기 전까지 우리는 외계인을 인간의 얼굴을 뜯어먹고, 집을 삼키고, 어머니를 토해내는 끔찍하고 끈적거리는 괴물이라고 생각했었다. 이제는 외계인을 소년의 벽장에 숨어 고향으로 갈 때까지 아이들과 함께 자전거를 타는 존재, 또는 무더운 날 더위를 식히기 위해 할아버지에게 수영장을 빌려주는 존재로 생각한다. 우리가 외계인이고, 사람들이 우리에게 호의를 갖기 바란다면, 사람들이 〈우주의 침입자Invasion of the Body Snatchers〉나 스티븐 스필버그 감독의 영화를 본 뒤 우리를 만나는 것이 좋을까? 내가 외계인이라면, 지구라는 행성에 오기 전에 내가 얼마나 대단한 존재인지를 말해주는 영화를 많이 만들게 해서 나를 열렬히 환영하게 할 것이다. 나 자신이 광고업자가 되어 사람들의 내적 표상을 바꿀 것이다. 그러고 보니, 어쩌면 스티븐 스필버그는 다른 행성에서 왔는지도 모르겠다.

〈람보〉와 같은 영화는 사람들이 전쟁을 어떻게 느끼게 만들었을까? 이 영화는 살인 장면과 중화기로 공격하는 장면을 정말 멋지고, 대단하고, 재미있게 느끼도록 만들지 않았는가? 전쟁에서 벌어지는 잔인함을 사람들이 어느 정도는 수용하게 만들지 않았는가? 한 편의 영화로 한 국가의 국민들이 행동을 바꾸는 데는 분명히 어려움이 있을 것이다. 실베스터 스탤론이 살인을 조장하려는 것이 아니라는 사실도 분명히 알아야 한다. 오히려 정반대다. 영화는 모두 힘든 훈련과 규율을 통해 엄청난 한계를 극복하는 것에 관한 이야기다. 온갖 역경을 이겨내고 승리할 수 있다는 가능성을 보여주는 모델이다. 그러나 지속적으로 영향을 미치는 대중문화의 영향을 관찰하는 것이 중요하다. 이것이 우리의 정신 속에 무엇을 자리 잡게 하는지, 우리가 바라는 목표에 어떻게 도움을 주는지 인식하는 것이 중요하다.

전 세계 사람들의 전쟁에 대한 내적 표상을 바꾸면 어떤 일이 생길까? 엄청나게 많은 사람들을 싸우게 하는 힘과 기술이 사람들의 가치 차이를 메우고, 모든 사람이 연합하도록 내적 표상하는 데 효과적으로 사용된다면 어떻게 될까? 이런 기술이 존재할까? 나는 존재한다고 믿는다. 오해하지 마라. 이것이 쉽다거나 영화 몇 편을 만들어 사람들에게 보여주면 세계가 바뀐다고 주장하는 것이 아니다. 내가 말하고자 하는 것은 변화를 위한 메커니즘이 파괴를 위한 도구로도 사용될 수 있다는 말이다. 우리는 지속적으로 보고, 직접 경험하는 것을 더 잘 인식하게 되는데, 이 경험들이 개별적으로나 집단적으로 내적 표상이 되는지에 관심을 기울여야 한다고 주장하는 것이다. 우리가 가족, 공동체, 국가, 세계 안에서 원하는 결과를 얻으려면 이 점을 훨씬 더 의식해야 한다.

대중에게 지속적으로 내적 표상을 하면 수많은 사람들이 내면적으로 받아들이게 된다. 이러한 내적 표상은 미래의 세계와 사람들의 행동에 영향을 미친다. 따라서 우리가 제대로 작동되는 세계를 만들기를 원한다면, 통합된 전 세계적인 규모로 힘을 실어주는 내적 표상을 만들기 위해 어떤 것이 가능한지 지속적으로 검토하고 구상해야 한다.

우리는 두 가지 중 한 가지 방식으로 삶을 살 수 있다. 파블로프의 개처럼 우리에게 전달되는 모든 메시지와 동향에 반응할 수 있다. 그리고 전쟁을 낭만적으로 생각할 수 있고, 인스턴트식품의 유혹에 빠질 수 있으며, 대중매체에서 쏟아지는 온갖 유행에 사로잡힐 수도 있다. 누군가는 광고를 '인간의 지성을 필요한 만큼 오랫동안 정지시켜 돈을 버는 과학'이라고 묘사한 적이 있다. 어떤 사람들은 지성이 영원히 정지된 세계에 살고 있다.

대안은 좀 더 격조 있는 일을 시도하는 것이다. 우리는 자신을 더 나은 사람으로 만들고, 더 나은 세상을 만들어줄 행동과 내적 표상을 선택하기 위해 뇌를 사용하는 법을 배울 수 있다. 그러면 우리가 언제 프로그래밍되고 조작되고 있는지를 알 수 있다. 어떤 행동과 모델이 우리의 진정한 가치를 반영하는지, 어떤 것이 그렇지 않은지를 판단할 수 있다. 그런 다음 자신의 진정한 가치에 맞지 않는 것은 배제하고, 자신의 가치에 맞는 것에 따라 행동을 취하면 된다.

우리는 매일 새로운 트렌드가 생겨나는 세상에 살고 있다. 훌륭한 설득가가 되기 위해서는 수많은 메시지에 단순히 반응하는 사람이 아닌 새로운 것을 창조하는 사람이 되어야 한다. 일이 진행되는 방향은 일이 생기는 것만큼 중요하다. 방향이 목적지를 정하기 때문이다. 나이아가라 폭포에 있다면 물살의 방향을 미리 찾는 것이 중요하다. 폭포 끝까지 가서야 노가 없는 작은 보트에 타고 있다는 것을 알면 이미 늦는다. 설득가의 임무는 길을 안내하고, 지형을 파악하고, 더 나은 결과로 이끄는 경로를 찾아내는 것이다.

세상의 흐름은 개인이 만들어간다. 예를 들어, 추수감사절이라는 국경일은 정치인이 아니라 한 나라를 통합하려는 강한 열망을 가진 사라 요세파 헤일이라는 여성에 의해 만들어졌다. 그녀는 250년간 다른 사람들이 이루지 못한 과업을 성공적으로 이루어냈다.

추수감사절이라는 명절이 1621년 10월 메이플라워호를 타고 처음 아메리카 대륙에 상륙한 사람들이 '감사 예배'를 드린 것에서 유래되었다고 하는데, 그것은 사실이 아니다. 감사 예배 이후 155년 동안 영국의 식민지였던 미국에서 정식으로 통합된 형태의 추수감사절 행사는 열리지 않았다. 독립전쟁에서 승리했을 때 나라 전체가 축하할 수 있는 분위기가 형성되었지만 그 전통은 지켜지지 않았다. 세 번째 추수감사절은 조지 워싱턴 대통령이 1789년 11월 26일을 국가적인 추수감사절이라고 선포하고 입법 초안이 작성되면서 이루어졌다. 그러나 이것 역시 지속적으로 실행되지 못했다.

그 후 1827년에 사라 요세파 헤일이 등장했다. 그녀는 어떤 일이라도 해낼 수 있는 결단력과 인내심의 소유자였다. 다섯 아이의 어머니인 그녀는 여성이 성공한 사례가 없는 시대에 전문 작가가 되어 자신과 가족을 부양하기로 결심했다. 여성 전문 잡지의 편집장으로서, 그 잡지를 발행 부수 15만 부에 이르는 전국 규모의 주요 정기간행물로 만드는 데 큰 역할을 했다. 사설과 논평을 쓰면서 여자 대학교, 무료 공설 운동장, 탁아 시설을 설립하는 운동도 펼쳤다. 그리고 그 유명한 '메리에게는 작은 양이 있어요Mary Had a Little Lamb'라는 동요를 작사했다. 하지만 그녀의 인생에서 가장 중요한 업적은 추수감사절을 국가적인 행사로 영구적으로 제정한 것이었다. 그녀는 자신의 잡지를 이용하여 새로운 트렌드를 만들 수 있는 사람들에게 영향을 미쳤다. 거의 36년 동안 계속해서 대통령과 주지사에게 편지를 보내, 그 꿈을 이루기 위해 열심히 활동했다. 자신의 잡지에서 매년 구미가 당기는 추수감사절 음식을 소개하고, 추수감사절을 주제로 한 이야기와 시를 실었으며, 매년 추수감사절을 찬미하는 글을 썼다.

마침내 남북전쟁이 일어나자 헤일은 전 국민의 마음을 사로잡아 자신의 주장을 펼칠 기회를 얻게 되었다. 그녀는 "미국의 추수감사절이 긍정적으로 정착되는 것이 사회적으로, 국가적으로, 종교적으로 큰 이득이 되지 않을까요?"라는 글을 썼다. 1863년 10월호에는 "자신의 이익을 위해 싸우는 주나 고립된 지역에서 촉구된 분파적 감정과 지역적 사건들은 제쳐두고,

우리가 하나 되어 하느님께 기쁨과 축복의 감사 헌사를 바치는 것이 더 고귀하고 더 진정한 미국인이 되는 길이 아닐까?"라는 사설을 실었다. 그녀는 국무장관 윌리엄 수어드에게 편지를 썼고, 그는 그 편지를 에이브러햄 링컨 대통령에게 보여주었다. 링컨은 국가 통합의 개념이 정확히 옳다고 느꼈다. 나흘 뒤 대통령은 1863년 11월 마지막 목요일을 연방 추수감사절로 공포했다. 그 후로는 역사가 되었다. 이것은 인내심과 설득력을 겸비한 여성이 기존 매체를 효과적으로 활용했기 때문에 가능했다.*

나는 여러분에게 효과적으로 새로운 트렌드를 창출할 수 있는 두 가지 모델을 제시한다. 그리고 교육을 통해 긍정적인 차이를 만들려고 노력하고 있다. 미래에 긍정적인 영향을 미치려면 다음 세대가 원하는 방식으로 세상을 창조할 수 있는 가장 효과적인 도구를 제공해야 한다. 우리 조직은 '무한 탁월성 캠프Unlimited Excellence Camps'를 통해 이러한 시도를 한다. 이 캠프에서 우리는 아이들에게 자신의 뇌를 이용하고 행동을 통제하는 기술을 습득하여 성과를 이루는 방법을 가르친다. 아이들은 다양한 배경의 사람들과 높은 수준의 라포 형성 기법을 계발하고, 효과적으로 모델링하고, 한계를 극복하고, 가능한 것에 대한 인식을 재구성하는 방법을 배운다. 캠프가 끝나고 나면 대부분의 아이들이 지금까지 해온 것 중 가장 강력한 학습 체험이었다고 말한다. 이 캠프는 내가 진행한 것 중에서 가장 즐겁고 보람 있는 프로그램 중 하나다.

하지만 나는 한 사람일 뿐이고, 내 동료들도 많은 아이들을 교육하는 데는 한계가 있다. 그래서 우리는 교사들에게 NLP와 최적의 성과기법 기술을 제공하는 교육 프로그램을 개발했다. 이 프로그램은 교육의 새로운 트

---

* 이 정보는 〈LA타임스〉의 마샬 베르게스Marshall Berges가 제공했다.

렌드를 만들 정도의 대규모는 아니지만 더 많은 아이들에게 영향을 끼치는 방향으로 나아가기 위한 큰 발걸음이었다. 현재 우리는 '챌린지 재단 Challenge Foundation'이라는 또 다른 프로젝트를 개념화시키는 첫 단계에 와 있다. 많은 아이들, 특히 빈곤층 아이들이 직면하는 문제 중 하나는 강력하고 긍정적인 역할 모델에 접근하기 힘들다는 것이다. 챌린지 재단의 목표는 사회에서 가장 강력하고 긍정적인 역할 모델들의 대화형 비디오 도서관을 만드는 것이다. 역할 모델에는 대법관이나 성공한 연예인과 사업가뿐만 아니라 존 F. 케네디, 마틴 루터 킹, 마하트마 간디와 같이 고인이 되었지만 영향력이 큰 위인들도 포함되어 있다. 이 도서관이 아이들에게 모델링할 수 있는 강력한 경험을 제공할 것으로 기대한다. 아이들은 교사에게서 마틴 루터 킹에 대해 들을 수 있고, 그의 글도 읽을 수 있다. 하지만 이것은 경험의 일부분일 뿐이다. 만약 킹 목사가 30분 동안 직접 자신의 철학과 신념을 들려준다면 어떨까? 그리고 마지막 5분 동안 인생에서 어떤 것에 도전하라고 권유한다면 어떻겠는가? 나는 아이들이 단순히 말뿐만 아니라 목소리 톤이나 몸의 자세 등 설득의 달인들을 그대로 모델링할 수 있기를 바란다. 예를 들어, 헌법을 공부하고 싶은 많은 아이들은 그것이 오늘날의 자신의 삶과 어떤 관련이 있는지 전혀 알지 못한다. 만약 대법원장이 학생들에게 왜 그가 날마다 헌법과 씨름하며 지냈는지, 그것이 오늘날 자신에게 어떤 영향을 미쳤는지 말해주는 영상이 있다면 어떨까? 그리고 마지막에 젊은이들에게 도전할 과제를 제시해준다면 어떨까? 미국의 수많은 어린이들이 이러한 종류의 긍정적인 견해와 도전에 주기적으로 일관되게 접근할 수 있다면 어떤 일이 일어날지 상상할 수 있겠는가? 이 프로그램은 미래를 바꿀 수 있다.

영향력을 사용하여 긍정적인 새로운 트렌드를 만드는 방법의 또 다른 사례는 콜로라도 스노우매스에 있는 록키마운틴연구소Rocky Mountain Institute 의 책임자인 애머리 로빈스가 한 일이다. 그는 수년 동안 대체 에너지 프로젝트에 참여했다. 오늘날 많은 사람들은 원자력이 너무 비싸고 비효율적이며, 사용하기에도 위험하다고 생각한다. 하지만 반핵 운동은 거의 진전이 없다. 단순한 반핵 운동이었기 때문이다. 해결책을 찾는 사람들은 반핵 운동이 구체적으로 무엇을 위한 것인지 궁금해한다. 때로는 그 운동이 무엇인지 말하지도 못 한다. 그러나 로빈스는 단순한 한 명의 시위자가 아닌 능숙한 설득가가 됨으로써 에너지 회사들과 함께 엄청난 성공을 거둘 수 있었다. 그는 원자력 회사를 공격하는 대신 더 많은 수익을 창출할 수 있는 대안을 제공했다. 그 대안에는 수십억 달러의 예산이 투입되는 거대한 발전소가 필요하지 않았다.

로빈스는 자칭 '합기도 정치'를 실천하는 것을 좋아한다. 이것은 갈등을 최소화하는 방식으로 행동을 지시하는 동의 기법의 원칙을 사용한다. 한번은 대규모의 신규 원자력 발전소를 계획하고 있는 전력회사의 요금 공청회에 참석해 증언해달라는 요청을 받았다. 공사가 시작되지도 않았는데 이미 3억 달러가 투입된 상태였다. 그는 발전소 건설에 대한 자신의 견해를 말하기 위해 그 자리에 있는 것이 아니라면서 말문을 열었다. 그리고 건전한 재정에 기반을 두고 운영되는 전력회사를 보유하는 것이 전력회사와 고객 모두에게 최선이라고 말했다. 또한 막대한 비용이 투입되는 새로운 발전소가 완공되면 발전소를 유지하기 위해 에너지 사용료가 얼마나 비싸질지에 대해서도 설명했다. 그리고 사용료를 적게 잡으면 회사에 이익이 되지 않을 것이라고 주장했다. 그는 절제된 목소리로 말했지만, 전력회사나 원자력 발전소에 반대하는 언급은 전혀 하지 않았다.

공청회가 끝난 뒤, 로빈스는 전력회사의 재무 담당 부사장에게서 전화를 받았다. 두 사람이 만난 자리에서 부사장은 이 발전소가 회사 재정에 미칠 수 있는 영향에 대해 이야기했다. 그는 발전소가 건설되면 회사가 배당금 지급을 못하게 되어 회사 주가에 악재가 될 수 있다고 말했다. 끝으로 위기관리 전문가들이 원하면 회사는 이미 지출한 3억 달러의 손실을 감수하고 원자력 발전소를 포기할 용의가 있다고 말했다. 로빈스가 처음부터 발전소 건설에 적대적인 태도를 취했다면 회사는 아무도 만족시키지 못하고 헛심만 썼을 것이다. 그러나 공통점을 찾고 실행 가능한 대안을 찾으려고 노력함으로써 양측 모두에게 이익이 되는 합의를 이끌어냈다. 로빈스의 노력으로 새로운 트렌드가 생겨나기 시작했다. 다른 전기회사들도 원자력 의존도를 제한하는 동시에 수익을 창출할 수 있었다. 물론 그를 컨설턴트로 채용한 결과였다.

또 다른 사례는 콜로라도 샌 루이스 밸리에 있는 농부들 이야기다. 이 지역의 농부들은 전통적으로 주 연료로 장작을 사용했다. 그러나 땅 주인들이 나무를 모아놓은 곳을 울타리로 막았다. 농부들에게는 다른 연료가 없었지만, 몇몇 지도자가 농부들을 설득해 이 상황을 좌절이 아닌 기회로 만들었다. 그 결과, 세계에서 가장 성공적인 태양광 프로젝트를 시작했고, 이전에는 경험하지 못한 집단적 힘과 선의의 힘을 갖게 되었다.

로빈스는 아이오와주 오세이지에서 있었던 유사한 사례를 언급했다. 그곳의 지역 공공시설 협동조합은 전력을 효율적으로 사용하고 있지 않다고 판단했다. 그래서 주택을 기후에 잘 견딜 수 있도록 건축함으로써 연료를 절약하는 운동을 추진했다. 결과는 매우 성공적이어서 이 협동조합은 부채를 모두 탕감할 수 있었다. 2년 동안 세 번이나 요금을 인하했고, 3,800명의 마을 주민은 연간 연료비를 160만 달러 절약할 수 있었다.

위의 사례에는 두 가지 성과가 있었다. 모두에게 도움이 되는 원원Win-

Win 체계를 발견하여 서로에게 이익을 줄 수 있었다. 그리고 그들은 원하는 결과를 얻기 위해 어떤 행동을 취해야 하는지를 배움으로써 권위와 안정이라는 새로운 감각을 개발할 수 있었다. 함께 일하고 행동을 취함으로써 얻은 선의와 공동체 정신이라는 부가적인 이득은 절약한 돈 못지않게 중요했다. 이것은 소수의 열성적인 설득가가 만들어낸 긍정적인 트렌드다.

컴퓨터업계에는 "쓰레기가 들어가면 쓰레기가 나온다GIGO: Garbage In, Garbage Out"라는 속설이 있다. 즉, 시스템에서 얻는 품질은 전적으로 시스템에 무엇을 넣느냐에 따라 달라진다는 것이다. 나쁜 정보, 잘못된 정보 또는 불완전한 정보를 입력하면 같은 종류의 결과를 얻는다. 오늘날 우리 사회에서 많은 사람들은 매일 입력되는 정보와 경험의 품질에 대해서는 거의 또는 전혀 의식하지 않는다. 최근 통계에 따르면, 미국인은 평균적으로 하루에 7시간 동안 TV를 시청한다. 〈U.S. 뉴스 & 월드 리포트〉는 미국의 고등학생들이 평균 1만 8천 건의 살인 장면을 본다고 한다. 고등학생들은 2만 2천 시간 TV를 시청하는데, 12년 동안 학교에서 보낸 시간보다 두 배나 많다. 우리가 삶을 완전히 경험하고 즐길 수 있는 능력이 성장되고 배양되기를 기대한다면 우리의 정신에 무엇이 공급되는지를 살펴보는 것은 매우 중요하다. 우리의 뇌는 컴퓨터처럼 작동한다. 기관총으로 마을을 날려버리는 것이 시원하다거나 건강에 해로운 인스턴트식품을 성공한 사람들이 먹는 음식이라고 내적 표상한다면 그런 내적 표상이 우리의 행동을 지배할 것이다.

지금 우리는 행동을 지배하는 내면의 인식을 형성하는 힘이 그 어느 때보다 강하다. 하지만 그 힘이 더 나은 결과로 이어진다고 보장할 수는 없다. 더 나은 결과를 얻기 위해서는 무언가를 시도해야 한다. 같은 국가, 같은 지구에 사는 우리에게 당면한 가장 중요한 문제는 우리가 만들어내는 유형의 이미지와 대규모의 내적 표상을 관리하는 것이다.

트렌드를 창출하는 것이야말로 진정한 리더십이며, 이 책에서 전하고자하는 진정한 메시지다. 이제 우리는 가장 강력한 방식으로 정보를 처리하기 위해 뇌를 어떻게 작동시켜야 하는지를 알게 되었다. 쓸데없는 소통의소리는 끄고 밝기는 어둡게 하는 방법과 가치체계 내에서 일어나는 갈등을해결하는 방법도 안다. 하지만 진정으로 변화를 이끌어내고 싶다면 리더가되는 법 그리고 설득력으로 세상을 더 나은 곳으로 만드는 방법도 알아야한다. 그것은 우리의 자녀, 직원, 사업 파트너 그리고 이 세상을 위해 보다긍정적이고 보다 숙련된 롤 모델이 되는 것을 의미한다. 일대일 설득 차원에서도 할 수 있고 대중 설득 차원에서도 가능하다. 다른 인간을 미친 듯이날려버리는 람보의 이미지에 영향을 받기보다는 세상을 원하는 대로 만드는 데 힘을 실어줄 수 있는 메시지를 전달하기 위해 우리의 삶을 바치는 것이 좋지 않을까?

진정한 설득가가 세상을 움직일 수 있다는 사실을 잊지 마라. 이 책에서말하는 모든 것과 우리 주위에 있는 것들이 이를 증명하고 있다. 인간의 행동에서 어떤 것이 품위가 있고, 어떤 것이 효과적이고, 어떤 것이 긍정적인지 내적 표상을 대규모로 외면화할 수 있다면 우리의 자녀, 지역사회, 국가그리고 더 나아가 세계의 미래를 바꿀 수 있다. 지금 우리에게는 그 기술이있으며, 나는 이 기술을 활용할 것을 권한다.

이것이 내가 생각하는 궁극적인 목표다. 물론 개인의 능력을 극대화하고, 효과적으로 성공하는 방법에 관한 것이다. 그러나 죽어가는 행성의 군주가 되는 것은 아무 의미가 없다. 우리가 논의한 모든 것, 즉 동의 기법의중요성, 친밀함의 본질, 탁월성 모델링, 성공의 구조와 같은 것은 나뿐만 아니라 다른 사람들의 성공을 이루게 하는 긍정적인 방식으로 사용될 때 가장 효과적이다.

　최고의 힘은 시너지 효과다. 이 효과는 개별적일 때가 아닌 서로 협력할 때 생겨난다. 이제 우리에게는 사람들의 인식을 거의 순식간에 바꿀 수 있는 기술이 있다. 우리를 포함한 모든 사람의 발전을 위해 긍정적인 방법으로 사용할 때가 왔다. 토머스 울프는 "세상에서 성공의 느낌만큼 우리를 부담에서 벗어나게 해주는 것은 없다."라고 말했다. 그것은 탁월성에 대한 진정한 도전이다. 우리는 이 기술을 광범위하게 사용하여 긍정적인 방식으로, 대량으로 즐겁게 공동의 성공을 이루게 하는 방식으로, 우리 자신과 주위 사람들에게 힘을 부여할 것이다.

　자, 지금이 그 기술을 사용할 때다.

21장
살아 있는 탁월성: 인간의 도전

"인간은 현재 가진 것의 총합이 아니라,
아직 가지지 못한 것과 앞으로 갖게 될 것의 총합이다."
장 폴 사르트르Jean Paul Sartre

우리는 먼 길을 함께 왔다. 얼마나 더 멀리 갈지는 여러분의 몫이다. 이 책에서 나는 인생을 바꿀 수 있는 도구와 기술, 아이디어를 제시했다. 그러나 이것들을 활용하여 무엇을 할지는 전적으로 여러분에게 달려 있다. 책을 덮고 나서 별로 배운 것이 없다고 생각하며 예전처럼 그냥 살아갈 수도 있다. 아니면 자신의 삶과 뇌를 통제하기 위해 공동의 노력을 기울일 수도 있을 것이다. 나 자신과 내가 아끼는 사람들을 위해 기적을 일으킬 강력한 신념과 내적 상태를 만들 수도 있다. 그러나 그것은 내가 의지를 가지고 있을 때만 실현할 수 있다.

지금까지 배운 내용의 요점을 정리해보자. 이제 우리는 지구상에서 가장 강력한 도구는 우리의 양쪽 귀 사이에 있는 뇌라는 바이오컴퓨터라는 것을 알았다. 뇌를 제대로 사용하기만 하면 우리는 이전에 꿈꿔왔던 것보다 더 위대한 삶을 살 수 있을 것이다. 최고의 성공 공식을 배웠다. 결과를 알고, 행동을 취하고, 무엇을 얻고 있는지 알 수 있는 감각의 예민함을 키워라. 그리고 원하는 것을 얻을 때까지 계속해서 행동을 바꿔라. 우리는 누구든 엄청난 성공을 거둘 수 있는 시대에 살고 있지만, 성공을 거둔 사람은 행동으로 옮긴 사람이라고 배웠다. 지식은 중요하다. 하지만 그것만으로는 충분하지 않다. 많은 사람들이 스티브 잡스나 테드 터너와 같은 정보를 가지고 있었다. 그러나 행동을 취한 사람만이 엄청난 성공을 거두었고 세상을 바꿨다.

모델링의 중요성도 배웠다. 우리는 경험과 시행착오로도 배울 수 있지만, 모델링 방법을 배움으로써 그 속도를 엄청나게 단축할 수 있다. 개인이 만들어내는 모든 결과는 특정 사고 구조의 특정 행동으로 이어진다. 뛰어난 성과를 내는 사람들의 내적 행동(정신적)과 외적 행동(신체적)을 모델링하면, 어떤 것을 터득하는 데 걸리는 시간을 크게 단축할 수 있다. 유형에 따라 다르겠지만, 몇 개월 또는 몇 년이 걸렸던 것을 몇 시간이나 며칠 내에 배울 수도 있다.

삶의 질이 의사소통의 질이라는 것을 배웠다. 의사소통에는 두 가지 형태가 있다. 첫 번째는 자신과 하는 내적 소통이다. 일어나는 일의 모든 의미는 우리가 부여하는 것이다. 자신의 뇌에 모든 것이 잘 되도록 강력하고 긍정적인 힘을 실어주는 신호를 보낼 수 있고, 할 수 없다는 신호를 보낼 수도 있다. W. 미첼, 훌리오 이글레시아스, 제리 코피 사령관과 같은 사람들은 끔찍한 비극을 환희로 바꿨다. 우리는 시간을 되돌릴 수 없다. 이미 일어난 일을 바꿀 수는 없다. 그러나 내적 표상을 조절하여 미래에 긍정적인 것을 제공하도록 만들 수 있다. 두 번째는 타인과 소통하는 것이다. 세상을 바꾼 사람들은 의사소통의 달인이다. 이 책에서 내가 말한 것들을 활용하면, 사람들이 원하는 것을 찾아내어 효과적이고 능숙한 품격 있는 의사소통의 대가가 될 수 있다.

신념의 놀라운 힘을 배웠다. 긍정적인 신념은 우리를 승리자로 만들 수 있지만, 부정적인 신념은 우리를 패배자로 만든다. 자신에게 유리하게 작용하도록 신념을 바꿀 수 있다고 배웠다. 내적 상태의 힘과 신체의 힘에 대해서도 배웠다. 그리고 어떤 사람과도 좋은 관계를 만들 수 있는 라포 형성 방법을 배웠다. 또한 재구성과 자극고정을 하기 위한 강력한 기술도 배웠다. 정확하고 기술적으로 의사소통하는 방법, 의사소통을 방해하는 언어의 보풀을 피하는 방법, 다른 사람들과 효과적으로 소통하기 위해 정확화 모델을 사용하는 방법을 배웠다. 성공을 가로막는 장애물에 대처하는 방법도 배웠다. 그리고 개인 행동의 기본 원칙이라고 할 수 있는 근본적 사고방식과 가치체계를 배웠다.

여러분이 이 책을 다 읽었다고 해서 완전히 다른 사람으로 변모할 것이라고는 기대하지 않는다. 우리가 논의한 것 중에는 비교적 쉬워 보이는 것도 있다. 그러나 삶에는 진행 효과라는 것이 있다. 변화는 더 많은 변화를 낳고, 성장은 더 큰 성장으로 이어진다. 변화를 시작하면 조금씩 성장하면서 천천히 지속적으로 삶을 변화시킬 수 있다. 잔잔한 연못에 던져진 돌처럼 미래에 커다란 물결을 만들어낼 것이다. 시간이 오래 지나고 보면 아주 작은 것이 엄청나게 큰 차이를 만든 경우가 많다.

같은 방향을 날아가는 두 개의 화살을 생각해보라. 그중 한 화살의 방향에 약간의 변화를 주면, 즉 3~4도 정도만 방향을 바꾸면, 처음에는 그 변화를 감지하기 힘들다. 그러나 그 길을 몇 미터, 몇 킬로미터를 따라가보면 그 차이는 점점 더 커진다. 두 화살이 최종적으로 도달한 곳은 전혀 다른 방향이 될 것이다.

바로 이것이 이 책에서 말하고자 하는 것이다. (오늘 밤에 여러분이 스스로 바뀌지 않는 한!) 하룻밤 사이에 여러분을 바꾸지는 못 할 것이다. 하지만 자신의 두뇌를 사용하는 법을 터득한다면, 그리고 자신의 사고 구조, 하위 감각, 가치관, 근본적 사고방식과 같은 것을 이해하고 활용한다면, 6주, 6개월

혹은 6년이 지났을 때 그 차이는 여러분의 삶을 완전히 바꿔줄 것이다. 이 책에서 제시한 것 중 모델링과 같은 것들은 여러분이 이미 어떤 방식으로든 실행하고 있다. 하지만 그 외에 많은 것들은 새로울 것이다. 인생에서는 모든 것이 쌓인다는 사실을 명심하라. 오늘 이 책의 원칙 중 하나를 사용했다면 한 걸음을 내디딘 것이다. 하나의 원인이 작동도록 설정한 것이다. 모든 원인은 결과나 효과를 낳고, 모든 결과는 지금까지의 결과 위에 쌓여 우리를 한 방향으로 이끈다. 그리고 모든 방향에는 최종의 도착지가 있다.

"인생에서 목표로 삼아야 할 것이 두 가지 있다.
하나는 원하는 것을 얻는 것이고,
다른 하나는 나중에 그것을 즐기는 것이다."
로건 피어솔 스미스Logan Pearsall Smith

끝으로 생각해봐야 할 것이 있다. 우리는 지금 어느 방향으로 가고 있는가? 지금 가고 있는 방향으로 계속 가면 5년 후 또는 10년 후에는 어디에 있게 될까? 그곳이 정말 가고 싶어 한 곳인가? 자신에게 솔직해져라. 미래학자 존 나이스비트는 미래를 예측하는 가장 좋은 방법은 지금 무슨 일이 생기고 있는지 명확하게 아는 것이라고 말했다. 우리도 인생을 그런 식으로 살아가야 한다. 이 책을 다 읽고 가만히 지금 자신이 가고 있는 방향이 어디인지, 목적지가 정말 가고 싶은 곳인지 생각해보기 바란다. 만약 그렇지 않다면 바꾸는 것이 좋다. 이 책에서 배울 것이 있다면, 그것은 개인적 차원과 세계적 차원에서 거의 전광석화와 같이 긍정적인 변화를 일으킬 수 있는 가능성에 대한 확인이다. 궁극적인 힘은 변화하고, 적응하고, 성장하고, 발전하는 능력을 의미한다. 무한능력은 우리가 항상 성공한다거나 절대 실패하지 않는다는 것을 의미하지 않는다. 인간의 모든 경험에서 배우고, 그것을 어떤 식으로든 자신에게 도움이 되도록 만드는 것을 의미한다.

자신의 인식을 바꾸고 행동을 변화시킴으로써 원하는 결과를 만들어내는 것이 바로 무한능력이다. 삶의 질에 가장 큰 차이를 만들 수 있는 것은 늘 관심을 기울이고 애정을 가져야 하는 우리의 무한능력이다.

나는 이 책에서 우리의 삶을 변화시키고, 지속적인 성공을 보장하는 또 다른 방법을 제시하고자 한다. 함께하고 싶은 사람들을 찾아라. 앞에서 다른 사람들과 함께할 수 있는 것의 관점에서 힘에 대해 이야기한 것을 기억할 것이다. 궁극적인 힘은 떨어져 있는 사람들의 힘이 아니라 함께하는 사람들의 힘이다. 그들은 가족이 될 수 있으며 친구가 될 수도 있다. 신뢰할 수 있는 사업 파트너나 서로 아끼며 함께 일하고 싶은 사람들일 수도 있다. 자신뿐만 아니라 다른 사람을 위해 일할 때 우리는 더 열심히 더 잘할 수 있다. 많이 베풀수록 더 많이 얻는 법이다.

사람들에게 인생에서 가장 값진 경험이 무엇이냐고 물으면, 대부분 팀의 일원으로서 한 일을 떠올릴 것이다. 그 팀은 말 그대로 스포츠 팀이거나 기억에 남을 만한 일을 한 비즈니스 팀일 수 있다. 때로는 가족일 수도 있다. 팀의 일원이 되면 더욱 성장하고 발전할 수 있다. 사람들은 자신을 위해서는 하지 않을 일도 다른 사람을 위해서는 한다. 그리고 다른 사람에게서 가치 있는 것을 얻는다.

이 세상에 살아 있는 한 우리는 어떤 팀에 속해 있다. 그 팀은 가족, 회사, 도시, 국가 또는 세계가 될 수 있다. 벤치에 앉아 지켜볼 수도 있고, 직접 참여할 수도 있다. 내가 하고 싶은 말은 경기에 직접 참여하라는 것이다. 자신의 세계를 다른 이들과 공유하라. 많이 베풀수록 더 많은 것을 얻게 되기 때문에, 이 책에 소개한 기술을 자신뿐만 아니라 남을 위해 많이 사용할수록 더 많은 것을 얻을 수 있을 것이다.

그리고 자신에게 도전 과제를 주는 팀에 합류하라. 혼자서는 일이 잘 풀리지 않을 때가 있다. 무엇을 해야 하는지를 알면서도 잘 못한다. 인생이란 그런 것 같다. 마치 지구의 중력처럼 우리를 아래로 끌어내리려고 한다. 누구에게나 힘든 때가 찾아온다. 그러나 성공한 사람, 진취적인 사람, 결과를 만드는 데 총력을 기울이는 사람, 도움을 주는 사람들과 함께한다면 그들은 우리가 더 나은 사람이 되고, 더 많은 일을 하고, 더 많은 것을 나누도록 자극할 것이다. 우리의 능력을 최대한 발휘할 수 있도록 돕는 사람들과 함께 있다면, 그 어떤 것보다 값진 선물을 받은 것이다. 연계는 강력한 도구다. 자신을 더 나은 사람으로 만들어줄 수 있는 사람들과 가까이 지내고 연계하라.

일단 팀에 참여하기로 결심했다면 탁월성에 도전하여 리더가 되라. 〈포춘〉 선정 500대 기업의 사장이 되거나 최고의 교사가 되는 것일 수도 있다. 또 성공한 기업가나 훌륭한 부모가 되는 것일 수도 있다. 진정한 리더는 어떤 과정의 힘, 즉 작은 것에서 위대한 변화를 이끌어낼 수 있는 감각을 가진 사람이다. 그는 자신이 말하고 행동하는 모든 것에 다른 사람들에게 대담함과 동기를 부여하는 엄청난 힘이 있다는 것을 알고 있다.

내게도 그런 순간이 있었다. 고등학교에 다닐 때, 어느 날 스피치 과목 선생님이 방과 후에 남으라고 하셨다. 내가 뭐 잘못한 것이라도 있는지 궁금했다. 선생님은 "로빈스 군, 나는 자네가 뛰어난 연설 실력을 갖췄다고 생각하네. 다음 주에 우리 학교에서 웅변대회가 열리는데, 참가해보지 않겠나?"라고 제안하셨다. 나는 연설가로서 특별한 재능이 있다고 생각하지 않았지만, 선생님이 워낙 확신 있게 말씀하셔서 선생님을 믿어보기로 했다. 선생님의 그 말이 내 인생을 바꿔놓았다. 나를 의사소통가라는 직업으로 이끌었다. 선생님이 한 일은 크지 않았지만 내 인생을 완전히 바꿔놓았다.

리더십의 과제는 크고 작은 행동의 결과를 미리 예측할 수 있는 충분한 힘과 비전을 갖는 것이다. 이 책에서 말하는 의사소통 기술은 그러한 차이를 만드는 중요한 방법을 제공한다. 우리 사회에는 더 많은 성공 모델과 탁월성의 상징이 필요하다. 나의 인생은 헤아릴 수 없는 가치를 준 교사들과 멘토들에게 큰 은혜를 받았다. 그래서 내 인생 목표는 내가 받은 것을 많은 사람들에게 돌려주는 것이다. 나는 이 책이 여러분에게 도움이 되길 바라며, 나는 내 일을 통해 그 목표를 계속 추구하고 있다.

나의 첫 번째 멘토는 짐 론이라는 분이었다. 그는 인생의 행복과 성공은 우리가 가진 것의 결과가 아니라 우리가 사는 방식의 결과라고 가르쳐주었다. 우리가 가진 것으로 어떤 일을 하느냐에 따라 삶의 질에 차이를 만든다는 것이다. 나에게 아주 작은 것도 인생에 큰 변화를 가져올 수 있다는 가르침을 주었다. 그러면서 구두닦이를 예로 들었다. 그가 콧노래를 부르며 내 구두를 열심히 닦았다고 가정하자. 팁을 주기 위해 주머니에 손을 넣고 1달러짜리 하나를 주어야 할지 두 개를 주어야 할지 확신이 서지 않을 때 항상 더 높은 쪽을 주라고 말했다. 그를 위해서만이 아니라 나 자신을 위해서라도 그렇게 해야 한다고 했다. 그에게 1달러 하나만 준다면, 나중에 구두를 내려다보면서 1달러 하나만 준 것을 후회할 것이라고 했다. 그가 내 구두를 이토록 멋지게 닦아주었는데 너무 인색하게 행동한 건 아닐까? 하고 자신의 인색함을 자책할 수 있다. 그러나 지금 2달러를 준다면 자신에 대해서 훨씬 좋은 느낌을 가질 수 있다는 것이다.

어떤 일을 위해 모금하는 것을 보면 그냥 지나치지 않고 모금함에 어느 정도의 돈을 넣겠다는 원칙을 세워두면 어떨까? 보이 스카우트, 걸 스카우트와 같은 단체에서 기금 마련을 위한 연락이 오면 적극적으로 무언가를 구매하겠다고 약속하면 어떨까? 때때로 친구에게 전화를 걸어 "특별한 이유가 있어서 전화한 건 아니고, 그냥 널 좋아한다고 말하고 싶었어. 괜히 방해하는 건 아닌지 모르겠네. 단지 그 말을 전하고 싶을 뿐이야."라고 말하면 어떨까? 나를 위해 힘써준 사람들에게 감사 편지를 보내면 어떨까? 다른 사람의 인생에 가치를 더함으로써 삶에서 더 많은 기쁨을 얻을 수 있는 새롭고 독특한 방법을 찾는 데 시간과 노력을 쏟는다면 어떨까? 이것이 진정으로 삶을 살아가는 방식이다. 우리에게는 누구나 똑같은 시간이 있다. 삶의 질에 대한 결과는 우리가 삶을 어떻게 보내느냐에 달려 있다. 어떤 패턴을 유지하거나 의식적으로 그 시간을 독특하고 특별하게 만들기 위해 지속적으로 노력을 하면 어떨까? 사소해 보일 수 있지만 이 작은 것들이 내가 어떤 사람인지를 느끼게 한다는 점에서 그 효과는 강력하다. 이것은 내가 누구인지 내적 표상에 영향을 끼치고, 그럼으로써 내적 표상과 삶의 질에도 영향을 미친다. 나는 나 자신과 한 '두 개의 동전' 약속을 지켰고, 그것이 나에게 주는 보상을 받고 있다. 여러분도 실행해보기 바란다. 나는 이것이 우리의 인생을 엄청나게 풍요롭게 할 수 있는 철학이라고 굳게 믿고 있다.

> "사람의 마음을 구성하는 성분에서
> 연민, 존경, 갈망, 인내, 후회, 놀라움, 용서를 추출하여
> 하나로 합성할 수 있는 화학자는 사랑이라는 원자를 만들 수 있다."
> 칼릴 지브란Kablil Gibran

내가 마지막으로 하고 싶은 말은 이 책에서 알게 된 정보를 다른 사람들과 나누라는 것이다. 여기에는 두 가지 이유가 있다. 한 가지는 우리가 꼭 알아야 할 것을 다른 사람에게 가르칠 수 있기 때문이다. 아이디어를 다른 사람과 공유하는 과정에서 그것을 다시 듣게 되면, 삶에서 중요하게 생각하고 믿는 것이 무엇인지 스스로 되돌아볼 수 있게 된다. 또 다른 이유는 다른 사람이 자신의 삶에서 진정으로 중요하고 긍정적인 변화를 일으키도록 돕는 데서 오는 설명하기 힘든, 믿을 수 없을 정도의 풍요로움과 기쁨을 맛

볼 수 있기 때문이다.

나는 작년에 아이들을 위한 프로그램을 진행하면서 평생 잊지 못할 경험을 했다. 캠프에서 12일간의 프로그램을 운영했는데, 이 책에서 논의된 많은 내용을 아이들에게 가르쳤다. 아이들이 자신의 역량과 학습 기술 그리고 완전히 살아 있는 인간으로서의 자신감을 변화시키는 경험을 하도록 했다. 그 여름, 모든 아이들은 올림픽에서와 같은 금메달을 받는 세리머니로 캠프를 마무리했다. 메달에는 "당신은 마법을 부릴 수 있습니다."라고 쓰여 있었다. 새벽 두 시가 되어서야 행사가 끝났지만 정말 즐겁고 감동적인 시간이었다.

나는 매우 지친 몸을 이끌고 숙소로 돌아왔다. 다음 행사 때문에 그날 오전 여섯 시에 일어나야 했지만, 동시에 하루를 정말 값지게 보냈다는 생각이 들었다. 새벽 세 시쯤 잠자리에 들었는데, 그때 문을 두드리는 소리가 들렸다. 이 시간에 도대체 누구지?

문을 열어 보니 한 소년이 서 있었다. "로빈스 선생님, 선생님의 도움이 필요해요." 다음 주에 샌디에이고에 있는 내 사무실로 전화하라고 말하려고 하는데, 그때 소년 뒤에서 어떤 소리가 들렸다. 한 소녀가 울면서 서 있었다.

무슨 일인지 물었더니, 소년은 그 소녀가 집에 가고 싶어 하지 않는다고 말했다. 나는 소녀에게 자극고정을 하고 기분이 좋아지면 집게 가고 싶어질 것이라고 말했다. 하지만 소년은 그것이 문제가 아니라고 했다. 함께 사는 오빠가 7년 동안 성폭행을 했기 때문에 소녀가 집에 가기 싫다는 것이었다.

그래서 나는 이 책에서 우리가 이야기한 도구를 사용하여, 부정적인 과거 경험에 대한 소녀의 내적 표상을 변경하여 더 이상 고통을 일으키지 않도록 했다. 그런 다음 소녀를 가장 자원이 풍부하고 강력한 내적 상태에 들어가게 하고, 그것을 소녀의 현재 변경된 내적 표상과 연결하여 오빠에 대한 생각이나 이미지가 떠오르면 즉시 이겨낼 수 있는 내적 상태가 되도록 했다. 캠프가 끝난 뒤, 소녀는 오빠에게 전화를 걸기로 결심했다. 소녀는 완전히 자원이 풍부한 내적 상태에서 전화로 오빠를 깨웠다. "오빠!" 소녀는 오빠에게 한 번도 해본 적 없는 어조로 이렇게 말했다. "내가 집에 가고 있다는 걸 말해주려고 전화했어. 오빠는 예전처럼 생각하면서 나를 쳐다보지 않는 게 좋을 거야. 만약 계속 그렇게 한다면 크게 봉변당하고 평생 감옥에서 썩게 될 테니까 말이야. 분명히 대가를 치르게 될 거야. 나는 오빠로서는 사랑하지만 다시는 그런 못된 행동을 받아들이지 않을 거야. 오빠가 또 그런 행동을 하려고 한다는 생각만 들어도 오빠는 끝이야. 진심으로 하는 말이야. 내 말 명심해. 나는 오빠를 사랑해. 안녕." 소녀의 메시지가 오빠에게 충분히 전달되었을 것이다.

전화를 끊고 나서, 소녀는 자신이 매우 강하고 어떤 일도 할 수 있는 사람이 되어 있다는 것을 알게 되었다. 난생처음으로 진정으로 강한 책임감을 느낀 것이다. 소녀는 어린 남자친구를 껴안고 함께 안도의 눈물을 흘렸다. 내가 두 사람과 함께 있던 날 밤, 이들은 내가 이제껏 경험해보지 못한 강한 포옹을 서로에게 해주었다. 소년은 나에게 어떻게 보답해야 할지 모르겠다고 말했다. 나는 소녀가 변화하는 모습을 보는 것이 내가 받을 수 있는 가장 큰 보답이라고 말했다. 그는 "아니요, 어떤 식으로든 선생님께 보답하고 싶어요."라고 말했다. 그러고는 "내게 큰 의미가 있는 것이 있어요."라고 말하면서, 손을 뻗어 천천히 금메달을 벗어서 나에게 걸어주었다. 두 사람은 나를 절대 잊지 않겠다고 말하고 내게 입맞춤을 하고 떠났다. 그들이 떠난 뒤 나는 위층으로 올라가서 침대에 누웠다. 옆에 있던 아내는 이 모든 것을 듣고 울었고, 나도 함께 눈물을 흘렸다. 베키는 "당신이 정말 자랑스러워요.

앞으로 그 아이의 삶은 분명 달라질 거예요."라고 말했다. 나는 "고마워, 여보. 하지만 이 기술이 있는 사람이라면 누구든 그 아이를 도왔을 거요."라고 말했다. 아내는 "그래요, 예, 토니, 누구라도 그럴 수 있겠지만, 그 사람이 당신인 거예요."라고 말했다.

> "당신이 진정으로 사랑할 수만 있어도,
> 세상에서 그 누구보다 강한 사람이 될 수 있다."
> 에밋 폭스Emmett Fox

이것이 이 책에서 전하고자 하는 궁극적인 메시지다. 실천하는 사람이 되어라. 책임을 지고 행동할 줄 아는 사람이 되어라. 여기에서 배운 내용을 곧바로 활용하라. 자신을 위해서뿐만 아니라 다른 사람을 위해서도 사용하라. 행동함으로써 얻는 선물은 우리가 상상한 것보다 훨씬 더 크다. 세상에는 말을 앞세우는 사람들이 많다. 무엇이 옳고, 무엇이 강력한지 알고 있지만 원하는 결과를 얻지 못하는 사람들도 많다. 말하는 것만으로는 충분치 않다. 이것이 바로 무한능력이다. 탁월성을 이루기 위해 필요한 것을 자신에게 하도록 하는 무한한 힘이다. 미국 프로농구 필라델피아 세븐티식서스 76ers의 줄리어스 어빙은 "산책자a Walker"의 철학을 요약한 듯한 인생철학을 가지고 있었다. 충분히 모델링할 가치가 있다. 그는 이렇게 말했다. "나는 다른 사람이 기대할 수 있는 것보다 더 많은 것을 나 자신에게 요구한다." 이것이 그가 최고가 될 수 있었던 이유다.

고대에 두 명의 위대한 웅변가가 있었다. 한 명은 키케로고 다른 한 명은 데모스테네스다. 키케로가 연설을 마칠 때마다 사람들은 기립 박수를 치며 "정말 훌륭한 연설이다!"라고 환호를 보냈다. 데모스테네스가 연설을 했을 때는 사람들이 "자, 모두 행진합시다."라고 말하면서 행동으로 옮겼다.

이것이 발표Presentation와 설득Persuasion의 차이다. 나는 데모스테네스와 같은 사람이 되기를 원한다. 이 책을 읽고 '와, 정말 유익한 책이야.'라고 생각하며 멋지고 좋은 도구가 많다고 느낄 수 있다. 하지만 활용하지 않는다면 시간 낭비일 뿐이다. 그러나 지금 당장 실행에 옮기고, 이 책을 다시 읽으면서 몸과 마음을 움직이게 하는 지침서로 사용한다면, 과거에 꾸었던 어떤 꿈도 쉽게 이룰 수 있는 새로운 인생 여정을 시작하게 될 것이다. 내가 매일 이 원리를 적용하기 시작했을 때 내게 어떤 일이 일어났는지 여러분도 이제 알고 있다.

나는 여러분이 자신의 삶을 걸작으로 만들기 바란다. 자신이 가르치는 대로 생활하고, 말하는 대로 행하는 사람들의 대열에 합류하기를 바란다. 그들은 세계가 경탄하는 탁월성의 롤 모델이다. 원하는 대로 자신의 삶을 만드는, 결과 지향적인 사람들로 알려진 이 특별한 팀에 합류하기 바란다. 나는 자신과 타인을 위해 새로운 성공과 업적을 이루어내는 사람들의 성공 스토리에서 영감을 받았다. 이 책이 여러분이 내가 말하는 방향으로 나아가는 데 도움을 줄 수 있다면 나는 정말 행운아라고 생각할 것이다.

그동안 배우고, 성장하고, 발전하려고 노력한 여러분의 헌신에 감사하며, 내 삶을 변화시킨 몇 가지 원리를 함께 나눌 수 있게 된 것에 대해서도 감사하게 생각한다. 인간의 탁월성을 향한 탐구가 결실을 맺고 영원히 지속되기를 바란다. 그리고 계속 헌신하기를 바란다. 설정한 목표를 향해 노력할 뿐만 아니라 목표를 달성한 후에도 더 많은 것을 이루기 위해, 여러분이 꾸었던 꿈을 유지할 뿐 아니라 이전보다 더 큰 꿈을 꾸기 위해, 이 땅에서 부를 누리는 것뿐만 아니라 이 땅을 더 살기 좋은 곳으로 만들기 위해, 이 땅에서 얻을 수 있는 것을 취하는 것뿐만 아니라 이 땅을 아낌없이 사랑하고 이 땅에 베풀기 위해 말이다.

이제 여러분을 위해 아일랜드식으로 짧은 축복 기도를 드린다.

"당신이 나아갈 길이 활짝 열리기를 바랍니다. 당신의 뒤에 순풍이 불기를 바랍니다. 태양이 당신의 얼굴을 따뜻하게 비추고, 비가 당신의 대지를 촉촉이 적셔주기를 바랍니다. 그리고 우리가 다시 만날 때까지 하느님께서 부드러운 손으로 당신을 안아주시기를 바랍니다.* 안녕히 계세요. 하느님의 축복이 함께하시기를 바랍니다."

---

*   아일랜드식 축복 기도, 저작권 1967 Bollind, Inc., Boulder, CO 80302.

The New Science
of Personal Achievement

용어 설명

감각기반 경험 Sensory-Based Experience

보고, 듣고, 느끼고, 냄새 맡고, 맛보는 과정에서 감각적으로 경험하는 것을 말한다.

감각 기반 설명 Sensory-Based Description

시각, 청각, 촉각, 후각, 미각 오감으로 직접 관찰할 수 있고 확인할 수 있는 단어를 사용하는 것이다. "그녀는 행복하다."라고 말하기보다 "그녀의 탱탱한 입술 사이로 치아가 보이고, 입꼬리가 올라갔다."와 같이 감각을 기반으로 묘사하는 것을 말한다.

감각적 예민함 Sensory Acuity

시각, 청각, 운동감각, 후각 및 미각 체계를 구별하는 능력을 더욱 강화하는 과정이다. 이것은 우리에게 더 완전하고 풍부한 감각적 경험과 외부 세계와의 상호작용에서 상세하고 감각에 기초한 설명을 만들 수 있는 능력을 제공한다.

검증 Calibration

표준과 관련하여 변경 사항을 확인하고 측정하는 능력이다. 검증의 관건은 감각적 예민함에 달려 있다. 사랑하는 사람이 약간 불안정하거나 매우 행복하다고 느끼는 때를 잘 알고 있을 것이다. 이전에 그 사람의 태도를 측정했기 때문이다.

구조 Syntax

연결되어 있거나 정돈된 체계를 말한다. 일련의 사건들이 내적 또는 외적으로 관련된 순서를 의미한다. 언어에서는 문법적 문장을 형성하기 위해 단어의 순서를 말한다.

내적 상태 State

어느 한순간에 이루어지는 개인 내부의 모든 신경학적 과정의 총합을 말한다. 한 개인의 내적 상태는 그 순간 경험한 모든 해석의 최종 결과를 필터링하거나 영향을 미친다.

내적 표상 Internal Representation

인간의 정신 속에 그림, 소리, 느낌, 냄새, 맛의 형태로 만들어지고 저장된 정보의 구조다. 우리가 어렸을 때 살던 집이 어떻게 생겼는지 '기억'을 떠올릴 때, 실제로 거기에 가봐야 가능한 것은 아니다. 당시의 내적 표상을 체험하는 것이다.

도출 Elicitation

한 개인의 내적 경험의 구조를 알아보는 방식으로, 접근 단서나 몸짓을 직접 관찰하고 잘 구성된 질문을 통해 정보를 수집한다.

라포 Rapport

인간관계에서 특정 행동을 주고받거나 공유하는 현상을 말한다. 사람들이 함께 시간을 보내면서 자연스럽고 무의식적으로 발생한다. 의사소통을 향상시키기 위해 의식적으로 미러링 및 매칭을 통해 수행할 수도 있다.

매칭 Matching

특정 몸짓, 표정, 말투, 목소리 톤 등 다른 사람의 행동 일부를 적용하는 것이다. 정교하게 수행하면 사람들 사이에 라포를 형성하는 데 도움이 된다.

모델, 롤 모델 Model, Role Model

어떤 일이 진행되는 관계를 설명하는 방식이다(작동 방식이나 이것이 가능한 이유는 설명하지 않음). '누군가가 롤 모델'이라고 말하는 경우, 롤 모델이 되는 사람의 방식으로 움직이게 하는 신념, 내적 사고 과정, 행동의 혼합을 의미한다. 롤 모델은 일종의 경험을 구조화하는 방식이다.

모델링 Modeling

어떤 일을 수행하기 위해 하는 내적 표상과 행동의 순서를 발견하는 과정을 말한다. 전략, 언어, 신념 및 행동의 구성 요소들이 상세히 설명되면 다른 사람을 훨씬 쉽게 모델링할 수 있다.

미러링 Mirroring

마치 '거울의 이미지'인 것처럼 다른 사람의 행동을 따라 하는 것이다. 예를 들면, 왼손을 뺨에 대고 있는 사람을 마주 볼 때 같은 방식으로 오른손을 뺨에 대는 식이다.

삭제 Deletion

원래의 경험에 대한 내적 표상을 지우는 것을 말한다. 이것은 대량으로 밀려 들어오는 감각 데이터에 압도되지 않기 위한 무의식적인 인지 과정이다. 가지고 있는 것보다 버리는 것이 훨씬 유리할 때 삭제한다.

생태계 Ecology

인간을 비롯한 모든 생명체와 그 환경 사이의 전체성 또는 패턴을 뜻한다. NLP에서 우리는 내적 상태의 준거로서, 가치나 전략 및 행동의 패턴인 내부 생태학과 관련하여 이 용어를 사용한다.

시선 스캐닝 패턴 Eye-Scanning Patterns

시선이 움직이는 방식과 시선이 이동하는 위치의 순서와 관련 있는 특정한 식별 패턴들을 말한다. 그 위치가 어떤 내부 프로세스와 연관되어 있는지를 알면 그 사람의 표상체계나 전략을 이해하고 도출할 수 있다.

왜곡 Distortion

자신을 제한하는 방식으로 내적 표상을 잘못 인지하는 과정이다. '불균형' '약간 뒤틀림' 등이 포함될 수 있다. 이것은 우리의 감각 정보를 바꿀 수 있다.

의사소통 Communication

언어, 기호, 상징 및 행동으로 정보를 전달하는 과정이다. 방향성을 가질 수 있다. 즉, 협상, 치료, 판매와 같이 시작할 때와 끝날 때가 다르다. 결과를 향해 나아간다.

일반화 Generalization

한 개인의 내적 경험 중 일부가 원래의 경험에서 분리되어 일반적인 경험으로 인식되는 과정이다. 많은 상황에서 매우 유용하게 사용된다. 예를 들어, 어린아이가 난로

윗부분을 만져서 화상을 입은 경험이 있다면, 아이는 '난로는 뜨겁다' 또는 '난로가 켜져 있을 때는 만지지 않는다'라고 일반화할 수 있다. 한편, 유용하지 않은 방식으로 개인의 세계관을 제한할 수도 있다.

일치 / 불일치 Congruity / Incongruity

일치는 메시지를 전달하는 모든 방식이 동일하거나 유사한 상태를 말한다. 즉, 전하고자 하는 메시지의 내용과 같은 의미의 어조를 사용하고, 앞의 내용과 어조와 같은 몸짓으로 의미를 전달한다. 표현되는 모든 것이 잘 정렬되어 있는 것을 말한다. 불일치는 표현 방식에 차이가 있거나 내용과 맞지 않는 것을 말한다. 예를 들어, "예" "네" "확실해요!"라는 말을 하면서 부드럽고 의문스러운 목소리를 사용한다.

자극고정 Anchoring

어떤 내적·외적 표상이 후속의 다른 표상과 반응으로 연결되거나 자극을 일으키는 과정이다. 자극은 자연스럽게 발생할 수도 있고 의도적으로 설정할 수도 있다. 특정 반응에 대한 자극은, 예컨대 특히 사랑하는 사람이 연인의 이름을 부르는 방식을 생각할 때 발생한다.

전략 Strategy

행동을 유도하는 데 사용되는 일련의 고정된 내적 표상이다. 전략은 각각의 내적 표상체계(시각, 청각, 운동감각)를 어떤 순서로든 포함한다. 상대의 말을 듣고, 눈으로 검색하고, 내적 표상의 형태와 순서에 대해 질문함으로써 전략을 알아낼 수 있다.

접근 단서 Accessing Cues

하나의 표상체계에 다른 표상체계보다 더 강력하게 접근할 수 있는 방식으로 신경 처리에 영향을 미치는 것이다. 예를 들어, 호흡수와 목소리의 템포를 늦추면 운동감각 모드로 접근할 수 있고, 전화 통화를 하고 있을 때처럼 고개를 한쪽으로 기울이면 청각 모드로 이동할 수 있다.

페이싱 Pacing
인간은 타인과 상호작용하면서 일정 기간 동안 라포를 형성하고 유지한다. 그럼으로써 행동뿐만 아니라 신념과 아이디어의 속도를 조절할 수 있다.

표상체계 Representational Systems
인간이 정신에 감각 정보를 코드화하는 방법이다. 여기에는 시각체계, 청각체계, 운동감각체계(촉각, 후각, 미각)가 있다. 이 체계들은 우리가 정보를 받아들이고, 저장하고, 분류하고, 사용할 수 있게 해준다. 우리가 만드는 내적 및 외적 차이는 이 체계로 생겨난다.

하위감각 양식 Submodalities
외부 경험의 하위감각을 말한다. 시각의 경우 밝기, 거리, 깊이가 포함되며, 청각의 경우 소리의 크기, 어조, 위치 등이 있다.

행동 Behavior
인간이 관여하는 활동을 말한다. 몸짓이나 공 던지기와 같은 '큰' 행동과 사고, 눈동자의 움직임, 호흡 변화 등과 같은 '작은' 행동(관찰하기 어려울 수 있음)이 포함된다.

저자 소개

토니 로빈스는 40년 동안 전 세계 사람들이 자신의 위대함을 발견하고 개발하는 것을 돕는 일을 해오고 있다. 그는 미국뿐만 아니라 전 세계에 알려진 성과 분야의 권위자다. 심리학의 리더십, 협상, 개인 변화 및 조직 전환 분야의 권위자로도 인정받았으며, 전략적 지성과 인도주의적 노력으로 인해 꾸준히 존경받는 인물이다. 그의 저서들은 세계적으로 최고의 판매 부수를 기록했으며, 그는 자신의 저서, 멀티미디어 및 건강 관련 제품, 대중 연설, 라이브 이벤트 등으로 100여 개국에서 5,000만 명 이상의 삶에 직접적인 영향을 미쳤다. 저서 중 5권이 14개 언어로 출간되었고, 역대 최고의 개인 및 전문성 개발 시스템인 '개인 능력Personal Power' 분야의 창시자이며, 그의 오디오 테이프는 전 세계적으로 4,000만 개 이상 판매되었다.

로빈스는 대통령, 정치 지도자, 인류애 옹호자, IBM, AT&I, 아메리칸 익스프레스, 맥노넬 더글라스 및 미 육군과 같은 다국적 기업의 CEO 및 임원, 심리학자, 세계적인 유명 의료인 등 각계각층의 지도자들을 조언하고 상담했다. MLB(미국프로야구)의 로스앤젤레스 다저스, NHL(미국프로아이스하키)의 로스앤젤레스 킹스, NBA(미국프로농구)의 샌안토니오 스퍼스, 아메리카 컵 팀과 같은 그 팀의 유명 선수들 그리고 금메달을 획득한 올림픽 선수와 엘리트 코치, 세계적인 엔터테이너, 교사, 부모 등이 대상이었다.

그는 〈액센츄어〉에서 '세계의 50대 비즈니스 지식인' 중 한 명으로 선정되었다. 또한 〈하버드 비즈니스 프레스〉에서 '최고의 비즈니스 전문가

200', 〈아메리카 익스프레스〉에서 '세계 6대 비즈니스 리더', 〈포브스〉에서 '세계의 100대 유명인사'로 선정된 바 있다. 또한 국제상공회의소는 그를 '세계의 뛰어난 인물 10인'으로 선정했다. 이뿐만 아니라 바이런 화이트 대법관은 로빈스에게 '세계 최고의 비즈니스 지식인'이라고 찬사를 보내기도 했다.

로빈슨은 특별한 열정을 가지고 개인의 정서적 또는 재정적 고통을 덜어주면서, 그 변화 결과로 그가 속한 지역사회와 국가에 크게 기여하도록 독려한다. 또한 가족 관계든, 개인의 목표 달성이든, 사람들의 삶의 질을 변화시키고 더 나아가 세상을 더욱 살기 좋은 곳으로 만들기 위해 노력한다. 수년 동안 그는 도움이 필요한 사람들에게 자신의 에너지와 자원을 무상으로 제공했다. 비영리 단체인 토니 재단은 2,000여 개의 학교, 700개의 교도소, 10만 개가 넘는 서비스 기관 및 보호소에 지원을 제공하거나 프로그램을 운영하기 시작했으며, 매년 국제적인 '바구니 단체Basket Brigade'를 통해 56개국 200만 명이 넘는 사람들에게 음식을 제공하고 있다.

세상에 영향을 미칠 지속적인 유산을 만들겠다는 로빈스는 4명의 자녀를 둔 헌신적인 아버지이자 아내 세이지 로빈스의 사랑하는 남편으로서, 가족들과 열정적으로 삶을 살아가고 있다.

옮긴이의 글

미래를 바꾸고 싶은가? 그러면 자신의 무한능력을 계발하라!

토니 로빈스는 미국뿐 아니라 전 세계적으로 유명한 변화 심리학의 최고 권위자다. 수많은 대중강연과 세미나를 통해 개인들의 삶과 조직의 수준을 혁신하는 데 헌신함으로써 강렬한 족적을 남겼다. 《네 안에 잠든 거인을 깨워라》의 저자이기도 한 로빈스는 1997년 국제상공회의소가 뽑은 '세계에서 가장 뛰어난 인물 10인'에 선정되어, 이 시대에 가장 영향력 있는 사람으로 평가받았다.

그는 NLP를 탄생시킨 리처드 밴들러와 존 그라인더보다 NLP를 더 강력하게 사용했다. 일대일 상담이나 심리치료에 사용하던 NLP를 대중동기부여 시장에 접목해서 큰 성공을 거두었다. 개인과 조직의 혁신을 실질적으로 불러일으킨 오디오 교육 시스템인 〈우리 안의 놀라운 힘〉을 전 세계에 2억 개 이상 판매하여, 수많은 사람들의 인생을 바꾼 라이프 코치이기도 하다.

이 책에서도 일부 소개되어 있지만, 그는 세계적 초우량기업인 IBM, AT&T, 아메리칸 익스프레스, 맥도너 더글러스 등의 CEO들과 미국 올림픽 선수단, 프로축구단, 프로농구단을 포함하여 안드레 아가시부터 그렉 노먼에 이르는 프로 운동선수, 마이클 잭슨과 바네사 메이 같은 정상급 연예인, 빌 클린턴, 조지 부시 같은 전·현직 대통령조차 앞다투어 찾아가는 강력한 조언자이자 상담가다.

이 책은 PART 1 탁월성 모델링하기, PART 2 최고의 성공 공식, PART 3 리더십: 탁월성을 향한 도전 등 세 개 파트로 구성되어 있다. 이 세 파트는 서로 연관성이 짙다. 모델링, NLP, 의사소통(내적, 외적), 긍정적인 신념, 재구성, 자극고정 등은 이 책의 전체를 아우르는 주요 개념이다. NLP를 어느 정도 알고 있다면 나 자신은 물론 다른 사람의 마음 전략을 알아낼 수 있다. 전체적으로 성공을 위한 동기부여 및 자극고정, 사람을 움직이고 탁월하게 만드는 신념, 사람들 내면에 있는 다양한 프로그램들을 파악하고 그것에 접근하는 방법들이 구체적으로 기술되어 있다.

토니 로빈스는 고등학교의 학력으로 세계 최고의 동기부여 강사가 되었다. 가정환경이 좋지 않아 17세에 집을 나왔다고 한다. 이 책은 그가 서른 살이 되기 전에 썼는데, 젊은 시절부터 얼마나 동기부여에 많은 관심을 갖고 실제로 경험하면서 자신의 생각을 적용해왔는지 잘 알 수 있다.

《무한능력》은 1986년에 처음 발간된 이후 천만 부 이상 팔린 초베스트셀러다. 역자 역시 토니 로빈스와 이 책에 관해 많이 들어보았다. 그리고 이 책을 읽었을 때 여느 자기계발서와 다르다는 느낌을 받았다. 그는 이론적인 내용에 대한 확신뿐만 아니라 자신이 직접 세미나를 운영하면서 몸소 체험한 것들을 소개하면서 자신의 생각을 설명하기 때문에 훨씬 설득력이 있다. 30년이 훌쩍 넘은 지금에도 전혀 고리타분하게 느껴지지 않으며 '자기계발서의 고전'이라 불러도 전혀 손색이 없다. 그는 이 책의 말미에서 이렇게 강조했다.

"책임을 지고 행동할 줄 아는 사람이 되어라. 여기에서 배운 내용을 곧바로 활용하라. 자신을 위해서뿐만 아니라 다른 사람을 위해서도 사용하라. 행동함으로써 얻는 선물은 우리가 상상한 것보다 훨씬 더 크다."

김용준

UNLIMITED
POWER